国家社科基金
后期资助项目
GUOJIA SHEKE JIJIN HOUQI ZIZHU XIANGMU

蒙古族
生态习惯法研究

苏丽娜　著

社会科学文献出版社
SOCIAL SCIENCES ACADEMIC PRESS (CHINA)

图书在版编目（CIP）数据

蒙古族生态习惯法研究 / 苏丽娜著. --北京：社
会科学文献出版社，2024.12
国家社科基金后期资助项目
ISBN 978-7-5228-3159-6

Ⅰ.①蒙… Ⅱ.①苏… Ⅲ.①蒙古族-习惯法-研究
-中国 Ⅳ.①D922.154

中国国家版本馆 CIP 数据核字（2024）第 024627 号

国家社科基金后期资助项目
蒙古族生态习惯法研究

著　　者 / 苏丽娜

出 版 人 / 冀祥德
组稿编辑 / 刘骁军
责任编辑 / 姚　敏
责任印制 / 王京美

出　　版 / 社会科学文献出版社·法治分社（010）59367161
　　　　　 地址：北京市北三环中路甲 29 号院华龙大厦　邮编：100029
　　　　　 网址：www.ssap.com.cn
发　　行 / 社会科学文献出版社（010）59367028
印　　装 / 三河市龙林印务有限公司

规　　格 / 开本：787mm×1092mm　1/16
　　　　　 印张：24.25　字数：382 千字
版　　次 / 2024 年 12 月第 1 版　2024 年 12 月第 1 次印刷
书　　号 / ISBN 978-7-5228-3159-6
定　　价 / 138.00 元

读者服务电话：4008918866

国家社科基金后期资助项目
出版说明

后期资助项目是国家社科基金设立的一类重要项目，旨在鼓励广大社科研究者潜心治学，支持基础研究多出优秀成果。它是经过严格评审，从接近完成的科研成果中遴选立项的。为扩大后期资助项目的影响，更好地推动学术发展，促进成果转化，全国哲学社会科学工作办公室按照"统一设计、统一标识、统一版式、形成系列"的总体要求，组织出版国家社科基金后期资助项目成果。

全国哲学社会科学工作办公室

目　录

绪　论

一　选题缘起及意义

改革开放以来，中国的法治实践进程逐渐从过去注重西方法学理论的研究和引进，向关注我国的时代和国情方向改变。党的十八大明确提出全面依法治国，并将其纳入"四个全面"战略布局予以有力推进。党的十八届四中全会作出关于全面推进依法治国若干重大问题的决定。党的十九大以后，党中央组建全面推进依法治国委员会，中国特色社会主义法治体系建设不断加深。2020 年 11 月，中央全面依法治国工作会议首次提出并系统阐述了习近平法治思想，中国特色社会主义法治建设有了更加强有力的指导，其中特别强调要积极推进生物安全、生态文明等重要领域立法，这也将是中国特色社会主义法律体系建设的重要一环。在法学研究领域中，最贴合本土资源，且具有绿色特点的生态习惯法就应该更加受到重视。

从 20 世纪 90 年代以来，习惯法的研究一改过去依靠国家法认可以体现自身价值的被动性，从法社会学角度，找寻自身的独立价值，并取得了许多研究成果，但其中对蒙古族习惯法的研究非常少，而蒙古族生态习惯法的研究成果更加匮乏。在很多学者的理解里，蒙古族习惯法是"僵尸法"，学者们对曾经存在的生态习惯法并不怀疑，也觉得其在历史中发挥过重要作用，但对于其存在现状、与国家法的关系以及现今对法治建设的贡献持怀疑态度，又觉得今人不妨怀念那些故去的风景，或者仅在风土人情、民俗习惯层面研究即可，不必拿到法学领域来探讨。事实上，蒙古族生态习惯法是比较独特的存在，从过去到现在，内蒙古草原上一直存在着为数众多、不断演变的习惯法，这些习惯法指导着牧民的行为，只是很少有人对其进行法理学层面的分析，而笔者在此展示出来，就是希望进行一种研究尝试。更何况现今蒙古族聚居区的草原依然存在生态危机，环境污染、植被退化、牧民权益遭到侵犯等问题依然存在。深层来看，这样的问题除了全球变暖等自然因素以及经济发展、现代化需求模式等社会因素造成之外，还存在本土人群的主体性被忽视，渊源于自然的生态文化链条断裂以及生态治理中本土经验和地方性知识的缺失。因此，在蒙古族聚居区这一地缘共同体中，尊重地方性生态保护习惯法，发掘生态法律文化就成为解决问题的良好选择。中国正在谱写生态文明建设新篇章，从法律文化的角度为建设美丽中国开辟新路径，保持经济效益与生态效益的可持续发展，也是蒙古族生态习惯法研究的时代意义。

本研究从多维度、多视角分析蒙古族生态习惯法，原因有以下几点：第一，从法理学基础理论分析可以促使研究视角宏观且更具针对性，本体分析、历史分析、价值分析、运行分析是法理学研究中的常用框架，从逻辑结构上保证蒙古族生态习惯法的研究具有理论基础。第二，对蒙古族生态习惯法的概念和生成原因的分析，是了解蒙古族生态习惯法这一社会规范的重要理论根基，只有具备本质上的独特性，有自身的规范系统，才能有别于制定法规范和其他社会规范，彰显其可贵之处。第三，对蒙古族生态习惯法的价值进行分析，可以观察其对于主体的实用性，如无自身独特价值，将会失去研究的必要性，特别是生态伦理价值，是习惯法理论与环境保护法之间的一次重要对话，而蒙古族生态习惯法的人权价值研究也是理论研究的一次新尝试。第四，国家立法视角是研究习惯法所不能回避的问题。中国的法治实践需要国家法承担重任，即使习惯法在法社会学研究角度具有独立性，也不能离开国家法这个权威体系的影响，因此，多元视角下习惯法仍具有与国家法互动的可能。除了可以作为国家法非正式渊源之外，基于环境法理论界的法律生态化趋势可以为蒙古族生态习惯法研究寻找新的路径。第五，在本土化研究范式基础上看待习惯法，必然会承认习惯法存在的独特性，虽然可能发挥作用的空间有限，但我们依然可以引入田野调查方式，充分挖掘习惯法在民间社会中的实际效用，同时也可为基层治理寻找良好的规范渊源。胡锦涛同志曾经指出，"在推进发展中充分考虑资源和环境的承受力，统筹考虑当前发展和未来发展的需要"，① 事实上，经济社会发展、产业结构

---

① 　中共中央文献研究室，编. 科学发展观重要论述摘编 [M]. 北京：中央文献出版社、党建读物出版社，2008：46.

升级、转变经济增长方式，都离不开生态环境底线，因此，社会生活视角中的蒙古族生态习惯法研究也需要深入基层，在特定区域寻找其真实面貌和鲜活的"动态表达"。由此可见，每一个研究视角的选择都具有实际意义，有助于全方位了解蒙古族生态习惯法的理论和实践价值。

研究蒙古族生态习惯法的意义在于：首先，地处偏远地区的蒙古族聚居区，虽有大量国家政策和法律法规来保障生态的可持续发展，然而还存在诸多值得完善之处，特别是国家草原生态保护的相关法律法规在民间社会是否切实得到适用？又是否能够及时解决当地的生态问题？能否保障好当地经济社会发展和环境资源保护的关系？当牧民遇到草原生态被破坏的问题时，是否切实有效使用法律法规来定分止争？本书正是希望通过对蒙古族生态习惯法的研究找到这些问题的答案，以进一步促进国家草原生态保护法律机制的完善。

其次，蒙古族生态习惯法根植于蒙古族民间社会，在牧民日常生活中逐步生成和发展，并根据草原生态保护的需要，形成具有一定约束力的社会规范。在蒙古族牧民中几乎人人知晓，没有人会对这些生态保护的习惯性做法提出质疑。因此，本书研究蒙古族生态习惯法，就是要发掘它的实践价值，寻找依托生态习惯法解决草原生态问题的对策。

再次，研究蒙古族生态习惯法对于进一步丰富民族习惯法研究具有重要意义。蒙古族生态习惯法是少数民族习惯法的重要组成部分，其他少数民族地区习惯法的研究逐渐趋向成熟，例如西南、东南地区少数民族习惯法研究成果较多，但蒙古族生态习惯法的研究成果却非常少，因此，本书的研究可以作为一种尝试，希望为各少数民族习惯法的研究提供重要支持。

最后，研究蒙古族生态习惯法对保护蒙古族优秀的生态法文化，丰富中华文化具有重要作用。习近平总书记说："要正确把握中华文化和各民族文化的关系，各民族优秀传统文化都是中华文化的组成部分，中华文化是主干，各民族文化是枝叶，根深干壮才能枝繁叶茂。"① 因此保护和传承优秀的少数民族生态法文化，有助于不断丰富中华文化的内涵，

① 中共中央党史和文献研究院，编. 习近平关于尊重和保障人权论述摘编 [M]. 北京：中央文献出版社，2021：130.

加强理论创新，提升国家的文化自信。

二　研究现状

　　蒙古族生态习惯法的研究从研究范畴上应属于少数民族习惯法研究的范畴，而扩大研究范围则需要从习惯法的理论研究入手，因此，笔者对研究现状的分析将从习惯法理论、少数民族习惯法理论、蒙古族习惯法理论和生态习惯法理论几个角度出发，全面整理蒙古族生态习惯法研究的现状。而整理方式则以中国知网的学术期刊库以及硕士、博士论文库，国家图书馆期刊、书籍库，还有 CALIS 外文期刊网和 Westlaw 数据库检索方式进行。在中国知网上以"习惯法"为篇名，搜索出 2010～2022 年期刊文章 1118 篇，研究方法多选择实地调研。其中，2010～2014 年达到井喷式增长，平均每年发刊数在 250 篇左右；2015～2018 年每年发刊数较前四年稍有所下降，但基本保持在 150 篇左右；自 2018 年起，每年发刊数稍有回落，2018 年发刊数 128 篇，2019 年仅 55 篇，2020 年 102 篇，2021～2022 年每年数量不超过 50 篇。在中国知网上以"习惯法"为关键词检索的期刊文章，研究领域多集中在研究习惯法在少数民族地区的运用，以及不同少数民族间不同的乡规民约，该类期刊文章有 1188 篇；其余以"习惯法"为关键词的期刊文章还研究了有关习惯法的理论、权利主体、习惯法的变迁等客观研究问题。搜索到 2010～2019 年以"习惯法"为关键词的博士、硕士论文 318 篇，2010～2013 年间数目最多，可达 140 多篇，2018 年 31 篇，2019 年至今每年不超 40 篇。其中多于半数均为研究不同少数民族的习惯法，除此之外，还有国外个别地区习惯法研究，如尼日利亚等国，以及我国不同时期针对个别地区、不同行业的习惯法的研究和运用，如爱新觉罗·皇太极时期习惯法研究、民国时期的上海钱庄习惯法的研究，晚清台湾土地纠纷运用习惯法去解决，另外还有习惯法理论研究等方面。

　　以 CiteSpace（5.6.R5 版本）可视化分析软件，通过科学计量学对以上数据进行可视化分析，从而了解以"习惯法"为研究对象的期刊论文的发表状况，字体越大，则研究的论文数量越多，依次递减（见图 0-1）。

　　在中国知网上以"民间法"为篇名搜索，2010 年期刊的发表篇数

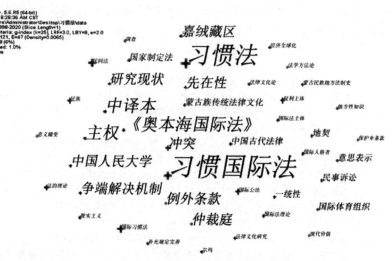

图 0-1　以"习惯法"为研究对象的可视化分析

最多有 96 篇，2020 年以来发表期刊数呈逐年下降趋势，每年发表低于
50 篇。以"国家法"为主题的期刊论文篇数有 96 篇；其余多集中在
讨论法的理论（47 篇）、习惯法（45 篇），还有乡村社会（24 篇）、
民间规则（15 篇）等。搜索出以"民间法"为题名的博士、硕士论文
每年基本不超过 25 篇，主要集中在研究民间法的发展、民间法与国家
法之间的关系，以及研究民间法的司法适用这三个主要领域，其中
2020～2022 年这三年，每年不超过 15 篇。以"民间法"为关键词的博
士、硕士论文呈不平稳趋势发展，发表篇数忽高忽低。但总体而言，
"民间法"作为依然存在理论争议的概念，在研究与适用中少于"习惯
法"的出现频率。

（一）有关习惯法理论的研究现状

1. 国内研究现状

　　我国早在 20 世纪 50 年代进行的民族大调查中，就已经开始发掘习
惯法的存在，那时的民族调查丛书中就已经使用了"习惯法"这一术
语，甚至还有司法机关专门收集整理民族习惯法进行研究和适用。随后
由于各种原因基本趋于沉默，直到改革开放以后，习惯法的研究才开始
活跃，从中国知网（包括学术期刊、硕士、博士论文库）以及国家图书
馆学术期刊及专著的统计中，可以发现，从 20 世纪 80 年代末至 21 世

初，习惯法研究开始出现回暖，[①] 而在 2007 年到 2012 年这个区间，习惯法研究开始趋向热烈，大量研究成果集中出现。[②] 国内对于习惯法研究

---

① 1990~2005 年之间出版的关于习惯法的专著有：夏之乾. 神判. 上海：上海三联书店. 1990；范宏贵. 少数民族习惯法. 长春：吉林教育出版社. 1990；邓敏文. 神判论. 贵阳：贵州出版社. 1991；高其才. 中国习惯法论. 长沙：湖南出版社. 1995；王铭铭，王斯福主编. 乡土社会中的秩序、公正与权威. 北京：中国政法大学出版社. 1997；徐中起，张锡盛，张晓辉. 少数民族习惯法研究. 昆明：云南大学出版社. 1998；王学辉. 从禁忌习惯到法起源运动. 北京：法律出版社. 1998；梁治平. 清代习惯法：社会与国家. 北京：中国政法大学出版社. 1999；张冠梓. 论法的成长：来自中国南方山地民族法律志的诠释. 北京：社会科学文献出版社. 2002；苏力. 法治及其本土资源. 北京：中国政法大学出版社. 2001；苏力. 送法下乡：中国基层司法制度研究. 北京：中国政法大学出版社. 2000；苏力. 道路通向城市——转型中国的法治. 北京：法律出版社. 2004；洪永红，夏新华，等. 非洲法导论. 湖南人民出版社. 2000；张济民，主编. 渊源流近：藏族部落习惯法法规及案例辑录，寻根理枝：藏族部落习惯法通论，诸说求真：藏族部落习惯法专论，青海人民出版社，2002；施沛生等编. 中国民事习惯法大全. 上海书店出版社，2002；高其才. 中国少数民族习惯法研究. 清华大学出版社 2003；冉春桃，蓝寿荣. 土家族习惯法研究. 民族出版社，2003；李卫东. 民初民法中的民事习惯与习惯法. 北京：中国社会科学出版社，2005；孙丽娟. 清代商业社会的规则与秩序. 北京：中国社会科学出版社，2005；眭鸿明. 清末民初民商事习惯调查之研究. 北京：法律出版社，2005；杜宇. 重拾一种被放逐的知识传统——刑法视域中"习惯法"的初步考察. 北京：北京大学出版社，2005；田成有. 乡土社会中的民间法. 法律出版社，2005.

② 2006 年至 2019 年出版的关于习惯法研究的主要著作有：何小平. 清代习惯法：墓地所有权研究. 北京：人民出版社，2012；常丽霞. 藏族牧区生态习惯法文化的传承与变迁研究：以拉卜楞地区为中心. 北京：民族出版社，2013；高其才. 中国习惯法论（修订版）. 北京：中国法制出版社，2008；高其才. 当代中国婚姻家庭习惯法. 北京：法律出版社，2012；李向玉. 黔东南苗族婚姻习惯法与国家法的冲突与调适，北京：知识产权出版社，2011；姜歆. 中国穆斯林习惯法研究. 宁夏人民出版社，2010；陈秋云. 黎族传统社会习惯法研究. 北京：法律出版社，2011；高其才. 当代中国民事习惯法. 北京：法律出版社，2011；高其才. 当代中国少数民族习惯法. 北京：法律出版社，2011；陈金全. 西南少数民族习惯法研究. 北京：法律出版社 2008；吴大华. 侗族习惯法研究. 北京：北京大学出版社，2012；苏永生. 刑法与民族习惯法的互动关系. 北京：科学出版社，2012；姜世波，王彬. 习惯法规则的形成机制及其查明问题研究. 北京：中国政法大学出版社，2012；韩立收. 查禁与"除禁"：黎族"禁"习惯研究. 上海大学出版社，2012；游志能. 民族习惯法的经济分析. 北京：中央民族大学出版社，2011；厉尽国. 法治视野中的习惯法：理论与实践. 北京：中国政法大学出版社，2010；郑小川，于晶. 婚姻继承习惯法研究——以我国某些农村调研为基础. 知识产权出版社，2009；陈金全，巴且日伙. 凉山彝族习惯法田野调查报告. 北京：人民出版社，2008；高其才. 瑶族习惯. 北京：清华大学出版社，2008；杜恂诚. 近代中国钱业习惯法：以上海钱业为视角. 上海财经大学，2006；叶英萍. 黎族习惯法——从自治秩序到统一法律秩序. 北京：社会科学文献出版社，2012；李学兰. 中国商人团体习惯法研究. 北京：中国社会科学出版社，2010；胡卫东. 黔东南苗族山林保护习惯法研究. 西南交通大学出版社，2012；郑远民. 国际商事习惯 （转下页注）

大体分为两个不同阶段：第一阶段是国家法的天下，习惯法一贯被认为应当由"国家认可"，这样才符合我国法治的发展路径。不被认可的习惯不能叫做"法"。也就是说，习惯法的效力是国家赋予的。例如《中国大百科全书（法学）》（1984）中对习惯法的定义是："习惯法指国家认可和由国家强制力保证实施的习惯"。[①]沈宗灵先生认为，"习惯法来源于习惯，但并不是所有习惯都是习惯法，只有经相应国家机关承认其法律效力的习惯才是习惯法"。[②]孙国华先生主编的《法学基础理论》（1987）中也认为，"习惯法是经国家认可并赋予国家强制力的完全意义

（接上页注②）法发展趋势研究. 湖南人民出版社，2010；袁翔珠. 少数民族习惯法课程体系在西部民族地区高校构建. 北京：中央民族大学，2009；杨经德. 回族伊斯兰习惯法研究. 宁夏人民出版社，2006；吕志祥. 藏族习惯法：传统与转型. 北京：民族出版社，2007；徐晓光. 款约法——黔东南侗族习惯法的历史人类学考察. 厦门大学出版社，2012；郭凤鸣. 秩序中的生长——少数民族习惯法的教育人类学解读，2011；李鸣. 碉楼与议话坪——羌族习惯法的田野调查. 北京：中国法制出版社，2008；谢晖. 大小传统的沟通理性. 北京：中国政法大学出版社，2011；陈文华. 民间规则在民事纠纷解决中的适用. 北京：中国政法大学出版社，2012；韦志明. 习惯权利论. 北京：中国政法大学出版社，2011；张镭. 论习惯与法律：两种规则体系及其关系研究. 南京师范大学出版社，2008；尚海涛. 民国时期华北地区农业雇佣习惯规范研究. 中国政法大学出版社，2012；王新生. 习惯性规范研究. 中国政法大学出版社，2010；刘昕杰. 民法典如何实现——民国新繁县司法实践中的权利与习惯. 中国政法大学出版社，2011；王林敏. 民间习惯的司法识别. 中国政法大学出版社，2011；徐晓光. 锦屏乡土社会的法与民间纠纷解决. 民族出版社，2012；张晓萍. 论民间法的司法适用. 中国政法大学出版社，2010；魏治勋. 民间法思维. 中国政法大学出版社，2010；周世中，等. 西南少数民族民间法的变迁与现实作用. 法律出版社，2010；于语和. 民间法. 复旦大学出版社，2008；施蔚然. 少数民族民事习惯的法治价值. 法律出版社，2017；李可. 习惯法理论与方法论. 法律出版社，2017；郭武. 环境习惯法现代价值研究. 中国社会科学出版社，2016；马珺. 清末民初民事习惯法对社会的控制. 法律出版社，2013；蒋超. 广西少数民族民商事习惯法运行实证研究. 法律出版社，2018；韩立收. 天涯海角的老规矩：海南少数民族传统习惯法研究. 法律出版社，2018；高其才. 变迁中的当代中国习惯法. 中国政法大学出版社，2018；顾梁莎. 少数民族习惯法的"合法化"路径——刑法视域下的思考. 中国社会科学出版社，2017；《彝文典籍集成》编委会，编. 彝文典籍集成：贵州卷（习惯法1-1）. 四川民族出版社，2017；徐晓光. 黔湘桂边区山地民族习惯法的民间文学表达. 广西师范大学出版社，2016；高其才. 中国习惯法论（第三版）. 社会科学文献出版社，2019；高其才. 当代中国的习惯法世界. 中国政法大学出版社，2019；吉克曲日. 彝族习惯法. 四川民族出版社，2019；李鸣. 碉楼与议话坪：羌族习惯法的田野调查（修订本）. 民族出版社，2019.

① 中国大百科全书·法学卷［M］. 北京：中国大百科全书出版社，1984：87.
② 沈宗灵. 比较法研究［M］. 北京：北京大学出版社，1998：175.

上的法"。① 以上阐述表明，习惯法必须经由国家认可，由国家强制力保障，并且应该是以成文或书面的方式表现。如果没有国家的认可即不能认为是法。

第二阶段，是国家法和民间习惯法各领风骚的时代，大约也就是2012~2019年，许多学者在习惯法研究中寻找法治的本土资源，提出了区别于国家认可的民间社会习惯法或者民间法模式，例如：苏力教授的《法治及其本土资源》（2001）开拓了对于民间法律资源的发掘，打开了习惯法研究的另一种角度。梁治平先生的习惯法理解曾经无数次被拿来作为习惯法本土化研究的理论基础，他指出，"习惯法乃是这样一套地方性规范，它是在乡民长期的生活与劳作过程中逐渐形成；它被用来分配乡民之间的权利、义务，调整和解决了他们之间的利益冲突，并且主要在一套关系网络中被予以实施"。② 高其才教授认为，"习惯法是与国家制定法相对应的，它出自各种社会组织、社会权威，规范一定社会组织、一定社会区域的全体成员的行为，为他们所普遍遵守。国家这一特殊的社会组织可以对习惯法进行认可，而使之具有双重效力，也可以在国家制定法中反映习惯法的内容"。③ 王学辉教授认为，"原始习惯法建立在习惯的基础上，出自民间，虽然它们与成文法不尽一致，乃至或有抵牾，但不妨碍它们成为一个社会法秩序中真实和重要的一部分。习惯法具有多样的形态，它是口碑相传、自然生成、相沿成习，其实施可能由特定的一些人负责，也可能靠公众舆论和某种微妙的心理机制。它常常以浓缩和简练的形式表现在族民间流行的各种习惯语中"。④ 还有值得一提的是，由谢晖先生、陈金钊先生主编的年刊——《民间法》（集刊）成为学界民间法研究、交流的一个平台，集合了大批高质量的论文。此外，民间法系列丛书中，魏治勋的《民间法思维》（2010）以民间法研究的思维方式，选取民间法几个具有代表性的理论批判与构建来讨论民间法；王林敏的《民间习惯的司法识别》（2011）从实证主义的立场来探讨习惯法，更能代表近些年习惯法研究的趋势和成果，该著作从习惯法的概

---

① 孙国华. 法学基础理论 [M]. 北京：中国人民大学出版社，1987：41.
② 梁治平. 清代习惯法：社会与国家 [M]. 北京：中国政法大学出版社，1996：1.
③ 高其才. 中国少数民族习惯法研究 [M]. 北京：清华大学出版社，2003：8.
④ 王学辉. 从禁忌习惯到法起源运动 [M]. 北京：法律出版社，1998：299.

念讨论起，并就民间习惯司法识别的程序构造、民间习惯的规范性表达、民间习惯的合法性检验以及民间习惯的司法识别问题进行探讨；贾焕银的《民间规范的司法运用——基于漏洞补充与民间规范关联性的分析》（2011）从法律漏洞的有无争议到如何认定有效的法律漏洞开始，分析民间规范究竟有何关联性处理法律漏洞问题，以类推适用、目的性限缩和法律拟制的方法与民间规范关联起来，更加细化了习惯法在实践中的作用；王新生的《习惯性规范研究》（2010）对习惯性规范进行严格界定，将习惯法概念的研究引入不同角度，对习惯何以能够具有规范性作出独特阐释，尤其是习惯性规范如何进入司法过程并成为法官裁判的依据；厉尽国的《法治视野中的习惯法：理论与实践》（2010）从习惯法的理论基础、概念、历史考察等理论问题以及国家与社会视角来讨论习惯法的适用，最重要的是文章最后讨论了民间治理视野下的习惯法运用；张晓萍的《论民间法的司法运用》（2010）从民间法的司法运用的价值、理论基础即法律多元理论、民间法的法源地位、民间法进入司法的途径与识别、在司法中民间法与法律方法的关联以及民间法司法运用的制度建设方面来论述民间法的司法意义；韦志明的《习惯权利论》（2011）从习惯权利的本体研究、价值研究以及习惯权利在国家法视角的运用等方面分析，是该领域中少见的以习惯权利为对象的著作。以上成果都是从习惯法的法理学角度进行分析研究，作为基础理论研究的习惯法问题本身具有很多需要界定的内容，这是所有习惯法研究的基础，没有法学理论角度对习惯法的研究就很难将少数民族习惯法提升到一定理论高度。而在对习惯法司法实践进行研究的著作中特别需要提到公丕祥教授主编的《民俗习惯司法运用的理论与实践》，他将习惯法引入司法实践环节，对于研究习惯法在实践中的作用十分有启示，并为后续学者了解习惯法的实践状态提供了大量有意义的案例。从 2019 年至 2022 年，习惯法特别是民族习惯法研究趋向衰弱。

2. 国外研究现状

国外对于习惯法的理论研究相对比较成熟，尤其是对本书的习惯法理论研究来说，以下几位学者的观点需要特别强调：德国学者马克思·韦伯（1997）指出，"习惯在没有任何强制力的情形下做出，而惯例是典型的根据常规做出的统一行动，行动者毫不思索地习惯于这样做，是一种集体行为"，而"根据一般的术语学，作为习惯法的规范，其效力在很大程度上依赖于一种类似的强制性实施机制，尽管这种强制性效力是来自同意，而不是制定"。① 英国学者哈耶克（1997）认为，近代以来的西方社会过分依赖人类理性的功能，但理性的建构有局限性，建构会破坏人类社会的秩序，他反对把人类的理性万能化，因为即使优秀的制定法也不能将所有社会的情况概括。② 这一理论为笔者后文指出本土化意义的蒙古族生态习惯法概念作出理论铺垫。习惯法研究领域中对习惯与习惯法的比较一直是学者立论的基础，而笔者也赞成习惯法与普通的习惯是有区别的，区别点就在于强制力来自哪里。美国学者博登海默在《法理学：法律哲学与法律方法》（2004）一书的法律与习惯、习惯法等章节中，将习惯予以分类，有些为社会生活中不太重要的习惯，如宴会时的着装和打扮、赠送结婚礼物等，还有一些为其他种类的习惯，更为明确和严格地说，它们是应被视为人的一些特殊义务与责任。作者认为只有后者才有转化为习惯法的可能。在法律与习惯之间并没有严格的界限，二者不易区分，因为存在转化关系。而奥地利学者埃利希在《法社会学原理》（2009）一书的习惯法理论章节中，以罗马法为背景，认为一切习俗和习惯，只有上升到市民法的层次，才能称为"习惯法"，也就是说一切市民法都是习惯法。同时作者客观地分析了萨维尼—普赫塔的习惯法理论，认为一切习惯法都是一个民族共同意识的体现，它们是一种在民族意识中随内在必然性而进行的"生成过程"和"发生过程"的表现，"它们既是行为准则，又是裁判规范，同时指出法律是国家生活、社会生活、精神生活和经济生活的秩序，但无论如何不是它们的唯一秩序；与法律并行的还有其他许多有同等价值，在某种程度上或许更为有效的秩序。事实上，假如生活只由法律来规制，那么生活必定变成地狱"。③ 他的"活法"理念对本书的阐释具有重要支撑力。在人类学家那里，习惯法更具有独立性，常被认为是独立于国家法之外的另一种法。

---

① 马克思·韦伯. 论经济与社会中的法律 [M]. 张乃根，译. 北京：中国大百科全书出版社，1998：20.

② 见弗里德里希·冯·哈耶克. 自由秩序原理 [M]. 邓正来，译. 北京：三联书店，1997：131.

③ 埃利希. 法社会学原理 [M]. 舒国滢，译，北京：中国大百科全书出版社，2009：61.

英国人类学家马林诺夫斯基（2003）在研究"原始法"时认为，"每一人类文化中都存在着沉重加诸每一公民，要求他们做出巨大牺牲的诸多法律、禁忌和责任，它们根本不是因为人们的'自发自然'，而是由于道德、情感或某些实际的缘由才被人们奉守无违的"。① 美国法人类学家霍贝尔（1993）所理解的习惯法也是区别于国家法的，关于国家制定的由国家强制力保证实施的规范和一般社会团体或社区的非正式规范都应视为法。② 日本学者千叶正士（1997）将"非官方法"的概念引入习惯法研究，指出官方赋予正式法源之外存在这样的不是由官方确认权威的存在。③ 这些理论指出，国家法在某种意义上不是万能的，我们不应当试图构建一个完美的法律体系，应该重视那些实实在在存在于民间的习惯法。因此，法人类学的研究方法对研究我国少数民族习惯法特别是蒙古族生态习惯法具有重要指导作用。

另外，以"customary law"为关键词，通过运用"CALIS 外文期刊网"（以篇名搜索命中 341656 篇，从 1904 年至 2009 年均匀分布，其中每年发表篇目在 5000 篇以上的期刊有 *Harvard Law Review*、*Business Wire*、*Michigan Law Review* 及 *The Cambirdge Law Journal*"）和"Westlaw International"等外文文献平台（该平台有期刊搜索上限，无法计算精确篇数）进行查询发现：国外学者单纯研究习惯法概念的数量比较少，大部分都给习惯法圈定一个范围或背景，将其放于具体的环境中加以研究，其中最为突出的有两大类：其一，对以非洲为代表的殖民地区或者相对落后的地区为背景的习惯法研究；其二，以国际习惯法作为主要对象展开研究。除此之外，还发现有部分学者通过其他角度切入来研究习惯法，例如，以刑法为背景和范围，研究特定地区成文刑法形成和编纂过程中习惯法的融入程度以及发挥的作用。国际习惯法（Customary International Law，下简称 CIL）研究有着举足轻重的地位，许多法律评论家认为国际习惯法是国际法研究的中心。但多数文献都在突出其重要性的同时，提

---

① 〔英〕马林诺夫斯基. 犯罪社会与文化 [M]. 许章润，幺志龙，译. 南宁：广西师范大学出版社，2003：12.
② 参见〔美〕霍贝尔. 初民的法律 [M]. 周勇，译. 罗致平，校. 北京：中国社会科学出版社，1993：30.
③ 参见〔日〕千叶正士. 法律多元——从日本法律文化迈向一般理论 [M]. 强世功，等译. 北京：中国政法大学出版社，1997：150.

出了相关的不足。例如 CIL 没有统一的制定者，CIL 没有集中统一的行政执行者，CIL 没有统一的意见决策者，CIL 的内容时常会跟着大国的利益走向发生变化，似乎是国家利益的工具。① 对于非洲习惯法的研究，依时间段大致可以分为三个阶段：第一阶段，在非洲被殖民统治期间当地习惯法的研究；第二阶段，非洲地区独立后的习惯法研究，或者与被殖民统治期间习惯法的异同比较；第三阶段，进入现代社会领域后，对当地习惯法的进一步剖析和展望。大部分学者主要以特定的地域为背景，对上述几个阶段的习惯法进行研究，也有部分学者对未来习惯法的发展情况进行了客观的猜想。例如，有学者指出，未来习惯法的存在形式会不断地文字化和形式化，但同时鉴于各地区文化背景和生活习俗的不同，难以达到内容上的完全统一。通过对大量文献的了解发现，学者们都在不约而同地表达一个统一的观点：非洲地区虽被殖民统治，但是统治阶级带来的法律体系并没有在很大程度上影响当地的法律制度，从非洲各地区独立后的法律中大量保留以前的习惯法这一点来看，习惯法的影响已经深入到当地民众当中，不可轻易改变。② 初民社会中法与习惯是一回事，人们自动遵行法、习惯，无须强制，因此没有法律权威，也无所谓司法过程。③ 事实上，绝大部分社会民众对立法中的很大部分连概况都不了解。许多人甚至不知道有哪些法律存在。④ 在南非社会进入多元文化后，南非习惯法逐渐成为一个主体。⑤ 而且在南非，宪法承认习惯法，并在适用的情况下要求法院强制执行。⑥ 当法院必须适用习惯法的时候，宪法和一切立法机关要对其特殊对待。⑦

在习惯法概念理解方面，英国学者哈耶克指出，制定法是在建构理

---

① JACK L G. A theory of customary international law [J]. The university of chicago law review, 1999, 66 (4).

② ALLOTT A N. Customary law in east Africa [J]. Africa spectrum, 1969, 4 (3).

③ POSPISIL L. Anthropology of law [M]., Harper &Row publishers, 1971：11-18.

④ CONTTERRELL R. The sociology of law [M]. An Introduction. london：butterworths, 1992：45.

⑤ POTCHESFSTROOM. The role of traditional authorities in developing customary laws in accordance with the constitution [J]. Electronic law journal, 2009, 12 (3).

⑥ TEBBE N. Inheritance and disinheritance：African customary law and constitutional rights [J]. The journal of religion, 2008, 88 (4).

⑦ SCHOEMAN-Malan MC. Recent developmentsr egarding south African common and customary law of succession [J]. Potchefstroom electronic law journal, 2007, 1.

性指导下人为创设的规则，而习惯法则是受进化论理性支配的自生自发的规则。① 因此，习惯法常常被认为是古老的，在一个更基础的层面，习惯法被视为较旧的社会秩序。② 习惯如果被法律宣布认可时，那么（普遍认为）它应该要起源远古、性质要合理、使用要连续。然而，这种对习惯刚性的普遍认识也应该被检讨，因为习惯法本质上是一种柔性和弹性的系统，是确保可持续资源管理的实践，③ 也就是哈耶克前文所形容的自生自发规则。在习惯理论研究方面，有一篇文章剖析得非常深入，文章说习惯法的性质问题经过长时间研究，但意见始终有分歧，究其原因，有三个点应该值得注意：①事实的永恒流动性；②专制统治阶级别有用心的目的；③法律理论拟制的混乱。文中作者将习惯予以分类，他认为常人看待事物时的习惯以及日后可能被司法认可的习惯都不能算是习惯法，只有目前以及被司法认可的并以一般的概率运用于日常司法实务中的才能称为习惯法。④ 习惯法涉及犯罪、侵权、婚姻、家庭、继承和土地使用权等各个领域，贯穿于各个部门法中，几乎每部法律的形成都有习惯法的部分融合。每个地域依其不同的风俗民情而形成不同的习惯，久而久之，被当地民众广泛接受，进而上升为法律的层面，在各个领域都发挥着不可替代的作用。例如，印度人的日常生活习惯和国家法律之间既有互动又有冲突，人们希望二者能互相交织，相互融合。⑤ 总之，这些文章中对"生态习惯法"这一提法几乎没有，而这些文章中值得借鉴的地方是他们对习惯性质的认识，以及习惯的运用角度。

以"customary law"为篇名，2010～2020 年每年发表期刊的文章数均匀分布，搜索命中 14 篇，其中每年发表篇目在 1～2 篇，2015 年发表篇数最多有 3 篇。阅读时可发现，国外学者多以研究某地区习惯法中所反映的社会问题为主，但地区范围较广，大多以国家作为切入点，研究

---

① Hayek. Law, legislation and liberty: rules and order (I) [M]. Chicago, The university of chicago Press, 1973: 48.
② Bennett T W, Vermeulen T. Codification of customary law [J]. Journal of African law, 1980, 24 (2): 206-219.
③ Roopa Madhav. The role of customary law in sustainable development [J]. Law environment and development journal, 2007, 3 (3).
④ BROWN J W. Customary law in modern england [J]. Columbia law review, 1905, 5 (8).
⑤ Sierra T. Indian rights and customary law in Mexico: a study of the nahuas in the sierra de puebla [J]. Law & Society review. 1995, 29, (2): 227-254.

习惯法对当地的影响，主要研究当地的习惯法对当地国家地位的挑战；①
研究澳大利亚中部地区的习惯法中惯用的惩罚方式对当地民众生活的影
响；② 研究坦桑尼亚的习惯法中包含的人权、性别、公正与文化的问
题；③ 研究南库群岛以及阿迪尔的撒克逊人的习惯法的变迁，以及习惯
法对当地民众社会生活的影响；④ 研究拉丁美洲的种族从属关系中包含
的国家角色、习惯法，以及民权之间的问题。⑤ 其次，相较于以某一地
区范围作为切入点研究习惯法对当地影响的研究，还有一些研究针对国
际上关注的习惯法现状提出建议，例如：关于斯里兰卡泰米尔人的习惯
法对于国际上无国籍民族的一些参考意见；⑥ 关于 50 年后的国际习惯法
发展趋势的思考；⑦ 还有惠顿学院的研究人员以社会科学为目标，研究
过去人们根据习惯法中的规定研究地域冲突后的农村地产问题，以及对
于现代人类社会发展的启示。⑧ 不仅如此，国外的学者还通过对中世纪
末期的文献收集，对当时的法规以及习惯法的制定进行梳理；⑨ 也有学
者通过对《联合国宪章》中第 51 条"武装攻击"一词进行深入剖析，

---

① REEDY K. Customary law and its challenges to afghan statehood [J]. Military review, 2012, 92 (5).
② OMOND J K, CHARLWOD C, BYARD W R. Customary law, traditional punishment, and death in the Anangu pitjantjatjara yankunytjatjara (APY) lands of central Australia [J]. Forensic science, medicine, and pathology, 2016, 12 (4).
③ STILES E. Gender, Justice, and the problem of culture: from customary law to human rights in Tanzania by dorothy Lodgson bloomington: Indiana university press, 2017: 187 [J]. American anthropologist, 2018, 120 (2).
④ MAWYER A. southern cook islands customary law, history and society: akapapa'anga, Korero tupuna, ete akono'anga ture 'Enua o te Pa 'Enua Tonga o te Kuki 'Airani [J]. Contemporary pacific, 2017, 29 (1). The Customary law of the saxons from ardeal [J]. Review of the air force academy, 2013 (2).
⑤ HOLMES C. Racial subordination in latin America: the role of the state, customary law, and the new civil rights response [J]. NACLA report on the Americas: 2012, 45 (4).
⑥ GURUPARAN K. Customary law of stateless nations: some observations on the question of who can reform the thesawalamai, the customary laws of the tamils in sri lanka [J]. Jindal global law review: 2016, 7 (1).
⑦ MEJIA-LEMOS G D. Some considerations regarding "Instant' international customary law", fifty years later [J]. Indian journal of international law, 2015, 55 (1).
⑧ Science; Researchers at wheaton college target social science (A longtime gone: post-conflict rural property restitution under customary law) [J]. Science letter, 2016.
⑨ TEUSCHER S. Document collections, mobilized regulations, and the making of customary law at the end of the Middle Ages [J]. Archival science, 2010, 10 (3).

以对非国家行为而使用武力的特殊行为为切入点,研究国际社会中习惯法的变迁。① 不仅如此,还有少量期刊文章研究习惯法中对罪犯的惩罚措施,从而得出习惯法能够保持社会秩序稳定的结论;② 以及从地理科学的角度出发,借助人文与语言的知识,研究土著习惯法中图腾类植物物种的象征,以及图腾的社会作用。③ 最后,还有学者建议为网络空间创建一套习惯法,并将习惯作为法律适用于互联网的基础设施。④

(二) 有关少数民族习惯法的研究现状

在中国知网上以"少数民族习惯法"为篇名,搜索出 2010~2020 年期刊文章共 240 篇,多选择以田野调查为研究方法的实地调研。2010 年是以"少数民族习惯法"为篇名的期刊文章发表最多的一年,共 23 篇;2011~2017 年平均每年 15 篇左右;2020~2022 年每年不超过 6 篇。研究领域多集中在少数民族习惯法中的不同范围,例如:少数民族习惯法中的美德、对森林的保护作用、对循环经济建设的作用等宏观性研究;还有少数民族习惯法与其他宏观领域的关联性研究,例如:少数民族习惯法与和谐社会建设的关系、与制定法的冲突与互动等;少数文章集中在扎根不同地区的少数民族,通过对当地民众生活的经验调查、总结,从而研究某一地区少数民族的习惯法,例如:西部少数民族习惯法、壮族习惯法、贵阳市花溪区高坡苗族乡等地的少数民族习惯法研究。搜索出以"少数民族习惯法"为题名的博士、硕士论文共 14 篇,自 2010 年至2022 年,每年的博士、硕士论文篇数基本上不超过 8 篇。其中 6 篇是采用田野调查的方式,以研究具体地区的少数民族习惯法为例,分析当地少数民族习惯法对于现在国家不同领域发展的作用与启示。其他 8 篇都

---

① CHENG T H. 'Armed attack' and article 51 of the UN charter: evolutions in customary law and practice/extraterritorial use of force against non-state actors [J]. The American journal of international law, 2012, 106 (3).

② CLAEKE C R. Together again? customary law and control over the crime [J]. Criminal law forum, 2015, 26 (3-4).

③ Science-Geographical Science, Study results fromschool of humanities and languages broaden understanding of geographical science (Recognising indigenous customary law of totemic plantspecies: challenges and pathways) [J]. Science letter, 2019.

④ CHIK B W. 'Customary internet-ional law': creating a body of customary law for cyberspace. Part 2: applying custom as law to theinternet infrastructure [J]. Computer law and securityreview: the tnternational journal of technology and practice, 2010, 26 (2).

是采用不同视角的分析，如采用法学视角、法经济学视角等对少数民族习惯法现代价值的研究。

　　虽然对少数民族习惯法的研究开始得并不算很早，但是近十几年来也取得了不错的成绩，研究成果逐渐丰富。研究的重点主要集中在各个少数民族的传统习惯、伦理道德，特别是在探讨习惯法与国家法关系的研究上成绩突出。早期研究少数民族习惯法并从宏观上开始立论的是高其才教授的《中国少数民族习惯法研究》（2003），著作中以多个少数民族的习惯法为例，研究少数民族习惯法的产生、发展、内容、特征、性质等基本理论问题，奠定了少数民族习惯法研究的基本框架及理论基础。而由高其才教授主编的《当代中国少数民族习惯法》（2011）是一部全面关注少数民族习惯法的论文集，其中为少数民族习惯法的研究搭建了重要的学术平台。王学辉教授的《从禁忌习惯到法起源运动》（1999）从少数民族习惯法的起源讲起，将法起源理论与少数民族禁忌习惯的演变结合，另辟蹊径，其理论也被许多习惯法研究学者所引用。比较突出的是针对各个具体少数民族习惯法的研究趋势十分明显。例如高其才教授的《瑶族习惯法》（2008）探讨了瑶族习惯法的产生、发展，解释了瑶族习惯法的议定、修改，全面总结了瑶族社会组织和头领习惯法、婚姻习惯法、家庭及继承习惯法等具体内容；吴大华教授的《侗族习惯法研究》（2012）对侗族这一少数民族的习惯进行梳理；俞荣根教授的《羌族习惯法》（2000）介绍了羌族的习惯法的概念、类型等问题；华热·多杰教授的《藏族部落习惯法通论》《藏族古代法新论》都为我们全方位地了解藏族习惯法奠定基础；吕志祥先生的《藏族习惯法：传统与转型》（2007）将藏族习惯法的产生、演变、发展以及在现代的转型等问题一一梳理，全面地展示了藏族习惯法的面貌；姜歆女士的《中国穆斯林习惯法研究》（2010）从特定的民族入手，全面展示了穆斯林这一特定族群的习惯法内容，角度较为新颖；陈金全教授主编的《西南少数民族习惯法研究》（2008）是以西南少数民族习惯法的全貌为研究对象，以作者多年实地调研的数据理论为基础，分析了西南少数民族的习惯法，在西南少数民族习惯法研究方面具有重要地位；张冠梓教授的《论法的成长——来自中国南方山地法律民族志的论释》（2002）以中国南方山地民族的法律民族志为资料，详细地分析了特定少数民族习惯法的演进路径，揭示了法的一般演进问题；周世中教授的《西南少数民族民间法变迁与现实作用：以黔桂瑶族、侗族、苗族民间法为例》（2010）和李鸣教授的《碉楼与议话坪—羌族习惯法的田野调查》（2008）均以实地的社会调查为重要依据，围绕特定的几个民族的习惯法发展，全面揭示了西南部分少数民族的实际现状；周相卿教授的《黔东南雷山县三村苗族习惯法研究》（2006）讲述了清代以来苗族习惯法的历史变迁，苗族习惯法的表现形式、内容以及实施，苗族习惯法与国家法的关系等内容。同时少数民族习惯法的研究论文在近年来也呈现繁荣的局面，从少数民族习惯法理论角度如俞荣根教授认为习惯法就是调整和维持某一群体或组织成员之间关系的习惯约束力量总和，这为笔者的研究提供了很好的思路。① 而刘艺工教授提出，习惯法是历史上形成的通行于一定地区以习惯为根基发展的有约束力的民间规则，这一提法也十分明确地提出了习惯法概念界定的基础②。这些研究理论大都站在本土化研究范式基础上，对笔者确定蒙古族生态习惯法的概念具有重要作用。类似的文章还有陈金全的《试论中国少数民族习惯法的特征与性质——以西南少数民族习惯法为中心的分析》（载《贵州民族研究》2005 年第 4 期），田成有的《论民族习惯、习惯法和法律的关系》（载《云南法学》1995 年第 3 期）等。在少数民族习惯法研究中，研究者大量采用实地调研的方法，理论明确，数据充分，这也是近年来少数民族习惯法研究的常态。法人类学的研究方式具有真实还原各个"地方性"知识的好处，但在少数民族习惯法与一般习惯法理论结合研究方面还是比较缺乏，未来在一般性的习惯法理论知识与少数民族习惯法的地区性研究中还是很具有互动的空间。其中很少涉及对蒙古族习惯法的深入研究，更遑论专门从生态习惯法的角度入手来讨论蒙古族习惯法。

以 CiteSpace（5.6. R5 版本）可视化分析软件对"少数民族习惯法"为题进行讨论的期刊呈现以下分布。（见图 0-2）可以看到相关论文的研究视角比较多元化。

---

① 参见俞荣根. 习惯法与羌族习惯法 [J]. 中外法学，1995（5）.

② 参见刘艺工. 中国少数民族习惯法的特点 [J]. 兰州大学学报（社会科学版），2004（1）.

图 0-2　少数民族习惯法研究分布

（三）有关蒙古族习惯法的研究现状

在中国知网上以"蒙古族习惯法"为篇名，搜索出 2010~2021 年期刊文章 7 篇，而以"蒙古族习惯法"为关键词的期刊文章包含在内。研究领域包括：研究蒙古族习惯法对现代牧区区域建设的影响，如现代环境生态建设、民族区域法制建设的启示；研究蒙古族习惯法的历史，如元代蒙古族习惯法的研究，以及蒙古族习惯法中的"约孙"探源。搜索出以"蒙古族习惯法"为题名的博士、硕士论文 6 篇，以"蒙古族习惯法"为关键词的博士、硕士论文包含在内。这类论文主要以研究蒙古族习惯法的功能为主，研究其变迁为辅。

以 CiteSpace（5.6.R5 版本）可视化分析软件对"蒙古族习惯法"为题进行讨论的期刊呈现以下分布。

过去，学者们常常将蒙古族习惯法放在蒙古法制史中进行研究，借由蒙古族法制发展的早期阶段，也就是蒙古族习惯法时代的法制问题研究而顺便介绍蒙古族习惯法。例如奇格先生所著《古代蒙古法制史》（1999）对古代蒙古的"约孙"、成吉思汗大札撒、元朝时期、北元时期及清朝时期的法律制度的主要内容及特点进行了研究，对于全面研究蒙古族法制的历史具有重要价值，奠定了蒙古族习惯法研究的最初基础。潘世宪先生所著《蒙古民族地方法制史概要》（1983）、富田丰先生所著《蒙古法制史》也是类似著作。李鸣教授的《新中国民族法制史论》

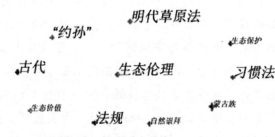

图 0-3　蒙古族习惯法研究分布

（2010）以朝代为线索，梳理了各历史时期少数民族法制的主要内容及特点，蒙古族统治王朝立法和蒙古族习惯法也是其关注的重要内容。胡兴东教授所著《元代民事法律制度研究》（2007）以元朝这个时代的民事制度为线索进行分析，其中也可看到蒙古族习惯法在民事领域中的延续。从蒙古族的法律文化方面来分析的著作有：吴海航教授的《元代法文化研究》（2000），对于元代法文化的起源及元代二元文化的发展进行分析；黄华均教授的《蒙古草原法的文化阐释——〈卫拉特法典〉及卫拉特法的研究》（2006），对北元时期的《卫拉特法典》以及西北蒙古族创制的"草原法"进行了深入的研究。这两部著作都是从法律文化的角度对不同阶段的蒙古族法制做出讨论，其中主要从蒙古族习惯法时代演变发展而来的元代法文化以及北元时期的卫拉特法典展现出的蒙古族典型文化传统进行分析。

　　专门介绍蒙古族习惯法的著作数量非常少，戴双喜先生的《游牧者的财产法：蒙古族苏鲁克民事习惯研究》（2009）是一部专门研究蒙古族民事习惯苏鲁克制度的著作，其中对于在游牧法文化基础上产生的财产法进行解释，并对苏鲁克民事制度进行详细阐述，为蒙古族习惯法的研究开创新篇章。一般博士论文对于蒙古族习惯法的研究则主要体现在：在蒙古族法制研究的理论基础上，通过社会学的调查方法，对蒙古族传统习惯进行了整理。研究角度则多为诉讼制度，将多元纠纷解决机制引进纠纷解决中，探寻蒙古族聚居区纠纷解决的良好途径。如萨其荣桂博士的《制度变迁中的国家与行动者》、刘桂琴博士的《内蒙古地区民事纠纷与解决研究——以蒙古族聚居和蒙汉杂居的地域为视角》、张文香教授的《蒙古族习惯法与多元纠纷解决机制——基于鄂尔多斯地区的调查》等。这些研究均从不同的角度对蒙古族习惯法现实存在状态进行分析，指出现实中的蒙古族习惯法是存在的，但是也只有在深入了解当地民众的风俗习惯以及处事规则时，才能发现其中蕴含重要的法律价值。也有文章特别讨论了蒙古族习惯法与国家法在实践中的互动这样具有开拓性的研究，这些文章对笔者的研究具有重要的启发意义。在"CALIS外文期刊网"中，以"customary law"为关键词，并以"Mongolian"为包含词进行二次检索，并未搜索到相关文章。

（四）有关生态习惯法的研究现状

在中国知网上以"生态习惯法"为篇名，搜索出期刊文章 38 篇，从 1984 年到 2017 年，每年仅有 2 篇到 3 篇，主要集中在《贵州民族研究》、《西南民族大学学报》（人文社科版）及《甘肃政法学院学报》期刊中；搜索到题名含有"生态习惯法"的硕士论文有 5 篇，是对蒙古族和藏族的生态习惯法的研究，博士论文则没有；而题名含有"环境习惯法"的硕士论文有 3 篇，期刊论文有 59 篇。2010～2020 年期刊文章 11 篇，以"生态习惯法"为题名的博士、硕士论文 4 篇，以"生态习惯法"为关键词的博士、硕士论文包含在内。研究领域以少数民族地区的生态习惯法的内涵、特征、现状、存在形式、现代价值等为主。

在 CALIS 外文期刊网中，以"customary law"为关键词，并以"ecology"为包含词进行二次检索，共搜索出 256 篇文章，每年的文章数相差不大，主要集中在 *Ecology* 和 *Oikos* 这两种期刊中。阅读文章后发现，在外国研究领域里，"生态习惯法"这个词还比较陌生，关于它的研究可以说是一片空白，在检索出的文章里，大部分都是在讲生态法律制度的现状，以及伴随近些年来有关生态环境的公益诉讼案件增多，该如何促使生态法律完善，还有就是科技领域里生态研究方面的成就，而纯粹意义上去研究生态习惯法的文章还没有发现。搜索到的文章中有关于生态规律方面的研究，例如，通过对生态规律特点方面的研究来阐明容纳生态理论的感知和梳理一个账户的合法性的必要条件；① 法律法规对影响其进行管理的复杂社会生态变化的应变能力；发现法律规则和法律确定性的概念已经改变，生态法律法规兼容了一个具有相当质感的法律框架，只有这样的改变，才能做到随机应变，才能更好地服务和管理社会；② 还有文章采用时间跨度和对比的方式来研究近些年来生态法律制度的发展，例如：通过列举不同时间点同一地域的生态和环境状况并加以对比，从而凸显近些年生态环境的恶化，进而说明生态环境方面法律发展的现状，进一步证明生态法律制度的巨大进步，最后对未来要走生态政权的道路进行阐发。③ 从某种程度上讲，生态是，而且应该是以法律为导向，而并非以历史为导向。④ 整体来看，有关生态法律方面的研究，大致有三个方面：其一，以有关生态环境科学发现或发明为主，在解释工科原理的同时，阐明此项发明或发现不会影响或破坏生态法律制度，相反可以作为法律的辅助工具，更好地服务和管理社会；其二，列举大量事实和案例，揭示目前生态环境恶劣的现状，呼吁建立健全有关生态环境方面的法律法规；其三，以时间跨度为切入点，通过对比来体现一定时间段内生态环境法律体系和制度的健全和完善，借此凸显生态法制的进步，同时大力弘扬和鼓励生态法律法规的进一步完善。

　　在我国，生态习惯法和环境习惯法的用法是可以见到的，"所谓环境习惯法，是指以生态环境保护为主要目的，在特定区域内具有一定强制力的、自发生成的社会规范。与其他类型的习惯法相比，环境习惯法的一个显著特征在于，它是以保护自然环境和资源为指向的社会规范。"⑤环境习惯法为习惯法之一种，"它是指在民间自发生成的、以环境保护为

---

① STEPHANIE C P. On the distinctive features of ecological laws ［J］. Ecological psychology, 2010, 44 (22).
② EBBESSON J. The rule of law in governance of complex socio-ecological changes ［J］. Global environmental change, 2010, 20 (3): 414.
③ Richard O B. Law and ecology: the rise of the ecosystem regime ［M］. London: ashgate publishing, 1997: 12
④ BLARE J. Ecological kinds and ecological laws ［J］. Philosophy of science, 2003, 5 (70)
⑤ 田信桥，吴昌东. 环境习惯法探析 ［J］. 西南科技大学学报（哲学社会科学版），2010 (6): 8.

指向的、具有内在约束力和强制力的行为规范"。① 相类似的概念还指出，"环境习惯法作为习惯法的一种，它是指在民间自发形成的，以生态保护为指向的，人们在生活和生产中根据事实和经验，依据某种社会权威和组织确立的，具有某种程度上、有可能的强制力的行为规范"。② 而生态习惯法，也可称为环境习惯法，"意在指民间自发生成的，以生态保护为指向的，人们在生活中根据事实和经验，依据某种社会权威和组织确立的，具有某种程度上、有可能的强制力的行为规范"。③ 也有学者基于少数民族地区的特殊情况，认为用现代的划分标准无法很好划分何为环境习惯法，因此，将少数民族的生活习俗、习惯法和宗教信仰所阐述的环境保护规则合称为环境习惯法。④ 还有学者从民间法理论入手分析环境习惯，指出"环境习惯具有维护环境公共利益的重要社会功能。当社会主体的惯常环境行为成为社会公认的必须要实践的行为时，环境习惯就具有了规范的性质，对社会主体的行为产生义务约束。在社会主体违反环境习惯时，就会受到一定的制裁，此时，环境习惯已发展成为一种习惯法"。⑤ 在一些关于环境法的专著中也可以找到关于环境习惯法的介绍，例如，王树义教授的《环境法基本理论研究》、余俊先生的《环境权的文化之维》中都有关于环境习惯法的介绍，当然，无论是环境习惯法还是生态习惯法的研究，更多的集中在少数民族的环境或生态习惯法的研究中，以上文章对于笔者界定生态习惯法的概念和效力具有重要的理论价值。

　　以 CiteSpace（5.6. R5 版本）可视化分析软件对"生态习惯法"为题进行讨论的期刊呈现以下分布（见图 0-4）。

---

① 李可. 论环境习惯法 [J]. 环境资源法论丛（第 6 卷）. 吕忠梅，主编. 北京：法律出版社，2006：28.
② 阳相冀，刘辉，马文哲. 论环境习惯法的司法适用 [J]. 云南财经大学学报（社会科学版），2010（5）：121.
③ 李明华，陈真亮. 生态习惯法现代化的价值基础及合理进路 [J]. 浙江学刊，2009（1）：163.
④ 马连龙. 环境习惯法对少数民族地区环境法制建设的贡献——以青海果洛藏族自治州达日县和青海湟中县为例 [J]. 江苏警官学院学报，2009（6）：57-62.
⑤ 田红星. 环境习惯与民间环境法初探 [J]. 贵州社会科学，2006（3）：85.

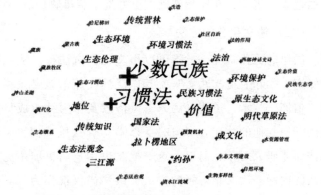

图 0-4　生态习惯法研究分布

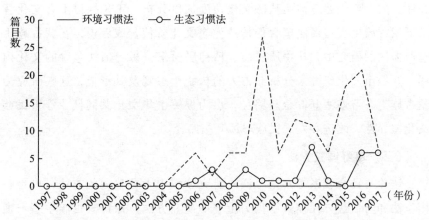

图 0-5　"环境习惯法"和"生态习惯法"的学术关注度趋势

数据来源：中国知网。

三　研究方法

（一）文献研究方法

在法学研究的领域中，文献资料的搜集整理分析是比较基础的研究方法，也是被学者广泛使用的方法。在蒙古族生态习惯法的研究中，对历史资料进行详细的整理分析，有助于了解蒙古族生态习惯法的由来及其历史发展；对相关理论的深入研究分析有助于明确蒙古族生态习惯法的基本概念、特征、效力来源等问题；而秩序意义下国家法秩序和习惯规范秩序的比较研究，能够确定事物同异关系，揭示和分析两者之间互动的过程与机理，在比较基础上更好地了解事物的真实面貌。

（二）法文化分析方法

法律的文化解释，意指可以用文化拓宽法律。从经典的文化定义我们知道，"文化或者说文明就其广泛的民族学意义来说，是包括全部知识、信仰、艺术、道德、法律、风俗以及作为社会成员的人所掌握和接受的任何其他的才能和习惯的复合体"。[①] 这里我们更强调文化作为法律方法而非研究对象，而以上这一概念也让我们更加拓宽了文化作为研究方法的内涵。用文化解释的方法突破法律仅仅作为工具的理念，让法律承载更加广泛的意义，体现文化传承中法律对于人类自身的终极价值的关注。蒙古族生态习惯法从法文化角度加以分析，正是探讨生态文化背景下蒙古族生态习惯法蕴含的传统生态文化价值，或者说，在蒙古族生态习惯法的研究中，从物质层面、精神层面来分析习惯法包含的文化内涵，并经由文化研究来分析蒙古人的传统生态观及其形成，这些研究为蒙古族生态习惯法开辟全新路径，也为保障中华文化共同性、尊重民族文化差异性、改进和发展民族习惯开拓路径。

（三）田野调查方法

法律与社会联系考察是习惯法研究领域中十分普遍的方法，也是在国家法和习惯法二元模式下极为重要的研究方法，探讨蒙古族生态习惯法现实价值更要在社会生活的观察中才能进行。文中笔者采用了田野调查方法，实地考察蒙古族生态习惯法的现实状态，这些实证资料成为文章相关知识分析的重要素材和依据，为解释和探讨相关的理论作出重要的支撑，特别是有利于去了解和分析蒙古族生态习惯法的现状，探讨蒙古族生态习惯法究竟还有没有适用，且其实用价值有多少，等等。因此，法社会学的研究方法是本书采用的重要方法。按照高其才教授所言，"目前的习惯法的研究中，方法上存在经验研究和规范研究相脱节的现象，持不同的研究方法者有相互排斥的倾向。来自田野调查的实证研究成果

---

① 爱德华·泰勒.原始文化［M］.连树声，译.上海：上海文艺出版社，1992：1.

生动有余，普适性的理论提升和概括不足。而规范研究依靠二手材料的多，理论抽象有余，却难以确保材料的真实性和结论的客观性。为此，应该提倡研究方法的综合利用，提倡各种学派的相互学习"。① 有鉴于此，笔者希望能够尽量采用多种方法进行研究，让研究更加丰满。

四　研究的主要思路

本书研究论述主要章节如下：

第一章　蒙古族生态习惯法的概念

第一节　习惯法与生态习惯

本节主要进行生态与环境、习惯与习惯法等概念的比较分析。针对习惯与习惯法两个概念的比较分析有同质说和异质说两种：异质说强调习惯与习惯法具有不同性质，二者存在明显区别；同质说则认为习惯和习惯法没有本质区别。例如，在现代法治国家的语境下，在讨论民法典与民事习惯的关系时，不论是"习惯"还是"习惯法"，其所指称的对象是同一的，即未予法典化的不成文规则。本部分主要对这些不同观点进行对比分析。

第二节　生态习惯法与民间法

民间法与习惯法概念的混用现象由来已久，对两者之间进行对比分析的成果也较多，面对蒙古族生态习惯法研究的现实，必须要切实对两者作一个界定，以便深层次阐释生态习惯法以及蒙古族生态习惯法的内涵。

第三节　蒙古族生态习惯法界定

蒙古族生态习惯法应是在蒙古民间自发形成，以草原生态保护为明确指向性，并根据蒙古人具有经验性的总结。

第四节　蒙古族生态习惯法的特征

蒙古族生态习惯法具有地缘民族性、自发性和稳定性，代际传承方式也较为特殊。

第二章　蒙古族生态习惯法的效力来源

第一节　蒙古族生态习惯法的外部构成要素

蒙古族生态习惯法首先是一种规范，具有一定强制力，虽然与国家

---

① 高其才. 习惯法研究的路径与反思 [J]. 广西政法管理干部学院学报，2007 (6): 17.

强制力相比，其效果及威慑力相对较弱，但其本身也必定得到民众的遵守，才可成为习惯法，从效力的外部构成来看，蒙古族牧民在与自然界对话的过程中，逐渐形成适应自然生态环境的游牧经济，通过在"逐水草而居"的游牧过程中重复性和传承性的行为，切实地实现了人、动物和自然界的合理循环，达到草原生态的持续发展并形成特有的生态文化。

第二节　蒙古族生态习惯法的内部构成要素

内部要素更加注重对蒙古人内心的约束力，其中早期蒙古族人心中，萨满教宗教信仰是首位，强大的宗教信仰奠定了蒙古人内心对自然界的敬畏和爱护。而从人类的理性角度出发，在游牧经济的生活中，蒙古人本着自身实用理性的引导，在对有序秩序的追求下，进行行为的博弈，这也成为蒙古人选择一定习惯并遵守这种习惯的心理基础。本质上来说，习惯权利是一种事实性权利。习惯权利产生于人们的行为中，并不断被践行和延续，从而形成一种约定俗成，并由此产生了相对应的义务。

第三节　蒙古族生态习惯法的规范内核

习惯法的规范内核是具有经验性的，是民众在日常生活中事实上形成的并由民众创造的一种规范，包括习惯权利和习惯义务。蒙古族生态习惯权利产生于日常行为并反复实施，逐渐潜移默化成为心里的依托，最终转化为一种社会规范。蒙古族生态习惯多表现为义务性，这与习惯产生于禁忌有直接关系，但权利义务之间也存在基本的对应关系，共同起到维护秩序的作用。

第三章　蒙古族生态习惯法的历史发展

第一节　约孙时期的蒙古族生态习惯法

从蒙古族的起源发掘传统生态习惯法的起源十分必要。蒙古族始于今额尔古纳河流域的一个部落，历史上曾以"室韦"之称出现在汉文古籍《旧唐书·北狄》中，由于受生态环境的影响，大约在八世纪中叶由狩猎生产方式向游牧生产方式的转型。古代"约孙"是人们在群体生活中逐渐形成并共同遵守的习惯和风俗。

第二节　《大札撒》时期的蒙古族生态习惯法

《大札撒》是1206年前后由成吉思汗颁布的类似于敕令的文件，其渊源中即有大量基于传统生产、生活产生的生态习惯，是蒙古族习惯法在形式上逐渐转入"制定法"阶段的表现，无疑也是蒙古族带有原始气息的法文化迈向成熟的重要标志。

第三节　元朝蒙古族生态习惯法的继承与发展

从元朝及以后的成文法、判例等大量文献史料记载中可以看到蒙古族生态习惯法的发展脉络，已经融入制定法的过程中，被吸收成为法律条文，但同时习惯依然在百姓中发挥作用。蒙古族统治者深深知晓，草原的生态平衡关系到蒙古族的兴盛发达，因而总是能够因时制宜，利用自然规律来达到生态保护的目的。

第四节　明朝与北元时期蒙古族生态习惯法的整体面貌

明朝与北元政权对峙时期，蒙古政权整体是混乱的，政权更迭频繁，汗位被各派系轮流抢夺，很多大汗在位时间都特别短。明朝时太祖和成祖两朝对蒙古的用兵较为频繁，同时明朝通过权衡之术，离间蒙古诸部，建立卫所制度，但整体看，都不具备一举灭亡北元的能力，从而形成了北元蒙古与明朝长期对峙的局面，使蒙古草原陷入困境，赖以为生的畜牧业严重萎缩。许多局部地区实施的法律法规在发挥作用，其中一些法律法规对保护蒙古草原起到了重要作用，如北元时期的《阿勒坦汗法典》《喀尔喀七旗法典》《卫拉特法典》等。这一系列法典的创建可以看出整个蒙古族群体的生态意识正随着社会的发展而逐渐提高，在强有力的法典制度保障下，进一步巩固了传统的人与自然和谐发展的理念。

第五节　清至民国时期蒙古族生态习惯法的变迁

明清时期的生态习惯的发展特别是近代的变化亦可看到蒙古族社会生态习惯发生了很多改变，这一时期无序的开荒和过度放牧都是导致草原生态不断恶化的原因。草原上的生态习惯法固然存在，但无法承受无序的秩序带来的破坏，那些短期利益获得者，没有考虑过生态环境保护的问题，只是单纯的掠夺，给草原带来深重的灾难。本节结合蒙古国相关法律的整理内容，系统观察不同地区草原生态习惯法的发展状态。

第六节　蒙古族生态习惯法的内容

结合蒙古族生态习惯法的历史变迁，可以发现历史上蒙古族生态习惯法的内容主要包括：保护草场的习惯法、保护水资源的习惯法、保护森林的习惯法、保护野生动物的习惯法。

第四章　蒙古族生态习惯法的现实运行

第一节　从社会生活视角观察蒙古族生态习惯法（一）

对现实中的蒙古族生态习惯法的研究是十分必要的。因此，第一次调研时笔者选择蒙古族聚居区——内蒙古呼伦贝尔草原作为调研地区。笔者采取问卷调查、深入访谈等方法，并根据调查结果，运用数据统计软件进行分析，从蒙古族生态习惯法的存在形式、规范作用、生态法律意识引导以及迁移性特点逐一进行分析总结。

第二节　从社会生活视角观察蒙古族生态习惯法（二）

笔者时隔七年后再次进入草原，对蒙古族生态习惯法的现实状况再次进行调研。通过问卷星发放调查问卷，并深入巴彦淖尔市、鄂尔多斯市、锡林郭勒盟、通辽市、兴安盟、赤峰市部分地区，以及呼伦贝尔市牧业四旗的部分地区，实地走访调查蒙古族生态习惯法的留存状况、适用情况以及蒙古族聚居区各项政策的适用与蒙古族生态习惯法的新发展。

第三节　国家生态法律与蒙古族生态习惯法的现实关系

在法社会学家眼里，秩序的形成不仅仅依靠国家法律，在社会生活的方方面面都会存在其他社会规范，蒙古族生态习惯法作为习惯规范，其本身与国家法有着密切关系。

第四节　蒙古族生态习惯法的现实发展进路

当前，蒙古族生态习惯法遭遇了很多研究瓶颈。有学者认为，习惯法本身已经遇到自我证明身份的尴尬境地。正视问题，寻找其意义是本研究的意义所在。法律生态化是环境法研究领域中的新视角，是为了顺应国家生态文明建设的趋势，对部门法重新整理，在相关部分加入保护生态环境的重要原则和措施，以达到克服"人类中心主义"弊病，并实现经济效益、社会效益与生态效益的可持续发展。如果从生态伦理观点，正视自然界其他生命，最终达到人与自然和谐相处，可以为蒙古族生态习惯法寻找一种新的发展路径。

第五章　蒙古族生态习惯法的多元价值

第一节　多元纠纷解决价值

作为蒙古族世代相传的，并经过特有方式继承和延续的规范，虽然其外部环境发生变迁，但实际生活中，牧民依然切实地按照蒙古族生态习惯法来维护草原生态平衡，实现人与自然和谐相处。从多元纠纷解决角度来看，蒙古族生态习惯法可以成为民间调解中的重要规则依据，并会受到民众的认可，具有规范力。在中国特色社会主义法治建设进程中，可以突出蒙古族生态习惯法的实践作用，将其作为蒙古族聚居区纠纷解决的参考规则予以确认，并通过司法途径实现对蒙古族生态习惯法的认可。

第二节　蒙古族生态习惯法的法源价值

在对相关资料进行整理后，根据调整客体不同将蒙古族生态习惯法的功能界定在保护草场、保护水源、保护山林树木和保护野生动物四个主要方面。其本身具有规则的正当性，也有进入现代法律的可能性。

第三节　蒙古族生态习惯法的秩序价值

蒙古族生态习惯法本身含有秩序的因素，是秩序价值的载体，每一个内容都包含秩序规则，对维系草原生态安全具有重要价值。

第四节　蒙古族生态习惯法的文化传承价值

一个民族的文化只有通过一定载体才能被铭记和延续，而蒙古族生态习惯法从其构成要素来看，完全可以作为蒙古族生态文化发展的重要载体，因而具有蒙古族生态文化传承价值，也为中华文化的传承发展提供更多的素材。

第五节　蒙古族生态习惯法的人权价值

生态习惯法是蒙古人在日常生活中不断重复的行为基础上形成的具有约束力的规范，其中很多规则与公民环境权密切相关，环境权作为人权的组成部分已经受到了长期的关注和呼吁，而两者的规范性恰恰又有重合点，因此，蒙古族生态习惯法可以成为保障公民环境权的重要支撑，并通过对该地区公民生存权、环境权的保护达到权益保障的目标。

第一章　蒙古族生态习惯法的概念

第一节　习惯法与生态习惯

蒙古族生态习惯法从概念的直观认识来看是组合概念，即蒙古族+生态+习惯法，且理论上对于何为"生态习惯法"或者何为"蒙古族生态习惯法"，也并无统一定义，前文文献综述中可以印证这一点，因此，基于"概念本身是一种语言基本构成单位，是对特定现象高度抽象概括，对于某一概念做到准确定义严格说是不可能的，充其量可以无限接近特定的内涵，所以，概念的定义更多地在于优劣之分，不在于对错之别。"[1] 就蒙古族生态习惯法的概念，从直观理解到深层次发掘其本质内涵，需要就组合概念和每一部分的关系进行一一厘清。

一　"生态"词义分析

"生态"是目前广泛运用的词汇，现代汉语词典中解释："生态"为生物的生理特征和生活习性。[2] 按照我国古代对"生态"词汇的运用来看，生态多指显露美好的姿态或是生动的意态，可以解释为生物的美好姿态。[3] 一般来说，生态会有两种词性：作为形容词，是指有利于生物体生存的，对一切生命存在有所帮助的；作为名词，是指环境总体以及包括人在内的物与物的相互关系，比较常见的用法是生态环境、生态法、生态保护法。如果从生态词义的关联性来说，生态与生存、生命、生产等词汇有密切关联，同时在词义上又含有总体性、整体性和全面性的特点。[4]

---

① 王树义，等. 环境法基本理论研究 [M]. 北京：科学出版社，2012：343.
② 现代汉语大辞典 [M]. 北京：商务印书馆，2003：982.
③ 蒋冬梅. 经济立法的生态化理念研究 [M]. 北京：中国法制出版社，2013：21.
④ 余治平. "生态"概念的存在论阐释 [J]. 江海学刊，2005 (6)：6.

1865 年德国动物学家 E·海克尔（E. Haekel）正式提出"生态"（ecology）这一概念，他指出，"动物对于无机和有机环境所具有的关系叫做生态。这一概念强调生态是有机体和环境的相互作用、同种有机体之间的种内相互作用，异种有机体之间的种间相互作用的关系"。① 最初"生态"运用局限在自然生物圈中，后来以"生态"为词根的词汇大量涌现，生态学这门学科则伴随 1896 年德国生物学家斯洛德（Schroter）的个体生态学（autoecology）和种群生态学（synecology）两个概念的论证而正式成立。随着生态学知识范围和结构的扩张，以及人类活动的不断增强，生态学逐步与其他领域的学科结合，"成为研究生命系统与环境系统之间相互作用规律及其机制的综合性学科，后在与人文学科的结合中成为打破专业化藩篱和科际整合的领跑者"。② 社会科学中常见的"生态"概念强调，生态为一切生物的生存状态以及它们之间和生物与环境之间环环相扣的关系。这一理解倾向于展现其全面性和整体性特征，也是在生态环境法领域中运用"生态"这一概念的主要目的。"生态法是为了生活在我们共同的唯一的家——地球上的人的利益，为了达到协调社会与自然界之间的关系之目的，而用特殊方法调整生态社会关系的法律规范体系"。③

与生态一词经常并行出现的是"环境"（environment）。而生态环境、环境法、生态环境法等词语的广泛运用也体现出"生态"与"环境"之间的密切联系。环境是指"某一特定生物体或者生物群体以外的空间，以及直接或间接影响该生物体或生物群体生存的一切事物的总和"。④ 我国《环境保护法》第 2 条⑤的规定则说明环境所包含的意义非常广泛，自然科学中的环境往往与生物特性及外在影响生物发展的因素相关，而在社会科学领域，环境则主要与人这一主体密切联系，是以人

---

① 乔世明. 少数民族地区生态环境法制建设研究［M］. 北京：中央民族大学出版社，2008：3.
② 王树义，等. 环境法基本理论研究［M］. 北京：科学出版社，2012：330.
③ 王树义，等. 环境法基本理论研究［M］. 北京：科学出版社，2012：12.
④ 王树义，等. 环境法基本理论研究［M］. 北京：科学出版社，2012：331.
⑤ 《中华人民共和国环境保护法》第 2 条："本法所称环境，是指影响人类生存和发展的各种天然的和经过人工改造的自然因素的总体，包括大气、水、海洋、土地、矿藏、森林、草原、野生动物、自然遗迹、人文遗迹、自然保护区、风景名胜区、城市和乡村。"

为中心的外部世界，经常可以看到社会环境、政治环境、文化环境等用法。

生态与环境有联系也有区别，两者均表示对人和自然关系的关注，不过环境以人为中心，强调外部因素，人可以通过自身意愿对外部环境进行合理支配，而外部环境也会在人类掌控、支配的行为下给人类生活带来一定影响。而生态并不强调以人为中心的对应性，人是生态的组成部分，与其他生物共存共生，内涵更为深远。正如阿诺德·贝林特（Berleant）所说，"环境不是纯自然的景观，在现代社会基本已经不能实现，当然也不是我们的'周围'，这种情况下人在环境之外，而是被体验的，人们生活在其间的自然"。① 随着人类社会走向生态文明，更需要强调人与自然相互依存、相互促进、共处共融的关系，人的关注点不仅仅是外部环境，更要重视在改造自然过程中，尊重和爱护自然，不随心所欲。随着生态伦理学的发展，有学者甚至希望赋予动物以主体权利，这样的提法虽然颇受争议，但也可以表明人类对于自身行为的反省以及对生态的重新界定。由此，伴随生态文明的建设进程，生态的词义将不断呈现多样性，更适宜我们去广泛理解人与自然的互动。

二　习惯法概念分析

在习惯法研究领域，对习惯法、习惯、民间法等概念的比较研究是展开其他理论研究的基础，在诸多习惯法研究进路中占据首要地位。基于何种研究范式进行习惯法概念界定已成为不可回避的问题。诚然，我国法学界对习惯法研究范式的讨论早已热闹非常，学者们也往往各有立场，但是本书依然要老生常谈，借用学界常用的"范式"概念来讨论蒙古族生态习惯法的研究基础。因为探讨习惯法的研究基础非常必要，依据哪一种研究范式，往往决定研究的立论方向。针对范式概念的运用问题，梁治平先生曾认为"范式不仅包含方法，也可能包含意识形态因素；范式存在于特定时空、特定人群之中，有其制度化的表现形式；范式可以

---

① BERLEANT A. Environment and the arts: perspectives on environmental aesthetics ［M］. London: ashgate publishing company, 2002: 2.

有层次上的差别，其内容可能部分地重叠，而不同范式可以并存"，① 作为法学研究常见概念，范式是"可以为彼此不同的理论模式或彼此冲突的理论模式所共同信奉的且未经质疑的一整套或某种规范性信念"，② 在我国，不同范式所讨论问题具有不同理论背景，仁者见仁，智者见智，同一范式下，学者们一般拥有共同的基本理论、基本观点和基本方法。对于本研究而言，范式是一套重要的学术背景，决定了蒙古族生态习惯法概念的理解基准。

（一）习惯法研究之不同立场

综合学者对习惯法研究的大致情形，可以认定，国内学者普遍将研究立场划分为"现代化范式"和"本土化范式"这两种。从"现代化范式"角度看，坚持法律与国家具有必然性关联，法律只能是国家制定或认可的行为规则，法律是一元的。所谓"一元"，是将视域集中在国家层面上，以世界所有国家都可以实现西方现代化所取得的成就为假设，这种西方化解决方式为我们提供了理想化的场景。中国实现法治的道路理应由国家设计的现代法一统天下。虽然这种观点备受质疑，但可以说是我国学者对习惯法研究的最初模式。基于此，习惯法一贯被认为应当由"国家认可"，这样才符合我国法治的发展路径。英国学者奥斯丁曾经认为，"在立法机关或法官赋予某一习惯惯例以法律效力以前，它应当被认为是一种实在的道德规则"。③ 在《法理学的范围》一书中，他将这种道德规则分为两类，即具有法律性质的和没有法律性质的。而具有法律性质的道德规则有两个显著特征：第一，它们是具有强制性的法或者规则，而且是由一类人对另外一类人制定的；第二，它们既不是政治优势者制定的，也不是享有法律权利的个人制定的。④ 显然，实在道德规则在尚未受到国家法权威认可前，仅仅只是道德规范，而不能成为法，虽然具有法律性质的道德规则看起来似乎具有法的规范性，但并不是法

①　邓正来.中国法学向何处去（上）——建构"中国法律理想图景"时代的论纲 [J].政法论坛，2005（1）：3-23.

②　邓正来.中国法学向何处去（上）——建构"中国法律理想图景"时代的论纲 [J].政法论坛，2005（1）：3-23.

③　AUSTIN J. The province of jurisprudence determinded [M]. Wilfrid rumble cambridge：cambridge university press，1954：163-164.

④　约翰·奥斯丁.法理学的范围 [M].刘星，译.中国法制出版社，2002：155.

律，不过，类比意义上我们经常以"法"的名义去称呼。奥地利学者凯尔森则把"习惯视为法律的渊源，认为习惯同立法一样是创制法律的方式，习惯法源于习惯，所以习惯与习惯法的区别仅在于是否得到法院的承认"。① 基于此，部分西方学者认为，得到法院适用的习惯才是习惯法，习惯是习惯法的渊源。习惯法一贯被认为应当由"国家认可"，那些不被认可的习惯则不被承认为法律，也就是说，习惯法的效力来源是国家认可。在我国法理学界，对于习惯法的定义也多重视这一要素。《中国大百科全书·法学卷》中对习惯法的定义是，"习惯法指国家认可和由国家强制力保证实施的习惯"。② 沈宗灵先生认为，"习惯法来源于习惯，但并不是所有习惯都是习惯法，只有经相应国家机关承认其法律效力的习惯才是习惯法"。③ 孙国华先生主编的《法学基础理论》教材中也认为，"习惯法是经国家认可并赋予国家强制力的完全意义上的法"。④ 以上这些概念表明，习惯法如果没有国家的认可即不能认为是法，那么在这样的情况下，习惯与习惯法是不一样的，至少从国家强制力这一点看，习惯法应该是国家认可的。而那些民间长期存在，被人们广泛适用的规则、规范应当不能算作习惯法。按照以上说法，"习惯应该是社会生活中，长期实践而形成的为人们共同信守的行为规则"，许多被人们习惯遵守的事实规范经过国家立法或者司法程序的认可，才能升格为法律，两者的区别是是否获得国家的认可。

另一种研究角度，我们称为"本土化范式"。这一研究范式已经成为习惯法研究领域中比较普遍的角度。本土化是站在法社会学的角度看待法律，从秩序的功能出发，不仅国家法是社会调整的规范，在社会生活中起到实际作用的规范，例如习惯，也可以被认为具有准法的效力，尽管它不同于一国法律体系内的正式法，但学者们有意在类比意义上使用"法"这个称谓，以突出习惯的规范性。"因为国家法在任何社会里都不是唯一的和全部的法律，无论其作用多么重要，也只能是整个法律

---

① 凯尔森. 法与国家的一般理论 [M]. 沈宗灵，译. 中国大百科全书出版社，1998：130.
② 中国大百科全书·法学卷 [M]. 北京：中国大百科全书出版社，1984：87.
③ 沈宗灵. 比较法研究 [M]. 北京：北京大学出版社，1998：175.
④ 孙国华. 法学基础理论 [M]. 北京：中国人民大学出版社，1987：41.

秩序的一部分，在国家法之外、之下，还有各种各样其他类型的法律，它们不但填补了国家法遗留的空隙，甚至构成国家法的基础"。① 因此，习惯法就成为秩序意义上与国家法、制定法并存的规范形式。梁治平先生就曾经指出，"习惯法乃是这样一套地方性规范，它是在乡民长期的生活与劳作过程中逐渐形成；它被用来分配乡民之间的权利、义务，调整和解决了他们之间的利益冲突，并且主要在一套关系网络中被予以实施。就其性质而言，习惯法乃是不同于国家法的另一种知识传统，它在一定程度上受制于不同的原则"。② 俞荣根教授认为，"习惯法是维持和调整某一社会组织或全体及其成员之间关系的习惯约束力量的总和，是由该组织会群体的成员出于维护生产和社会需要而约定俗成，适用一定区域的带有强制性的行为规范"。③ 王学辉教授认为，"原始习惯法建立在习惯的基础上，出自民间，虽然它们与成文法不尽一致，乃至或有抵牾，但不妨碍它们成为一个社会法秩序中真实和重要的一部分。习惯法具有多样的形态，它是口碑相传、自然生成、相沿成习，其实施可能由特定的一些人负责，也可能靠公众舆论和某种微妙心理机制。它常常以浓缩和简练的形式表现在民间流行的各种习惯语中"。④ 高其才教授所阐释的习惯法定义也是基于这一理论立场，他认为，"习惯法是与国家制定法相对应的，它出自各种社会组织、社会权威，规范一定社会组织、一定社会区域的全体成员的行为，为他们所普遍遵守。国家这一特殊的社会组织可以对习惯法进行认可，而使之具有双重效力，也可以在国家制定法中反映习惯法的内容"。⑤ 周赟教授则认为，"所谓习惯法，是指在一定范围内由于传统或心理默契等原因形成的，存在于主体行为或心理之外并具有一定之外在强制力的，以主体行为或心理模式所反映并表现出来的行为规范"。⑥ 这里的习惯与习惯法虽有不同，但很显然两者的区别已经不是以国家是否认可为准，而是看哪个更具社会规范的独特性，习惯

① 梁治平. 清代习惯法：社会与国家 [M]. 北京：中国政法大学出版社，1996：35.
② 梁治平. 清代习惯法：社会与国家 [M]. 北京：中国政法大学出版社，1996：1.
③ 俞荣根. 羌族习惯法 [M]. 重庆：重庆出版社，2000：7.
④ 王学辉. 从禁忌习惯到法起源运动 [M]. 北京：法律出版社，1998：299.
⑤ 高其才. 中国少数民族习惯法研究 [M]. 北京：清华大学出版社，2003：8.
⑥ 周赟. 论习惯与习惯法 [J]. 谢晖，陈金钊. 《民间法》（第3卷），济南：山东人民出版社，2004：85.

法尚未被国家法律体系纳入，其自身有一套自发生成的规范体系，对国
家法律有一定的补充作用，这一研究理论与国外法社会学者的看法颇具
一致性。

　　国外学者对于习惯法的研究可谓由来已久。从历史发展角度看，早
在古希腊时期，亚里士多德就指出了积习演变而来，或者我们可以理解
为惯习演变而成的"不成文法"比"成文法"更有权威，所讨论管理的
事项也更为重要。① 历史法学派对习惯法给予了更高层次的评价，也是
后期法社会学发展的重要基础。德国学者萨维尼认为，"习惯法是一个民
族的共同信念的最真实表示，因此高于制定法，规定明确的制定法只有
在它体现了普遍民族习惯和惯例时才是有用的"。② 英国学者梅因在对原
始社会和进步社会法律制度的比较中，看到一些政治、社会和法律形式
会在似乎不同的外衣下重复出现，且一旦重复出现，就会以典型的方式
出现，这一理论可称为法律和立法的发展理论。其中，梅因提到，最早
阶段法律是根据家长式的统治者个人的命令制定的，而他的臣民却认为
是在按照神的启示；然后便是习惯法阶段，那时宣称垄断法律知识的贵
族或少数特权阶级来解释和运用习惯法；第三个阶段，是由社会冲突引
起的习惯法的法典化阶段；最后阶段，用科学的法理学把上述不同的法
律形式整理成为前后统一的整体系统。③ 可以说，"习惯法时代是法典时
代之前的一个历史阶段，这一时期的法律是真正的不成文法"。④ 如果
说，历史法学派开启了对"法"理解的不同路径，那么奥地利著名法社
会学家埃利希在对萨维尼和普赫塔的研究理论基础上提出的"活法"主
张，可以说是习惯法研究的又一重要理论。他指出："与纯粹在法院和其
他国家机关中所实施的法律不同。活法不是在法条中确立的法，而是支
配生活本身的法，这种法的认识来源首先是现代的法律文件，其次是对
生活、商业、习惯和惯例以及所有联合体的切身观察，这些事项既可能

---

① 亚里士多德. 政治学 ［M］. 吴寿彭，译. 北京：商务印书馆，1965：170—171.
② E·博登海默. 法理学：法律哲学与法律方法 ［M］. 邓正来，译. 北京：中国政法大
　学出版社，2004.93.
③ 参见 E·博登海默. 法理学：法律哲学与法律方法 ［M］. 邓正来，译. 北京：中国政
　法大学出版社，2004.97.
④ 梅因. 古代法 ［M］. 沈景一，译. 北京：商务印书馆，1996：9.

是法律所认可的，也可能是法律所忽视和疏忽的，甚至是法律所反对的。"① 这一"活法"理论也成为研究习惯法最为重要的路径之一。除此之外，美国学者昂格尔（Unger）基于法律和社会形态的关系，将法律分为习惯法、官僚法和法律秩序，习惯法"在最广泛的意义上讲，法律仅仅是反复出现的、个人和群体之间相互作用的模式，同时，这些个人和群体或多或少地明确承认这种模式产生了应当得到满足的相互的行为期待"，② 进而指出中国社会是一个从习惯法到官僚法的演变过程。德国学者马克斯·韦伯在其著作中提到习惯、惯例和习惯法，并指出三者之间的演变是难以察觉的，"惯例是一种典型的、根据常规的统一的行动，行动者习惯于这样做，并且毫不思索地模仿着做。这是一种集体性行动，没有谁要求这样做"。习惯则是"做没有任何（物理的或来于心理的）强制力，至少没有任何外界表示同意与否的直接反应的情况下做出的行为。在他理解中，习惯与习惯法是不同的，那些作为习惯法的规范，其效力在很大程度上依赖于一种类似的强制性实施机制，尽管这种强制效力是来自同意，而非制定"③。在美国学者博登海默看来，所谓"习惯法这一术语被用来意指那些已成为具有法律性质的规则或安排的习惯，尽管它们尚未得到立法机关或司法机关的正式颁布"④。而法人类学家们对于习惯法也有类似理解，美国人类学家霍贝尔就曾指出："习惯不能自动成为法，习惯上升为法具备三个条件，强制力、合法的权威和惯常性，而这些与制陶技术、钻木取火以及训练小孩子如厕显然是不同的。"⑤ 以上中外学者所阐释的法社会学、法人类学意义上的习惯法，更加贴合当前我们对习惯法的广泛理解，指出习惯与习惯法虽有不同，但也并非必须由国家法去确认，这一理论突破了那些现代化范式基础上国家认可的局限，赋予习惯法研究更加广阔的空间。

---

① 埃利希. 法社会学原理 [M]. 舒国滢，译，中国大百科全书出版社，2009：545.
② 昂格尔. 现代社会中的法律 [M]. 吴玉章，周汉华，译，北京：译林出版社，2001：46.
③ 马克斯·韦伯. 论经济与社会中的法律 [M]. 张乃根，译，中国大百科全书出版社，1998：21.
④ E·博登海默. 法理学：法律哲学与法律方法 [M]. 邓正来，译. 北京：中国政法大学出版社，2004：401.
⑤ HOEBEL A E. The Law of primitive men [M]. Cambridge：harvard university press，1954：48.

（二）对习惯法研究立场之评析

通过对以上两种范式加以说明，可为后文研究确立一个基本理论立场。无论在何种语境中适用习惯法概念或以何种方式区分习惯、习惯法都是后文概念界定的前置需求，不管是国家立场还是社会立场都有其合理性，不能一概否定。

站在"国家认可"的立场，可以凸显习惯法"法"的性质，表明国家主权或者国家权威在法律领域的绝对地位，使习惯法效力来源以及习惯法在国家法律体系中的地位更加清晰明确，其合理性显而易见，但也存在诸多问题。习惯法如果称为"法"，就只能通过国家立法或司法认可。如果进入国家法体系，就可以成为法，相反就不能称其为"法"。这里的"国家认可"并未有明确标准可循，理论界一般有三种理解：第一种是国家立法机关将已经存在的习惯写入法律条文，这样便赋予习惯以法律地位，在国家历年法律修订过程中，不排除以立法方式承认习惯。例如，蒙古族生态习惯法曾有大量关于草原生态保护的内容具有重要价值，因此在历史发展中已被法律认可，成为国家保护草原生态的重要依据。可是在这样的方式下，习惯已经基本成为国家法律的组成部分，其独立作用已被抹杀，仅成为国家制定法的一部分。而那些不被国家立法认可，但在社会生活中发挥一定秩序规范功能的习惯则不被重视。第二种是虽然没有明确法律条文来佐证，但是明确可以适用或应当保护的特定习惯。例如，我国《宪法》中规定各民族有保持或者改革自己风俗习惯的自由；我国《民法典》在第十条法律适用中明确处理民事纠纷应当依照法律，法律没有规定的，可以适用习惯，但是不得违背公序良俗。我国《民法典》中对于处理相邻关系时，可以按照当地的习惯或规定。这些均可以认为是第二种认可，当然国家法律中这类规定还有许多，后文有详细介绍，在此不赘述。第三种是国家司法机关在具体适用法律过程中对习惯的承认。苏力教授曾经说："尽管当代中国制定法对于习惯采取了某种贬抑，有时甚至是明确予以拒绝的态度，但在司法实践中，习惯还是会顽强地在法律中体现出来，对司法结果产生重大影响，实际上置换了或改写了制定法"。① 这也说明在实践中，习惯拥有更加广阔的实

---

① 苏力. 送法下乡：中国基层司法制度研究 [M]. 北京：中国政法大学出版社，2000：240.

用价值，也更加活跃。习惯一般在以下情形下适用：法律规定存在真正漏洞；需调整的事项存在习惯法的适用规则选择；习惯法规则不违背公序良俗原则和法律规定。近年来，许多基层法院对习惯法的重视程度也有提高，在能动司法主义理念引导下，给习惯进入司法实践保留更大空间。例如，四川泸州财产遗赠情妇案件的判决可以体现善良风俗在司法实践中的重要作用。

> 案情：黄某与蒋某于 1963 年登记结婚，并收养一子。1996 年，黄某与小他 30 岁的张某相识后，公开同居。2001 年初，黄某因为肝癌晚期住院治疗，并于 2001 年 4 月 18 日立下自书遗嘱，将总额 6 万元的财产赠与张某。2001 年 4 月 22 日黄某病逝，丧事办理之后，张某向蒋某索要遗产被拒，后张某将蒋某起诉至四川泸州市纳溪区人民法院，要求依据继承法的有关规定，判令被告蒋某将遗嘱履行。法院审理中认为，黄某的遗赠行为违反法律的原则精神，损害社会公德，破坏公共秩序，属于无效行为，依照《民法通则》驳回张某的诉讼请求，后来二审也维持了原判。①

在这一案件里，公序良俗展现了重要的司法功能。虽然此案存在许多争议，但是并没有人能够否定社会善良风俗的作用，而这种善良风俗可以视为基层司法实践中对于习惯的认可。由此可以知道，基于"国家认可"立场，国家法"中心主义"的地位十分稳固，习惯法可以通过上文所阐释的三种方式被国家法所承认，但那些存活在各地，尚未通过以上方式被承认的习惯法，其作用则被严重忽视。

20 世纪 90 年代开始，我国法学界对习惯法理论研究有了突破性进展，学者们开始广泛地将视线集中在社会秩序中起重要作用的习惯或者习惯法上。田成有教授在对中国传统社会进行研究后指出，"在中国，真正管用的是国家法之外存在的'另一种法'，国家法之外的活生生的秩序似乎更能牢牢地扎根于民众，更能有效地作用和规制着这个社会，这种带有'历史烙印'的传统基础是决定着所谓'习惯法'或其他类似的

---

① 公丕祥. 民俗习惯司法运用的理论与实践 [M]. 北京：法律出版社，2011：87.

'活法'一而再再而三引起学者关注"。① 站在"本土化"立场之上,我们看重维护社会秩序中习惯法所起到的重要作用;在规范角度,习惯法可以成为独立于国家法之外的一种秩序,它具有自身规范性,也经过了时间的沉淀,公众对此有了法的确信。当然更重要的是,"本土化"立场之所以受到重视也是因为学者们对于"国家法一统天下"的实践问题有了比较深刻的认识。只要制定完善的法律并且严格地通过法律解决社会问题,那么社会所有的纠纷矛盾就会迎刃而解,这样过分依赖制定法的结果是常常使普通老百姓面对一些纠纷无所适从,当"我们自以为已经掌握了有关现代的法律知识,但这种过分现代化的法律并不是我们这个民族自有文明经历过的,而是我们之中的一些人从另一种文明中人的书上看来的、课中听来的;我们使用的概念工具往往是从别人那里借来的"。② 这与老百姓日常生活的需要总不相符。因此,将目光放到现实的中国社会中,挖掘那些我们需要的,行动中的,经验中的法,不失为进一步解决现实基层问题的出路。付子堂教授指出,"法律作为社会规范体系的一种,在任何时代都不会是包治百病、无所不能的,总是存在着固有的缺陷或局限。法律万能论其实充其量只不过是一种法律神话。法律的局限性首先表现在:有些社会领域,如仅仅涉及人们思想领域或一般私生活方面的问题,法律不宜介入;有些社会情况,特别是客观上根本不可能确定事实的问题,法律无力介入"。③ 由此,学者们站在本土化立场上研究习惯法,并从法律多元等角度进一步阐述习惯法的秩序规范性,发掘其作用,并切实为国家制定法带来补充可能。显然,承认习惯在国家法之外的社会规范功能,可以为国家立法、司法等活动提供重要规范支撑,并且在一定程度上为国家制定法发展带来补充力量。

本书在研究蒙古族生态习惯法时也是基于本土化研究范式,从法社会学角度,关注那些在蒙古族聚居区已经得到广泛确定,并被人们公认且视为具有约束力的规范。毕竟人类社会中的法律是经由禁忌、习惯向制定法过渡产生的,所有以前存在或现在依然存在的习惯法都将可能成为未来国家制定法的内容,这符合学者们对法的发展的认识。正如英国

---

① 田成有.“习惯法”是法吗?[J].云南法学,2000(3):8-17.
② 田成有.“习惯法”是法吗?[J].云南法学,2000(3):8-17.
③ 付子堂.论法律的社会功能[J].法制与社会发展,1999(4):7-15.

历史法学家梅因所言："一个特定社会从其初生时代和在其原始状态就已经采用的一些惯例，一般是一些在大体上最能适用于促进其物质和道德福利的惯例，如果它们能保持其完整性，以至新的社会需要培养出新的惯例，则这个社会几乎可以肯定是向上发展的。"[1] 不拘泥于现代化范式，不将国家认可作为蒙古族生态习惯法研究的唯一路径，既能扩大习惯法讨论范围，也可更好地包容那些实实在在存在于人民生活中，并且还在发挥作用的习惯法。在本土化研究范式之上确立的习惯法研究新视角，将为蒙古族生态习惯法研究注入新鲜动力，如果将蒙古族生态习惯法依附于国家法之下，就不能清晰地寻找习惯法的独特性，且研究范围被一定程度地缩小，很多没有明确成为法律或没有被认可的习惯法将逐步流失，其现实价值可能会被忽略，于研究不利。因此，本书将借由本土化范式，定位蒙古族生态习惯法的研究基础，挖掘蒙古族生态习惯法的多元价值。

（三）习惯法释义

习惯法概念界定是研究习惯法的必然路径，也是蒙古族生态习惯法研究不可回避之核心问题，如何界定和理解习惯法将决定后续的研究立场。正如"某一学科的基本概念，对理论体系的建构具有重要意义。如果我们能够定义得当，就能在理论体系中显示基本概念的巨大穿透力和影响力"。[2] 然而习惯法概念界定一直是十分复杂的问题，学界在相似概念上的混用是比较普遍的问题，尤其是习惯与习惯法这对概念的混用，处于不同立场阐释概念本也无可厚非，但往往会给后续研究者带来相应难题。

针对习惯与习惯法两个概念的比较有同质说和异质说两种观点。[3] 异质说强调习惯与习惯法具有不同性质，二者存在明显区别，而区别点也有几种不同方式。第一种最为传统，指出两者的区别是是否靠国家认可和国家强制力实现的，习惯法指国家认可和由国家强制力保证实施的习惯。习惯与习惯法显然不同，习惯法必然是被国家立法和司法已经认

---

① 梅因．古代法 [M]．沈景一，译．北京：商务印书馆，1959：11.

② 陈金钊．法律方法论——概念及其理论问题 [J]．全国法律方法论坛第三届学术研讨会论文集（上）2008：5.

③ 韦志明．习惯权利论 [M]．北京：中国政法大学出版社，2011：114.

可，社会生活中习惯有很多，并不是所有的习惯都可以被称为习惯法，只有被国家认可和拥有国家强制力保障的习惯才可以叫作习惯法。那么，强制力是否一定是区分点呢？我们知道习惯成为习惯法需要两个途径，一方面是立法的认可；另一方面是司法中通过判决承认某些习惯的法律效力。但是随着司法途径对习惯认可的便捷性，以及国际习惯法领域存在的不以强制力认定习惯与习惯法的实际情况，依靠强制力作为区分点看来就不是那么绝对了。由此，习惯和习惯法概念混乱往往是立场不同所致。就像在实证法学那里，习惯法一定需要国家的制定或者认可，这样习惯才能上升为习惯法；在社会法学那里，一个规范的鉴别问题不应当仅限国家正式程序，如果一个地区成员能够就典型性事物不断反复地进行权利义务的分配工作，周而复始，那么由此形成的社会规范就可以是习惯法。所以第一种对习惯与习惯法的区分是典型的现代化范式下的区别方式，但这样的区分使习惯法范围受到限制，一定程度限制了社会生活中发挥规范作用的那些习惯。第二种区分习惯和习惯法的方式是确认是否具备法的确信。黄茂荣先生在其著作中指出，"圈内人之法的确信，主要反映适用该惯行从事经社活动者之法律观，而非裁判者、立法者或行政人员之法律观。惟在实际上圈内人之法律观如与公权力机关不同，其法律观可能会被定性为违反'公序良俗'。此外，学说、舆论的看法如何，对于'法的确信'之有无的判断，也有重要的影响。这些看法不仅适用于民间惯行，而且也适用于法院的一贯裁判，以判断其是否已具有要转变为'习惯法'所需要之'法的确信'"。[1] 这里的习惯，如果客观上具备就同一事项反复同一行为的特征，而主观上人们对这一行为又有法的确信，就可以认定习惯已经区别于一般的习惯成为习惯法，虽然这里习惯有法的某些特征，但显然不是来源于国家赋予，而是一种公众对于此习惯的法观念的确信。与此同时，学者也指出了另一种区分习惯和习惯法的方法，即以是否具有权利义务来作为区别。例如，梁治平先生提出，"普通习惯只是生活的常规化、行为的模式化，习惯法则特别关系权利与义务的分配，关系彼此冲突之利益的调整"。[2] 杜宇的习惯

---

① 黄茂荣. 法学方法与现代民法 [M]. 北京：中国政法大学出版社，2001：7.
② 梁治平. 清代习惯法：社会与国家 [M]. 中国政法大学出版社，1996：165.

法概念指出，"习惯法乃是在一定时空范围内，民间就同一事项反复实践而成，带有权利义务分配之性质，且人们对其抱有法观念与确信的规范形态"。① 其实客观上讲，法的确信应当存在于权利义务分配中，由此，权利义务的具备不必作为独立的一种区别条件。还有学者认为，具有规范性的习惯才可以称之为习惯法②，或者可以叫作习惯性规范，而习惯与习惯性规范是存在区别的，习惯仅仅作为事实而存在，并不会产生规范作用，"只有经过主体的认知之后，对主体产生意识上的影响，这种意识对自己或他人的行为产生了约束力量，我们才可以生成习惯性规范及其社会功能的存在"。③

同质说则认为习惯和习惯法没有本质区别。例如，有学者认为，"在现代法治国家的语境下，在讨论民法典与民事习惯的关系时，不论是'习惯'还是'习惯法'，其所指称的对象是同一的，即未予法典化的不成文规则"。④ 在这里，学者是认同习惯法和习惯在概念应用上可以互通，因为都没有形成法典化，与传统意义的成文法是有区别的。还有学者认为，"学者们讨论的所谓'习惯法'其实就是习惯规范，就是具有普遍性、权威性的习惯做法"，⑤ 我们可以把习惯法作为分析法律形式时的一种称呼，一种法律的分类，但不可恣意运用习惯法替代法，在国家法之外不能并存一个独立的，与国家法并驾齐驱的法，这样也表明习惯法实际上是一种习惯规范。也有学者认为，习惯与习惯法虽然从某种意义上常常因为是否存在强制力而有所区分，但是基于一些实践存在的司法案例，表明受到司法程序的认可后，某些习惯亦可获得国家强制力的认可，由此，习惯与习惯法的界定从来是不太明确和一致的，所以习惯法应当是指"一定社群主体交往过程中形成的较为稳定的行为模式，该行为模式被其社群成员认为具有法律约束力而自觉信守从而成为一种规则"。⑥

---

① 杜宇. 重拾一种被放逐的知识传统——刑法视域中的"习惯法"的初步考察 [M]. 北京大学出版社，2005：11.
② 王新生. 习惯性规范研究 [M]. 北京：中国政法大学出版社，2010.
③ 王新生. 习惯性规范研究 [M]. 北京：中国政法大学出版社，2010：86.
④ 王洪平，房绍坤. 民事习惯的动态法典化 [J]. 法制与社会发展，2007，(1)：82-94.
⑤ 田成有. "习惯法"是法吗? [J]. 云南法学，2000 (3)：8-17.
⑥ 姜世波，王彬. 习惯规则的形成机制及其查明研究 [M]. 北京：中国政法大学出版社，2012：48.

综合以上的不同说法，可以发现，在学者们的理解中，均能明显强调习惯法区别于国家法，这在任何一种观点上都是明确的。但习惯和习惯法的区别在学者们眼中经常是模糊的，他们在运用这两个概念的时候也比较随意。笔者认为，就现有习惯法概念的运用中，应当明确习惯法概念运用的场域，在学术研究范畴内，可以基于自身立场合理解释习惯法，而如果将习惯法作为与国家法对立的概念，过分强调习惯法的独立体系，则会曲解习惯法的作用，破坏国家立法和司法的严谨性。田成有教授的观点比较鲜明地指出，"如果我们非要适用习惯法，我认为这一概念也只能是限定在学者们分析问题时的一个分析性概念使用，或者说，它只能限定在有价值上、学理上的意义，而没有功能上的和文字上的意义"。① 或者按照周赟教授的说法，"习惯与习惯法是互相关联但又描述之侧重点各有不同的两个范畴：习惯描述的是一个内在的、实然的、带有较强主体性属性的范畴，而习惯法则是一种外在的、应然的并不以主体性为必然属性的范畴"。② 显然，习惯与习惯法在学术研究领域中作为一种分析和比较的概念是有价值的，因此不能过分地强调习惯法是独立于国家法之外的"法"，我们探讨它，不是为了与国家法对立，我们承认其为习惯法，并以"法"称呼，是为了体现它的规范性，体现社会生活中那些具有"法的确信"的习惯，就此而言，我们应该赞同同质说。

"习惯是一种事实，按照这样的解释，那么在生活中这样的习惯只能是指个人习惯，而不可能是社会习惯。因为社会习惯不可能只是一个事实，社会习惯必定是一个关系概念，必定涉及两个以上多人的相互关系。对这些当事人而言，不可能没有约束力，既有了约束力，他们之间就有了内心相同的观念、情感和心理，就有了'法'的效力，所以，社会的习惯中已有法的确信，显然这样的社会习惯就是习惯法。"③ 抑或，所谓习惯，本身可以区分为不同种类，比如事实性习惯和规范性习惯，④ 事实性习惯等同于"乡例"、"惯习"或者传统，是在人类未曾对其进行抽

① 田成有. "习惯法"是法吗？[J]. 云南法学，2000，(3)：8-17.

② 周赟. 论习惯与习惯法 [J]. 民间法（第3卷）. 山东人民出版社，2004：83.

③ 韦志明. 习惯权利论 [M]. 北京：中国政法大学出版社，2011.118.

④ 郭武. 环境习惯与环境习惯法的概念辨正——"事实"与"规范"二分法的展开 [J]. 西部法学评论，2012 (6)：59.

象性反思之前的片段和个体。规范性习惯则是对前述事实性习惯进行抽象化和规则化以后的结果。这样的理解中，规范性的习惯可以等同于习惯法的理解，习惯法与习惯本身并无严格的差别。因此，本书所阐释之习惯法，是基于同质说的观点，运用习惯法概念贯穿全文，指出习惯法就是特定群体对习惯拥有法的确信并在实际生活中达到一贯遵守，就可以认定为习惯法，在社会科学研究领域的这种习惯也显然是一种社会大众的，具有社会秩序规范意义的社会规则，绝非个人习惯。换句话说，具有了规范性的习惯就可以叫做习惯法，因此，本书研究蒙古族生态习惯法的前提是站在本土化研究范式之上，分析蒙古族生态习惯法实际存在状态，让习惯法研究不再仅局限于国家法认可的那部分，而是从规范意义上理解生活世界中的习惯，并借由这样的研究范式赋予习惯法或习惯以更加广阔的价值空间。事实上，"活法"与国家法，此等观念所内含的二元区隔，在复杂的生活实践中，彼此之间却绝非如理论层面所界定的那般稳定与分明。相反，更为常态的情形往往是，法律制度——即便是超前的法律制度——凭借其思想或理论基础的力量，可以促成社会生活之变迁；而社会生活之变迁亦能转而促成传统法律观念的修正及陈旧法律制度的更新。①

第二节　生态习惯法与民间法

一　生态习惯法

目前学者们对旨在保护山林、水流、草原以及动物等自然资源为主要内容的习惯法有两种称呼：生态习惯法和环境习惯法。"所谓环境习惯法，是指以生态环境保护为主要目的，在特定区域内具有一定强制力的、自发生成的社会规范。与其他类型的习惯法相比，环境习惯法的一个显著特征在于，它是以保护自然环境和资源为指向的社会规范。"② 环境习

① 魏磊杰. 中国民法典的本土化何以可能：一条现实主义的路径［J］. 法律科学（西北政法大学学报），2019（4）：86.
② 田信桥，吴昌东. 环境习惯法探析［J］. 西南科技大学学报（哲学社会科学版），2010（6）：8.

惯法为习惯法之一种，"它是指在民间自发生成的、以环境保护为指向的、具有内在约束力和强制力的行为规范"。① 相类似的概念还指出，"环境习惯法作为习惯法的一种，它是指在民间自发形成的，以生态保护为指向的，人们在生活和生产中根据事实和经验，依据某种社会权威和组织确立的，具有某种程度上、有可能的强制力的行为规范"。② 生态习惯法，也可称为环境习惯法，意指"在民间自发生成的，以生态保护为指向的，人们在生活中根据事实和经验，依据某种社会权威和组织确立的，具有某种程度上、有可能的强制力的行为规范"。③ 也有学者基于少数民族地区的特殊情况，认为用现代的划分标准是无法很好去划分环境习惯法的，因此，将少数民族的生活习俗、习惯法和宗教信仰所阐述的环境保护规则合称为环境习惯法。④ 还有学者以民间法理论为入手分析环境习惯，指出"环境习惯具有维护环境公共利益的重要社会功能。当社会主体的惯常环境行为成为社会公认的必须要实践的行为时，环境习惯就具有了规范的性质，对社会主体的行为产生义务约束。在社会主体违反环境习惯时，就会受到一定的制裁，此时，环境习惯已发展成为一种习惯法"。⑤ 这里，学者没有特别强调国家认可的必要，并且也是站在本土化范式的基础上看待环境习惯法。就以上对环境习惯法和生态习惯法概念分析中，可发现学者们所阐释的环境习惯法与生态习惯法在内涵上几乎没有区别，特别在运用这些概念时也并未明确区分生态习惯法和环境习惯法有何不同。因此，可以说环境习惯法和生态习惯法在目前学术研究中是混用的，学者们关注的重点往往不在于概念本身的表达，因为人们在讨论生态和环境两词时，从来也是不加区分的。在我国，学者们更是习惯于将生态环境作为一个组合词汇来运用。因此，较少有学者会在研究中刻意分开生态习惯法和环境习惯法。然则本书认为，在前文

① 李可. 论环境习惯法 [J]. 环境资源法论丛（第6卷），吕忠梅，主编，法律出版社，2006：28.
② 阳相冀，刘辉，马文哲. 论环境习惯法的司法适用 [J]. 云南财经大学学报（社会科学版），2010（5）：121.
③ 李明华，陈真亮. 生态习惯法现代化的价值基础及合理进路 [J]. 浙江学刊 2009（1）：163.
④ 马连龙. 环境习惯法对少数民族地区环境法制建设的贡献 [J]. 江苏警官学院学报，2009（6）：57-62.
⑤ 田红星. 环境习惯与民间环境法初探 [J]. 贵州社会科学，2006（3）：85.

比较生态和环境概念时已经阐述了两者的细微差别，显然生态习惯法侧重的是人与自然环境之间的互动，因为生态是代表生命之间的生存状态，人也是生态中的一部分，具有万事万物和谐相生的意味，但环境习惯法更加强调人所处的外部环境，亦即看重人对自然的作用力，如改造环境、保护环境的行为和措施，因此，生态习惯法这一概念作为本书的承重概念更加合适，即可担负本书中蒙古族生态习惯法这一内涵分析的重任。蒙古族人民世代生活在蒙古草原上，每一个个体本身就是生态的一部分，只有和草原生态融为一体，方可维持生命，繁衍生息。在蒙古族传统文化中，也从来没有将自身剥离于生态系统之外，这种文化传统有别于其他文化传统，因此在概念选择上应该更加倾向于生态理念，这也正是本书选择生态习惯法这一表述方式的原因。

二 民间法

学界对于民间法概念的界定一直是存在争议的，虽然"民间法"本身所蕴含的内涵比较丰富，但因其存在与习惯法、活法、民间规则等概念之间无法明确的关系，使其一直不能替代习惯法，成为学界一致认定的概念。因此，本书的研究领域并未涉及"民间法"的概念运用。然而对于目前"民间法"研究的相关理论，基于比较研究的需要，对其进行简单分析说明。

梁治平和苏力两位教授是国内较早对民间法进行研究的学者，他们的研究摆脱了传统法学研究中只将国家法看作研究对象的局面，使人们的视野跳出法律中心主义，为民间法研究作出了重要贡献。民间法学界多将梁治平的《清代习惯法：社会与国家》和苏力的《法治及其本土资源》视为民间法研究的起点。2002年开始出版的《民间法》文丛一直以来是民间法相关研究的重要平台。

所谓"民间法"意指一种存在于国家之外的社会中，自发或预设形成，由一定权力提供外在强制力来保证实施的行为规则，就中国而言，包括家族法规、乡规民约、宗教规范、秘密社会规范、行业规章和少数民族习惯法。① 或者"民间法是与国家法（或国家制定法）相对应的法

① 郑永流. 法的有效性与有效的法 [J]. 法制与社会发展，2002（2）：23-40.

的概念。首先，民间法的概念设定，需要先设一个'民间'，并在这一特定环境中孕育而生的相应规则视为民间法。它是某一特定社区内在人们长期生产、生活过程中约定俗成的，用以划分人们的权利义务和调整各类纠纷的，并且具有一定的约束力的行为规范。它包括在特定人群中长期生产、生活中所形成的习惯、习俗，礼节，仪式，舆论、禁忌，乡规民约，家法族规以及大致民族规约、宗教戒律、行业规程等"。① 其次，民间法的概念研究也呈现两个方面：一是在方法论意义上，以民间法作为对比概念，去发现国家法的局限和不足，从而以多元视角评价我国的法治建设中存在的问题；二是在本体论意义上，将民间法独立形成自有概念，形成与国家法相对应的另一法域，它有自己的体系、内容、领域、强制力来源等，是实在地约束人们日常生活的"活法"。

　　基于不同民间法概念的分析和理解，可以发现，在学界民间法的理解中，习惯法可以被包含于民间法的范畴之中，作为其中一个组成部分。因此，生态习惯法可以理解为民间法的重要组成部分，而本书选择运用习惯法的概念。

第三节　蒙古族生态习惯法界定

　　蒙古族生态习惯法是一个相对复杂的概念，并无学者在严格意义上界定蒙古族生态习惯法。按照学者普赫塔所认为，"习惯法和民族的自然概念有种密切而必要的相互依存关系，并且也是民族在法的一方面自然活动的结果。在实际上，习惯法是否有法的效力并且根据什么理由才具有法的效力，这些是成为问题的，习惯法的存在和有效，也就是法的存在和有效的理由"。② 普赫塔的理解阐释了习惯法的事实性及其效力来源，同时更加凸显了习惯法应是民族精神的产物这一观点。按照前文对习惯法以及生态习惯法的分析，我们理解蒙古族生态习惯法就应站在本土化研究范式基础上，不仅应当理解那些已经被国家法认可的习惯法，

---

①　于语和，邰菲，王华锋．简论民间法约束力的来源和表现［J］.《民间法》（第三卷），山东人民出版社，2004（14）.

②　普赫塔．习惯法［A］.凯切江，费季金．政治学说史（中）［C］.冯懔远，译．北京：法律出版社，1960：127.

也应当要关注实实在在存在于蒙古人生活中的，依然具有一定约束力的，依然为人们普遍遵守的那些生态习惯法。如此而言，方可真正从习惯法根基上挖掘蒙古族生态习惯法。

很多学者会质疑甚至否定目前存在蒙古族习惯法，认为蒙古族习惯法的认知应截止到蒙古族形成成文法之前，成文法形成后蒙古族习惯法就趋于消亡了，而今牧民生活中那些仍然起到调整规范全体成员作用的习惯，从法学理论角度去分析，不能叫做完整意义上的习惯法，而仅仅是习惯、风俗的残遗而已。① 对于蒙古族生态习惯法的理解也不外如是。同时也有学者质疑，我们是否过于理想化地对待习惯法，特别是在当下中国的大流动、大迁徙、大融合时代中，蒙古族聚居区是否还能实现习惯法的适用，习惯法的痕迹是否已经难觅寻踪？可以说，这里都面临对蒙古族生态习惯法的界定，以便解答相应的疑问。

站在"国家认可说"的角度，目前依然存在的一些习惯根本不能称为习惯法，这一说法在20世纪90年代以前比较多见。但是，随着学者们研究方法日新月异，我们也要看到，本土化研究已经成为一种成熟的研究范式，也就是说，即便一个国家已经有了完整法律体系，也不能无视那些民间存在的习惯法对于国家正式法律制度的补充和完善作用（这里关于习惯与习惯法的概念区别不再赘述），毕竟法学的研究应当始终抱有一种积极的、广博的态度。那些实际存在于民间的习惯法，对于帮助国家法律有效地普及实施以及约束百姓行为有显著效果。"各民族在发展的过程中都有其特定的规范维护着本民族的共同利益，确定本民族成员间的权利义务及本民族与外族的关系。这种特定规范（或风俗、习惯、惯例、族规祖训）就是民族习惯法。"② 因而，蒙古族生态习惯法应当主要是指蒙古人在长期实践中逐渐自发形成的，体现本民族全体成员意志和利益，以保护草原生态环境为主要对象的，被本民族成员所共同信守，并由他们共同认可的社会力量保障实施的普遍性行为规范的总和。这些习惯法虽然来源于民间事实性习惯，但根据蒙古人经验性的总结，呈现出不同于一般个人习惯的规范性，因而被我们称为习惯法。

---

① 特木尔宝力道. 论蒙古族习惯法的几个问题 ［J］. 内蒙古大学学报（人文社会科学版），2002，（1）：79-84.
② 王学辉. 从禁忌习惯到法起源运动 ［M］. 北京：法律出版社，1998：45.

　　理论界一般称蒙古族习惯法为"约孙"，它有道理、规矩、习惯及规则等含义，也有称其为"体例"的。① 在蒙古民族还没有文字记载之前，那些符合全体成员利益并且让全体成员认可和遵守的习惯行为规范，就叫做"约孙"。从习惯法形成途径来说，"约孙"这个词汇专门指代蒙古族习惯法，那么蒙古族生态习惯法自然也是"约孙"的内容之一。

　　在对"约孙"的探讨中，笔者并没有发现习惯和习惯法有明确严格区别。这对我们理解本土化范式下的蒙古族生态习惯法十分有利。例如，奇格先生认为，民族学界看来的习惯法主要是"在阶级社会以前，符合全体社会成员的要求，为社会全体成员所制定、认可和遵循的未成文的习惯约束力量"，而法学界认为"人类进入阶级社会以前，只有习惯没有习惯法"。但是在奇格先生这里，他认为两种都可以叫做习惯法，因为我们都称为"约孙"。② 而吴海航教授则认为，部分"约孙"作为习惯法成为后来蒙古法"札撒"的渊源，还有一些"约孙"虽然没有成为法律条文，但是在蒙古社会，它的效力并不输于成文法，在意识形态领域等同于"札撒"，是真正意义上的"习惯法"。③ 按照这样的说法，蒙古族的"约孙"也并非以国家认可为必然条件，在蒙古人的认知中，只要在当时具有被众人信仰遵守，并具有"法"的约束力的强大力量，都可视为"习惯法"。公元 1206 年，成吉思汗统一蒙古各部，就在固有"约孙"基础上制定了蒙古族习惯法合集——《大札撒》。④ 但是，《大札撒》的颁布与适用并没有影响"约孙"的规范力，它依然是蒙古人社会中重要的习惯法，成为除《大札撒》以外极为重要的社会调节力量。可以说，进入阶级社会之前或之后，无论我们说的习惯还是习惯法均可以叫

---

①　这一理解在许多地方可以看到：奇格. 古代蒙古法制史 [M]. 辽宁：辽宁民族出版社，1999：23；吴海航. "约孙"论：蒙古法渊源考之一 [J]. 中外法学，1998，(3)：72-76；特木尔宝力道. 论蒙古族习惯法的几个问题 [J]. 内蒙古大学学报（人文社会科学版），2002，(1)：79-84，等等.

②　奇格. 古代蒙古法制史 [M]. 辽宁：辽宁民族出版社，1999：23.

③　吴海航. "约孙"论——蒙古法渊源考之一 [J]. 中外法学，1998，(3)：72-76.

④　"大札撒"一般理解为习惯法的合编，是成吉思汗统一蒙古各部时，发布的一系列命令、训言，后被人们称为蒙古汗国第一部成文法，"大札撒"的内容早已失传，现在能看到的条文是从俄文翻译整理的。相关的内容可参见，吴海航. 成吉思汗《大札撒》探析 [J]. 法学研究，1999，(5)：136-151；奇格. 再论成吉思汗《大札撒》[J]. 内蒙古社会科学，1996 (6)：23-28；张长利. 关于成吉思汗大札撒的若干问题 [J]. 民族研究，1998，(6)：92-99 等文章。

做"约孙",表明学者们在这里更看重"约孙"的实质效力,并不一味强调如何表达。法国学者卢梭曾经说过,"一种法律既不是铭刻在大理石上,也不是铭刻在铜表上,而是铭刻在公民的内心里;它形成了国家的真正宪法;它每天都在获得新的力量;当其他的法律衰老或消亡的时候,它可以复活那些法律或代替那些法律,它可以保持一个民族的创新精神,而且可以不知不觉地以习惯的力量代替权威的力量。我说的就是风尚、习俗而尤其是舆论"。①

关于蒙古族生态"约孙"的来源,大体有这样一些说法:首先,来源于蒙古族原始宗教——萨满教宗教信仰。民间信仰最能体现人与自然错综复杂而又密不可分的关系,人的认识总是有限的,当人不能解释自然现象的时候就会形成超乎逻辑的自由想象,那些与人类生活密切相关的事物与现象,也往往凝聚更多关注,一个民族不可能崇拜他生活环境中没见过的动物、植物甚至自然现象。因此,蒙古人的宗教信仰就是从身边的自然崇拜开始的,后又经历图腾崇拜和祖先崇拜。所谓自然崇拜是指对日月星辰、风雨雷电、树木花朵等万事万物的崇拜,本着萨满教"万物有灵"的思想指引,认为世间万物均有神灵,故要善待一切生灵,敬畏自然。例如:蒙古人崇拜鹰,认为鹰是天神的使者,它来到人间,赐予人间美丽的萨满,也就是最早的女巫师。在这一指引下,淳朴的蒙古人从内心和行为上坚持着对自然界所有事物的爱护。正是通过对他们日常生活中出现频率最多、与他们联系最密切的自然物的崇拜,传承了他们珍爱自然、保护自然的朴素生态意识。如果从法的起源角度来分析,原始宗教对于民众强大的影响力在任何一个原始部落中几乎都有反映,其中拥有法产生所需要的神权和强大威慑力,可以作为强制力的来源。"我们怕天地间的一切精灵,所以天长日久,我们的祖先才定下这么多规矩;这是从世世代代的经验和才气中所得到的,我们不知道也猜不出原因在哪里,我们遵守这些规矩是为了平平安安过日子。"② 可以说,当民众处于不敢忤逆的心理压力中就使古代的"约孙"拥有了其他力量所不可比拟的优越性。

---

① 卢梭.社会契约论 [M].何兆武,译.北京:商务印书馆,1980:73.
② 王新生.习惯性规范研究 [M].中国政法大学出版社,2010:40.

　　其次，来源于蒙古族生产生活禁忌。习惯本身无法离开人的实践活动，而人又不能离开客观存在的自然环境。蒙古人世代生活的自然条件极其恶劣，在与大自然进行对话的过程中，蒙古人逐步形成一系列与生产生活密切相关的禁忌习俗，其中就有特别重视水资源、草场植被的习惯。例如：在春天和夏天，任何蒙古人都不得坐于水中，不得在河中洗手，不用金银器汲水，也不能把湿衣服铺在草原上等。据说蒙古人最早的"约孙"规定，"其国禁草生而劚地者，遗火而蓺草者，诛其家"。[①]意思是不可以在草木生长期挖掘草场，不得放火而烧毁草原，否则灭其全家老少，这样严厉的惩罚就是"约孙"强制力的一种表现。显然，自然环境的优劣深刻地影响着蒙古人的生产生活，如果不能保护好草原上的河流，人和牲畜没有干净水源，必然会严重影响生存，特别在水资源相对匮乏的草原，水极为珍贵。因此，蒙古人针对生存环境作出游牧经济的选择，也是顺应自然的表现，他们特别重视与游牧经济发展密切相关的草原生态，只有草原得到安全保护，蒙古人才得以维持生存和发展。因此，蒙古族生态习惯法的产生是蒙古人面对生存环境的理性选择，在很多古籍记载中均可以体现这一特点。例如，蒙古族狩猎活动中就体现了生态保护习惯，《世界征服者史》中记载了一段体现蒙古人狩猎习俗的感性说法，"当世界皇帝已吉祥地登上了帝国的御座，他的仁德就需要让各种各类的生物和形形色色的无机物马上享受某种安逸和快乐。既然人类在种种享受和自我放纵中得到生活的正当权利，所有其他动物也同样应有它们的份。至于飞禽走兽，在陆地和在水中，它们应该暂时不受到猎人的袭击"。[②] 可以说，蒙古族生态"约孙"就是对蒙古人世代相传的那些保护草原生态良好风俗习惯的一种集合表达，当这些风俗习惯被广泛地遵守，并具有强制力的时候就可以称为"蒙古族生态习惯法"。

　　在现代民族聚居地区，这种以自发社会秩序为基础形成的习惯法可能无法达到它最初产生时的强制力量，毕竟人类社会在进步，不会永远停留在早期习惯法阶段，但是习惯法形成久远，实施时间也长，在本民族地区的民众中影响力深远，由民众长期依靠传统观念自觉地遵守，有

---

① 彭大雅，徐霆. 黑鞑事略［J］. 王国维笺证本. 文殿阁书庄，1936：68.
② 志费尼. 世界征服者史［M］. 何高济，译. 南京：江苏教育出版社，2005：475.

些内容更贴近生活，也更灵活，因此能够更好地获得民众的认可，从而对每一个成员的行为带来约束。后文将就蒙古族生态习惯法的现实状况进行调查分析。

第四节　蒙古族生态习惯法的特征

蒙古族生态习惯法植根于本民族的生产生活中，并且以保护当地生态环境为主要目的，深受当地人民认可并自觉遵守。通过对习惯法概念的比较分析可以总结出蒙古族生态习惯法的以下特征。

一　蒙古族生态习惯法的地缘民族性

蒙古族生态习惯法，从字面意义上理解，就是蒙古民族所特有的生态习惯法。诚然，生态习惯法并非蒙古族独有，它是各个民族都可能留存的关于生态保护的习惯。蒙古族生态习惯法是在蒙古民族独有的自然环境中逐渐形成的，因此必然是密切结合草原生态保护的相关习惯，且是蒙古族先民对生存环境和自然状况的直观认识、信仰、依赖的情感表现，由于是在对自然环境进行改造过程中形成的，其本身无法摆脱蒙古民族生活的地理环境、宗教风俗等因素的影响。正如法国学者孟德斯鸠在《论法的精神》中所阐述的那样，"法律应该和国家的自然状态有关；和寒热温的气候有关；和土地质量形势与面积有关；和农、猎、牧各种人民的生活方式有关"[①]。我国学者于语和教授也指出，"特定社会的人们在长期生活和劳作过程中积淀而成的规则，相对于国家法的统一的、普遍的特征而言，它是分散的，不同地域不同的人群有着不同的民间法"。[②] 随着对黔东南少数民族地区、藏区、海南黎族地区等区域少数民族习惯法的研究，已经证实生态习惯法是广泛存在于少数民族地区的习惯法类型，正所谓"十里不同风，百里不同俗"，许多不同区域都有自己的少数民族习惯法，这种地缘性特点已经被学者们广泛认可。

蒙古高原泛指亚洲东北部高原地区，亦即东亚内陆高原，东起大兴

---

① 孟德斯鸠．论法的精神（上册）[M]．张雁深，译．北京：商务印书馆，1982：7.
② 于语和．简论民间法约束力的来源和表现 [A]．民间法（第3卷）[C]．济南：山东人民出版社，2004：14.

安岭、西至阿尔泰山，北界为萨彦岭、雅布洛诺夫山脉，南界为阴山山脉，范围包括蒙古全境和中国内蒙古部分，面积约 200 万平方公里。这里平均海拔 1580 米，地势自西向东逐渐降低。年平均降水量约 200 毫米，多湖泊、大河。冬季是亚洲大陆的冷源之一，最低气温可达零下 45℃，夏季最高温可达 30℃~35℃。从 13 世纪以来作为蒙古族的活动区域被人们广泛了解。蒙古高原主要居民是蒙古族人，除蒙古国外，蒙古族人口主要集中在我国内蒙古自治区和新疆维吾尔自治区等邻近省区以及俄罗斯联邦。蒙古国位于亚洲中部的内陆国，东、南、西与中国接壤，北与俄罗斯相邻。属典型的大陆性气候，常年平均气温为 1.56℃。冬季最低气温可至零下 50℃，夏季戈壁地区最高气温达 40℃以上。①

在我国的地理概念上，内蒙古高原是中国四大高原中的第二大高原，拥有 13 亿亩草场、3.55 亿亩森林，除了高原以外，还有山地、丘陵、平原、沙漠、河流、湖泊。内蒙古自治区具有以温带大陆性季风气候为主的复杂多样的气候，春季气温骤升，多大风天气；夏季短促温热，降水集中；秋季气温剧降，秋霜冻往往过早来临；冬季漫长严寒，多寒潮天气。全年降水量在 100~500 毫米，无霜期在 80~150 天，年日照量普遍在 2700 小时以上。大兴安岭和阴山山脉是全区气候差异的重要自然分界线，大兴安岭以东和阴山以北地区的气温和降雨量明显低于大兴安岭以西和阴山以南地区。整体而言，较为显著的地缘特点促使千百年来，蒙古族人始终过着"逐水草而迁徙"的游牧生活。②

蒙古民族世代生活在辽阔的大草原上，他们格外爱护生息繁衍的那片土地。从记录中可以看到，蒙古草原的辽阔赋予蒙古人广阔胸怀，他们风驰电掣，从不惧怕迁徙和漂泊，草原上处处都可以是蒙古人的家，游牧的生产方式、流动居住的生活特点均赋予蒙古族生态习惯法独特的民族特色。草原之外的人，可能会认为这种习惯法是野蛮落后的，但对于生活在草原上的人而言，这是蒙古人连接传统的纽带，是一种生活方式的选择和主张，虽然被认为不够进步和文明，但对生活在草原上的人

---

① 蒙古国家概况，参见中华人民共和国外交部，网址：https://www.mfa.gov.cn/web/gjhdq_676201/gj_676203/yz_676205/1206_676740/1206x0_676742.

② 内蒙古自治区志国土资源志（2000—2015）[M]. 呼和浩特. 内蒙古人民出版社，2019：114-131.

来说是真实而有意义的。"牧人们总是知道他们的祖先将会在哪里扎营，会按照什么方向行进，他们可以辨别哪里不适合夏季住宿，哪里的蚊虫不多，哪里不适合冬季扎营。他们也知道在冻结的江面上需要多厚的冰层才能骑马走过。"① 可以说，一种生活方式是深入骨髓，代代相传的。牧人们需要到处放牧，每走到一地，就需要当地的资源维持生活，如果草原上的蒙古人不能自觉保持草原生态环境，就会导致其他迁徙而来的人生活困难，循环往复，人人都知道，自己的行为会影响他人并最终影响自己。因此，每个牧民的内心中都保有爱护草原环境的心理意识，不能破坏草场、毁坏森林、污染湖泊，因为那是他们生命的根基。从蒙古族生态习惯法的内容就可以发现，爱护草场，珍视草原上的河流，爱护草原上的野生动物等习惯，均表现出蒙古族人对草原生态系统的关注和保护，这种依托草原地缘性特点而产生发展的生态习惯法，具有强大的生命力。例如，在《大札撒》② 中记载，向水中或灰烬中溺尿者，亦处死刑。这些类似记载充分显示蒙古族生态习惯法形成于蒙古人生活的点点滴滴，并随着一代一代蒙古人在实践中自主践行，蒙古族生态习惯法最终成为蒙古人生活中不可忽视的独特方式。一种习惯，只有不断被人们用行动重复、诠释、默认才能说明其真实存在并具有约束力。毕竟"一民族生活首先在于它是特定时代之地域生存经验与知识，一种组织人事而安排人世之有限能力与智慧，而迄今为止，任何生活均可谓一种地域性生活，任何生活经验及其知识、能力与智慧，均可谓是一种地域性生存力量"，③ 蒙古族生态习惯法记录着蒙古民族与自然相处的点滴，表达着蒙古民族强烈的思想情感，是蒙古人在一定社会历史发展阶段，精神和物质生活的集中体现，因此具有显著的地缘民族性。

二　蒙古族生态习惯法具有自发性和稳定性

蒙古族生态习惯法在蒙古人长期生活中自发形成，是蒙古人共同意

---

① 杰克·威泽弗德. 成吉思汗与今日世界之形成 [M]. 温海清，姚建根，译. 重庆：重庆出版社，2017：21.

② 杨一凡，田涛，张冠梓，点校. 中国珍稀法律典籍续编（第十册）少数民族法典法规与习惯法（下）[M]. 哈尔滨：黑龙江出版社，2002：416—418.

③ 王青林. 民间法若干问题初探 [A]. 民间法（第3卷）[C]. 济南：山东人民出版社，2004：37.

志的表现，是由获得全体蒙古人认可的确信力量保证实施的。这种自发性源自蒙古人生存以及生产生活的所需。前文提及蒙古人生息繁衍的地理环境主要是蒙古高原，其自然环境具有特殊性，无论是茫茫草原、险峻山峦、风沙戈壁、无垠荒漠还是郁郁密林，蒙古人都面临着严峻的生存挑战，自然环境的制约对古时生产力低下的蒙古人而言具有长期和巨大的影响力，他们能够顺应自然，根据自身的能力和需要维持生活是十分艰难的。因此敬畏、顺应、依靠自然决定了蒙古人的生存方式以游牧为主业，以牛马羊为主要产品，以狩猎、采集、捕鱼、农业种植为补充生产方式，而且大量的手工业和商业也是围绕以上产出。可以说，牧业是千百年来蒙古人主要的生产方式，以此为基础产生的大量生产生活习惯是蒙古族生态习惯法的重要来源。

　　这些习惯法出于对自身生活环境的危机意识，也受到生活环境中民间交往的多重戒备。久而久之，禁制力量演变为人民内心的约束力，除了依靠社会授权的物质强制之外，它不断重复传承，最终成为草原生态系统最佳保护伞，在不完全依赖国家强制力的情形下，就能形成蒙古族独特的生态习惯法。在草原上，牧民如果不按照传统做法去保护环境，就会受到周围牧民的谴责，甚至会被断绝来往，这在人烟稀少的草原牧区是很重的惩罚。因而，牧民会尊重并以身作则地去维护生态习惯法。"习惯性思想或许是通过那些宣布推行这种规则的长者反复灌输而形成的，或许是有强调某种暗示排除其他暗示的环境的随意压力而获得的。然而，不管这种规则是如何产生的，它却能满足一种精神需求，而且如果它没有遭到其他冲动过分强烈的抵制，那么它很可能被视为是强制性的，因为它是一种连续一致的思维方式。"① 在保护草原生态系统过程中，因为涉及全体蒙古人共同利益，因而对违反草原生态习惯法的人一般处罚都比较严厉。通过史料记载就可以看到这些生态习惯法的严厉。对于违反生态习惯者，人们比较普遍利用舆论、道德批判、谴责、罚款、驱逐等方式进行处罚。在早期蒙古族成吉思汗《大札撒》中记载，向灰

---

① 　查尔斯·库利. 人类本性与社会秩序［M］. 包凡一，王源，译. 北京：华夏出版社，1989：241.

烬上溺尿要处以死刑。① 北元《阿勒坦汗法典》中规定，"失火致人死亡者，罚牲畜三九，并以一人或一驼顶替，烧伤他人手足者，罚牲畜二九。烧伤眼睛，罚牲畜一九。烧伤面容，杖一，罚五畜"。② 清朝《理藩院则例》中规定，"保护牧场，任何人不得随意开垦"。③ 可以说，基于自生自发形成的蒙古族生态习惯法，适应于蒙古人的日常生活，能够为蒙古人遵守，并且基于其长久的实用性，被稳定地保留下来，至今在蒙古族聚居的草原上，这些生态习惯法依然在发挥作用。

三　蒙古族生态习惯法的代际传承方式较为特殊

蒙古族生态习惯法作为一种"地方性知识"，存在明显特殊性，除了上文谈及的地缘民族特点以及自发稳定的规范力量，蒙古族生态习惯法在传承中还表现出与其他少数民族习惯法的不同之处。在南方少数民族地区存在一些独特生态习惯法的传承方式。例如，在浙江省开化县附近发现封山碑、放生河碑、禁捕鱼碑等生态碑，都是当地在生态保护方面重要的村规民约，很多都是清代以来的保存，这种立碑式的方式可以让当地百姓常常见到，并时刻提醒自己的行为，因此在习惯传承上效果显著。然而，蒙古族由于所处地域及民族文化的特点，很难像定居民族那样，能在相对封闭环境中世代相传。蒙古族游牧的经济形态给蒙古法文化传承带来一定困难。曾有《汉书·匈奴传》记载，"狱久者不过十日，一国之囚不过数人"。④ 何以庞大的帝国却存在这种现象，主要是因为草原上并不适宜定居生活，自古以来，草原上的生产生活方式均为游牧，而监狱则需要稳固长久，方可保证囚徒不会越狱。因此，"游牧的经济形态制约了法律制度以文字形态传播的途径"，⑤ 法律在动态的发展中需要不同的途径，显然，草原上立一块生态碑是不可想象的，且不论是否经得住岁月侵蚀，单就游牧的特点来看，一个部落在一年四季是否会

---

① 参见杨一凡，田涛，张冠梓，点校.中国珍稀法律典籍续编（第十册）少数民族法典法规与习惯法（下）[M].哈尔滨：黑龙江出版社.2002：416-418.
② 参见杨一凡，田涛，张冠梓，点校.中国珍稀法律典籍续编（第九册）少数民族法典法规与习惯法（上）[M].哈尔滨：黑龙江出版社.2002：62.
③ 戴双喜.游牧者的财产法 [M].北京：中央民族大学出版社，2008：106.
④ 班固.汉书·匈奴传 [M].杭州：浙江古籍出版社，2000：1122.
⑤ 戴双喜.游牧者的财产法 [M].北京：中央民族大学出版社，2008：58.

经过同一地区都是未知数，因此，蒙古族生态习惯法只能通过不同部落人们的口口相传，经过时间积淀，以不成文形式实现代际传承，无法形成固定明确类似"生态碑"的成文传承方式。

　　以上通过与其他少数民族生态习惯法的比较和蒙古族自身特点的整合，总结出蒙古族生态习惯法的三个特点，展现了蒙古族生态习惯法在民族性、地域性、自发性、稳定性和传承特殊性等方面的独特之处。固然，在现代法治理念引导下，中国全面建设社会主义现代化国家的道路需要一个公共职能强大的国家力量的存在，需要依靠理性的法治化构建来推动法治进程。通过国家自上而下地展开大规模的立法、普法运动，能够更好地推动法治的深入，在草原生态保护领域也是如此，许多大的政策举措均需要国家的大力推广和实现。然而，在国家法这个"大传统"下，地方生态保护的"小传统"也不能忽视，至少也应当正视其存在。当然，我们所有的研究都不能存在于假想中，蒙古族生态习惯法存在程度如何，都需要在了解真实状态后给予精确界定。我们期盼生长于人民生活中，易于被人民接受，能够引发人民共鸣，引导人民行为的蒙古族生态习惯法，在寻求秩序共建的机遇中，发挥其应有的作用。

第二章 蒙古族生态习惯法的效力来源

张文显教授指出："法的效力是法对其所指向的人们的强制力或约束力，是法不可缺少的要素。如果一个法律规范是有效力的或被判断是有效力的，它所设定的义务就有资格得到它所指向的人们去服从和遵守，它所授予的权利或权力就必须和应当受到尊重，并在遭受侵害时得到司法机关的保护或恢复。如果一个法律规范是无效力的或被判断为无效力的，它所设定的义务和授予的权利就毫无意义。"① 如果蒙古族生态习惯法具有一定效力就必须具有以下特质：第一，习惯必须是合理的，也就是说，它必须没有与任何司法或法律的基本原则相抵触；第二，习惯必须有一个合理的开始；第三，习惯必须是特定化的；第四，习惯必须是古老的（或有一定年限的）；第五，习惯必须是连续的，必须被有关人士作为有约束力的规则，而不是作为一个个人选择问题。② 蒙古族生态习惯法的效力来源分为外在要素和内在要素两个方面。所谓"外在要素"是蒙古族生态习惯法存在的外部包容力量，这样的力量就像一个圆，将蒙古族生态习惯法包在里面，使其自由生长和发展；抑或可理解为摇篮，承载蒙古族生态习惯法的嬗变。而内在要素则是蒙古族生态习惯法得以存在的决定性因素，即使得习惯法区别于一般习惯，产生一定强制力的重要原因，是蒙古族生态习惯法得以存在的内部心理影响力量。下文将以"场域"和"惯习"概念去进一步说明这两个要素。场域是相对独立的一个个"社会小世界"，每个场域都有自身相对独特性，在场域中各种关系错综复杂，但都归属于一个具有特定情境的场域，而场域中人们相互间的复杂关系就包含惯习。惯习是"一个开放的性情倾向系统，不断地随经验而变，从而在这些经验的影响下不断地强化，或者调整自

---

① 张文显. 法的概念. 张文显法学文选（卷二）［M］. 北京：法律出版社，2011：186.
② BROWN J W. Customary law in modern England ［J］. Columbia law review, 1905（5）：8.

己的结构。它是稳定持久的，但不是永远不变的"。① 蒙古族生态习惯法
产生于游牧经济基础之上，受早期蒙古族萨满教"万物有灵"思想的引
导，在蒙古人内心中形成"敬畏自然、爱护自然"的内心信仰，并经由
一代一代蒙古人不断传承，深刻地内化在蒙古人的骨血中，对蒙古人的
行为形成强大的约束力量。所以，在特定的物质基础、历史延续、文化
传承这三个外部要素基础上，形成了蒙古族生态习惯法存在的重要"场
域"，在这个独特场域中，每个人又不断地接受宗教信仰的意识引导，并
基于内心具有的实用理性因素及对秩序形成的博弈思考，从而形成一个
具有规范力的蒙古族生态"惯习"，显然外部的场域以及身处其中的人
们的"主观性"是蒙古族生态习惯法存在和发展的重要效力基础。施启
扬教授所理解的习惯法构成要件理论正说明以上观点，他指出，"习惯法
必须具有两项要件始能成立：在社会上反复实施的行为，属于客观要件；
具有法的确信属于主观要件"。② 下文将具体分析蒙古族生态习惯法的外
部要素和内部要素。

第一节　蒙古族生态习惯法的外部构成要素

一　特定物质基础

从空间角度来看，习惯法必然具有特定区域性，蒙古族生态习惯法
从字义上已经明确是蒙古族这个民族所特有的习惯法，而形成统一民族
文化和传统习惯需要处于特定的区域，实现自生自发，对此人们并无异
议。如果脱离具体存在空间，习惯法将失去被理解、被遵行和被广泛运
用的场域，所谓习惯意义也将失去。"习惯无疑与生活和劳作中的物质和
社会现实相联系，并根植在其中，尽管它们并非是对这种现实派生的形
式或这种现实的简单的表达。习惯可以提供一种人们可以在其中做一些
恐怕难以直接完成的事情的场合……它们可以保持对集体行动的需要、
集体对利益的调整，以及在共同参与的习惯的领域和范围内，集体表达

---

① 布迪厄，华康德. 实践与反思——反思社会学导引［M］. 李猛，李康，译. 北京：中
　央编译出版社，2004. 178.
② 施启扬. 中华人民共和国民法总则［M］. 台北：三民书局，1992：52.

其感情和情绪，提供一种排斥局外人的边界。"① 有学者将这样的场域称
为"共同体"②。共同体表现之一是地缘共同体，也就是习惯法生长和发
展的最经常场所。现在的内蒙古自治区，也就是历史上蒙古族的主要聚
居区域，其地理位置南起北纬 37°24′，北至北纬 53°23′，东西直线距离
大约 2400 公里，南北最大跨度 1700 多公里。③ 由于其地理位置和生态环
境的特异性，成为蒙古族生态习惯法产生和发展的良好地缘共同体，并
促进这一地域中共同精神信仰和生态保护习惯的形成。

　　历史上，蒙古族聚居区以蒙古高原为主体，高原占总土地面积的
50%左右。蒙古高原北部是目前的蒙古国，而南部是内蒙古自治区，由
呼伦贝尔、锡林郭勒、巴彦淖尔—阿拉善及鄂尔多斯等高平原组成，这
些高原的海拔平均在 1000 米，④ 大都属于表面开阔的平坦地区，地面完
整，基本没有高山脉也没有特别深的峡谷，是比较平坦的草原。根据相
关资料的描述，⑤ 蒙古族祖先发源在北亚地形复杂的地区，北部是连绵
的高山，海拔极高，上面生长着茂密的森林，森林以下有湿润的山坡和
峡谷，其中生长着大量的雪松，有蜿蜒的河流，而整个牧场从山边一直
延伸，非常丰美。土质带有戈壁岩石的特点，所以大都不太一样，而上
面遍布的苦艾、百合科等植物是牲畜的最爱。当夏天来临，草原上开满
鲜花，七月份是最热的季节，烈日暴晒，中午又会有很强的雷暴大雨，
但是一过八月就开始狂风肆虐，十月份暴风雪已经密集，天气十分寒冷，
直到来年的四五月份才能开始回暖。当年的库伦，也就是今天蒙古国的
首都乌兰巴托，冬天最冷的时候可达零下 42 摄氏度，但夏季可达到 38
摄氏度，多风的时候能轻易地把人掀翻。这里多种地貌并存，有高山、
森林、峡谷、河流及戈壁等多种类型。不同地域的人们会根据自己生活
的环境去选择适宜的生存方式，在生产力低下的时代，人类改变自然的
能力十分有限，因此，最好办法就是适应自然以保证自身生存和发展。
柏朗嘉宾在他的游记中是这样描述蒙古人顺应自然而形成的生活面貌的，

①　爱德华·汤普森. 共有的习惯［M］. 沈汉，王加丰，译. 上海：上海人民出版社，
2002：11.
②　参见王新生. 习惯性规范研究［M］. 北京：中国政法大学出版社，2010：72.
③　内蒙古自治区政府官网，网址：www. gov. cn/ztzl/nmg60/content_677839. htm.
④　参见孙金铸. 内蒙古地理文集［M］. 呼和浩特：内蒙古大学出版社，2003：20.
⑤　勒内·格鲁塞. 成吉思汗［M］. 谭发瑜，译. 北京：国际文化出版公司，2003：4.

"鞑靼人地区的部分地带是高山峻岭，山峦起伏，其余地带则是坦荡的平原，但几乎到处都遍布含砂量很大的砾石地。在该地区的某些地带覆盖有很稀疏的森林，其他地方则没有任何树木。那里所有的人，无论是皇帝、达官显贵还是其他人，都利用牛屎和马粪火来烹煮食物和围火堆而坐。这里适合饲养畜群，即使不是十分理想的话，至少也是相当适宜的……"①

蒙古高原大都地域广袤，纬度较高，再加上距离海洋较远，其间有高山阻隔，所以气候以温带大陆性季风气候为主。这种气候特点是日照时间充分，降水量少且不均匀，由东北向西南递减，无霜期较短，让人感觉寒冷、风沙大，恶劣天气时有发生。《多桑蒙古史》当中就记载，"鞑靼地域处地甚高，故其气候较之欧洲同一纬度之气候为严烈，摄氏零下 25 度之寒度，不少见也"。② 徐霆也在《黑鞑事略》中形容蒙古草原天气："气候寒冽，无四时八节（如惊蛰无霜），四月八月常雪，风色微变，近而居庸关北，如官山、金莲川等处，虽六月亦雪。霆自草地回程，宿野狐岭下，正是七月初五日，早起极冷，手足俱冻。其产野草，四月始青，六月始茂，至八月又枯，草之外咸无焉。"③ 可以说，整个蒙古高原极其严酷的气候条件往往会形成特定的生产生活方式，人们每一个习惯的产生都离不开其所生活的环境，而这种地域性特点则会促成生活在这里的群体形成适合于自身发展的经济方式。

（一）蒙古族游牧经济的形成规律及特点

蒙古族生态习惯法是在蒙古人长期的游牧生活中，在日复一日的劳作中，逐渐形成的一套与自身生产生活密切相关的习俗、习惯。可以说，游牧经济是蒙古族生态习惯法的重要物质基础。如果没有适应自然而形成的游牧经济，就不会有为适应游牧经济而形成的自然环境保护生态习惯法，因此，游牧经济和生态习惯法之间的关系十分重要。

"游牧经济首先是畜牧经济的一种，指游牧劳动者依据自然环境和季

---

① 这里的柏朗嘉宾可音译为普兰·迦儿宾，不同译著采用不同表达方式，两个名字指代同一人，笔者在本书中选用柏朗嘉宾这个名字。普兰·迦儿宾．普兰·迦儿宾行记·鲁布鲁克东方行记［M］．余大钧，蔡志纯，译．呼和浩特：内蒙古大学出版社，2009：16．

② 多桑．多桑蒙古史（上册）［M］．冯承钧，译．上海：上海世纪出版集团，2006：27．

③ 彭大雅，徐霆．黑鞑事略［J］．王国维笺证本．文殿阁书庄，1936：32．

节变化，为合理利用草场而有序进行'游牧'，即四季轮牧为手段的生产劳动为主的经济形态"。[1] 就本书所讨论的蒙古族生态习惯法，不能离开蒙古人生产生活的领域来谈，因为其中游牧经济恰是蒙古族生态习惯法的重要物质基础。理解不了依托自然、顺应自然而形成的游牧方式，就无法理解为何蒙古族生态习惯法如此重要。蒙古族生态习惯法契合蒙古人日常生活，它不是背离的，不是虚幻的，而是真正存在于蒙古人生活中，紧密地依托蒙古人的行为和信仰，因此蒙古族生态习惯法研究就不应当，也不能放弃对蒙古人生产生活的研究。对游牧经济而言，蒙古族繁衍生息的自然环境，某种意义上是游牧经济产生的重要条件，蒙古人也在与自然的关系协调中逐步确立人、牲畜和自然环境之间的良好关系，保护自然环境多样性，在顺应自然、利用自然、改造自然的过程中实现自身的发展与兴旺。

　　按照学者的观点，草原的游牧经济发展可以划分为强制拘禁阶段、软化阶段、野牧阶段和游牧阶段。[2] 最早在原始时代，当人们捕猎野生动物时会将一些受伤的动物或幼仔留下集中饲养，久而久之，当收养的野生动物数量越来越多，人们就会尝试将它们驱赶到附近草地，让它们自己食草，以代替人们割草喂养。驯化后的野生动物就成为游牧经济中不可或缺的生产资料。当人们发现总在一个地方放牧会影响植被生长，草和牲畜质量均有下降的时候，他们就选择离开，"逐水草而迁徙"以达到草原的恢复，从而使牲畜质量得到极大提高。可以说，游牧经济是草原畜牧业最好的选择，同时"游牧经济是一种生态经济"，[3] 牧民在生产生活中根据自身经验，正确地处理人、动物和草原之间的循环关系，既保护了赖以生存的自然环境，又提高了自身生活质量，这一复杂的生态循环关系在牧民这里却处理得简单有效。蒙古族人衣食住行等生产生活都没有离开草原，日常生活一举一动也与自然环境密切相关，又或者说，草原上的牧民及他们饲养的牲畜和与他们息息相关的自然环境共同构成了自然界一个重要的生态系统。人需要靠牲畜发展，牲畜需要草原

---

① 乌日陶克套胡. 蒙古族游牧经济及其变迁 [M]. 北京：中央民族大学出版社，2006：4.
② 李笑春，等. 内蒙古草地畜牧业可持续发展与生态意识 [J]. 内蒙古大学学报（人文社会科学版），2002（9）：13–18.
③ 乌日陶克套胡. 蒙古族游牧经济及其变迁 [M]. 北京：中央民族大学出版社，2006：71.

来繁衍，草场需要保护与改善，而改善后的草原又能够继续为人带来效益。可以说，蒙古族游牧经济本身就是一种自然经济，在顺应自然循环过程中实现人与自然和谐发展。牧民决定游牧与否是按照草场所需牲畜的适宜度，如果一个地区草畜能达到平衡，产草量能够满足牲畜的食草量，就不需要倒场轮牧；相反，当受到气候或者季节甚至其他因素干扰，一个地区的载畜量已经饱和，继续进行畜牧养殖就可能会对该地区带来严重生态后果的时候，牧民就会选择离开当地，转而寻找草木长势更好的区域，一方面为了牲畜能够更好抓膘，产出更好肉食，卖更高价钱，以满足牧民生活需求，另一方面也是为了被"糟蹋"的草场能休养生息，自然恢复，来年牧民还会再次选择回到这里。可以说，牧民迁徙与生态循环有必然的关系。正常年份，牧民每年一般会有两次的迁徙，在农历五月前后选择向夏营地移动，那里临近水源，地势平坦，水源好，通风好，可防止蚊虫；而十一月份前后会回到冬营地，选择有积雪的植被茂盛的挡风地带，是否有积雪很重要，遇到所谓"黑灾"天气，冬季没有下雪的话，冬营地的选择将变得极为重要。所以，游牧迁徙本身就是一种顺应自然的表现。

大体而言，游牧经济具有以下的特点。

1. 自然性或者生态性

前文对蒙古族聚居区生态环境进行过简单论述，蒙古高原属于气候较为严酷地区，并非四季如春、温暖宜人，而是干燥寒冷、风沙肆虐，在这样环境中生存的蒙古族人没有形成过分细腻和柔软的性格。他们虽领略过大自然的残酷与不可逆转，风沙肆虐也好，冰雪交加也好，却从不放弃对自身生活的改善需求。但是，蒙古人对待自然的态度也主要是顺从而不是改变，因为他们对自然有敬畏和崇拜，所以在蒙古人的生产生活中体现出一种自然性。他们在理性思考和尊重自然的前提下，形成游牧方式，真正做到人与自然和谐相处。比较典型的是，蒙古人在衣食住行中的任何方面，都直接取材于自然，依靠自然，并最终体现对自然的爱护，例如，蒙古人穿着的衣物来自牲畜皮毛，无论外面使用何种材质，在里面总会用羊绒或者羊皮来御寒，蒙古人很早就会对羊绒进行编织，有很高的制作技巧；靴子大多采用牛皮，既结实又保暖；常见的蒙古袍宽大且穿着方便，便于骑马也可在需要时作为被褥使用。饮食主要构成就是肉食和奶食品，这些都来自饲养的牲畜，多以牛羊为主，牧民会挤奶，制作各种奶食品，宰杀牲畜制作肉干，这些都是天然绿色食品。蒙古人居住在蒙古包中，这是一种十分贴合环境，又便捷的居住方式。一般蒙古包的支撑架子由哈那、乌呢、陶那三部分构成。哈那一般是柳木制作，坚韧且支撑性好，围成圆圈，上面加上圆形椽子也就是乌呢，天窗叫做陶那。哈那和乌呢由牛皮或驼皮制成的绳子固定。在哈那外面会围上毡子，也会根据蒙古包外形需要而有不同的形状。除了蒙古包的结构是用木头制成的，其余部分全部用牲畜的皮毛制作。可以说，十分符合游牧生活需要，可以随时搬迁，通风采光良好，冬暖夏凉，是非常符合生态环境的一种建筑设计。① 《多桑蒙古史》中对此有所记载，"所居帐结枝为垣，形圆，高与人齐。上有椽，其端以木环承之。外覆以毡，以马尾绳紧束之…全家皆处此狭居之内"。② 蒙古人出行主要依靠马、牛和骆驼。这里特别需要介绍前文提及的被称为草原"五畜"的牲畜，它们靠草原上的植物饲养，取自天然，是蒙古人生活中的必备生产资料，可以说，蒙古人日常生活离不开对五畜的使用。其中，骆驼能负重、耐饥渴，是戈壁荒漠牧民的乳、肉、毛产品的来源，也是他们的主要交通工具；马在蒙古民族的历史中占有重要地位，没有马，牧民无法进行迁徙和日常行进，没有马，也不会有蒙古历史上纵横捭阖的辉煌战绩，马在蒙古人民心中占有很重要的地位；牛不仅为牧民提供日常的乳、肉产品，也是生产和生活中的重要交通工具，勒勒车就是靠牛拉车，帮助牧民完成搬迁；羊是蒙古人的主要食物来源，也可以作为主要交换物，与农耕民族进行交换。综合以上对蒙古人衣食住行的分析，可发现，蒙古人在生产生活中离不开赖以生存的自然环境，他们从自然获得资源，并加以利用，形成了一套实用、简约的蒙古族生态文化，基于此，蒙古人才会形成具有生态化的习惯法，以此约束自己日常行为。

2. 流动性

所谓游牧，顾名思义，它需要流动、迁徙。游牧经济是一种典型适应自然而做出的选择，它注重顺应自然规律，形成良好互动循环。绝大

① 乌云巴图 . 蒙古族游牧文化的生态特征［J］. 内蒙古社会科学，1999（6）：38-43.
② 多桑 . 多桑蒙古史（上册）［M］. 冯承钧译 . 上海：上海世纪出版集团，2006：28.

多数游牧都是依靠自然生长的草场提供生计，放牧牛、马、羊等牲畜，依靠畜类提供的肉、奶、奶制品、皮毛等产品维持生活，并随季节迁徙，他们会根据气候、草场、牲畜数量等情况，考虑如何进行游牧，《马可波罗行纪》曾经记载："鞑靼冬居平原，气候温和而水草丰肥足以畜牧之地。夏居冷地，地在山中或山谷之内，有水林牧场之处。"① 典型的游牧是一年四季分散走到不同的地区，利用不同地区的环境特点促进牲畜的养殖，春天接羔的时候会选草料充分而背风的地方，如果过分寒冷羔子就会冻死；夏天会转到水源好的地方，方便牲畜饮水；但到了秋天就得转到草籽多的地方了，能让牲畜抓膘；冬天就得选择避寒和避雪的地方，不然大雪压住枯草就对牲畜不利了。每一个季节的变动都具有十分重要的生态意义，如果一年四季定在一个地方，对一个地方的草场进行破坏，就必然会导致草场无法自我修复，如果达到临界点，就使草场遭到不可逆转的根本性破坏。另外，不轮牧对牧民和牲畜也不利，如果接羔的草场一年不动，再长的草到冬天也会被掩盖，接近水源的地方往往在山里，如果一直不动，到冬天就会被冻死，所以，游牧的流动性就是顺应自然发展自己的最好选择。同时，游牧经济对牧民生态意识要求很高，没有根深蒂固的生态意识无法做到顺应自然，敬畏自然，在蒙古族的习惯法中，存在大量的生态保护习惯，都是在流动中体现出来的，例如，当牧民从一个地方迁徙的时候，他会把曾经居住地方的草原恢复原样，将垃圾打包埋好，将破坏的草皮铺平整，很好保持了居住地方的生态环境，等到将来流动到此地，一切都可以再次得到利用。所以，游牧经济的流动性也是生态性的一种表现。

3. 脆弱性

干旱、寒冷、风沙肆虐、土地贫瘠，这样的环境特点既是游牧经济存在的必然原因，也导致生活在这里的蒙古人有更加明确的自然需求，区别于征服和改造自然的价值观，在面对和体验到大自然的无情和不可战胜后，蒙古人更多地表现出对自然环境的依赖，而且也意识到只有顺应和保护环境，向生态化的方向发展，才能生存。蒙古草原是脆弱的，只适合游牧，不能垦荒；这样的游牧生活也是脆弱的，如果蒙古人不坚

---

① 马可波罗. 马可波罗行纪 [M]. 冯承钧，译. 上海：上海世纪出版集团，2006：139.

强，将无法适应严峻环境。

费孝通先生曾经阐释蒙古草原的脆弱性，他说，"靠天种地的粗放农业对牧场草地来说是一种破坏力量。而且凡是丢荒之地，在干旱地区植被被破坏后，很快就会沙化，农耕所及，草场荒废"。① 也说明蒙古草原生态脆弱，并不适宜农业生产需求。蒙古草原表层土壤十分薄，虽然薄，但也承载了对于下层土壤的固定作用，防止土壤沙化，而各种草原植物就像一层网一样，起到对表层土壤的覆盖，如果把表层植物清除，进行开荒耕地，其结果就是，表层植被很难恢复到原来状态，最终导致表层土壤沙化，大风一起，风沙到处肆虐，形成沙尘暴。而且，蒙古草原干旱少雨、水力资源也不是均匀分布，无法达到中原那样的水利灌溉，因此，从中原地区迁徙垦荒的移民，往往也只能粗放地靠天吃饭，没法形成良好的精耕细作。历史上，自清朝开始，由于政治、经济、人口增长等多方面的原因，官府对内蒙古草原进行过大规模的开荒，导致大量土地荒芜沙化。当时官员没有保护草原生态的意识，错误地认为草原有大片广阔土地，应该开发出来，住上定居民众，过上与中原农民一样稳定的生活，从而解决人口增长负担。同时，蒙古王公贵族也逐渐在利益驱使下，大量放垦草原来支撑自身的奢侈生活。因此，自清延续到近代的开荒潮，残忍地破坏大量丰富的草原植被，留下了生态隐患。新中国成立以后，也曾有过几次大规模开荒，直接导致内蒙古草原大规模土地沙漠化。由此可见，蒙古族聚居区草原生态的脆弱性是十分明显的，如果不能充分遵循自然规律，为了人类自身利益进行一味的破坏，自然就会给人类最终的惩罚，大量自然灾害将会导致人类无法生存在草原上。正是由于蒙古人充分认识到草原生态的脆弱性，会"适可而止"，不会过分向自然索取，草原才会循环持续地发展，可以说，游牧的草原生态环境是脆弱的，在严酷气候环境下，游牧经济也是脆弱的。

游牧经济是牧民鉴于对自然规律的遵守，合理地利用季节规律，利用不同地区的气候特点，分出春、夏、秋、冬四季营地，随季节进行游牧。虽然牧民能够根据经验和对生态环境的熟悉，合理地规避自然灾害，但是，草原严酷的环境和不断出现的各种天灾，还是会给游牧经济带来

---

① 费孝通. 行行重行行 [M]. 银川：宁夏人民出版社，1992：82.

严重的打击。与农业生产会面临旱灾、水灾、蝗虫灾害一样，游牧经济也会面临灾害。"清朝光绪年间，东盟地区曾经遭受严重旱灾，河川流水全干，地面草全枯死，虽有一些家畜赶到山丘避暑，然而毙亡的依然很多。"① 柏朗嘉宾曾描述过草原上冰雹灾害："这里也经常下很坚硬的冰雹。在推举皇帝和举行皇帝登基大典的时候，恰逢我们恭立于庭院中，下了一场大冰雹，正如我们后来所获悉的那样，由于冰雹的突然融化，使该宫廷的一百六十多人都被淹没在冰雹融水中。甚至许多物品及简陋住宅也都被水冲走。"② 除了常见的这些旱灾、水灾、虫灾，冬天的草原还会面临白灾，也就是大雪过后，气温骤降，大雪深埋，牧民和牲畜都因缺乏食物和燃料死亡，因此草原上的白灾是对牧民极大的威胁。可以说，自古以来，传统的游牧经济经常面临自然灾害侵袭，蒙古人在与严酷自然环境的斗争中逐步发展起来，从而造就了蒙古人良好的生态保护习惯，面对强大的自然力量，蒙古人更重视顺应自然，保护自然，同时发展自己。在蒙古族生态习惯法中可以看到许多顺应自然的习惯，而且一代一代影响着草原上的牧民。因此，游牧经济是蒙古人顺应自然的选择，是蒙古族生态习惯法重要的物质基础。

（二）游牧经济奠定蒙古族生态习惯法的物质基础

经济基础和上层建筑之间存在统一性，其中经济基础起主要的、决定性的作用，有怎样的经济基础就会有怎样的上层建筑。法作为上层建筑的组成内容，必然也由经济基础决定。两者的关系可以表现为：经济基础决定法律的面貌；同时，法律本身对经济基础具有反作用。"在社会发展某个很早的阶段，产生了这样一种需要，把每天重复着的生产、分配和交换产品的行为用一个共同的规则概括起来，设法使个人服从生产和交换的一般条件，这个规则首先表现为习惯，后来便成了法律。"③ 这个经典论述，可以形容习惯和法律的诞生，同时也强调物质生产关系决定法律。法根源于一定的经济基础，是上层建筑的一部分，这点表明法

---

① 参见乌日陶克套胡. 蒙古族游牧经济及其变迁 ［M］. 北京：中央民族大学出版社，2006：80.
② 普兰·迦儿宾. 普兰·迦儿宾行记·鲁布鲁克东方行记 ［M］. 余大钧，蔡志纯，译. 呼和浩特：内蒙古大学出版社，2009：18.
③ 马克思恩格斯选集（第3卷）［M］. 北京：人民出版社，2012：260.

产生过程中的客观性，法不是从来就有的，也不是随意杜撰的，法一定是按照经济基础运行规律而逐步诞生和发展的。蒙古族生态习惯法也是从蒙古族传统的游牧经济中产生发展的，受到游牧经济对它的决定性影响。如果不是蒙古人在生产、分配、交换和消费的经济领域中深受自然生态因素的影响，就不会产生生态保护法律。例如，蒙古族有"其国禁草生而剗地者，遗火而爇草者，诛其家"①的规定。为何任意掘草根或者放火烧掉草原植被会招致那么严重的后果，以致"诛其家"。这正体现了在游牧经济生活中，草原植被是牧民饲养牲畜的重要物质资料，他们需要保持牧场的再生能力和抗寒能力，只有合理利用草原，保持草原植被的完整和循环再生，才能充分地满足生产、生活的需求。因此，他们在游牧生活中一般不轻易破坏植被。当他们搭建蒙古包或临时起火烧饭时，一般会找不长草的地方搭建，如果没有合适的地方，他们会挖开草皮，等搬走时再放回原处，防止对草原植被造成影响。同时，禁止随意砍伐树木，如果需要生火做饭，必须捡枯枝和落叶，不能轻易在草原上挖坑，那样会破坏草原生长，尤其是草原出苗或出芽时不准动土。搬迁营地时，一定要将以前的灰烬掩埋。采集药材最忌讳连根拔起，那样会导致草原被永久性地破坏，这是大忌。为了促进草场完善，当春天到来的时候，放牧的牧民会带上一袋当地野生植物的种子，在放牧的同时随时随地在草地上挖一些坑，种上一两粒种子，这样就会促进草原植被进一步丰富，为以后的畜牧作铺垫。可以说，牧民生产生活的各个方面都在严格适用蒙古族生态习惯法，这一点是由游牧经济的特点决定的，只有更好地保护生态环境，才能养殖更多的牲畜，才能产出更多的肉食，进而获得更丰盛的食物。这也印证了游牧经济对蒙古族生态习惯法的决定性作用。

二　同质文化引导力量

蒙古族生态习惯法的重要构成要素中，同质文化引导力量不可或缺，费孝通先生曾说，"文化本来就是传统，不论哪一个社会，决不会没有传统。衣食住行种种最基本的事务，我们并不要事事费心思，那是因为我

---

① 彭大雅，徐霆．黑鞑事略［J］．王国维笺证本．文殿阁书庄，1936：68．

们托祖宗之福，有着可以遵守的成法"。① 关于文化的界定，一直十分宽泛，世界上关于文化的定义不下百种，且文化现象错综复杂，按照法国学者维克多·埃尔所形容，"各国的百科全书告诉我们，文化这一概念作为术语是在 19 世纪中叶形成的，并且最能表达这一时代所特有的知识和社会变化的复杂性"。② 英国人类学家爱德华·泰勒在 1871 年为文化所下的定义成为比较经典的说法，"文化或者文明，就其广泛的民族学意义而言，乃是这样一个复杂整体，它包括知识、信仰、艺术、道德、法律、风俗以及所有其他作为社会一员的人习得的能力和习惯"。③ 而著名人类学家马林诺夫斯基从功能主义角度界定文化是"包括一套工具及一套风俗——人体的或心灵的特性，他们都是直接地或间接地满足人类的需要"。④ 很多时候，文化常常有一种似是而非的感觉。学者在分析文化概念的多种表象时，纠正了目前在文化理解方面的僵化局面。例如，文化的"实体化"现象，"文化的实体包括有形实体和无形实体两种，前者涉及文化的事物、现象、（物理性）符号等，后者涉及文化的意象、象征、概念等，文化就是这两种实体在有机联结、动态平衡中构成的有机体"，⑤ 将文化依托在其中任何一个实体上，都会导致文化的实体化倾向，将文化与物质或某一种概念等同起来。文化应该是一种实体和与主体之间的互动关系，应当依托实体展现文化。还有一种僵化趋势，是将文化凝固起来，似乎"在文化理解中，常见的表达方式是'模式'、'惯例'、'结构'、'符号系统'等，似乎文化是有固定结构与形态的存在，是人的一种稳定的结构化生存方式。这就使活生生的文化被冻结了起来，成为一块僵硬的概念木乃伊"。⑥ 文化应当是不断延续，不断流动的，"文化所依赖的行为是由众多单个个人的表现组成的，这些行为表现只能在事后观察记录，而文化的存在形式却早于个人进入社会的时间。个人死后，文化形式仍旧在那些活着的和刚出生的人们当中继续着。因此，

① 费孝通. 乡土中国［M］. 北京：三联书店，1985：51.
② 维克多·埃尔. 文化概念［M］. 康新文等，译. 上海：上海人民出版社，1988：29.
③ FRIED H M. Readings in anthropology. vol. Ⅱ. 2［M］. New York，Thomas Y. Crowell Company，1968. 转引自梁治平. 法律的文化解释［M］. 北京：三联书店，1994：6.
④ 马林诺夫斯基. 文化论［M］. 费孝通，译. 北京：中国民间文艺出版社，1987：2.
⑤ 龙宝新. 文化是什么？［J］武汉科技大学学报（社会科学版），2013（4）：447.
⑥ 龙宝新. 文化是什么？［J］武汉科技大学学报（社会科学版），2013（4）：448.

文化是个连续统一体，而且处在一个不断发展和变化的动态过程中，社会学家多将它称为社会遗产。"①由此，应该说，文化本身是一个十分生活化的概念，依托人的行为，依托共同的生活方式，形成动态的物质场景，并在此基础上形成主体与外在的相互关系。它不应该是僵化的、凝固的，而应当是流动的。显然，在文化的理解上，存在结构主义和功能主义的不同用法。其中，结构主义的理解是指文化有机体存在自身的运作方式和组合结构，有自己独到的文化类型和文化风格，在形成自身特色的过程中也不能排除对异质文化的排斥、选择和吸收。这些不同层次的要素结合并有机形成的关系就是一种文化的结构。我们通过对文化的表现进行研究，形成对文化构成和发挥作用要素的把握，便于进一步了解一种文化的内涵和外延。而另一种叫做功能主义的文化研究，按照马林诺夫斯基的理解，文化功能在于满足群体的基本需要和次生需要。后文中，我们将尝试寻找文化对于人类的功能意义。

（一）结构主义角度理解蒙古族生态法文化

结构主义理解中，文化系统包括三个层次：第一层次是物质层，是人化了的外物；第二层次是心物结合层次，外物中包含人的情感和意志等，或者人类的精神产物，如构想、政治组织等理论层面；第三层次是最深的心理状态，如价值、性格等。蒙古族生态习惯法所蕴含的法律文化表现也可以归为这样三个层次。首先，物质层面的因素十分活跃。在蒙古草原上，游牧的生产方式使蒙古人的生活具有典型特点，而在文化的历时性演变中，与中原文化的交流也给蒙古族法文化带来了不一样的特质。其次，理论层面最为权威，能够界定文化的走向和性质，蒙古族法文化就是这样一种包含深刻理论基础的文化类型。最后，心理层面往往最具有个性特点，是文化的灵魂所在。蒙古族以游牧和狩猎作为主要经济方式，并逐水草而迁徙，这是蒙古族文化的物质层面，通过前文对游牧经济的介绍可证明这一点。而蒙古族萨满教宗教信仰，蒙古人日常相处的伦理道德又是这种法文化的引导，这些相同条件下的文化要素或文化丛结构相对稳定，文化形态也比较稳定。最重要的是千百年来蒙古人内心的文化心理因素，这才是蒙古族生态习惯法得以不断延续的根本，

---

① 欧运祥. 法律的信任：法理型权威的道德基础［M］. 北京：法律出版社，2010：12.

是草原生态维系的重要力量。在刘作翔教授的理解中，各种文化概念根据其内涵的不同可以分为三种类型：广义文化观、中义文化观和狭义文化观。广义文化观，将人类社会的所有物质财富和精神财富均纳入文化中；中义的文化观强调精神财富集合的意义；狭义文化观则特指社会的意识形态。① 当然，作者无意在此贸然指出哪个文化的概念更好，毕竟许多学者对文化概念的运用都出于分析问题的实际考量。本书在研究蒙古族生态习惯法的要素时，指出蒙古族历史文化是凸显文化在地域生态传统形成中的作用，因此，这样的文化观念应该理解为非物质的，是人的精神与创造物之间的表现形态，例如组织、制度，这一理解倾向于前文所提及的中义文化观。人的精神抑或一种社会意识形态与社会制度以及社会组织之间存在必然的关系，"他们都是人的精神派生物，不过一则表现为社会意识形态，一则表现为社会意识形态的外化物，制度和组织。"②

蒙古族生态习惯法文化是法律文化的一种，因此对"法律文化"概念的研究也成为必然。日本学者千叶正士曾指出，如果问到法律文化究竟是什么，由于精确明了并为多数人赞成的概念尚未形成，学者们的见解不一，有的形容为模糊不清，有的形容为既危险又有用，因此就法律文化研究的发展而言，还停留于证明其自身意义的课题中。③ 而梁治平先生也认为，法律文化一词开始运用之初便已经被滥用和庸俗化。④ 学者们将我国法律文化的研究分为两个方面：一方面将法律文化作为对象来研究；另一方面则将法律文化作为方法来研究。

美国学者弗里德曼所理解的法律文化属于前者，他在《法律制度》一书中提出，法律文化"泛指一些有关现象，首先，它是指公众对法律制度的了解、态度和举动模式。人们的感觉和行为是否认为法院是公正的？他们什么时候愿意使用法院？他们认为法律的哪些部分是合法的？他们一般对法律有多少了解？这种态度各人不同，但是我们可以谈一个

---

① 刘作翔. 法律文化理论 [M]. 北京：商务印书馆，1999：21-23.
② 刘作翔. 法律文化理论 [M]. 北京：商务印书馆，1999：28.
③ 千叶正士. 法律多元：从日本法律文化迈向一般理论 [M]. 强世功等，译. 北京：中国政法大学出版社，1997：33.
④ 梁治平. 法律的文化解释 [M]. 北京：三联书店，1994：64.

国家或集团的法律文化，如果有能把它与其他国家或者集团的文化区分开的模式"。① 在他的理论中，法律文化是一种态度，与一个国家的法律结构密切联系，结构中透露出一种态度，相反的是结构一经形成就会对态度进行作用。实际上他的观点是从社会上的人们对法律的态度、看法等方面来理解法律文化，是一种对法律现象观念上的整合。显然，法律文化是被当作研究对象来看待的，将这样的社会群体观念形态整合为一种态度来表达。美国学者埃尔曼的理解也有相似之处，在他的《比较法律文化》中，介绍了一种说法："关于法律的性质、关于法律在社会与政治体中的地位、关于法律制度的专有组织和应用以及关于法律实际或应该被如何制定、适用、研究、完善及教授的一整套根植深远、并为历史条件所制约的观念。法律传统将法律制度与它只是其中一部分的文化联系起来。"② 可以说，在传统概念的理解中，法律文化就是这样的一种通过制度表现出来的观念或是态度，这些概念中的法律文化均作为研究对象，是那些需要被研究的观念、态度以及信仰等。而同样的理解也可以从克利福德·格尔茨那里看到："文化是指由历史传递的，体现在象征符号中的意义模式，它是由各种象征性形式表达的概念系统，人们借助这些系统来交流、维持并发展有关生活的知识以及对待生活的态度。"③在我国，法律文化也是常见的概念，有很多学者阐释过自己所理解的法律文化概念，其中比较显著的观点还是将法律文化看作法律现象所表现出来的观念或者说一种法律意识。郑成良教授提出："法律文化是指社会群体中存在的较为普遍的某些生活方式，它们或者直接构成了法律秩序的一部分，或者与法律秩序的性质和状态有关，它们既可能以实际的行为表现出来，也可能仅仅表达了人们的某种期望。"④ 这一概念较为清晰地表达了法律文化与秩序的关系，在蒙古族生态习惯法的演变中，蒙古族法文化是指引蒙古族生态习惯法形成和存活的重要支撑力量，并且同质的文化也为当地的生活秩序产生指引，共同的文化背景下人们存在共

---

① 劳伦斯·M.弗里德曼.法律制度——从社会科学角度观察 [M].李琼英等，译.北京：中国政法大学出版社，1994：227.
② 埃尔曼.比较法律文化 [M].贺卫方等，译.北京：三联书店，1990：20.
③ 转引自梁治平.法律的文化解释 [M].北京：三联书店，1994：7.
④ 郑成良.论法律文化的要素与结构 [J].社会学研究.1988 (2)：98.

同的看法和分析问题的态度，因此，能够为当地生活秩序形成共有模式。就像英国学者哈耶克曾指出的那样："在特定文化中成长起来的每一个人，都会在自己的身上发现规则的影子，甚或会发现他是依规则行事的——而且也能够以同样的方式辨识出他人的行为规则是'人性'中一个永恒的或不可变更成分，也同样不能证明它们是天生就存在的，而只能够证明它们是文化传统的一个部分；当然，这种文化传统很可能是相当恒定的，尤其考虑到这些行为规则没有以文字的方式予以阐明从而也未受到探讨或有意识地考察，这种传统就更具恒定性了。"[①] 蒙古族生态习惯法中，若无对草原保持良好生态的共同性看法、态度，便无法达成一致看法，习惯法存活的根基便失去了，因此同质文化力量是蒙古族生态习惯法的重要构成。

还有一种理解法律文化的方式也是比较有特点的，那就是将法律文化作为方法论，这样的观点在法学界可谓独树一帜，我们称为"法律的文化解释"。法律文化不仅可以被看作对象化的内容，还可以成为一种研究立场和方法。用文化的视角分析法律，将法律作为文化的一部分来思考，当然，梁治平先生也强调："我并不想说文化分析的方法是唯一可能的历史解释，更不认为它是一个神奇的符咒，只需念一下就可以解答所有问题。事实上，它只是我们观察世界的许多方法中的一种，但肯定也是其中重要和不可取代的一种。"[②] 通过将法律文化作为研究对象和研究方法两种方式，基本使法律文化的研究保持一种协调共进式的发展。显然，单独一种做法是无法体现其全面意义的，这对于蒙古族生态法律文化的研究也是不够的。

因此，本书意图选择两种研究方法的共时性合作，毕竟法律也是一个民族文化的重要组成部分。作为对象，蒙古族生态法律文化承载了蒙古族历史发展中的传统要素，而作为方法，我们运用文化解释是为了了解蒙古族生态习惯法全貌，文化视角里，扩大地说是包罗万象，而本着前文所阐释的中义文化观，通过对社会制度和政治组织等因素呈现的蒙古族精神面貌和价值取向进行文化观察，深刻挖掘这些制度背后的文化

---

① 哈耶克. 法律、立法与自由（第一卷）［M］. 邓正来，译. 北京：中国大百科全书出版社，2000：18.
② 梁治平. 法律的文化解释［M］. 北京：三联书店，1994：61.

力量，亦即文化究竟促成了什么。显然，用蒙古族同质的文化引导力量来分析蒙古族生态习惯法也是一种方法论意义上法律文化研究的尝试。

（二）功能主义角度理解蒙古族生态法文化

文化功能主义看重文化对于人类社会的效用，个人通过学习得来的行为在集体中就是文化，而文化就是一个社会成员表现和分享以及后天得到的行为方式的完整一致总和，人类社会就是一个其行为与文化相一致的群体。这个群体中，文化功能是众多的，对于蒙古族社会而言，文化整合以及传承功能尤为突出。多种不同的文化传统模式造就了草原文化和其他多种文化类型，也影响到社会主体法观念的形成，而这种通过文化所习得的法观念对于主体法律信任具有极强的心理驱动力。广泛意义上理解蒙古族生态法文化，应该具有对草原上生态保护意识的整合功能。而历时性角度上，文化的传承功能也比较显著。任何一个民族的法律文化都有一种实用性，在本民族生产生活中形成，也为当地的民众服务。所谓的整合是一个全面动态的过程，在面对各种文化要素相互影响的复杂境遇下，稳定的文化起到塑造当地民众共同的思想行为和价值观的作用，整合形成独具特色的生产生活方式和面对自然的态度以及规范的行为。蒙古族所处严峻的自然生态环境形成蒙古人特有的思维方式和开放的心态，他们骁勇善战、坚定强悍，在处理与自然的关系上坚持以自然为主导，坚持与自然和谐统一。这种价值观可能最初存在于一些小群体中，而最终能够形成蒙古族生态法文化，正是经历了十分重要的文化整合过程，让草原各个不同地区的良好生态保护理念最终形成同质的文化力量，并真正对草原生态起到保护作用。而文化的传承功能也十分重要，对于蒙古族文化而言，渗透着民族特性的价值观之所以一代一代传承下去，往往是绝大多数人通过生态保护的精神力量，对自身行为进行引导，长期循环往复不断出现，从而达到持久性。例如，草原上的牧民遇到风雪天气，牲畜跑丢的事件时有发生，但是不论谁碰到无主牲畜都会精心饲养，直到主人来认领，这是一种习惯，或者是一种当地的文化传统，因为一直以来大家都是这样做的，如果不这样做就会被别人说他人品坏。① 类似的行为

---

① 包斯钦，金海，主编. 草原精神文化研究［M］. 呼和浩特：内蒙古教育出版社，2007：310.

虽然无法律明文规定，可是却这样延续下来。不得不说，从中义文化观的理解角度，透过某种具体的习惯法行为传递了草原生态法文化的价值。

对于同质文化的力量，可以从结构主义和功能主义两个角度来理解，蒙古族的文化传统在蒙古族人民生活的地域文化中，在强大的宗教引导下，形成独具特色的文化结构，而这种文化又为当地共同生态价值理念的形成和传承发挥重要功能，可以说，习惯是人类自身的生活经验，是人们在生产生活中约定俗成的一种传统，这样的传统往往是人类在社会的演进中不断通过自身的经验而产生，像梁治平先生形容的"人类的早期历史经验就是这样一粒种子，它孕育了传统，经它原初的混沌体验化作一种组织起来的隐秘经验，一代代传递下去"。① 文化既是符号也可以是工具，对蒙古族生态习惯法中的文化要素可从结构功能方面去理解，也同样可用文化的解释方法来分析文化背景下的蒙古族生态习惯法面貌，最终得出，同质的文化是蒙古族生态习惯法存在和不断发展的重要力量。

三　行为的传承性和重复性

"当一个习惯被证明实际上存在时，接着就要调查它的效力，让一个习惯符合下列条件是必要的。古老、连续、无争议、合理、确定和义务。"② 一个习惯被人遵守，直至被人信仰，需要时间和不间断的持续力量。只有不间断地重复某种行为，才能让这一行为产生传统力量，不断地被大家认可和遵守，这种重复性往往是从横向角度来看待一个习惯，而持续性则是在历史的长河中去看待习惯。例如，蒙古族生态习惯法从其形成发展演变至今，具有持续性和传承性，而持续传承的游牧行为是典型的代表。自古至今，蒙古牧民在蒙古高原上一直都是"逐水草而居"，世代延续，正是这种持续不断的行为，让蒙古族生态习惯法有了存活力量和强大规范力，同时，游牧行为本身又是蒙古牧民不断重复的日常行为，"如果聚居在一起的人们长期地在相同的条件下、以相同方式为相同的行为，那么心理学意义上的一个意志趋势就产生了，在人们作为该群体的成员而习惯上如此行为时。最初，构成习惯的这些行为的主观

---

① 梁治平. 寻求自然秩序中的和谐 [M]. 上海：上海人民出版社，1991：11.

② STEPHEN, Commentaries on the laws of England [M]. London: Butterworth & Co. 1903: 2.

意义并不是一个'应当';但后来,当这些行为已经存在一个时期,该群体的成员就会产生一种观念,他应当以其他成员习惯上的方式来行为,与此同时,要求其他成员也如此行为的意志也就产生了。如果某个成员没有以其他成员习惯的方式行为,就得不到其他成员的认可,因为这是违背他们的意志的,这样,习惯成为一种集体意志的说明,在主观意义上就成为'应当'"。① 显然,"应当"是一个规范强制力的来源。简单地说,反复重复一个行为可能会产生一种应当的心理约束,虽然这不是绝对的,但是一种重复意义的模仿还是会产生规范基础。英国学者哈特曾经举例说明这一点,人们在周末都会去看一场电影,这并不是规范的,因为不看也不会产生什么后果,但是如果一种重复的行为产生了行为模式,成为评价标准的时候,就能确定在相关事项中存在规范。② 这里,虽然重复行为不一定产生规范,但也会形成一个基础。"模仿在任何个体或者社会的生活中都是最为普通并且是最具影响力的因素。说我们是习惯的产物无异于一种陈词滥调,但是陈词滥调往往都是被不加怀疑而不是意义清晰地接受。如果我们能够冷静地检视一下我们的日常行为,就可以发现我们的行动更多是纯粹模仿性的,而纯粹理性的行为则比较少。使每一个独立的行为都出自深思熟虑的理性,较之普通的人类生活所要求的或者人类本质所达致的,需要更多的时间、更多的独立判断,从而有更大难度。在普通事务或者惯常活动中特立独行,既费劲又不讨好。因此,不特立独行,遵循既定的行为模式至少是一种安全的保证。已为的行为已经或者曾经产生某种特定的效果,如果此种行为被重复的话,就会产生相同的效果。老套的路子不仅是安全的而且往往是捷径。因此,通过自身的循规蹈矩,我们往往会轻易地相信背离老路,不仅是愚蠢的而且是反社会的,这种信念多数不是建立在对错的确信上,而仅仅是建立在习惯的基础上。"③ 这一点也可以说明,重复的行为虽然不会必然产生规范力,但是会形成规范性习惯的基础,如果一个共同体中的民众一直都在遵循一种既定模式,不遵守的人会被别人认为是"不同",甚至

---

① KELSEN H. Pure theory of law [M]. Beijing: China social science publishing house, 1999: 9.

② 哈特. 法律的概念 [M]. 张文显, 等, 译. 北京: 中国大百科全书出版社, 1996: 57-58.

③ ALLEN K C. Law in the making [M]. Oxford: Clarendon press, 1966: 102-103.

"另类"，那么就会逐渐形成一种评判别人行为的模式。如前文所言，这样的重复性也可以从游牧行为中找到，所谓习惯，应当是已经反复实践过的或历经的事实，游牧的习惯正是由蒙古族牧民一年四季用自身行为在实践着。在广袤的草原上，牧民一般都生活在一定区域，根据草的长势和水源分布，一年内大约需要迁徙四次，在春、夏、秋、冬四个营地之间不断游动，而一个蒙古族牧民一辈子也就是在不断迁徙和移动中度过。可以说，蒙古族生态习惯法正是在这样的事实基础上，根据游牧的经验转化而来。

在蒙古族历史发展的过程中，我们同样可以清晰地看到蒙古族生态习惯法不断传承延续的痕迹。初民时期的蒙古族社会，人们生产生活十分依赖自然，对自然有着无比敬畏之心，在神圣宗教信仰指引下，对自然满怀感激和崇敬，因而逐步形成对自然的禁忌，蒙古人的神是"腾格里（天）"，它是一切万物的源泉，可以缔造和毁灭一切，为了避免天神"腾格里（天）"对他们的惩罚，他们有了最早禁忌，例如，任何人都不在光天化日之下坐于水中，不在河中洗手，也不把湿衣服铺在草原上，否则会导致雷神的愤怒等类似的禁忌。这些禁忌就成为后来蒙古族习惯法的源头，蒙古人根据自身所处的环境，逐渐地在与自然相处的过程中，形成了大量具有规范性的习惯，我们称其为"约孙"，后来为了让这些"约孙"更加具有约束力和传承性，蒙古汗国时期就把"约孙"的一部分作为习惯法写进成吉思汗《大札撒》里，成为蒙古人所共同遵守的至高无上箴言。从前文对蒙古族生态习惯法类型介绍中，可知许多蒙古族生态习惯法的内容都能从《大札撒》中窥见其貌。从禁忌到"约孙"再到《大札撒》的形成这一过程中许多习惯被很好地保留下来，成为历久弥新的传统力量，指引和调节着蒙古人的日常生活，时至今天，依然能在蒙古人的生活中看到生态习惯法的身影，后者也同样发挥着对蒙古人生活的规范作用，虽然内容有增有减，不断变化，但依旧口口相传，具有生机。也有学者指出，习惯法具有"固化"①的特点，因此常常在传承和演化中扮演"卫道者"的角色，习惯法虽然会在自生自发秩序中渐变式发展，但也具有阻碍时代发展的保守性。这样的"固化"可

---

① 参见王新生．习惯性规范研究［M］．北京：中国政法大学出版社，2010：214．

以理解为：首先，基于习惯法是在特定范围内，针对特定群体而发生作用，一定程度上存在排斥力，从而保有该习惯承载的稳定的群体记忆和物质精神财富，对于可能出现的外来力量十分排斥，例如，蒙古族生态习惯法更加适用于蒙古族聚居区的蒙古人，也往往在蒙古人中间才能真正发挥作用，蒙古族人对外来人员带来的一系列变化普遍存在怀疑并产生排斥行为。其次，习惯法形成中有宗教、道德等其他因素介入，使习惯法具有十分明显的文化传承力量，绝非轻易就能动摇，因此，常常形成"固化"的效果。然而，所谓"固化"是新旧事物发展碰撞的必然现象，只要习惯是产生于人们对于美好秩序的需求，是一种理性的变迁，这样的固化也仅仅是使习惯的演变稍微缓慢一点，但不至于否定习惯所包含的发展力量。正像哈耶克所形容的，"所有的持续性的结构都是选择性的或优胜劣汰的进化过程结果，而且也唯有根据这些进化过程才能够得到解释——较为复杂的结果乃是通过持续不断地使其内部状态和外部环境的变化相适应的方式来维续自身的"。[①] 因此，虽然不可避免地存在蒙古族生态习惯法的固化现象，但是蒙古族生态习惯法依然在积极吸收外来因素的力量下不断实现持续发展，而在这样的成长发展过程中，因为寄托了蒙古人对悠远历史的感悟，以至于他们根本不愿意轻易改变，一代一代传承下来，直至今天。

第二节　蒙古族生态习惯法的内部构成要素

外部因素固然是蒙古族生态习惯法产生和存在的事实性根源，但从蒙古族生态习惯法对人的行为有影响力，且本身具有效力及约束力的特性来看，探究其内部要素，即了解何以使得蒙古族生态习惯法具备这一特性，为何人们要去遵守这种规范，是一重要议题。任何事物都有产生及演变的根源性基础，蒙古族生态习惯法从生成机理上也是从"无意识的人类行为的积累的结果"[②]，向自生自发的社会秩序迈进，当"习俗作

---

① 哈耶克. 法律、立法与自由（第二、三卷）［M］. 邓正来，张守东，李静冰，译. 北京：中国大百科全书出版社，2000：504.
② HAYEK A F. The constitution of liberty ［M］. Chicago：The university of chicago press，2006：58-62.

为一种自发社会秩序，一旦生成，它就能作为人们社会活动与事务中的一种常规性，固化习俗本身所覆盖的团体、社群或社会中成员的现象型行为，从而它本身也就作为一种事态、一种情形像一种社会规则那样对成员的各自行为有一种自我强制性的规约"。① 习惯法的生成往往被认定来源于早期的行为结果，"任何民族在初民社会都十分古朴，社会组织非常简单，他们以血缘氏族为单位共同对付自然界和外族两大敌人，以谋求生存"。② 最初时，当某种危害氏族全体成员利益的行为发生，他们会在迫于无奈的情形下选择一个哪怕是十分拙劣的方法来加以处理，当多次出现类似行为，他们或许会继续第一次的做法，或者已经想到了其他应对之策，之后每当遇到类似问题，他们逐渐就能够形成氏族共同认可的处理方法，如此反复，就有了稳定的处理手段，而其他不合适的方法将被视为非法，我们可以称其为约定俗成。"秩序的建立一方面是来源于国家立法，但还要明确的一点是秩序并非只是一种从外部强加给社会的压力，而是一种从内部建立起来的平衡，而后者的实现在很大程度上是依赖于自生自发，这是一种非国家主义的秩序，是在人们的行动中产生的，其主要目的是对自由的强调和保护。"③ 因此，蒙古族生态习惯法在其产生和演变的过程中也经历了这种从共同的氏族行为中循环往复形成公众习惯的过程，也即约定俗成，直至形成一定强制力。蒙古族生态习惯法自有其产生的渊源，这也使蒙古族生态习惯法有别于其他自生自发的社会秩序，形成独特的普遍性行为规范。而这种渊源，又是我们理解蒙古族生态习惯法的力量，不去寻找根基，便不足以展开分析，或者说，对于蒙古族生态习惯法而言，它的内在驱动力量在哪里是一个值得探讨的问题。

一　古代蒙古族萨满教信仰力量

（一）萨满教宗教理念

萨满教是蒙古族最古老的宗教，是阿尔泰语系的诸族广泛信仰的宗

① 韦森. 习俗的本质与生发机制探源 [J]. 中国社会科学，2000（5）：48
② 龙大轩. 乡土秩序与民间法律：羌族习惯法探析 [M]. 北京：中国政法大学出版社，2010：5.
③ 罗伯特·C. 埃里克森. 无需法律的秩序：邻人如何解决纠纷 [M]. 苏力，译. 北京：中国政法大学出版社，2003：201.

教，是一种认为自然"万物有灵"的宗教。原始社会时期，萨满教就已经逐步形成，至蒙古民族步入奴隶社会的时候，萨满教已具有广泛的影响力，后来在成吉思汗统治时期达到鼎盛，最终在元朝时被藏传佛教逐步取代。萨满教之于蒙古民族是最原始的一种宗教信仰类型，虽然并未达到像后世佛教对蒙古族的深厚影响力，但在蒙古民族兴盛强大的过程中，萨满教也有其重要作用，特别对于蒙古族生态习惯法的形成而言十分重要。萨满教所提倡的爱护自然、敬畏自然的理念曾通过宗教本身的强大力量深入地普及到广大蒙古人心中，为蒙古族生态习惯法的形成奠定重要的宗教基础。"在宗教信仰中和实际生活中，一个群体的气质被认为是合理的，因为他代表了一种生活方式，其在观念上适应了世界观所描述的事物的实际情况，而世界观具有感情上的说服力，因为它被看成是事情的实际情况的意向，它特别安排为适合这样一种生活方式。"① 显然，萨满教理念引导了蒙古族民众日常的生活方式，他们每当遇到各种自然现象，就会下意识地将其归为天神或者万物的旨意。蒙古人生活中的"祭敖包"活动，从源头上说，就是民众将对自然的恐惧心理用超乎逻辑的仪式来掩盖，或者意在解脱这种心理束缚，因而"祭敖包"成为民众的一种生活方式。萨满教的宗教引导理念主要有以下两点。

1. 万物有灵

萨满教，因为满—通古斯语族各部的巫师名为"萨满"而得名为萨满教。"萨满"这个概念最早可以从南宋《三朝北盟会编》中找到，在读音上也有多个读法，《大清会典事例》第一次称为"萨满"。② 这一概念虽然出自满—通古斯语族，但同时也是阿尔泰语系其他民族共同的宗教信仰。可以说，蒙古族在进入奴隶社会后，萨满教曾一度十分盛行。它主要是以"万物有灵"为基本的理念，包含自然崇拜、图腾崇拜和祖先崇拜。最初原始时代，当时的人们对于自然界的各种现象无法用科学去解释，面对自然界的强大力量又没有抵抗能力。前文中对蒙古高原自然环境的恶劣进行过描述，蒙古人在面对多变又残酷的自然环境的时候，

---

① 克利福德·格尔茨. 文化的解释 [M]. 韩莉，译. 凤凰出版集团，译林出版社，2008：95.
② 奇文瑛. 满—通古斯语族民族宗教研究——宗教与历史 [M]. 北京：中央民族大学出版社，2005：33.

更多地需要依赖自然，并祈求自然能为蒙古人带来平安。因此人们常见到的万里长空、苍茫大地、日月星辰、高山森林、江河湖泊都有神灵色彩，而在对万物神灵的崇拜和尊敬中，祈求保佑蒙古人度过劫难，更好地与自然相处，这可以说是一种自然崇拜。随后伴随生产力的发展，人们渐渐地将注意力放到人的身上，认为自己的祖先可能是其中的某种神灵，因而将这种神灵的形象变为本族的图腾来崇拜，例如，有一种观点认为，按照《蒙古秘史》的记载，蒙古族的祖先是苍狼和惨白色鹿的后代，[①] 因而赋予蒙古族的起源以神话色彩，狼便成为蒙古族的图腾代表。另一种观点则否定了图腾说，他们认为，在对《蒙古秘史》进行翻译的过程中，明代的译者对蒙古语进行了词义的解释，其实，蒙古族祖先应该是苍天降生的孛儿帖赤那（苍狼）和他的妻子豁埃马阑勒（白鹿）。[②] 姑且不论这两种观点如何平衡，至少人类社会的发展演变具有统一的特点，那就是在古老的先民时代，都经历过图腾崇拜阶段，因为根据蒙古民族的历史记载，蒙古族曾经崇拜过狼、鹰、熊等。[③] 后来，随着氏族血缘家庭的发展，人们由对图腾的崇拜转向对祖先的崇拜，蒙古人相信"灵魂不灭"，人死了灵魂还存在，祖先的灵魂会到另一个世界保佑子孙，而萨满更突出表现为人与灵魂沟通的媒介。可以说，萨满教追求的"万物有灵"是将自己很好地与自然界联系在一起，在人与自然的相处中，相信世间一切皆有生命，不可轻视任何自然界的存在，对万事万物心存敬畏。这样的主张引导蒙古人正确处理与自然界的关系，并引导蒙古族生态习惯法的形成。

2. 天父地母

对天地的崇拜几乎是所有原始社会中共有的一项重要宗教内容，在萨满教"万物有灵"的指引下，蒙古族把孕育万物的天地尊称为"额其克腾格里"和"额赫嘎扎尔"，译为天父地母，也可以理解为，在诸多的神灵中，天被尊为最重要的神灵，因为父母是孕育生命的重要存在，

---

① 黄华均．蒙古族约孙的生态价值诠释——基于低碳和绿色发展的法理思考 [J]．新疆大学学报（哲学人文社会科学版），2010（4）：66-73．也可参见，吴海航．13 世纪蒙古法文化形成的哲学基础 [J]．北京师范大学学报（人文社会科学版），2000（3）：91-99．

② 特官布扎布，阿斯钢．蒙古秘史 [M]．北京：新华出版社，2006：6．

③ 这一说法可参见特官布扎布，阿斯钢．蒙古秘史 [M]．北京：新华出版社，2006：6．

而世间万物自然也有其孕育的父与母，因此尊奉天为"长生天"。在蒙古族的萨满教中据说天神有 99 个，分为善神和恶神，其中西方有 55 个善神，东方有 44 个恶神，这种善恶的区分很好地为蒙古人形成了道德层面的划分。例如：苏勒德神是战神，他会领导人民获得胜利，保卫和平；吉雅其神是牲畜的保护神，会保护牛羊肥壮，五畜兴旺；玛纳罕神是狩猎天神，在狩猎前祭祀他，他就会恩赐给人们猎物。而恶神都是一些制造祸端、散播灾难的坏神。① 伴随着宗教的巨大引导力量，人们相信只要遵从善神就会获得平安幸福的生活。可以说，这样的引导会促成人们行为趋向善的一面，按照善神的指示去做爱护天地万物的事情，不做恶神那些可怕的行为。"一切宗教都不过是支配着人们日常生活的外部力量在人们头脑中的幻想的反映"。② 所有的天神都是人们对美好生活的期望而形成的与生产生活密切相关的宗教形象。在人们的心目中，长生天是生灵的缔造者，具有主宰世间万物的神秘力量，在蒙古族萨满教中是最高的神灵，人们希望长生天能够为世人带来富裕平安的生活。这种"天父地母"的观念有许多记载。《多桑蒙古史》中形容："鞑靼民族之信仰与迷信，与亚洲北部之其他游牧民族或野蛮民族大都相类，皆承认有一主宰，与天合名曰腾格里。崇拜日月山河五行之属。出帐南向，对日跪拜。"③《蒙古秘史》中更是有许多提及成吉思汗信仰长生天的例证。年幼的铁木真被泰亦赤兀惕人追赶时，曾经在密林中躲避三昼夜，当他想走出密林时，马鞍子突然掉落，铁木真就想"虽然马肚带可以脱落，但系着攀胸的鞍子怎么会脱落？莫非长生天阻止我出去！"于是就又躲了三天。后来，铁木真的妻子被掳走，当铁木真联军打败篾儿乞人夺回妻子后，他在感谢王罕和札木合时说道，"在那苍天父亲的保佑下，在那大地母亲的恩济下，灭我世仇篾儿乞人，毁其家门掳得了财"。④ 除此之外，后来铁木真在多次征战中都没有放弃对长生天的信仰，而这样的信仰也成了铁木真驰骋天下的重要信念。应该说，天父地母的观念是蒙古族萨

---

① 这种说法可参见特官布扎布，阿斯钢. 蒙古秘史 [M]. 北京：新华出版社，2006：27.
② 陶克套，齐秀华. 游牧思想论——以蒙古人的传统理性认识为中心 [M]. 北京：民族出版社，2011：145.
③ 多桑. 多桑蒙古史 [M]. 冯承钧，译. 上海：上海世纪出版集团，2006：29.
④ 参见特官布扎布，阿斯钢. 蒙古秘史 [M]. 北京：新华出版社，2006.

满教中十分重要的理念，虽然没有十分严谨的教义和科学的表达，但是这样的理念深入蒙古人的内心，即世间万物是大地母亲和苍天父亲赐予的，是自然界的神灵创造了人类，自然界是一切的源头。本着这样的坚定信念，蒙古人珍视自然，而且发自内心地热爱自然。这样的情怀并不能完全通过言语表达，但是如果问草原上生活的牧民们，他们会用朴素的表达告诉你，爱护自然还需要问为什么吗？那不是应该的吗？不得不说，在蒙古民族的早期，萨满教自然观念的影响力十分巨大。

（二）萨满教禁忌成为蒙古族生态习惯法的渊源

美国著名学者伯尔曼曾指出法律和宗教的关系，"法律赋予宗教以社会性，宗教则给予法律以精神、方向和法律获得尊敬所需要的神圣性"。[①] 或者说，法律规范本身和宗教的规范就有一些相似性，按照伯尔曼的说法，在包含仪式、传统、权利和普遍性等要素中，两者是存在一定互通性的。例如，两者均需要庄严的仪式，均对过去的传统和权威具有延续性，并且在什么是普遍价值方面，宗教似乎更容易获得民众的情感崇拜，而基本的法律价值原则并不违背人性，理性告诉我们，道德上正当的，在社会实际中都公认该是有法律约束的。"正是靠了宗教的激情，信仰的一跃，我们才使法律的理想与原则更具有普遍性"，而且"一旦法律被理解为积极的、活生生的人类活动，它就包含了——正好比宗教包含了——人的全部生命，包括他的梦想，他的激情，他的终极关切"。[②] 具体到蒙古族生态习惯法与萨满教关系上，就可以看出早期宗教对习惯法的引导作用。

禁忌被形容为与宗教信仰有密切联系的畏惧心理的本能。或者说禁忌是"关于社会行为，信仰活动的某种约束来限制观念和做法的总称"。[③] 在探寻法起源问题时，人们常常会指出，法起源于禁忌。因此在习惯法尤其是少数民族习惯法形成的过程中，禁忌成为原始社会唯一的社会约束力，是法律发展的原动力。"禁忌来自南太平洋波利尼西亚汤加岛人的土语，意为避免遭到惩罚，禁止用神圣的东西"。[④] 在原始时期，

①　伯尔曼．法律与宗教 [M]．梁治平，译．北京：中国政法大学出版社，2003：12.
②　参见伯尔曼．法律与宗教 [M]．梁治平，译．北京：中国政法大学出版社，2003：24.
③　王学辉．从禁忌习惯到法起源运动 [M]．北京：法律出版社，1998：63.
④　王学辉．从禁忌习惯到法起源运动 [M]．北京：法律出版社，1998：8.

几乎所有的原始人类都会经历对神秘莫测的自然的畏惧，基于精神层面的这种强制力量，人类在潜移默化中形成了一种对自然的依赖和恐惧。萨满教的"万物有灵"观念也是基于这样的心理。这里不是要说明萨满教产生的原因，因为前文已经阐述过，这里需要说明的是蒙古先民对于自然界依赖和畏惧后产生的宗教禁忌，或者说一种保护自然的禁忌。禁忌是一种人们惧怕的心理约束，它促使人们为了避免灾祸，从而约束自己的行为。

按照王学辉教授的理解，禁忌在许多方面具有后来法律的重要功能，[①] 例如：禁忌具有类似法律的引导警示的作用，引导人们的行为合乎当时的常规做法，在人们的行为有所越界的时候，会警示这种行为可能带来的严重后果，从而让人们避免犯错。同时，禁忌也具有法律的威慑、制裁和惩罚的功能，例如禁止在河流中洗澡，这是蒙古族古老的禁忌，如果犯错，就会受到严厉的处罚。在《世界征服者史》中就记载，察合台曾经看见一个穆斯林坐在河中洗身，出于愤怒，他想把这个人焚骨扬灰，虽然后来因为一些原因，使这个穆斯林逃脱一死。[②] 但是，这表明蒙古人的禁忌是十分严格的，若有所犯，必遭严惩。另外，禁忌也因为其命令性，使得它对社会起到了协调治理的作用，往往在早期禁忌的指引下，人们会有一个基本的秩序观念，从而避免做错事情导致灾害降临，这充分表现了当时的一种社会调控力量。虽然禁忌主要依靠一种信念和心理的强制力量，但是在向习惯以及法律演变的过程中，依然发挥了十分重要的功能。可以说，"习惯是从很远古的时代遗留下来的原始'禁忌'的一种，在古远的时代是一种'禁忌'，到后来便变成了礼貌或道德或法律的问题了"。[③]

宗教作为一种信仰体系，其本身对于原始时代的威慑力形成了极强的宗教禁忌，蒙古族生态习惯法在诞生过程中，对蒙古人的日常行为起到十分重要的规范作用，在习惯法产生、演变发展的过程中，一些禁忌

---

① 相关的内容可参见王学辉. 从禁忌习惯到法起源运动 [M]. 北京：法律出版社，1998：10.
② 志费尼. 世界征服者史（上）[M]. 何高济，译. 南京：江苏教育出版社，2005：165.
③ 王学辉. 从禁忌习惯到法起源运动 [M]. 北京：法律出版社，1998：15.

本身成为习惯法的核心内容。有些学者形容为"习惯法是宗教信条的法律化"。① 同时，借由宗教广泛的影响力，将一种普遍的价值观念深刻地烙印在民众的脑海和行动中。再加上宗教本身强大的威慑力量，致使宗教信仰的强制力在当时丝毫不逊色于法律，更甚者，蒙古族生态习惯法本身就脱胎于这种强大的宗教威慑力之下。蒙古民众最早对所处自然环境有敬畏之心，形成了"万物有灵""天父地母"的重要思想，他们相信只要崇拜和遵从天地之神的引导，热爱环境，约束自己的行为，就可以获得天神的保佑，就不会遭受自然的报复。因此，为蒙古族生态保护的行为奠定了很重要的信仰基础。

有很多宗教信仰都是蒙古族生态习惯法的来源，萨满教就是其中之一。在萨满教的理解中，草原上的花草树木、飞禽走兽以及江河湖泊都有神灵，不可轻易破坏，否则会受到神灵的惩罚。因此，在蒙古人看来，每条河流、每个湖泊中都有神灵，人们要爱护河流、水源，要心怀敬畏之心，谦卑地对待自然，任何污染水源的行为都是不可饶恕的。蒙古族习惯法的重要汇编——《大札撒》中就有关于河流水源保护的规定：向水中撒尿者要处死；禁止人们将手伸入水中；汲水时应该使用器皿；在衣服完全穿破以前，禁止洗濯衣物。《世界征服者》中记载："在蒙古人的札撒和法律中规，春夏两季人们不可以白昼入水，或者在河流中洗手，或者用金银器皿汲水，也不得在原野上晒洗过的衣服；他们相信，这些动作会增加雷鸣和闪电。"② 从蒙古族这些习惯法的规定可以看出，萨满教是能够贴合蒙古人的生活实际的。至于为什么会如此重视保护河流水源，这与草原上水资源不丰富的现状有直接关系，如果污染了河流，牧人的生产生活就会受到直接影响。所以，蒙古人的信仰与其生活环境密切相关，每一种膜拜的神灵，其原型也并未离开生活。例如，蒙古人心中的天神之一就是"玛纳罕"，也就是主管狩猎的天神，这一天神并不是泛指苍天，相反，他是一个人格化的天神，他具有神力，猎人必须崇拜尊重他，否则会受到惩罚。所以当蒙古人出外狩猎时，都会举行仪式来祭祀天神，一方面希望天神恩赐更多的猎物，另一方面向天神赎罪，

---

① 周世中，等. 西南少数民族民间法的变迁与现实作用 [M]. 北京：法律出版社，2010：38.
② 志费尼. 世界征服者史 [M]. 何高济，译. 南京：江苏教育出版社，2005：165.

希望天神不要怪罪于猎人，这样的负罪心理也是源于打猎时会不会冒犯天神，天神会不会降罪于人的恐惧心理。可以说，萨满教的教义来源于生活，同时借由其本身的神圣性和威慑力，促使蒙古人虔诚地崇拜天地万物，从而严格地律己，保证了人类与自然界的和谐相处。

萨满教还有一个重要的信仰就是对火的崇拜。基于"万物有灵"，蒙古人相信，火像人一样，有灵性，是正义、光明、洁净的化身。火有毁灭一切的强大力量，并且可以驱邪避祸，它在蒙古人生活中必不可少，被看成是家庭幸福平安的保护神。因此，蒙古人崇敬火，平时不准向火堆里扔脏东西，不可用脚踩火，不可跨过火，当有远方来的客人，或者新娘入门时都会先领到火堆之间通过，以示对不洁之物的净化。蒙古人在每年的腊月二十三都会举行祭火仪式，除了需要准备祭火的奶油、炒米、干肉等，还需要在祭火时念祭火词，以期望火神赐予丰厚的草地、肥美的牲畜、升腾的好运①。可以说，在蒙古族生态习惯法中处处体现出早期自然崇拜、图腾崇拜以及祖先崇拜的影子。萨满教作为蒙古族早期的原始宗教，用"万物有灵"的基本思想引导蒙古人去相信世间一切皆有神灵，要虔诚地尊重和膜拜一切生灵，不可破坏。从本质上看，虽然萨满教是原始蒙昧时代的产物，并不具有深刻的科学原理，但就其本身的主张，引领蒙古人爱护自然界的万事万物，对蒙古高原自然生态的保护起到了关键的作用，在由禁忌向习惯和法律的过渡中，这样的原始信仰最终融入蒙古人的血液，成为蒙古族生态习惯法的有力渊源。

二　蒙古族生态习惯法中的实用理性因素

理性是每个个体应该都具有的可以正确判断和辨别真假的能力。理性主义是西方哲学的基础概念，从古希腊传统理性开始，西方哲学家们一直运用对理性的各种理解去实现对于人类自身和社会的分析，然而理性主义的不同路径和范式也直接影响了我们对于所处时代和生活的不同看法。美国学者霍姆斯指出，"你们能赋予任何结论以一种合乎逻辑的形式。你们可以总是在一份合同中暗含一个条件，但是为什么你暗含条件

---

① 这一习惯来自于蒙古民间，笔者母亲对此就十分虔诚，每逢祭火日，必定准备丰盛祭品，而平时也禁止任何人向家中的灶火扔脏东西.

呢？这是因为这个社会或一个阶层的实践中的信念或者是因为你们对某个问题的不能准确量化的因而也无法得出精确逻辑结论的态度……我们没有意识到，我们的法律的组成部分在多大程度上向反思公众心灵习惯的些微变化保持开放"。① 美国学者庞德论述实用主义时也指出其中的某些特性，"应该根据法律知觉的结果以及它们的实践适用而不是基于原则的逻辑演绎来计算和检验它们，逻辑演绎的原则是通过对罗马和德国法的历史研究得出来的"。② 两者均指出所谓实用，事实上是从实践中得来的。美国学者理查德·波斯纳在研究"先例"时强调，"我们不应仅仅为了古老的规则和范畴自身的利益或出于传统的尊重而遵从它们。遵循先例有一个目标和一种价值：减低裁判的成本，增加可预测性并且因此促进计划"。③ 而梁治平教授提到习惯法时，强调它"主要是一种实用之物，所以在很大程度上为实用理性所支配"。④ 综合以上学者观点，所谓"实用理性"是经验合理性的概括或提升。历史本体论认为人类经验源于"实践"，"而实践是使用一制造物质工具的劳动操作活动，亦即社会生产活动。人以此作为基础，区别于其他动物，形成不同于任何其他动物群体的社会语言、秩序、组织和各种物化以及物态化的产物或符号，如仪式、文字、艺术等等，我统称之曰'人文'，以及与之相应，由此文化积淀而成心理的结构形式，我统称之曰'人性'"。⑤ 习惯在很大程度上是源于一种实用理性的支配，或者说，大量事实可以演变成为习惯，进而形成具有规范性的习惯，是因为这些事实本身带有实践的必要性。人们主观上产生对于某一习惯的认可和遵从，往往是因为这些习惯性的行为蕴含着实践需要。例如，作者在呼伦贝尔草原上就看到一种独特的生活习惯，即在每个牧户的住家入口处，都会有粗细相等的铁棍均匀排布在门口，而下面是空的，形成一个类似陷阱的布置，牧民说，这是为了防止牲畜进入某些地区的"栅栏"，铁棍之间的距离正好可以让牲畜蹩住脚而又不至于折断腿，当牲畜有过被蹩脚出不来的经历，就不会再

① Holmes. The paths of law［M］. Harvard law review，1997：466.
② Pound. The scope and purpose of sociological jurisprudence，pt Ⅱ ［M］. Harvard law review，1912：142.
③ Posner. Economic analysis of law，6th ed. ［M］. Aspen new york，2001：560.
④ 梁治平. 清代习惯法：社会与国家［M］. 北京：中国政法大学出版社，1996：128.
⑤ 李泽厚. 实用理性与乐感文化［M］. 北京：生活. 读书. 新知三联书店，2005：3.

进入某些区域了。这些来源于生活实践的习惯，在每一个牧户家都可以看到。显然，一个习惯能够为当地人不断地接受并引导甚至规范其行为，就是这些习惯的形成包含一种主体实用理性。在蒙古族生态习惯法中有禁止胡乱挖掘草场的要求，这一要求本身也带有一种实用理性引导，因为草场是牧民养殖牲畜的主要生产资料来源，胡乱挖掘草场上的草皮，致使草原不够平整，就会影响牲畜进食，进而影响牧民生活。历史记载中也有因胡乱挖掘草场而引发的严重冲突事件。① 草原上的牧民都会遵守这样的习惯性规定，不会胡乱挖掘草场，即便有挖掘的需要，也会在使用过后，自觉恢复草场植被。可以说，大量具有规范力量的生态习惯都是在实践必要性的引导下逐步形成的，其中均包含人们对于自身生存环境的观察和对于经验的传承。因此，在习惯法这一层面的实用理性已经体现了"人的生存——生活——生命的本体存在，根本上已超出生物学或生物性的适应、对付环境的活动，经由人类语言，从历史产生的超生物性的族类生存结构对世界整体所产生的理性认知范畴，已与肢体物质操作活动及其抽象化提升的符号系统和心理结构拉开了距离，它是人类智慧的另一层面。它虽在最终根源上仍与实践有关，但已包含大量对人类社会关系和对外在自然世界所做的各种静观观察和人际经验传承"。②

习惯成为规范并约束人们的行为，与这一地区人们对事物的共同理解有着重要关系，能够成为被民众广泛认可和遵守的习惯，可以从个人习惯层面上升为具有约束力的社会规范，不得不说除了个人对生活实践的某种理性之外，也具有对某种习惯成为规范的一种群体性认知，而群体性认知是习惯成为具有广泛约束力的习惯法的一个环节。对此我们可以借鉴德国学者哈贝马斯关于"生活世界"与"交往理性"的观点来说明。在哈贝马斯理解中，"生活世界"是人们在交往中达到互相理解所必需的共同知识背景，是言说者和受听者在其中相遇的先验场所，他们能够在其中相互地提出要求，以至于他们的表达与世界相互协调，他们能够在其中批判和证实这些有效性主张，排除不一致并取得认同。③ 这

---

① 拉施特．史集（第一卷）［M］．余大钧，周建奇，译．北京：商务印书馆，1983：149．

② 李泽厚．实用理性与乐感文化［M］．北京：生活．读书．新知三联书店，2005：20．

③ Habermas. The theory of communicative action, Vol. 1 ［M］. Beacon Press, 1984：126.

样的生活世界某种程度上具有一个共同的背景，例如共同的生活环境、
共同的信仰等，当然这个生活世界里也存在一种约束力较强的交往理性，
而交往理性"是'经验的'，因为交往必定是在各主体之间的交往，这
就使它不受外部环境的约束，而且它与生活世界密不可分地交织在一起；
交往理性是'先验的'，因为每一次交往的行动都必定指向某种'超越
性规范'。正是语言和道德的规范，为交往获得共识提供保障"。① 所有
的共同体成员就是在这样的规范引导下形成一种"合理的共同生活结
构"，交往主体也承认并重视遵守共同的社会规范，毕竟这样的规范是共
同体成员在选择恰当的语言进行以理解为目的的对话中形成，也就是在
一种哈贝马斯所说的"交往行为"基础上完成。交往行为是"一些以语
言为中介的互动，在这些互动的过程中，所有的参与者通过他们的言语
行为所追求的都是以言语行事的目的，而且只有这一个目的"。② 显然，
在特定的区域内，主体会基于相互的交往，理性引导而产生对当地存在
的习惯的认知，这一认知对于习惯产生约束力有非常重要的作用。蒙古
族生态习惯法是在这样一种特定的生活世界中产生的，它以一定的共同
知识背景为载体，人们在其中除了一种主体针对客体的工具理性，也存
在一种交往理性，共同对社会形成一种体验，共同形成一个秩序规范。
这种体验被大家不断遵守就形成一种规范性，蒙古族生态习惯法无疑具
有规范性，否则就和某些个人习惯混同了，而所谓的规范性，是指主体
基于对习惯的认知而产生的约束力。就像前文列举的两个例子，对于门
前放置一个有一定距离的陷阱，仅仅是一种个人习惯，每当他们需要防
止牲畜进入的时候就会运用这样陷阱，但这仅仅是一个习惯，缺乏规范
性，不是所有人遇到该类问题时都采用这样的方法。但是，对于后一个
例子，也就是不得破坏草场，如果需要挖掘草场则之后需要恢复草坪完
整的例证，就具有一种规范力，这个规范力或者说强制的力量来自哪里？
显然，习惯除了是个体从实践中产生的实用理性引导下的个体行为，也
应当有作为一个规范的要素，有一种共识的体验。人的理性化行为不仅
仅体现在目的合理的工具行为与策略行为中，更应该向交往行为扩张，

---

① 陈嘉明. 现代性与后现代性十五讲 [M]. 北京：北京大学出版社，2006：296.
② 哈贝马斯. 交往行为理论（第一卷）[M]. 曹卫东，译. 上海：上海人民出版社，
2004：281.

"在交往行为中，参与者不是首先以自己的成就为方向；他们是在一定条件下遵循他们个人的目的，就是说，他们能够在共同状况规定的基础上，相互决定他们的行动计划"。① 这是基于哈贝马斯所提到的"交往行为的合理化"得出的结论，而且这样的合理化行为是获得交往者承认和重视的共同的社会规范，并恰当地以语言为理解的工具进行的交往。而这样的共识还会给成员形成社会合作过程产生稳定的希望。"符合习惯性规范的被期望者的行为方式，将影响到他继续参与社会交往的地位和下一次交往的机会和成果，因为不仅仅是直接交往的对方，而且包括正在观察或日后能够观察到本次交往结果的其他共同体成员，都将对被期望者的行为作出评价并根据这种评价选择相应的处理方式，而评价和处理的标准就包括相应的习惯性规范。"② 因此，成为蒙古族生态习惯法而区别于其他习惯也需要有一种共识，共识来自对所处生活环境的深刻认识。例如，防止牲畜进入并不具有严格的规范意义，因为即便牲畜进入，不过就是让居住环境小小地凌乱一下，而如果草场被胡乱挖掘，其后果是严重的，人人都乱挖掘，草场就会逐渐被破坏，显然后者的威胁性更加致命，这也是在一种交往理性的支配中所体验到的共识。基于人们的理性认识，并通过交往沟通形成一种共识，达到对所处生活世界的规范，这样的规范与其说是个人对于生活的认识，不如说是生活世界中的共同体成员的一种交往行为达成的共识，这样既会对主体产生约束力也会影响对他人的评价。

哈特曾经指出，"必须把社会规则观念和一般习惯的观念相区别，并强调在规则作为行为的指导标准和批评标准使用中所显示出来的规则的内在方面"。③ 这里的含义就是指出习惯法的规范性，那些在交往理性基础上的共识、被大家遵守的共识具有强制力，"习惯性思想或许是通过那些宣布推行这种规则的长者反复灌输而形成的，或许是由强调某种暗示，排除其他暗示的环境的随意压力而获得的。然而，不管这种规则是如何产生的，它却能满足一种精神需求，而且如果它没有遭到其他冲动过分强烈的抵制，那么它很可能被视为是强制性的，因为它是一种连续一致

　① 　万俊人. 现代性的伦理话语 [M]. 哈尔滨：黑龙江人民出版社，2002：362.
　② 　王新生. 习惯性规范研究 [M]. 北京：中国政法大学出版社，2010：89.
　③ 　哈特. 法律的概念 [M]. 张文显等，译. 北京：中国大百科全书出版社，1996：153.

的思维方式"。① 心理因素具有一定作用，"原始社会开始就已经认识到了法律规则的特性：这些规则设定了明确的具有约束力的责任。这些规则并不一定是靠与当今法律制裁相似的强制方式加以实施的；从心理上要求相互遵守规则的需要乃是当时促使人们服从规则的首要保证"。② 强制力的表现方式除了这种心理约束，还有非议、驱逐、个体暴力等，"责骂违规者，这可以造成内心的痛苦和屈辱，而且也是一个警告，如果不改正的话，后面还会有更加严厉的惩罚；侵扰违规者，也许是身体上的，但程度较为轻微，这不会引起刑事司法者的注意；放逐违规者，这包括拒绝雇佣他或受雇于他，或者拒绝与他交往或者做生意；以及甚至于杀害违规者或者伤害他或他的家人"，③ 这些强制力的方式不一定一一对应于蒙古族生态习惯法的惩罚方式，但是也说明了规范是如何产生，并形成强制力的。因此，蒙古族生态习惯法从主体认知角度包含一种实用理性的因素，由于个人的工具理性并不能完全说明习惯的规范力，从而引入交往理性规则，进一步说明习惯的规范性是基于生活世界中共同体成员的交往理性而达成共识，具有心理和行为上的强制力。

三　蒙古族民间社会的秩序博弈

秩序是一个社会最为重要的因素，没有社会秩序，则一个社会将无法运转。"一个社会可以没有充分而完全的公平和正义，可以没有基于独立人格和身份平等的个人自由，甚至可以没有普遍有效的法律制度，然而决不能没有秩序。"④ 显然，这里突出了秩序之于社会的重要性，认定秩序对于人的自由发展和社会存在具有不可或缺的意义，然而一定程度上也指出，并非仅仅是法律才能完成秩序建构。秩序的形成，常常分为人为建构和自生自发两种途径，而两者之间也时有龃龉。哈耶克在他的著作中正是说明了这个问题。他对于"建构的秩序"是这样阐释的：

---

① 查尔斯·库利. 人类本性与社会秩序 [M]. 包凡一，王源，译. 北京：华夏出版社，1989：241.

② E. 博登海默. 法理学：法律哲学与法律方法 [M]. 邓正来，译. 北京：中国政法大学出版社，2004：402.

③ 埃里克·波斯纳. 法律与社会规范 [M]. 沈明，译. 北京：中国政法大学出版社，2004：137.

④ 邹吉忠. 自由与秩序 [M]. 北京：北京师范大学出版社，2003：196.

"这样的方法使我们感到我们在实现自己的愿望方面拥有着无限的力量，只要人类制度是为了实现人的目的而刻意设计出来的，那么它们就会有益于人之目的的实现；这种观点常常认为，一项制度之存在的事实，恰恰证明了它是为了实现某个目的而被创造出来的；同时它还始终如一地主张，我们应当重新设计社会及其制度，从而使我们的所有行动都完全受已知目的的指导。"① 他认为秩序的建构是有一定不足的，但是却随着理性哲学的发展而逐渐被人们认为是合理且权威的。他的另一种观点则认为，"社会的有序性极大地增进了个人行为的有效性，但是社会所具有的这种有序性并不只是因那些为了增进个人行动的有效性这个目的而发明或设计出来的制度或惯例所致，而在很大程度上是由那个起初被称为'增长'而后又被称为'进化'的过程所促进的；在这个过程中，一些惯例一开始是出于其他原因而被采纳的，甚或完全是出于偶然的缘故而被采纳的；尔后这些惯例之所以得到维续，乃是因为它们使产生于其间的那个群体胜过了其他群体"。② 显然后者就说明了一种自生自发秩序。这样的自生自发秩序中习俗或者习惯起到了非常重要的作用，当然这里要首先说明的依然是个人习惯和具有规范性的习惯还是存在差别的。个人习惯是"个人在其活动与社会交往中所呈现的诸多事态中的同一性，即在个人行动中所呈现出来的诸多'原子事态'中重复的、稳定的和驻存的一种行为事态的轨迹，是一种重复出现的个人活动的'原子事态'"。③ 个人习惯强调个人基于自身的理性或者是其他原因而作出的选择，个人习惯的形成往往多渠道，但具有规范性的习惯显然要比个人习惯多了一层约束力，当一个人不断地重复一种行为就能够让这个行为逐渐形成模式，不断地固化这种模式，则会积习以成惯例，而出现前文中所形容之持续性和重复性的行为，就往往会让个人习惯中的某些"原子事态"呈现重复性，让人再次重复该习惯时就不需要过分依托理性的深思熟虑，而使人们的社会交往更加便捷。这样的个人习惯向规范性习惯过渡的过程就

---

① 哈耶克. 法律、立法与自由（第一卷）［M］. 邓正来，译. 北京：中国大百科全书出版社，2000：96.

② 哈耶克. 法律、立法与自由（第一卷）［M］. 邓正来，译. 北京：中国大百科全书出版社，2000：98.

③ 韦森. 习俗的本质与生发机制探源［J］. 中国社会科学，2000（5）：41.

发生在自生自发秩序之中。

现代制度经济学运用博弈论来说明自生自发秩序中个人习惯向规范性习惯过渡的过程。斯考特（Schotter）就把社会习俗定义为被社会大部分成员认同并在特定情境中重复出现的规制人们行为的一种常态。[①] 按照博弈论的观点虽然不能完全解释一种习俗或者习惯的产生原理，但也具有一种合理性。在利益的博弈过程中，会形成一些习惯以达到对类似问题较为合理的处理结果，以新的共识替代旧的共识，利益成为习惯形成中的一个导向。以著名的"囚徒困境"[②] 理论为例，一个双方看似最为合理的选择，往往不能成为最有效益的选择，因为是彼此第一次接触，不能够保证个人选择一定有利于双方，但如果彼此长期生活在同一个环境，是"重复游戏"玩家，那么彼此就有了"试错"机会，为了大家以后能长远地打交道，就可以在利益衡量中形成可以信赖的合作者关系。对于某一问题在长期的利益博弈后，就会形成对彼此更加有利的一种长期合作，这样就可以促成大家遵守的习惯的诞生，但这样的习惯的诞生显然需要比较长期的磨合过程，因而也可以说在自生自发的秩序中演进。在蒙古族生态习惯法的形成中，也可以看到自生自发秩序博弈的过程。以蒙古族游牧习惯为例，古代的游牧活动是当时重要的生产习惯，这一行为保障蒙古族人民世代繁衍生息，在人口稀少的蒙古草原，草场回旋余地比较大，当时的上位者赋予牧民的草场使用权是长期的，在相对比较自由的放牧空间里，人们会根据主体的理性思维选择合适的生产生活

---

① Schotter, The economic theory of social institutions [M]. Cambridge：cambridge university press, 2008：10.

② 囚徒困境理论是现代博弈论的重要例证。如果两个人犯有某一罪行，但是被分别关押和讯问，两个囚犯面临相同根据的惩罚，则这样的关系会有以下分析：（1）如果两人都保持沉默，他们会被判轻罪，惩罚也很轻；（2）如果一方坦白并同意作为证人证明另一方的罪行，同时另一个囚犯保持沉默，那么作证的囚犯就会被免于惩罚，不坦白的一方将会处以最大可能的惩罚；（3）如果双方都同意坦白并作证，那么双方都将受到较重的刑罚，但比前一种情况下的惩罚要轻些。从囚徒的视角来看，最佳的视角应该是第一种，两人都保持沉默，前提是两人都能协调彼此的行为，然而自我利益将驱使每个囚徒都不能选择第一种方式，彼此会得到最小化的结果。因为两者会设想，"我最好是坦白，这样我就会避免受到最重的惩罚"。坦白应该是当时囚徒最合理的选择，但如果两者合作，那么将会产生有利于彼此的最好的结果。参见〔美〕布莱恩·比克斯. 法理学：理论与语境 [M]. 邱昭继，译. 北京：法律出版社，2008：246-247.

方式。所有的主体基于自身利益驱使，都会认为不断地增加草场牲畜数量可以让自己生活更加富足，而与此同时对同部族的其他人而言，大家所拥有的草场在不断增加牲畜后会产生草场植被稀疏和沙化的趋势，此时，每个牧民都将在与他人的利益衡量中选择减少牲畜数量，虽然可能会减少富足的程度，但每个牧民也知道，部族成员都是将来一起生活的合作者，虽然一个人不断增加牲畜会生活得更好，但也会疏远彼此距离，这样的利益博弈之下，牧民会放弃一部分个人利益转而选择合作，大家在这样长期的均衡模式下就会形成习惯，会根据部族实际的草场数量合理地选择牲畜并达成一种默契。因此这种博弈是特定资源下的人们有效的利益选择，会形成特定地区的行为习惯，当大家都持续这样做的时候，不遵守的人就会受到大家谴责或者承担更加严厉的处罚，例如被驱逐出部族。

其实，秩序的博弈是可以出现在许多地方的。一个部族的牧民之间，在生产生活过程中也会选择对生活最有效益的方式，实现自身的需要。游牧本身就是蒙古人在与自然界不断博弈中选择的生活方式。任何人内心都希望稳定，然而在蒙古人不停迁徙的命运中，折射出一种博弈后的选择，因为只有游牧的方式，才能让草场得到休息和恢复，才能在有限的环境资源中获得最大的利益。有人会说，草原那么大，到哪里放牧都可以生存，但事实上草资源是有限的，不可能永无止境地消耗，相反人口数量却在不断增长，面对有限的资源和无限繁衍的人口，只能合理地处理与自然的关系才能实现相得益彰的发展。因此，蒙古人在与自然的博弈中选择游牧方式来维系自身的生存发展，并逐步形成维系草原生态平衡的价值观念，最终使草原有规律地循环变化。可以说，每一个牧民都无法摆脱这样的博弈结果，游牧秩序就是在这样的方式下形成的。这一例证表现了蒙古族生态习惯法的规范性，无论出于何种方式诞生约束力，都会成为人们行动的指引，如果不这样做，就会受到来自部族的惩罚和周围人的谴责，对于生活在特定地区的牧民来说，这是极为严重的惩罚。如今，草原荒漠化等生态问题日益严重，人口增长、生存空间变小、利益驱使等多种因素并存，究竟游牧与定居、季节轮牧与划区轮牧、放牧与圈养哪种方式更为合理，更值得选择，这也是一种博弈。国家为了解决相应问题加大了法律制定的力度，希望以完善的制度克服现实矛盾，然而，真正解决草原上的问题还需时日。因此，回到问题开始之初，在哈耶克所阐发的自生自发秩序中，习惯在主体间的博弈中形成，并切实地协调了人们的生活秩序，而理性建构的秩序中反而存在很多问题，本书无意否定人类基于理性所作的制度构建，但也期望能在更大程度上重视固有的习惯法，尤其是在习惯法越来越被忽视的今天。

第三节　蒙古族生态习惯法的规范内核

从前文的论述中我们知道，蒙古族生态习惯法具有一定的规范力，存在的物质条件、文化引导、外在行为的持续重复以及对主体内在心理活动的整合，包括宗教信仰的约束、主体实用理性的引导以及主体对秩序的博弈等因素共同为蒙古族生态习惯法的规范力量奠定基础。因此，蒙古族生态习惯法是一种规范已无异议。而从规范的性质而言，习惯规范显然是区别于法律规范的。正如奥地利学者埃利希所言，"法律是国家生活、社会生活、精神生活和经济生活的秩序，但无论如何不是它们唯一秩序；与法律并行的还有其他许多有同等价值、在某种程度上或许更为有效的秩序。事实上，假如生活只由法律来规制，那么生活必定变成地狱"。① 社会秩序的维护是由多种规范实现的，其中法律规范是由国家强制力来保证实施的，因此，更加具有理性建构的权威意识，而习惯规范则是一种事实性质的规范，是社会规范的组成部分之一，是"事实的法秩序的一部分，相当于法社会学的'非正式的法'或'活法'，是对事实上的权利义务关系的确认"。② 因此，习惯规范是具有经验性的，是民众在日常生活中事实上形成的一种规范，这样的规范是由民众自己选择和创造的，因此更加为民众所接受。社会规范中可以确定彼此行为的当属习惯权利和习惯义务。不过这样的权利还没经过国家法"加工"和"包装"，不论国家法确认与否，习惯权利都已经作为一种事实权利存在了，它并非以文字或语言为载体，而是在不断重复的事实行为中逐渐形

---

① 埃利希. 法社会学原理 [M]. 舒国滢，译. 北京：中国大百科全书出版社，2009：61.
② 范愉. 试论民间社会规范与国家法的统一适用 [J]. 谢晖，陈金钊，主编. 民间法（第一卷）. 济南：山东人民出版社，2002：81.

成规范力。① 因此，下文将探讨蒙古族生态习惯法中的习惯权利和义务。

一　习惯权利概说

张文显教授指出，"习惯权利是人们在长期的社会生活过程中形成的或从先前的社会承传下来的，或由人们约定俗成的、存在于人们的意识和社会惯常中，并表现为群体性、重复性自由行动的一种权利"。② 谢晖教授认为，"习惯权利针对法（国家法）定权利而言，它是指一定社区内的社会主体根据包括社会习俗在内的民间规范而享有的自己为或不为；或者对抗（请求）他人为或不为一定行为的社会资格"。③ 范进学教授认为，"所谓习惯权利指的是那些经过长期的、广泛的社会实践所形成的、并得到社会公认与普遍遵守的习惯规则所确认的社会自发性的权利。其显著特征在于它的历时性、民众广泛参与的普遍性、自发性与社会认同性"。④ 由上述对习惯权利的分析可知，习惯权利区别于法定权利，而且是在习惯性规范的基础上存在，来源于生活，由民众约定俗成，并在很大程度上反映民众的实际需求，易得到民众的认可和接受。可以说，习惯权利就是习惯规范的内在核心，以民众高度认可的权利和义务来实现习惯规范的约束力。根据对习惯权利的理解，可以发现习惯权利具有自身的独特性，例如，习惯权利是自发的，是民众在基本日常生活交往中逐渐形成的，具有地区性和群体性的特点，往往在相对封闭的区域内产生作用，而且得到该特定区域内群体的认可；具有重复性，在民众行为的不断实践中形成；还体现为生活性，所有权利都来源于日常民众的行为，与生活实践密不可分。⑤

习惯权利成为习惯规范的核心在于权利本身的正当性，张恒山教授指出，"正当代表一种社会性认识，表达一种社会性共识，是社会成员们对人的某种要求所处的性质、状态，人的行为所处的性质、状态，人际关系所处的性质、状态的赞赏性、认可性的判断"。⑥ 显然，从性质上

---

① 参见韦志明. 习惯权利论 [M]. 北京：中国政法大学出版社，2011：7.
② 张文显. 法哲学范畴研究 [M]. 北京：中国政法大学出版社，2001：313.
③ 谢晖. 民间规范与习惯权利 [J]. 现代法学，2005（2）：3.
④ 范进学. 认真对待习惯权利 [J]. 法制日报，2002.5.12（3）.
⑤ 参见韦志明. 习惯权利论 [M]. 北京：中国政法大学出版社，2011：36.
⑥ 张恒山. 义务先定论 [M]. 济南：山东人民出版社，1999：110.

讲，习惯权利必须具有正当性才能被民众接受和反复适用。这种正当性可以有以下几种认识。首先，正当性必须是当地民众，或者说共同体成员的共同选择。这意味着，共同体成员愿意将自己的生活置于这样一种秩序里，并甘愿接受这种权利的存在。一个共同体成员主张自己权利时，其他成员也必然允许和尊重。也就是说，权利发出的指向，义务者可以欣然接受，这就表明该权利是受到大家认同的，可以实现。较之法律规范，习惯规范更加具有民众基础，是大家自我选择的产物。其次，正当性体现在这一行为是不断被重复的。既然是共同体成员的共同选择，则这一行为将会不断地出现，反复制约着成员行为，这也是一个习惯权利正当性的表现，没有正当性，不被认可，则行为可能仅仅出现一次或者几次，就会被共同体的价值准则或理性判断所否定，因此，重复不断的行为表示了共同体成员的选择。例如，英国学者米尔恩曾举例说明通行权如何具有正当性，"这条小路世世代代一直公共使用而未遭到历代土地所有者的反对。开始是作为一种便利，随着时间推移便成为'一直在做的事'并因此成为一种习惯"。① 显然，重复行为对于一个习惯权利的形成至关重要，当这个行为仅仅出现一到两次时，没有受到土地所有者反对，那么土地所有者就是默认这一行为可以继续下去，而当这个行为不断出现，所有人都认为这个小路就是可以通行时，习惯权利已经生成，则这时土地所有者再拒绝别人的通行将会受到权利主体反对。因此，行为的重复性体现了一种行为的正当性。最后，正当性还体现在：习惯权利是对人们日常生活细节性利益关系安排的体现与意愿。② 法律规范是我们日常生活中不可缺少的重要规范力量，但法律规范的权威性和普适性又往往导致法律规范只能体现比较宏观的利益需求，而在细微处就有习惯规范的弥补，这是因为往往习惯规范都是针对十分具体的生活内容。每一个主体在日常生活中所关注的事项都十分具体和细微，衣食住行、婚丧嫁娶，因而习惯权利是对细微处生活利益的主张。同时，由于习惯权利能够实现民众自主安排日常生活的意愿，更具亲民性，所以在与法律规范的比较中，彰显了自身的独特性。显然，习惯权利的正当性使得

① 米尔恩. 人的权利与人的多样性——人权哲学 [M]. 夏勇，张志铭，译. 北京：中国大百科全书出版社，1996：142.
② 参见韦志明. 习惯权利论 [M]. 北京：中国政法大学出版社，2011：78.

习惯更加具有规范力，"虽然习惯权利可能常常被贴上落后、迷信、封建、粗俗等标签，尽管这种权利比之于法律权利可能显得不够现代、不够文明、不够理性、不够进步，但由于它具有一定的民众基础，当它成为民众的一种生活方式、生活样态，从而影响着民众的行动与思维方式时，文明社会就应该认真对待民众的这种权利诉求"。①

二　蒙古族生态习惯权利事实

蒙古族生态习惯法是一种社会规范，在草原这个特定的地缘共同体中，生态习惯法发挥了重要的规范作用，不但能调整人与自然的协调发展，而且可以约束成员间日常行为。所谓"共同体"是借鉴了费孝通先生的一个阐释，"一种没有具体目的，只是因为在一起生长而发生的社会"叫作共同体，它与为了完成一件任务而结合的社会不同。在共同体意义上，乡土中国就是一个熟人社会，很多规则从小习得，无须问理由，长期的教育已经将外在规则内化为习惯，这种秩序下更看重修身、克己，而不必过分依赖外在力量去监督。② 而德国学者滕尼斯则用"gemein-schaft"来表达这样一个共同体意义，在他看来，共同体是在最原初或者自然基础上结合的，甚至是人们分开也不会分离的，从出生起就密切联系在一起的。而与此区别的社会则是思想上分开、不结合在一起的社会。③ 显然，蒙古族聚居区的草原可以延伸理解为是一个相对意义上的共同体，牧民们在这样的空间中形成共同的思想和信仰，对于问题的看法也颇具认同感，其中关键因素是地缘共同体，在滕尼斯的理解中，"Community of Place"是共同体成员居住在一起，在几乎封闭的空间，最后又演变为基于共同目标而工作在一起的精神共同体，在以前的共同体比较中，是最为高级的形式也是最为人性的结合。④ 而蒙古族生态习惯法能够在地缘相对一致的草原生态中形成一致的精神和行为方式，为习惯权利的形成建立一个良好氛围。谢晖教授提到，"和法定权利相比较，

---

① 韦志明. 习惯权利论 [M]. 北京：中国政法大学出版社，2011：82.

② 费孝通. 乡土中国 [M]. 北京：三联书店，1985：5.

③ TONNEIES F. Community and civil society [M]. Cambirdge：cambirdge university press，2001：22.

④ TONNEIES F. Community and civil society [M]. Cambirdge：cambirdge university press，2001：28.

习惯权利是主体在长期的行为过程中，通过相互的磨合、博弈而形成的"。① 那么，共同体成员在世代的行为实践中，逐渐形成的习惯权利则具有事实性的特点。

"一个不错的习惯法理论必须依据现有的事实，而不能依据一般法性质的任何先验概念，或者依据任何虚无缥缈的法律理论。"② 习惯权利的事实性是指习惯权利产生于人们的行为中，并不断被践行和延续，从而形成一种特定事实，约定俗成。③ 具体来说，蒙古族生态习惯权利产生于人们的行为中，从前文对蒙古族游牧经济的分析中得知，蒙古人生活在环境相对恶劣的草原上，他们的主要谋生方式就是饲养牲畜，从牲畜的产出当中实现自身衣食住行的供给，衣服用牲畜的皮毛制作，御寒保暖；食物来源于牲畜的肉和奶，自然而生；蒙古包使用草原上的树木和牲畜皮毛，简单环保；出行是骑马或坐牛车，便捷迅速。既然是从自然中获得最大供给，蒙古人就格外依赖自然环境，当他们发现在固定的一片草地上过度放牧会导致草场质量下降并使牲畜瘦弱时，就会选择离开并寻找更好的草场，在不断的实践中，蒙古人发现了其中的规律性，从而逐步形成春、夏、秋、冬四个营地，一年四季不断在营地中游牧，从而实现了自身最为理想的发展模式。其中，当民众都信奉游牧能够促进牲畜和环境的协调发展时，就形成固定的游牧行为，一旦其中有人不按照规定去游牧，而是定居在同一个地方，不断挥霍草场资源，就会受到来自地缘共同体其他成员的谴责，甚至会导致冲突发生。这里蕴含一种最初的权利义务观念，"因为社会关系是由个人与个人之间，个人与团体之间以及团体与团体之间关系构成，这种关系是一种相互利益关系，也就是说是一种相互排斥又依赖，即给予又索取的关系。在社会生活中，某个人总是要向社会或他人提供某种行为或不行为，并相应地获得他人、社会对自己提供的某种行为或不行为，不然就形不成稳定的社会关系和起码的社会秩序"。④ 因此，在蒙古族社会生活中，就形成了游牧行为这样的习惯权利，草原上生活的牧民都有这样的权利去实践循环游牧，而

① 谢晖. 民间规范与习惯权利 [J]. 现代法学，2005（2）：5.
② BROWN J W. Customary law in modern England [M]. Columbia law review，1905，5（8）.
③ 参见韦志明. 习惯权利论 [M]. 北京：中国政法大学出版社，2011：49-61.
④ 夏勇. 人权概念起源 [M]. 北京：中国政法大学出版社，1992：5.

同样地，大家也都有义务去实践这个行为，以保证对习惯的遵守。虽然
形成习惯权利绝非轻易办到的，其中复杂的因素非常多，但至少应当具
有人们反复行为的事实。而反复的行为当然也不是一种机械性重复行为，
也非行为的简单叠加，而是包括一种行为在反复实施后，结合该行为所
处的文化、信仰等背景因素反复的发酵过程。"是其所隐含或外显的范型
和关于行为的形象、要求、建议、控制、允许或者禁止重新确立这些行
为的信仰"① 所形成的反应。因此，蒙古族生态习惯权利在形成后不断
被重复，进而世代相传，"一旦人们长期按照某种习俗行事，他们就会惯
性地或无意识地认为应该保持着这种现象型行为的一致性。这样一种习
俗也就会逐渐地或潜移默化地向人们的心理层面推进，从而转化为一种
社会规范"。②

　　如果前文阐释了一个行为外在的反复性，那么进一步被认可为应该
继续重复而成为习惯权利，则意味着继续的动力因素也是习惯权利被遵
守的必要条件。简单来说，一个行为是大家一直在做的，是一个外在的
事实性表征，但进一步具有规范力，还需要大家找到应该继续做的理由。
"应该继续做或者一直做"是一个行为跳跃的关键，其根源还是来自习
惯权利的事实属性。当我们形容一个习惯权利应当被遵守时，其中已经
蕴含了一种对这个习惯的实践权衡。按照冯·赖特指出的"技术性应
当"所形容的那样，"当在这种技术意义上说某事应当那样或应当被那
样时，是一种难懂而晦涩的陈述，其完整意义是，除非这件事是这样，
否则另外相关的事情将不会这样。例如，如果我已经做出承诺，那么我
应当去兑现它，以履行禁止违背承诺的规范所构成的义务"。③ 这里的
"技术性应当"具有实践意味，"如果你希望确保行为安全，那么就应
当……"其中基于一个秩序整合所需求的应当是明确的。"做完饭，你
应当要将草原上烧的火完全掩灭"，它的实践性在于如果不这样做将会导
致荒火，烧掉草场，因此，除了行为不断被这样做的重复性，其中的应

---

① 韦志明. 习惯权利论 [M]. 北京：中国政法大学出版社，2011：53.
② 韦森. 社会制序的经济分析导论 [M]. 北京：三联书店，2001：187.
③ Georg Henrik Von Wright, Is and ought, in l. paulson and litschewski paulson ed. normativity and norms: critical perspectives on kelsenian thmes [M]. Oxford: clarendon press, 1998: 377.

当性也表现出实践上的需要。毕竟习惯是一种经验性的、实践性的社会事实，其中蕴含了行为所处的条件和我们需要一直这样做的动机，也能看到我们做这些行为的根本价值。而会被大家做出"继续"和"不继续"的价值评价，也是实践权衡的结果。现实的生活是复杂的，我们在诸多"应当"中往往也会发生许多冲突，最好的办法就是把这些"应当"放在实践中去检验。因此，习惯权利被认为具有规范力，与它的事实性属性有密切关联，当一个行为外在表现为大家的重复，内在又能体现一种"应当"的约束，就可以说明习惯权利存在着。也有学者将习惯权利的规范力归结到习惯性思维上，"习惯权利大致也是经历着从个人的习惯性行为到群体性现象型行为再到群体的心理驻存的这么一个演化过程。在这个演化过程中，不断重复的行为事实不断地向个体和群体成员传递着、演示着、诠释着它的意义、意涵和指向，一旦习惯权利在心理驻存以后，就很容易变成个体的一种习惯性思维，这种思维又通过主体的行动显露于外，从而变成个体的习惯性行为和习惯性思维，进而又影响着其他成员。当一个群体的大多数人或所有人都持有这种习惯性思维和进行着这样的习惯性行为时，习惯权利所表达的意涵、意义和指向就具有了明确性、普遍性和规范性，进而产生了规范约束力"。① 因此，蒙古族生态习惯法中所包含的习惯权利就是通过个人行为向群体性权利转变，也随着不断地重复而愈加具有普遍性和影响力。

三　蒙古族生态习惯法的义务性约束

张文显教授对权利义务作为基本范畴的理由进行了阐释："其一，权利和义务范畴是对法律现象的矛盾特殊性及其内在联系最深刻、最全面的反映；其二，权利和义务全面体现了法的价值属性；其三，权利和义务更准确地反映了法的主体性；其四，权利和义务是法律规范的核心和实质；其五，权利和义务是法学范畴体系的逻辑起点；其六，权利和义务范畴较之其他范畴有特殊的方法论意义。"② 正是因为权利和义务是法学研究中不可回避的问题，因此，我们在讨论蒙古族生态习惯法时，同

---

① 韦志明. 习惯权利论 ［M］. 北京：中国政法大学出版社，2011：61.
② 张文显. 法学基本范畴研究 ［M］. 北京：中国政法大学出版社，1993：13.

样关注习惯权利和义务的关系，并借这个范畴的分析加深对蒙古族生态习惯法规范核心的理解。权利对于一个个体是重要的，但是我们都清楚，过分地扩张个人权利，则易出现个人权利的泛滥转而影响社会平衡，如无有效平衡机制，那么个人权利的泛滥则是社会的灾难。谢晖教授分析权利义务时认为，"权利和义务的主体需求基础分别是自由和秩序，而自由与秩序又分别建立在人性之个体性与社会性之上"。① 因此，如何对个人的自由加以调整而使社会处于秩序的环境中就是权利义务平衡的问题，义务的存在正是出于对权利的合理调控，使个体最大程度拥有权利又不至于危害到社会发展与进步，不至于造成混乱。同时，义务也是权利的价值边界。"权利行使的正当与否，合理与否，好与坏，其基本价值标准有二：一是能满足权利行使者自身的需求；二是对与权利行使者相对的人而言，无所损及，并因此使权利行使者良心有安。"② 那么权利行使止于义务边界，则权利的价值才能体现在实践中。人类的价值需求是有很多的，我们所理解的法律价值就包括正义、平等、自由和秩序等，基于习惯权利的事实性特征，必然在人类诸多的价值中，蕴含自身独特的价值需求。由此，义务的约束性是主体权利的合度性丈量标准，在主体寻求价值最大化的过程中，我们应当找到一种对于习惯权利实现的合理性限制，对于蒙古族生态习惯权利亦是如此，由于其本身包含特定共同体成员在日常生活中对自身利益的需求，为了防止成员行为过度泛滥，义务的存在就成为必然。"习惯义务是在长期的社会生活中形成或传承下来的法律明文规定之外的义务，表现为观念上的习以为常和行为的某种必要性和经常性。"③

从习惯义务产生的源头来看，习惯法更多地表现为义务性。对此，前文讨论蒙古族生态习惯法时就表明，蒙古族生态习惯法具有义务性的特点，主要表现在大量规范以命令性方式呈现，例如：禁止在水中溺尿，否则处以死刑；禁止徒手汲水，如汲水应当使用器皿；在衣服完全穿破之前，禁止洗濯衣裳；等等。由于早期习惯法大都来源于禁忌，"禁忌成为原始社会唯一的社会约束力，是人类社会中家族、道德、文字、宗教、

---

① 谢晖. 法学范畴的矛盾辨思 [M]. 济南：山东人民出版社，1999：195.
② 谢晖. 法学范畴的矛盾辨思 [M]. 济南：山东人民出版社，1999：200.
③ 张文显. 法哲学范畴研究 [M]. 北京：中国政法大学出版社，2001：314.

政治、法律等所有带有规范性质的禁制的总源头"。① 因此，早期人们产生禁忌的目的在于对人的本能行为的限制，由于人们自身本能欲望的驱使，都希望畅快淋漓地实现自己的愿望而不受限制，但人类社会对于秩序的需求却要求限制自然本能的无限放纵，因而早期秩序在形成中十分依赖于禁忌作为规范方式。蒙古族生态习惯法在形成中也必然以义务性规范为主要模式，显示其对蒙古人个人行为的约束和控制。蒙古族在草原兴起和发展，最初，生活在草原上的人的欲望就是希望能够有足够的生活资料，在打猎中获得更多的猎物，在形成以养殖牲畜为主要经济来源后，希望养更多牲畜，产出更多食物以满足人类自己的基本需要，而这一切显然都依赖自然，如果每一个人的欲望都无限地扩大，那么就会无限地索取自然资源。但是人的本性中也有趋于共同生活的群体需求，虽然自然界可以赋予生活资料，但在自然面前个人力量微不足道。因此，为了生存和安全，人们聚集在一起形成社会，秩序则是社会稳固维系的重要条件，没有良好秩序，社会将会混乱并最终导致个体的危险。"从最低限度来讲，人之幸福要求有足够的秩序以确保诸如粮食生产、住房以及孩子抚养等基本需要得到满足；这一要求只有在日常生活达致一定程度的安全、和平及有序的基础上才能加以实现，而无法在持续的动乱和冲突中予以实现。"② 而对于依靠自然条件维持生存的蒙古人而言，秩序更加可贵。因此，部落群体中的每一个人都必须要限制自己的自由和欲望，遵从宗教信仰或禁忌限制，维护秩序，而这里所谓的禁忌和信仰多表现为对人行为的禁止性规定。蒙古族生态习惯法义务性的体现，也正是其约束力的重要表现。

　　是不是蒙古族生态习惯法多表现为义务性的规范，就表明习惯权利和义务不对等呢？答案是否定的。对于权利与义务的对应关系，在法理学领域应该是得到普遍认可的，孙国华先生编写的《法理学》教程中，对于权利和义务的一致性阐述如下，"在任何一种法律关系中，权利人享受权利依赖于义务人承担义务，义务人如果不承担义务，权利人不可能享受权利；权利义务表现的是同一行为，对一方当事人来讲是权利，对

---

① 　王学辉. 从禁忌习惯到法起源运动 [M]. 北京：法律出版社，1998：65.
② 　E·博登海默. 法理学：法律哲学与法律方法 [M]. 邓正来，译，北京：中国政法大学出版社，2004：318.

另一方则是义务"。① 说明蒙古族生态习惯法是以义务性规范为主，但并不是否定其权利，每一个义务背后必然联系着权利，但习惯权利本身呈现方式却很难直接看到。且不说习惯法呈现方式不一定为书面，单就习惯法生成的过程也不是清晰可见，其中权利义务的同一性很难用书面方式呈现，这就需要我们去分析论证。"事实上，不论国家法律，还是民间规范，其对权利的规定，既有明示的规定方式，也有隐含的规定方式。前者好理解，后者则指只要规范中规定一个义务，则在该义务的背后必然隐含地存在一定的权利，至于该隐含的权利是什么，并未明确规定在相关规范中，从而需要规范的运用者们借助一定的逻辑推理得以明晰。"② 因此，我们可以根据习惯法表现出的内容去分析其中的权利和义务。例如，蒙古族生态习惯法中有规定，入冬下雪之前以及春季融雪之后，禁止狩猎。这一习惯来自于蒙古族生产生活实践，狩猎是蒙古人比较传统的获得食物的方式，因此，狩猎行为是产生于生活实践的事实性权利，但规范表达出来的方式是特定时间禁止狩猎，说明狩猎是蒙古人的自然权利，但权利不能无限扩大，以至于威胁到动物的生息繁衍，因此，对狩猎行为的时间一贯加以限制。"入冬下雪之前以及春季融雪之后"这个期间禁止狩猎，则隐含着相应权利，即其他时间可以狩猎的权利。显然狩猎的权利是有的，但是要从义务本身去逻辑推导。因此，诸多的义务性规范隐含着习惯权利，两者的对应性关系是存在的。

那么，蒙古族生态习惯法中的义务性规范力，或者说强制力，又该如何看待。韦伯曾经说过，"一旦惯例掌握着行为的规律性，即由一种'群众性行为'变成为一种'默契行为'……我们就想说这是'传统'。行为的习惯方式纯粹的约定俗成和旨在保持这种习惯，尤其是传统，正如必须反复强调的那样，总体而言，对于一种通过章程产生的、扎了根的法的制度的继续存在的作用，要远远强于对所预期的强制手段和其他后果的反应，因为后者至少对一部分依照'准则'行动的人往往是不知道的"。③ 习惯也是有强制力的，我们经常与国家强制力作比较，其中，国家强制力是法律极为重要的特征，没有国家强制力的法律规范不具备

---

① 孙国华. 法理学 [M]. 北京：法律出版社，1994：391.
② 谢晖. 民间规范与习惯权利 [J]. 现代法学，2005（2）：6.
③ 韦伯. 经济与社会（上）[M]. 林荣远，译. 北京：商务印书馆，1997：364.

法律本身的特质，就像失去了利刃的刀一样。但在维护社会秩序的过程中，习惯、道德、宗教、伦理等也具有一定力量，这一力量对人也具有约束力。法律是国家理性的建构，具有表征人类现代化进程的先进性和普适性，然而对于一个偏远地区大字不识的牧民来说，法律与他的生活并不是很密切，他可以在大风季节为了防止火灾，不生火做饭，仅仅吃冷食，但这也不是法律教给他的，而是过去的经验传统和当地的习惯教给他的，对于特定环境下的人而言，很难说法律与习惯规范哪个更有实效。我们不能否定法律的重要作用，它是人类社会文明与进步的必需品，但就某些个例而言，也应当看到其他规范的作用力。习惯规范的好处是通过特定权利义务，显示一个秩序的实现，相应地，这个权利义务也是在原有社会秩序的前提下产生的，具有经验性，保障手段也明确。因此，习惯权利和义务是习惯规范的内核，是一个习惯规范的重要载体，透过一个个简单习惯规范去深入分析其权利和义务，就能全面了解这个习惯规范及其影响力。

第三章　蒙古族生态习惯法的历史发展

在蒙古族生态习惯法研究中，最古老的依据当属成吉思汗《大札撒》。《大札撒》主要指成吉思汗发布的命令以及法令。一般认为，公元1206年之前，蒙古社会主要依靠长期以来的习惯——"约孙"来调整，其中的一部分在1206年以后经过成吉思汗政权的认可被写进《大札撒》之中，[①] 所以，《大札撒》是了解蒙古族生态习惯法的重要依据。成吉思汗曾经阐述过《大札撒》的重要地位，并要求子孙一定要遵守。志费尼在《世界征服者史》中记载，"成吉思汗说：'若你们的愿望和你们的话是一致的，若你们的口比着你们的心，你们须立下文书：我死后，你们要承认窝阔台为汗，把他的话当作肉体内的灵魂，不得更改今天当着我的面决定的事，更不许违反我的法令'，窝阔台的弟兄们遵照他的圣训，立下了文书"。[②] 可以说，《大札撒》是对"约孙"的认可，是研究蒙古族生态习惯法的重要史料。除此之外，《蒙古秘史》是一部记述蒙古民族形成、发展和壮大的著作，是了解蒙古族生态习惯法的重要史料。其他还有拉施特的《史集》、志费尼的《世界征服者史》、彭大雅及徐霆的《黑鞑事略》、赵珙的《蒙鞑备录》、李志常的《长春真人西游记》，及《多桑蒙古史》《普兰·迦儿宾行记　鲁布鲁克东方行记》《马可波罗行纪》《成吉思汗传》等。通过这些史料能够整理出许多关于蒙古族生态习惯法的记录。而从《元史》《元典章》《通制条格》《阿拉坦汗法典》《喀尔喀律令》等史料当中可以看到大量被国家认可的原始生态习惯法，同时从大量关于蒙古族历史记载的资料中挖掘相应记载，例如《蒙古民族通史》《内蒙古府县志辑》《明代蒙古史论集》《清代蒙古社会制度》《蒙古社会制度史》《清代蒙古志》《草原帝国》《内外蒙古考察日记》等。综合以上资料的整理分析，可将蒙古族生态习惯法按照历史发展分

---

① 吴海航. 成吉思汗《大札撒》探析 [J]. 法学研究，1999，(5)：136-151.
② 志费尼. 世界征服者史 [M]. 何高济，译. 江苏：江苏教育出版社，2005：147.

为不同阶段。以下将根据约孙时期、《大札撒》时期、元朝时期、明朝与北元时期、清至民国时期等几个时间阶段进行划分，以便对蒙古族生态习惯法的发展有更加直观的认识与分析。除了那些被国家法认可写入法典的习惯法，草原上还有很多并未被发掘和整理的习惯，需要通过实地调研进一步发现。

第一节　约孙时期的蒙古族生态习惯法

一　约孙时期蒙古族社会生活场景

蒙古族自古以来就生活在蒙古高原，历史记载见于《旧唐书·北狄传》，八世纪前后，蒙古部落游牧于今天的内蒙古自治区东北部额尔古纳河下游，是大室韦部落联盟的一员，依附于突厥汗国，八世纪中叶附属于回纥。公元 840 年，扎嘎斯人突破回纥王庭，回纥汗国瓦解，扎嘎斯人势力受挫，后期漠北没有太强大的部落，塔塔儿人得以趁机崛起。九世纪后半期，塔塔儿人结合蒙古、札剌亦儿、克列亦惕、汪古惕、篾儿乞等部落组成塔塔儿部落联盟。《蒙鞑备录》记载当时蒙古人自称"鞑靼人"。[①] 十一世纪末，辽破塔塔儿，部落联盟瓦解。十二世纪初，蒙古尼鲁温各部统一在合不勒可汗之下，此时的蒙古人有一百万人，势力远超过塔塔儿等部落，此时被称为"呼和忙豁勒"（青色蒙古）。后在金的破坏下，塔塔儿部落与蒙古部落陷入长期的混战，蒙古部落陷于分裂状态之中。在成吉思汗崛起之前，蒙古人基本没有形成统一的"共同体"[②]，许多的蒙古部落各有自己的方言，经济发展水平也是不一致的，有游牧的部落，也有森林狩猎的部落。

其中游牧部落分布在蒙古高原的广大地区，他们从事游牧畜牧业，财富的积累靠马牛羊。在长春真人丘处机的诗《出明昌界》中可以窥见其貌，"地无木植惟荒草，天产丘陵没大山，五谷不成资乳酪，皮裘毡帐亦开颜"。此时的蒙古富户往往牛羊遍地，贫民靠挖掘草根、捕捉一些小

---

① 　赵珙. 蒙鞑备录 [J]. 王国维笺证本. 上海书店，2011：157.
② 　这里的共同体主要指文中强调的具备统一的语言、地域、共同的经济生活以及共同的文化特性。

动物或者以捕鱼维持生活，基本都是居住蒙古包，逐水草而居。辽金时期，蒙古人用牲畜、马匹等换取铁器绢帛等物，虽有一定的手工业能力可以制作一些日常的生产生活工具，但整体的锻造能力并不是非常高超。那些居住在东北部林木中的百姓生活水平则更加低下，他们一般住在白桦树皮覆盖的棚屋，靠狩猎和捕鱼为生，也会驯养麋鹿来作为运输工具。一些居住在邻近汉地的蒙古部落，也能够因地制宜进行一定的农业种植。

蒙古部落进入奴隶制社会的时间不是很确切，《蒙古秘史》以及《史集》都曾提及成吉思汗的始祖孛儿帖赤那带领蒙古部落从额尔古纳河西迁，此时的他应该是部落的权威者，豁埃马兰勒是他的正妻，他们走出森林后进入水草丰美的三河流域（斡难河、土兀拉河、克鲁伦河），这里牧场广大、牧草丰美，易于饲养和繁殖牲畜，从而使得蒙古部落的畜牧业得到发展，从狩猎到畜牧业的过渡，对蒙古部落的发展具有重要意义。《史集》曾记载，大约十一世纪初，成吉思汗的八世祖母莫孥伦，有无数的马和牲畜，从山顶到山脚，大片草地都被牛羊覆盖。[①] 可以说在同时代的回纥和扎嘎斯奴隶制政权的影响下，蒙古部落逐步进入奴隶制时代。蒙古部落的奴隶制一般分为两种类型，一种是直接的奴隶主和奴隶阶层，例如，蒙古部落的阶级关系可以分为：汗、额毡、那颜、别乞、薛禅、把阿秃儿，这里的奴隶主就是"额毡"，在《蒙古秘史》中有很多关于奴隶主与奴隶的记载，[②] 奴隶主有孛儿只斤家族，还有稍低于他们的泰赤兀部的纳牙阿和战将者别等人，而奴隶则有成吉思汗母亲的家奴豁阿黑臣等人。第二种类型是奴隶部落，《蒙古秘史》有记载，"成吉思汗十世祖孛端察儿和哥哥不忽合塔吉在统各黎溪边找到一群散居百姓，他们不分大小和贵贱，也没有头领，如此的游民，当即商定，与兄弟几人掠夺而去，缴获了牲畜，又把百姓奴役回家中"。[③] 这正显示当时蒙古部落获得奴隶的方式是通过战争掠夺与征服。而战败后被俘虏的部落，其结果往往是一个部落成员都成为奴隶，为部落的奴隶主从事畜牧业生产，劳动果实却属于奴隶主。有一些分居而住的奴隶，并不是独立牧户，他们及其牧场、田野、牲畜同样被奴隶主占有，为奴隶主提供

---

① 拉施特. 史集（第一卷）[M]. 北京：商务印书馆，2017：150.
② 参见特官布扎布，阿斯钢. 蒙古秘史 [M]. 北京：新华出版社，2006.
③ 特官布扎布，阿斯钢. 蒙古秘史 [M]. 北京：新华出版社，2006：10.

生活资料、繁殖牲畜。蒙古部落的奴隶制中，那些世袭的部落奴隶主们主要依靠氏族血缘关系，这样的氏族血缘关系是一种重要的联盟，联盟中的全体氏族成员都认为自己出身于同一祖先，氏族内部不通婚，嫁到氏族的妇女也不能脱离氏族，丈夫死后也基本通过收继婚留在氏族中。氏族内部通过"古列延（圈子）"的方式游牧，在相对恶劣的自然环境下彼此依靠。

　　成吉思汗崛起之前，蒙古社会正是从奴隶制向着封建制过渡的时期，此时蒙古政权与塔塔儿以及与金之间的对抗导致蒙古草原遭到严重的破坏，原有的旧秩序不断被破坏，许多投靠者不断出现，他们与奴隶不同，他们并不是被抢来的、被俘虏的，他们的毡帐、牲畜也是自己的私有财产，但投靠那些有能力保护的人后，他们也要为这些保护者征战、狩猎和缴纳赋税，这样的领主和领户（哈剌出）的关系就是一种适应当时背景的新领主关系。还有一种"那可儿"的关系，这些那可儿绝大多数来自平民的战士或者一些有能力的奴隶主贵族出身的人，他们自己势单力薄，需要依靠强有力的领袖，彼此依靠，结成新的关系。① 这也标志着北方草原从奴隶制向封建制过渡的开始，直至成吉思汗时期才完成这一过渡。

二　约孙时期蒙古族社会的精神信仰

　　文化作为一种复杂的人文景观，其本身是没有绝对的衡量标准的，对于一种文化的评价，往往反映的是评价者本身所处的文化观念。在大众普遍认识中，古老的文化往往是封闭的、落后的，而在蒙古族生态习惯法中，作为其主要内容的信仰禁忌有着积极的一面，自然崇拜、禁忌作为原始社会初期一种独特的文化现象，是蒙古族生态习惯法最初的源泉。它源于蒙古族初民认知水平有限且无法与自然之力相抗衡而产生的敬畏、顺从的心理。自蒙古先民以游牧作为主要的生活生产方式之时，严酷的自然环境迫使群体成员不得不对赖以生存的草原环境"顶礼膜拜"。经过时间的洗礼，保护生态的自然崇拜与禁忌逐渐形成。蒙古族崇拜各种天体及无法解释的自然现象，例如太阳、月亮、火、水和土地，

---

① 《蒙古民族通史》第一卷 ［M］. 呼和浩特：内蒙古大学出版社，2002：110.

他们把食物和饮料首先奉献给他们。①

　　蒙古人"崇拜日月山河五行之属，出帐南向，对日跪拜，奠酒于地，以嚼天体五行……"② 蒙古人崇拜地，著名的旅行家马可·波罗说过："彼等有神，名称赤那该，谓是地神，而保佑其子女田麦者，大受礼敬。"③ 甚至禁止在地上晾晒衣服。蒙古人认为天赋予生命，地赋予形体。④ 这种"万物有灵"的观念促成了原始社会禁忌的形成，从初期就规范了先民保护生态的行为，防止整个生态系统遭受人为破坏和过度利用。⑤ 可以说，凡是被原始社会初民视为神圣不可侵犯的，都变成了一个民族的禁忌。

　　以"万物有灵"论为基础的萨满教是北方游牧民族信仰的原始宗教。初民时期，为抒发对神灵的崇敬之心，获得神灵的保佑和庇护，经常举行各种形式的祭祀活动。他们认为在祭祀的过程中，神灵的旨意会被传达到世间，证明每个人的举动和言行都会被神灵所关注，劝诫人们要对自己的行为进行约束，否则神灵就会降下惩罚。这种善待世间万物的情感渐渐演变为蒙古族的原始信仰，并且这种来源于原始信仰的生态思想世代更迭，生生不息。长期以来，蒙古族最基本的宗教观——万物有灵，构建起了蒙古族生态习惯法的观念基础，也就是生态意识的初步形成。蒙古族的宗教将人们对大自然的崇拜和敬畏编织在一起，对各种自然事物都拟人化，赋予神格，由对神灵的信仰、寄托、畏怯演变为自然禁忌。

　　另一个不得不提及的良好生态习惯就是轮牧。"蒙古族牧民为了给畜群寻找最合适的牧场，每年好几次从一个地方移牧到另一个地方，移牧的距离以牧场的条件和畜群的大小来确定。即使是冬季，他们也不储备

① 参见道森．出使蒙古记·蒙古史．[M]．吕浦，译，周良霄，注．北京：中国社会科学出版社，1983．
② 多桑．多桑蒙古史．[M]．冯承均，译．上海：上海世纪出版集团，2005：29．
③ 马克·波罗．马克波罗行记 [M]．冯承均，译．上海：上海世界出版集团，2006：234．
④ 道尔吉·班扎洛夫．黑教或称蒙古人的萨满教 [M]．乌云毕力格，译．呼和浩特：内蒙古文化出版社，2013：45．
⑤ 黄华均，刘玉屏．从古代蒙古法中蠡测游牧民族对生态的保护：兼谈统筹人与自然的和谐发展 [J]．黑龙江民族丛刊，2005：79-83．

饲草，而是以移牧来进行调节，把牲畜转移到易于觅食干草的便利场所。"① 游牧的核心是不断地变化草场，逐水草畜牧，以毡帐为居，根据畜种的营养需要，根据季节、降水的变化，按季节、分地区转移放牧。在蒙古人看来，在同一片草场上长期放牧同一种牲畜，牲畜的蹄足反复践踏地表，极易造成草原植被的破坏，使草原不能循环利用，而对于一块草场，如果畜群一年只吃一次，就不会形成过度放牧。所以蒙古族牧民们会考虑畜群的种类以及水草植被的情况，有计划地从一个地方移牧到另一个地方，让牲畜吃到新鲜有营养的牧草，同时也不会使草原退化。例如蒙古草原上有五畜，即蒙古马、蒙古牛、蒙古双峰驼、蒙古山羊、蒙古绵羊。一般牧民会根据不同牲畜的食草结构，对五畜进行合理的搭配，马比较喜欢吃草籽和草的上端，而牛用舌头卷草，它们对牧草的质量要求比较高，山羊和绵羊对草场状况要求不高，但是羊喜欢用蹄子刨根，因此它们吃过的草场，恢复时间就要拉长。正是对草原不同类型的牧草进行平衡性利用，才能产出更好的牲畜产品，也往往能达到对草原生态的良好保护。因此，轮牧是蒙古族生态习惯法中最核心的存在，是其他生态习惯法的基础。美草甘水则止，草尽水竭则移，只有轮牧起来，草原才能真正达到动态循环中的平衡。

　　从游牧的组织角度来看，自古以来，牧场就是最重要的生产资料，牧场面积的大小、植被情况对牲畜的繁殖有重要影响。蒙古社会中的统治阶级往往拥有大量牧场，每个首领根据自己管理下人数量的多少，都知道自己牧地的大小，以及春夏秋冬应该在何处放牧自己的畜群。在长期的游牧生活中，牧民普遍具有丰富的草原识别能力，能自发地寻找放牧的规律，根据草场草质的好坏来分配冬、夏季游牧的牧场，在客观上达到保护草原生态的目的。轮牧不仅是游牧经济的自然选择，更是牧民们出于保护草原生态的良好选择，而且在草原上，没有人会被允许一直定居在一个地方，让牲畜不断地吃一个地方的草，顺应自然，在人、草原和牲畜三者之间循环发展，才能使牧民们世世代代繁衍生息在他们热爱的草原上。

---

①　符拉基米尔佐夫. 蒙古社会制度史 [M]. 刘荣焌，译. 北京：中国社会科学出版社，1980：58-59.

三　约孙时期蒙古族生态习惯法

随着社会生产力的不断发展，古代蒙古草原上的人们从原始社会步入到了早期封建社会时期，而作为原始社会时期唯一的约束力，也就是禁忌，逐渐演化成封建社会时期蒙古族习惯法的表现形式——"约孙"。在蒙古封建社会中，人们长期以"约孙"规定的条例为规范。"约孙"是调节古代蒙古族群体互动关系最根本的行为准绳，其本身所依附的是当时统治阶级强制性的力量。①

蒙古语中的"约孙"是封建时期一种具有鲜明的蒙古族特色的群体习惯，有"理"和"道理"的含义。在元朝时期，"约孙"翻译为"体例"，是蒙古族自古以来据以评判是非的标准、调整社会关系的准则和遵守社会秩序的行为规范。②"约孙"能逐渐演变上升成为社会群体共同遵守的行为规范，是具有明显的形成过程的。早期的口头及未成文的"约孙"，均源于古代蒙古时期的信仰与各种禁忌规定，"约孙"与禁忌相似，是群体共同意识的反映，民众必须长期奉行、遵守约孙，如若违背，就是与社会之"理"相悖，将会遭到上天的惩罚和民众的谴责。

"约孙"在当时的蒙古社会主要有口头和书面这两种形式。口头"约孙"是指蒙古族民众在日常生活中、具有习惯性质和一定约束力的群体行为规范，该规范主要是由习俗和禁忌构成，具有浓郁的原始气息。书面"约孙"始于蒙古帝国建立初期，蒙古政权的壮大加速了蒙古社会阶级分化，只靠口头的"约孙"已经无法满足安定社会的需求，由此将口头"约孙"变成文化再加上统治阶级的认可赋予其效力，成为蒙古族成文法的重要组成部分。书面"约孙"是在口头"约孙"的基础上补充完善，最后上升成为古代蒙古社会时期具有强制约束力的习惯法。

出于确保社会规范及秩序能够稳定有效地实现，当权者要求民众遵守"约孙""札撒"规定，以"咒语"的形式表达违反条例的严重

① 吴海航."约孙"论：蒙古法渊源之一 [J].中外法学.1988（3）：72-76.
② 吴海航.元代法文化研究 [M].北京：北京师范大学出版社，2000：41

性。由此可以得知，在当时的蒙古社会，其法律文化仍然体现出原始性的特点，同时反映了当时整个社会，上到当权者，下到普通民众均已经认可"约孙"的规范性，使得"约孙"成为社会意志及国家意志的一种反映。它凭借着国家"强制性力量"赋予制裁手段，上升为一种社会层面的习惯法，成为封建时期蒙古族统治者用来进行统治的工具。

约孙时期有许多适应于当时的习惯存在，例如：野生动物保护方面的"约孙"、生活禁忌方面的"约孙"。野生动物及其制品一直是蒙古族牧民的食物和经济来源，如何在捕杀的同时合理地保护野生动物是保护草原生态的重要问题之一，对此，蒙古族生态习惯法中有很多针对性措施。伊朗学者志费尼在《世界征服者史》中曾经有带着神话色彩的描述，"最后除了几头伤残的游荡的野兽外，没有别的猎物了，这时老头和白髯翁卑恭地走近汗，为他的幸福祈祷，替余下的野兽乞命，请求让它们到有水草的地方去"。① 这一记载说明在蒙古人的习惯中有珍视野生动物的良好品质。虽然围猎制度在古代蒙古人的生活中具有重要意义，是集经济补给和军事训练双重作用的活动，但是进行围猎时并不会对动物赶尽杀绝，至少要放生所猎动物的一雌一雄，幼仔要全放走。这一点充分体现在蒙古人心目中，即自然生态是循环共生的，过分赶尽杀绝并不会给人类带来永远的富裕。春不合围，夏不群搜，可循环利用地去打猎野生动物，能使野生动物的数量和质量不断提高，促进繁殖。因此，根据蒙古族生态习惯法的指导，入冬下雪之前以及春季融雪之后，禁止狩猎。聚众的围猎活动多在冬季进行，此时野生动物易于围捕，本身质量也较高。同时，不得捕杀、惊动怀孕和带幼仔的野生动物。在生产生活中也有一些与当时生态状况相匹配的禁忌存在，人们口口相传的一些禁忌，例如不能向水中和灰烬上溺尿；禁止徒手接水，必须用指定的器皿；不能洗涮衣服或者洗破衣服；不能随意跨过火，或向火中扔污秽的东西。这些无不显示出蒙古人对自然生态环境的爱护，能够不为个人利益而破坏未来生计，保护生态环境，保证蒙古民族不断繁衍生息。

---

① 志费尼．世界征服者史［M］．何高济，译．南京：江苏教育出版社，2005：24.

第二节 《大札撒》时期的蒙古族生态习惯法

一 成吉思汗《大札撒》时期蒙古社会的基本情况

在 13 世纪初，蒙古社会进入早期的封建制，此时已经有游牧贵族的出现，"那颜"之名成为蒙古封建主的统称，他们主要通过剥削"哈剌出"（平民）生活，那颜一般都有大量的牲畜，也会通过自己的势力将丰美的草场和水源掌握在手中。"《蒙古秘史》详细记载了蒙古族形成、发展、壮大的历史，其中对成吉思汗的成长进行了生动的描写，是了解成吉思汗一生霸业的主要文献。蒙古地区统一和蒙古汗国的建立，对于蒙古族历史而言具有重要的意义，标志着蒙古民族共同体的形成。"①"1206 年，铁木真在斡难河畔，立九脚白旄旗，建立蒙古帝国，举行隆重的忽勒里台大会，成为蒙古大汗，称为'成吉思汗'"②。这次大会创建了蒙古帝国的一系列政治制度，例如领户分封制、怯薛制，加强司法和文字的创建等，也最终使那些长期分裂和斗争的部落真正联合在一起，形成部落集团，形成了共同的语言文字、共同的心理素质，并通过不断发展的政治、经济及文化而形成共同体意志，最终让"蒙古"民族得以流传。同时，蒙古地区的统一和蒙古帝国的建立也标志着蒙古封建制的确立，虽然也残存一些奴隶，成吉思汗本人也亲自把一些人降为奴隶，但他更多的是解放了很多奴隶，其中有一些更是成为他的开国功臣。蒙古贵族之所以支持成吉思汗为全蒙古的统治者，是因为了解到成吉思汗可以带领他们获得更大的战利品，他是那颜阶级的利益保护者。蒙古帝国本质上是军事行政合体的国家，成吉思汗的儿子、兄弟、母亲等亲属们作为宗亲都有大量封地，整个蒙古的民众被分为万户、千户、百户及十户，成吉思汗派他的亲信以及一些部落领袖等异姓贵族作为万户长、千户长及百户长，这些位置都可以世袭。领户内的百姓，不论原来出身如何，都受到这些领主的管控，他们平时定期向领主服役纳贡，战时还要带上兵器和粮食随着领主出征。他们既是生产的牧民，也是战斗的士

---

① 参见特官布扎布，阿斯钢．蒙古秘史［M］．北京：新华出版社，2006：1-2.
② 参见特官布扎布，阿斯钢．蒙古秘史［M］．北京：新华出版社，2006：181.

兵。《多桑蒙古史》记载:"蒙古军全部为战骑,每人有革质甲一、兜
一、携弓一、斧一、刀一、矛一,仅需草原之草为食之马数匹,有畜群
甚众随军之后,军队急行时,每人自携少量肉与乳。"① 为了进一步加强
大汗的权力,成吉思汗还设立了"怯薛制",为自己扩充了亲卫军,这
些人平时负责大汗金帐的警卫,战时则负责承担大汉亲征的主力军角
色,他们地位比一般的千户那颜要高,也是世袭制。成吉思汗非常重
视法律,1206 年在忽里勒台大会就设置了最高断事官制度,断事官被
任命负责听讼断狱,惩治犯罪,这样的制度后来被元朝继承了下来。
同时,成吉思汗有大量围绕政治、经济、军事和社会秩序的"训言"。
志费尼认为,成吉思汗在制定法律时并没有一味遵循旧例,很大程度
上,他把曾经有过的习惯惯例进行了大量地删减,形成具有封建制度
特点的法律模式。②

《大札撒》时期,蒙古社会已经进入稳定的畜牧业阶段,畜牧生产
方式已经较为成熟。在蒙古帝国的 65 年间 (1207～1271 年),虽然有大
量的战争存在,但蒙古人的整体生活条件有所好转。《蒙古秘史》记载
了成吉思汗征战的历史,其中有许多的歌颂唱词,都围绕蒙古人的日常
游牧生活来举例并透出对生活的热爱,极具生动性。例如为成吉思汗准
备膳食的迭该说:"让那羊群遍布平川,让那牛群漫山遍野,馋嘴爱吃的
迭该我,每天分的肥肠吃,我将日夜为续,毫无间断地宰杀那肥壮的羯
羊,供你吃鲜美的肉汤!"③ 蒙古帝国期间畜牧业有一定的变化,成吉思
汗将土地、人口分给家属功臣等人,他们再逐级向下分配,这样就把草
场和牧户基本固定下来,所属的牧民就必须在统治者的指定范围内放牧
生产,不可随意越界。《史集》中记载:"成吉思汗第七世祖蔑年土敦之
妻莫奴伦,因札剌亦儿人被契丹人打败,逃到她的游牧地,在札剌亦儿
人饥饿至极之时,他们挖掘草根来吃,就在草场上挖掘出许多坑,对此
莫奴伦很气愤,质问道:'你们为什么乱掘一气,掘坏了我的儿子们驰马
的地方?!'"④ 后来莫奴伦被札剌亦儿人抓住杀害了。虽然掘草根充饥

① 多桑.多桑蒙古史 [M].上海:上海世纪出版集团,2005:65.
② 参见志费尼.世界征服者史 [M].何高济,译.南京:江苏教育出版社,2005.
③ 参见特官布扎布,阿斯钢.蒙古秘史 [M].北京:新华出版社,2006:65.
④ 奇格.古代蒙古法制史 [M].辽宁:辽宁民族出版社,1999:26.

并非不允许，但是大面积地胡乱挖掘就会破坏草场，所以蒙古人很重视自己的草场植被，绝对不允许他人破坏。这个事例印证了蒙古人爱惜草场的强烈情感。窝阔台汗时期，千户内就设置专门管理牧场的"奴都赤"，专门负责牧场纠纷管理。1251 年，蒙哥汗时期，在安排旭烈兀西征时就曾经要求严格保护"始自哈剌和林和别失巴里之间的杭海山所有的牧场和草地"，最终让这些草场绿野遍地。① 可见，保护牧场是畜牧业的主要基础，所有的蒙古人对此都是十分重视的。

家畜是游牧生产方式的重要生产资料，蒙古人的衣食住行水平都依据家畜养殖的数量以及水平。在没有形成统一政权之前，草原上各部落多为争抢内耗，常常拼得你死我活，在成吉思汗统一之后情况有所好转，这时的牲畜数量有明显的提升。政权统一除了带来稳定的生活状态，还因为牧户、草场的结合和固定使得各个营盘之间的统筹分配更加便利，让家畜在特定四季草场实现有规律地轮牧，保证了牧草、环境和水资源的协调，也保证了五畜的管理更加具有科学性。游牧活动对增长畜群数量和保护环境是一种极好的协调，每年在圆周似的循环运动中达到季节和地域的有规律迁徙，就如同农业生产中因地制宜选择不同地域和季节种植一样，都是利用和保护环境的良好经验。一年之中，牧民随着季节移动轮牧，春夏季多在漠北，秋冬季节多会转场到漠南地区，距离长达上千公里，遇到突发的灾害也会调整迁徙路线，有时根据牧草的质量、牲畜疾病状况也会发生迁徙路线的改变。

游牧形式也从"古列延"逐步发展成为"阿寅列"。"阿寅列"是蒙古语，即牧户组织，早期可能是一家人父母小辈组成，人口大约十几人，现代一般也会用于指代一个小村庄几户人家组成的结构。前文提及早期蒙古部落采用"古列延"放牧，其本身就是圈子的意思，众多的毡帐包围在一起，形成圈子，将长老或者部落氏族首领护在中间，最多时毡帐数能达到千个。"阿寅列"这种方式与当时生产水平低下的奴隶制时代的部落生活方式相一致：一方面，部众聚集生活居住可以防御野生动物侵袭，防止自然灾害，保证彼此安全；另一方面，也能在混乱的征战时代里保护领主的安全。在成吉思汗统一草原建立蒙古帝国形成千户制后，

① 参见《蒙古民族通史》第一卷 [M]. 呼和浩特：内蒙古大学出版社，2002：340.

利益得到了再分配，部落之间的战争减少，大量毡帐组合进行自卫的形式也有所减弱。封建领主阶级对所管辖牧民赋予了不同于奴隶的很多优势措施，虽然牧民依然会受到相应的剥削，依然平时负责提供服役、纳贡于领主，战时也要与领主一起征战，但如有军功，普通牧户可以上升为领主，拥有更多的财产，因此，牧户的生产积极性也会提高，自家牲畜数量提高，千户人家一起放牧的需要也会下降，更加灵活的"阿寅列"逐步替代"古列延"。"阿寅列"在户主的组织下统一组合畜群，然后由专人统一放牧，规模小的同时行动也灵活，在"奴都赤"的指挥下倒场和抗灾，进一步促进了牧场的合理适用。在《蒙古秘史》中记载，窝阔台汗"要把土地、草场分给百姓居住，在分土地、草场时，各千户要派一名司营者。空旷之地，除野兽杳无人烟，百姓们盼望着过散居而自在的生活。派察乃、委兀儿台二司营为首，到旷野之地找水掘井"。①可以说，在成吉思汗以及窝阔台等时期，蒙古草原基本游牧条件和牲畜数量都有了显著的改善和增长，这离不开当时政治经济措施的得当，以及新兴封建领主制度的优势。

二　成吉思汗《大札撒》的形成及其内容

在蒙古帝国建立之前，"约孙"是调整当时社会关系的主要行为规范，蒙古帝国建成时，由于社会发展和政权统治的需要，《大札撒》随即颁布，自此，蒙古社会开始有了属于自己的成文法典。在成吉思汗《大札撒》不断完善颁布的过程中，蒙古社会的"约孙"成为《大札撒》的主要法源，经过当权统治者对这些不同途径的法源进行法律认定，陆续被选择性地编纂进《大札撒》并成为法条，从这个时期起，蒙古族习惯法在形式上逐渐转入"制定法"阶段，这无疑是蒙古族带有原始气息的法文化迈向成熟的重要标志。

《大札撒》源自蒙古语"札撒黑"，具有号令、法度的意思，加上"大"字，体现了这一法令的权威。《史集》在许多地方都提及札撒的效力，提到蒙古人对《大札撒》的信奉。例如：拉施特提及塔塔尔人时，表明他们没有蒙古部落统治时的法律——札撒，天性充满嫉妒和愤怒，

---

① 参见特官布扎布，阿斯钢. 蒙古秘史［M］. 北京：新华出版社，2006：276.

做不到同心同德；忽必烈质问蒙哥汗，为何不遵守成吉思汗札撒的最高信奉，窝阔台属意将汗位给失烈门，你们为什么给了贵由。① 诸如此类提及高贵的札撒的地方不胜枚举，彰显了蒙古人心中成吉思汗《大札撒》的实质影响力。《蒙古秘史》记录成吉思汗征讨塔塔儿部落时的命令，"在讨伐敌人时不准贪图财利而延误战机，因为敌人被征服后，财物将归我们所有，我们随时都可以处置它。如果在战斗中需要后退，兵士们则一定要回到出击时的位置，若有不回者一律处死"。② 因此《大札撒》最初就是成吉思汗对军队进行管控，明确纪律的一种方式。《世界征服者史》记录成吉思汗才智出众、思维敏捷，依据自己的想法给每一个场合制定一条法令，对于每种罪行指定一条惩罚，让人用卷帙记录在册，每逢新汗登基、大军调动、共商国是时总要拿出卷帙，按其中的要求方法行事。③ 这里提到的卷帙，应该就是在《蒙古秘史》中提及的成吉思汗委托最高断事官失吉忽秃忽记录的青册，指代最高的《大札撒》和它的效力。成吉思汗在去世之前也对自己的子孙说："从今以后你们不可更改我的命令（yasaq）！"④ 后世普遍认为从1206年成吉思汗建立帝国一直到成吉思汗去世间是《大札撒》的完善时间，一部法令的形成与完善无疑是需要一定的实践积累的，成吉思汗南征北战，在每一次出征后或者是面向公众进行宣扬的时候，就是一次补充与修缮的过程，直至形成子孙所必须遵奉的至高无上的规范。《史集》《多桑蒙古史》《世界征服者史》等文献都有《大札撒》内容的记载，其中志费尼的《世界征服者史》中关于"成吉思汗兴起后制定的律令及其颁布的札撒"的记录是了解《大札撒》最为权威的史料，从这些记录中可知《大札撒》应是详细记录的文献资料，毕竟每逢重要的大汗继位等事项，都要公开进行宣读，然而遗憾的是，《大札撒》完整保留的卷册早已经遗失。俄国学者贝列津、美国学者维尔纳德斯基、中国台湾学者李则芬都有对《大札撒》的重要论证，本书所采用的版本是杨一凡、田涛、张冠梓点校的《中

---

① 拉施特．史集（第一卷）［M］．余大钧，周建奇，译．北京：商务印书馆，2017：156-168.

② 特官布扎布，阿斯钢．蒙古秘史［M］．北京：新华出版社，2006：99.

③ 志费尼．世界征服者史［M］．何高济，译．南京：江苏教育出版社，2005：27-37.

④ 拉施特．史集（第一卷）［M］．余大钧，周建奇，译．北京：商务印书馆，2017：349.

国珍稀法律典籍续编（第十册）》《少数民族法典法规与习惯法（下）》中所载的《蒙古族大札撒》条文。

以游牧经济为生活基础的蒙古族，受自然环境的影响非常巨大，有极强的环境依赖性。《大札撒》在继承"约孙"的基础上又完善健全相关的明文规定，这是蒙古政权迈出生态法治化的重要一步，也是草原生态法萌芽时期。《大札撒》具有浓厚的生态法特征，重视生态的可持续发展是其重要特点之一。例如，草原面积广大，障碍物极少，一旦发生荒火，想要扑灭极其困难，不仅会直接烧毁草场，破坏草原植被，还会造成人员和财产的重大损失，牲畜觅食困难，草原沙化，这些都是历史上大力禁止草原荒火的原因。《黑鞑事略》中有"其国禁草生而剷地，遗火而爇草者，诛其家"① 的描述，草原本就是空旷场地，如果发生火灾，不仅会毁及草场还会给牲畜和人员带来威胁，蒙古族生态习惯法中对于草原火灾问题十分重视，惩罚也极为严厉。成吉思汗《大札撒》中记载，向灰烬上溺尿要处以死刑。② 因为在灰烬上溺尿容易迸发火星，极易引发荒火。蒙古族世代生活在草原上，而草原多为干旱地区，雨水并不丰裕，河流、湖泊是重要的生活水来源，充足的水资源不仅是草场丰美的保证，也是蒙古牧民人畜生存的基本条件。如前文所述，成吉思汗《大札撒》③ 中有很多从传统风俗中遗留下来的保护水资源的规定。这些朴素的生态保护意识源于他们明白河流和湖泊是蒙古人最直接的水源，没有了这些河流等资源，蒙古人将失去饮水的主要来源，人与牲畜都无法存活，更甚者，他们认为破坏或浪费水资源会遭受长生天的报复。因此，后来当窝阔台汗针对漠北实情，明确指出"旷野之地，除野兽外别无人烟，如今要散开百姓居住。可教察乃、畏兀儿台二人去旷野之地，找水掘井"。④ 拉施特的《史集》中记录，"蒙古人有这样的习惯：春天和夏天，任何人都不在光天化日之下坐于水中，不在河中洗手，不用金银器汲水，也不把湿衣服铺在草原上，因为按他们的见解，这样会引来

① 彭大雅，徐霆.黑鞑事略 [J].王国维笺证本.文殿阁书庄，1936.68.
② 参见杨一凡，田涛，张冠梓，点校.中国珍稀法律典籍续编（第十册）少数民族法典法规与习惯法（下）[M].哈尔滨：黑龙江出版社，2002：416-418.
③ 参见杨一凡，田涛，张冠梓，点校.中国珍稀法律典籍续编（第十册）少数民族法典法规与习惯法（下）[M].哈尔滨：黑龙江出版社，2002.416-418.
④ 特官布扎布，阿斯钢.蒙古秘史 [M].北京：新华出版社，2006：276.

雷电大劈"。① 相似的规定在《世界征服者史》和《多桑蒙古史》中都有记载。②《大札撒》有一些显著的特点，比如法典内容的兼容并蓄，以及法典中关于生态保护和牧业管理的条文众多，而且语言表述具有训言的特点。事实上，蒙古语从其结构和语序来看本就具有自身的一些特色，许多记录具有生活化的特点，是适应当时社会发展而普遍存在的，但随着语言变迁，畏兀儿体蒙古文记录的很多内容在转化过程中都发生了变化，究其最初的一些本源，已经有些难度了，这也是《大札撒》很多条文缺乏严谨性表述的原因。随着蒙古社会生产力的进步、军事上的不断扩张和社会经济发展的需求，原有口头上的习惯法已经不能满足社会的要求，亟须蒙古族成文法的颁布和完善，也正是在这样的需求中，蒙古族生态习惯法逐步演化为成文法。

成吉思汗在攻打西夏的路途中去世。1227 年 8 月，一代天骄成吉思汗——草原帝国的霸主在现今甘肃清水县境内去世，根据蒙古族的丧葬习惯，大汗去世秘不发丧，专人送至草原深处，深埋不立碑，万马踏平后，领一对骆驼带着小驼羔，在母骆驼面前将小驼羔杀掉，等到春暖花开，墓地之上长满野草的时候，就可以离开。每当需要祭祀之时，就将母骆驼领到附近，当母骆驼在一个地方久久不离，哀鸣不已，这里就是墓地的真实地点。蒙古贵族几乎都是采用这样的埋葬方式，也因此至今没有找到蒙古帝国任何一个大汗的墓地。普通的牧民大多是由勒勒车拉着选择去草原某处埋葬，并不立坟冢。在阿拉善地区的蒙古人风俗中，丧葬习俗是将去世的人装在袋子里，搭在马鞍上，骑马走着走着，像是掉东西一样地让袋子自然脱落，掉在地上，然后埋在那里。③ 从蒙古人的墓葬习俗中可窥见蒙古人对待生死的态度，早期萨满教信仰中有崇敬自然、万物有灵的观点，人是自然万物的组成部分，并不具有特殊性，回归自然本身是一种正常的状态。

---

① 拉施特．史集（第一卷）[M]．余大钧，周建奇，译．北京：商务印书馆，2017：77.
② 志费尼．世界征服者史 [M]．何高济，译．南京：江苏教育出版社，2005：272．以及多桑．多桑蒙古史 [M]．冯承钧，译．上海：上海世纪出版集团，2006：204.
③ 内蒙古自治区编辑组．蒙古族社会历史调查 [M]．北京：民族出版社，2009：196.

第三节　元朝蒙古族生态习惯法的继承与发展

一　元朝时期蒙古地区的社会生活

　　成吉思汗去世以后，遵照遗嘱，由他的三子窝阔台继承汗位，而幼子拖雷继承父汗的家业包括成吉思汗的兀鲁思。事实上，成吉思汗晚年时期，他的四个儿子已经就汗位有了矛盾，长子术赤和二子察合台当着成吉思汗的面发生争执，也使得窝阔台顺利得到汗位，在成吉思汗去世三年后，窝阔台通过"忽勒里台大会"被推举成为蒙古大汗。窝阔台继位大汗期间，承父遗志，继续扩大蒙古帝国的版图，同时在《大札撒》基础上又有一定程度的补充，为后期的元朝立法奠定一定的基础。值得一提的是，窝阔台汗在位期间对《蒙古秘史》的编撰，是蒙古历史上极为重要的活动，时至今日《蒙古秘史》依然是后人了解早期蒙古族语言、文学、历史的重要史料，同时也是了解蒙古族传统风俗习惯演变的重要史料。1241 年窝阔台汗去世后，乃马真皇妃一度把持朝政超过五年，她和儿子贵由汗统治期间是传统蒙古帝国律法被破坏的时期，《大札撒》效力逐步失去，直至蒙哥汗时期到忽必烈建立元朝才有一定程度的恢复和发展。①

　　1251 年蒙哥继位大汗，忽必烈被赋予"漠南汉地军事庶事"，整体而言，忽必烈与当时蒙古贵族普遍反对汉法、排斥打击汉族知识分子不同，他能礼贤下士，获得了一批汉族幕僚的支持，而且也坚定了他依托汉法治理汉地的决心。在与留在哈剌和林的阿里不哥争夺汗位期间，忽必烈主要依托汉地统兵的资源，在他的治国方略中既保留蒙古族的习俗习惯，又在一定程度吸收了汉地律法，至少从忽必烈在建元诏书中所列之语可以看到他的目的。1260 年，他在上都继位称汗后宣布："稽列圣之洪规，讲前代之定制……纪时书王，见天下一家之义。"② 他希望既能够做蒙古帝国的大汗，也能成为中原封建王朝的继承者，这表明了他一

---

① 奇格. 古代蒙古法制史 ［M］. 辽宁：辽宁民族出版社，1999：48.
② 参见《蒙古民族通史》第一卷 ［M］. 呼和浩特：内蒙古大学出版社，2002：328.

统中国的决心。1271 年，经过多年的筹谋，在其地位稳固后，建国号
"大元"，至此，大蒙古国与元朝两种称号并行适用，忽必烈既是蒙古帝
国的大汗，也是封建政权的皇帝。

　　随着蒙古汗国与元朝的不断对外扩张，蒙古人也逐渐分散到各地，
其流向大约有三种：第一种是蒙古高原的集中聚居区，也是后文讨论传
统蒙古族生态习惯法适用的主要地区。以哈剌和林为中心的漠北是蒙古
部落早期的繁盛区域，也是蒙古人的根基之地；漠南主要是汪古部的地
域，也是蒙古人长期居住区域；西部则是鄂尔多斯和额济纳河流域，是
蒙古安西王地域；东部早期就是蒙古人的发源地，传统的蒙古部落的许
多封王都居住于此，因此，就地理位置而言，漠南、漠北以及向东、向
西延伸的区域都属于蒙古人的聚居区。第二种地区是元朝所属地区。这
一地区泛指元朝大都及以南的地域，原属于金朝、宋朝的广大地区。蒙
古军队所到之处都是家属财产一并随行，因此这些地区也分散居住着大
量的蒙古人，除元大都有大量的蒙古军队驻扎，河洛、山东、四川、江
浙、云南、陕西都有不少的蒙古驻军，还有许多大汗派出的蒙古基层断
事官"达鲁花赤"在各地任职，这些都促成元朝大量蒙古人的迁徙。第
三种地区是除了前两种之外被蒙古帝国征服的广大地区。随着蒙古帝国
的几次西征，西域、中亚以及欧洲南部的广大地区先后成立了四大汗国，
分别是察合台汗国、窝阔台汗国、钦察汗国、伊儿汗国，帝国派出蒙古
人参与基层治理，这些地区有很多蒙古人居住，但是与当地原住居民相
比，蒙古人的数量还是非常少的。从元朝的整体政治布局和人口分布来
看，蒙古高原始终是蒙古人的主要聚居地，虽然蒙古帝国的统治者根据
对外扩张的需要，经常带领自己的部族浩浩荡荡迁徙全国各地，但蒙古
高原的人口基数和政治意义始终非常重要，这也决定了在元朝，蒙古高
原才是延续传统蒙古族生产生活方式的地域。[①]

　　畜牧业是元朝蒙古高原地区主要的经济生产方式，除了支持对外扩
张的大量战马和负责往来于各驿站通道的马匹，奖励、赏赐以及食用都
需要大量的牛马羊等牲畜，因此，如何加强畜牧业的发展是元朝极为关
注的。从中央机构角度看，元朝在中书省设置管理驼马牛羊、鹰隼皮毛

---

① 参见《蒙古民族通史》第二卷 [M]. 呼和浩特：内蒙古大学出版社，2002：45.

等征战事宜的兵部，还设有太仆寺掌管国家大量的公共牧场，内廷之中设有度支院、宣徽院、尚乘寺、群牧监、经正监、典牧监等一批负责畜牧业的机构，这些机构或进行牧场的划分管理，或进行刍粟的供应和牲畜的繁殖，或进行万户千户中的抽成分担等工作，可以说事无巨细，保证了蒙古高原的畜牧业的蓬勃发展。千户制度下的蒙古族牧民是蒙古高原畜牧业的主要保证。据记载，1324 年帖里干、木怜诸站由于诸王、驸马频取物力，站户消乏，中书省遣官区别贫富差距，规定"其有马驼及二十，羊及五十者，是为有力"，不再予以救济。这里可以推证元朝以驼马二十，羊五十为标准，不及者为贫困户，政府要补买牲畜予以赈灾。①这一贫困标准对当时而言显然已经足够，至少能证明当时牧民的生活水平还是较高的。同时，元朝蒙古贵族势力强盛，对外掠夺获得大量的财富，皇家所属官营牧场设置普遍，这些牧场一般设置在水草丰美的地区，皇帝也会在夏初返回上都居住，体现了皇家对牧场的重视。据《蒙古民族通史》记载："元政府在全国建立官营牧场十四道。其中设在大漠南北的牧场有：1. 折连怯呆儿等处，含千户 19 个，百户 1 个和其他牧地 5处；2. 玉你伯牙等处，百户 8 个，另有 7 处牧地；3. 漠北中部两处均于怯鲁连，自东向西，斡斤川等处千户 6 个，另有 4 处牧地；阿察脱不旱等处 11 个牧地；4. 哈剌木连等处 15 个牧地；5. 阿剌忽马乞等处百户 7个，另有 4 处牧地；6. 火里秃麻地、甘州等处 12 处牧地。这些官营牧场拥有大量的牲畜种类，牛羊马匹数量惊人，忽必烈在上都养着成千上万的牡马和牝马，色白如雪，让马可波罗尤为震惊。有大量的牧人负责照料官营牧场的牲畜，他们分工细化，每年从夏季到冬季逐水草放牧，然后返回本牧场。每年会有太仆寺官员前往各处牧场，对养殖牲畜数量、品质进行上报管理，如果养殖牧民有病马、死马，需要进行相应的赔偿。"②元朝早期，朝廷对牧户的支持以及国家贵族集团的力量，支撑了元朝畜牧业相对繁荣的局面，但至元朝中期，政治的腐败导致财政日益下滑，畜牧业不可避免地走向衰败。

　　除畜牧业之外，漠南、漠北以及蒙古地区的东北部还有相应的农业

---

①　参见蒙古民族通史（第二卷）［M］. 呼和浩特：内蒙古大学出版社，2002：143.

②　蒙古民族通史（第二卷）［M］. 呼和浩特：内蒙古大学出版社，2002：144.

和狩猎业的发展。漠北为了保障军队的基本需要，从中原等地调来人员进行屯田，满足军队的基本供给，据史料记载："1279 年 – 1307 年间，在哈剌和林的受命屯田的汉军能有万余人，期间多有提供农具并且奖励垦荒耕地的记载。"称海地区也记录当时"称海屯田弛，重为经理，岁得米二十余万斛，益购工治器，择中晓耕稼者杂教部落，又浚古渠，溉田数千顷，谷以恒贱，边政大治"。① 可见，漠北的特定地区会根据实际情况，着力推动屯田以达到供养所需。在漠南地区本有许多汉户即为耕田户，阴山附近的蒙古部落汪古部，也有从事农业生产，向汉地农民学习耕种的做法。上都附近的军队屯田也是农业发展的表现，1297 年，朝廷在松州设立虎贲亲军都指挥使分司，专管屯田事宜，到元朝中期，有记载的数据说明此地有 3000 人，佃户 79 户，耕田 4202 顷 79 亩，分立34 屯，这些耕地所产的粮食大量用于供应军队所需。② 在元朝时，蒙古高原东北部林区属于岭北行省和辽阳行省，因为得天独厚的森林资源，这里居住着许多在林木中生活的百姓，他们身缠兽皮，以狩猎和采集为主要的生活方式，出行主要靠驯鹿，居住在桦树皮制作的"撮罗子"里面，生活普遍比较贫困，靠河居住的百姓则多以捕鱼为生。在当时的生产力水平之下，贵族往往能享受非常奢侈的生活，而普通百姓无论从事传统畜牧业还是农耕、狩猎，生活水平都是极为低下，勉强糊口，遇到灾荒时期，连基本的温饱都难达到。

二　元朝法律内容的继承性

本书在研究元朝法律制度时，探讨了元朝在生态保护层面的立法有哪些，是否沿袭自蒙古族传统习惯法。主要借鉴的资料有《通制条格校注》（方龄贵）、三卷本《元典章》、《元代法律资料辑存》（黄时鉴）、《至正条格（校注本）》（韩国学中央研究院编）等，结合《元史·刑法志》、《中国法制通史（元）》（张晋藩）等资料记载，另有同时期来到元朝并通过自己的见闻形成的史料《马可波罗行纪》等作为参考。

元朝法律中有很多生态习惯的缩影。忽必烈统治期间曾经下旨"每

---

① 蒙古民族通史（第二卷）［M］. 呼和浩特：内蒙古大学出版社，2002：148.
② 蒙古民族通史（第二卷）［M］. 呼和浩特：内蒙古大学出版社，2002：151.

年自十二月至来年正月禁止杀母羊"。① 元成宗铁穆耳也曾下旨："正月初一到七月二十是禁止捕猎的时期，任何人胡乱打猎都会治罪。"② 蒙古族统治者深深知晓，草原的生态平衡关系到蒙古民族的兴盛发达，因而总是能够因时制宜，利用自然规律来达到生态保护的目的。蒙哥汗在登基诏书中许诺"要让有羽毛的或四条腿的、水里游的或者草原上生活的各种禽兽免受猎人的箭和套索的威胁，自由自在地飞翔或遨游，要让大地不为桩子和马蹄的敲打所骚扰，流水不为肮脏不洁之物所玷污"。③ 在保护野生动物方面，基本已经没有之前的大规模围猎，民间打猎活动也仅限一些豺狼或小型的野生动物。《元史·刑法志》记载："诸每月朔望二弦，凡有生之物，杀者禁止。诸郡县岁正月五月，各禁宰杀十日，其饥馑去处，自朔日为始，禁杀三日。"《通制条格校注》记载："中统三年十月，钦奉圣旨'道与中书省忽鲁不花为头官员，圣旨到日，照依旧来体例，中都四面各伍佰里地内，除打捕人户，依年例合纳皮货的野物打捕外，禁约不以是何人等，不得飞放打捕鸡兔。'又至大四年三月，钦奉诏书内一款，百姓于禁地内打捕野物者，仰管围场官与各处有司一同断罪，毋得似前断没家产，钦此。"④ 从成文法记载中可以看到很多保护野生动物的法律规定，而这样的规定本身验证了蒙古族生态习惯法曾有保护野生动物的传统，由其演变而来的法律条文，也体现了蒙古族生态保护的良好理念。

在《普兰·迦儿宾行记·鲁布鲁克东方行记》中有一段十分生动的记录："当今皇帝的父亲窝阔台汗种了一片矮树林来安宁自己的灵魂，他降旨道，任何人不得在那里砍树，若有人砍折树枝，就要遭到鞭打，被剥掉衣服痛打。"⑤ 虽然这个记录让人认为，可能由于是皇家禁地，所以树木才能够得到很好的保护。其实不然，在蒙古族民间，人们也并不是乱砍滥伐的，所有的摘取均以所需为限，尤其是在一些靠近寺庙、敖包等神圣地方的区域内，一般都是不允许随意砍伐树木的。《通制条格》中记载："至元九年二月，据大司农司奏：自大都随路州县城郭周围，并

---

① 宋濂．元史·世祖本纪（卷16）［M］．北京：中华书局，1976：346.

② 宋濂．元史·刑法志（卷105）［M］．北京：中华书局，1976：2683.

③ 宝力高．蒙古族传统生态文化研究［C］．呼和浩特：内蒙古教育出版社，2007：7.

④ 通制条格校注［M］．方龄贵，校注．北京：中华书局，2001：666.

⑤ 参见普兰·迦儿宾．普兰·迦儿宾行记·鲁布鲁克东方行记［M］．余大钧，蔡志纯，译．呼和浩特：内蒙古大学出版社，2009：29.

河渠两岸，急递铺道店侧畔，各随地宜，官民栽植榆柳槐树，令本处正官提点本地分人护长成树……不得非理砍伐。违者并仰各路达鲁花赤、管民官依条治罪。"①《元典章》在栽种树木方面也有相应记载，道路栽种榆树、槐树条文记录了至元九年二月的圣旨，记录着禁伐柑橘果树、桑叶树的条文，大体也围绕禁止砍伐等理念。在《刑部卷》里面也记载了"禁杀母羊""杀羊羔断例""禁宰年少马匹""赏捕宰牛马"等案例，这些词讼、判例的记载具有鲜明的蒙古语特点，同时也深刻地反映着元朝社会生活中的生态思想。以"禁杀羊羔例"为例："至元九年九月十六日，中书省札附十月二十五日奉圣旨中书省官人每根底里，你真孛罗言语，大都为头汉儿城子里羔儿多杀有，么道如今不拣呵谁，羔儿休杀者。这圣旨听得呵，羔儿卖来的人，十个羔儿价例，见的人要者。又明知道卖了杀的人，二十个羔儿价钱，见的人要者。么道圣旨了也，俺上都里行了榜也，这文书到呵，揣掇各路分里榜文字行者，钦此。"②蒙古文转译汉文，看起来是有些晦涩的，这个案例大意是大都里的汉人经常杀羔儿，但不管谁，都不能杀羊羔儿，卖的人要罚十个羊羔的处罚，随意杀的则是按二十个羊羔的价钱处罚，钱都归揭发者。这样的圣旨，大家都要遵守。整体看，生态环境保护的法律条文流传下来的记载并不是很多，一些记载也是出于当时实际需要分散在各个典章条文之中，特别是约束草原生态的相应内容在元朝的法律典籍中基本是没有的，在草原上处理生态问题的习惯法还是在发挥主要作用，特别是成吉思汗《大札撒》的习惯法记录，依然在蒙古人的生活中发挥着重要的指导作用，是蒙古人对待和处理游牧生活及人与自然关系的主要准则。

第四节　明朝与北元时期蒙古族生态习惯法的整体面貌

一　明朝与北元时期蒙古地区的政治局面

北元时期从公元1368年开始。当时在闰七月二十六，明徐达统帅的

① 通制条格校注（卷16）[M].方龄贵，校注.北京：中华书局，2001：457.
② 大元圣政国朝典章[M].北京：中国广播电视出版社，1998：1009.

北伐军已经进逼通州，元大都的最后一道防线已经被突破，时至兵临城下，再无挽回之可能，元惠宗妥欢帖木儿带领后妃群臣北上避祸，直奔上都而去。八月初二，大都失陷，明改为北平。后世对北上的元政权称为北元。惠宗带走大量的兵力，也多次希望收复大都，且当时北元的军事政治水平还是比较高的，但奈何君臣此时早已消极沉默，多次反攻无功而返。同年元惠帝病死在应昌，由太子爱猷识理达腊继位，为北元昭宗。在皇位交替之时，明军再次追击，俘获元惠帝的嫡孙等诸人，金银财宝、牛羊驼马无数，至此，北元朝廷不得不迁至漠北。北元政权沿用了元朝的政权体例，国号、汗统、官制等均基本沿袭，整体来看，均认为北元应该是元朝的继承人，但原本元朝朝廷与北地宗族们就有诸多矛盾和裂痕，因此，元政权北迁之后，内部矛盾不断加重。北元昭宗曾力图宣光中兴，励精图治、团结一致，与明朝军队多次发生战争，且互有胜败。1372 年，宣光二年，昭宗打赢了保卫战，一定程度歼灭了明朝的军队，稳定了北元的政权，但意图打败明朝重返中原却始终无望。1378年元昭宗去世，其后北元政权基本维持现状，很难再谈中兴，特别是继任的脱古思帖木儿已经没有前面几位皇帝的决心，且在 1388 年的捕鱼儿海战役中失利被杀。之后的蒙古政权更迭频繁，汗位被各派系轮流抢夺，很多大汗在位时间都特别短。明朝中太祖和成祖两朝对蒙古的用兵较为频繁，多次派出大兵全线压境，成祖更是多次亲征，希望灭亡北元，同时明朝通过权衡之术，离间蒙古诸部，建立卫所制度，但整体看，都不具备一举灭亡北元的能力，从而形成了北元蒙古与明朝的长期对峙局面。①

　　北元政权在捕鱼儿海战役失利后，进入大混乱时期，上层贵族同宗各王为了争夺汗位互相厮杀，下层爱马克纷纷参与割据征战，趁势而夺。先后有鬼力赤、本雅失里分别夺权，权臣阿鲁台执政，蒙古逐步形成东部和西部两大政治势力，黄金家族衰退。当时与蒙古本部形成对立的瓦剌政权，实力强劲，至脱欢时期，合并瓦剌三大部族，打败了蒙古本部长期执政的阿鲁台，形式上统一了蒙古。然而这种统一偏重形式，却不能形成成吉思汗那时的伟大功业，原因是脱欢不是黄金家族后裔，缺乏黄金家族的崇高威望，总之，当时蒙古各部势力分散，统一形势较困难。

---

　　①　参见蒙古民族通史（第三卷）［M］. 呼和浩特：内蒙古大学出版社，2002：13-27.

明朝"土木堡之变",明英宗被也先俘虏,在一定程度使得也先的威望得到显著提升,但蒙古内部脱脱不花汗与也先的矛盾始终潜藏,作为黄金家族后裔的脱脱不花汗不甘心受也先控制。1453 年,也先在内部经过与脱脱不花的争斗,最终成为蒙古大汗,这是瓦剌贵族经过半个世纪苦心经营的结果,也是成吉思汗之后非黄金家族子孙成为蒙古大汗的第一人,然而瓦剌也先的业绩也止步于此。也先虽然掠夺大量人口及牛羊,但也损失大量人马,根源于瓦剌和蒙古本部的矛盾始终不能平息,也先本人的能力也不足以扛起振兴蒙古的大旗,也先在 1454 年被杀害,此后蒙古东西部再次陷入混战之中,这也是北元政权无法重回巅峰的主要原因。蒙古本部经此一役,对重夺大汗之位尤显迫切,但从 1454 年至 1479 年,蒙古大汗更迭频繁,甚至一度汗位空置十年之久,混乱的政局可想而知。

自 1388 年脱古思帖木儿被杀之后,黄金家族内部斗争混乱,家族逐渐没落,一些也先、阿鲁台这样的权臣异族纷纷把持政权,但成吉思汗黄金家族在蒙古人心中的巨大声望始终存在,越是混乱,人们越怀念曾经的功业,期望成吉思汗时代的统一和安定。1479 年达延汗时代的到来被称为蒙古本部的中兴时代。据《蒙古源流》《黄金史》等著作的解释①,巴图蒙克达延汗 7 岁即位,在满都海福晋的辅佐下,剪除异己进行改革,收复右翼三万户,分封诸子,进行大规模的权力再分配。达延汗时期的蒙古内部混战大为减少,虽然他分封的五万户不是整个蒙古的势力,但是这一时期的社会基础比较扎实,社会整体在向前发展。1516 年达延汗去世后,在他分封的子孙占领的各属地中不断进行着权力的再次分配和争夺。

达延汗之后的社会关系和结构发生较大的变化,蒙古本部与瓦剌以及蒙古本部的各个兀鲁斯之间都发生了变化。达延汗分封大兀鲁斯(汗廷)、兀鲁斯(土绵)、鄂托克,整体结构在之前蒙古帝国时代的千户制度(汗—诸王—兀鲁斯领主—万户长—千户长)基础上发生了显著变化,蒙古大汗的位置早已衰微。局部势力中,各个土绵领主发挥重要作

---

① 此处引用《蒙古民族通史》第三卷 198 页记载事项,也可见符拉基米尔佐夫所著《蒙古社会制度史》,因蒙、汉多种记录多有不同,因此择一适用。

用，例如，土默特兀鲁斯的阿拉坦汗早期在河套地区发展，嘉靖年间驻丰州川一带，四十年间东走察哈尔大汗，北并兀良哈万户，西南吞西海，西北征瓦剌，威慑长城南北，开发丰州川与明朝建立封贡，使得嘉靖和万历年间的土默特成为蒙古的政治中心和经济文化最为发达的地区。[①]

二　明朝与北元时期蒙古地区的社会生活

蒙元时期的蒙古草原，政治、经济、文化上处于空前繁荣的时代，国家统一，社会比较安定，随着对外战争的扩张，财富和物质都在向草原集中，整个欧亚大陆因为蒙古帝国的扩张加大了交流，像和林、大都等城市都是非常繁荣的，手工业商业发达，大量人口聚集于此，也有大量从内地迁来从事屯田的汉人。但是这样的繁华，是举整个元朝之力形成的。当元朝在全国的执政结束并退守草原，明朝与北元的对峙导致南北经济交流的极度衰落，一些基本生活用品的交换也难以实现，南北政权战争不断以及蒙古政权内部的权力更迭，使蒙古草原陷入困境，赖以为生的畜牧业严重萎缩。

游牧经济是草原上赖以生存的基本经济方式，游牧中的人、畜群及草场的整体关系决定了游牧经济的发展状况。元朝结束，大量蒙古族的军民留在中原等地，也有大量人员降附明朝，还有在战争中被杀害的人也是不计其数，这些都导致蒙古族人口锐减。1392年，明太祖命北平都指挥使周兴远巡塞外，到达鄂嫩河，沿乌勒扎河到达呼伦湖一带，沿途擒500余人。[②] 蒙古封建主那颜们，要求属民阿勒巴图"服役贡赋"，因为不断被领主剥削以达到支持战争的目的，侥幸得以生存的牧民的生活水平极为低下，特别是战乱不断的漠南草原地区，牧人为了躲避战乱不惜长期迁徙，很多草场荒废，牲畜数量大幅度减少。例如：1388年，明朝大将军蓝玉袭击脱古思帖木儿的斡儿朵，缴获马48000匹、驼4800头、牛羊102000头，合计30万头只。[③] 可以说，草原上大量牲畜的损失，严重影响了蒙古游牧经济的水平。

战乱对于游牧经济的打击是非常巨大的，但如果能够摆脱战乱环境，

---

① 蒙古民族通史（第三卷）［M］. 呼和浩特：内蒙古大学出版社，2002：348.
② 蒙古民族通史（第三卷）［M］. 呼和浩特：内蒙古大学出版社，2002：105.
③ 蒙古民族通史（第三卷）［M］. 呼和浩特：内蒙古大学出版社，2002：106.

哪怕是把战争控制到局部地区，游牧经济的自我恢复程度都是极高的。经过北元初期50年左右的社会大混乱，蒙古各部逐步趋于缓和，东、西蒙古势力各有输赢，黄金家族衰落。自脱欢有限地统一蒙古后，蒙古经济有缓和局势，与明朝的战争虽然还是不断出现，但战场从明初期的蒙古草原向着明朝边境回退，特别是土木堡之变后，也先从明朝缴获"盔甲、器械、金银、锦缎、牛羊马匹等动物数十万"，一定程度迫使南北方的贸易规模强行扩大，大量手工业制品流入，提高了蒙古贵族阶层的物质水平。以蒙古最为重要的游牧经济的实际状况来看，明太祖年间，对北元实行的是封锁政策，被明军追赶逃遁的蒙古人非常多，漠南草原很少有人驻牧，而到了明正统年间，过去荒无人烟的河套地区都可以成为蒙古牧地，大量漠南蒙古诸部在此进行放牧，原有的荒芜情况也一去不复返。牧地的扩大促进了蒙古人的生息繁衍，蒙古人口也逐渐增加，1414年忽兰忽失温之战，瓦剌三王合并不过三万余骑，而到1455年间，马可古儿吉斯汗与毛里孩、孛来等领四万余骑，与阿剌三万骑相持，双方的人数相加达到三十五万人。1464年，孛来有众人六万，与瓦剌的七万骑对抗，合计双方都有六十万人。[①] 蒙古领主们的生活水平则是在朝贡和马市贸易之后得到显著提升。明朝时期的朝贡贸易形式主要以马匹为主，明廷往往根据进贡物值返回一定比例的锦缎、彩缎、布匹等，给赐或者回赐数额基本持平。明成祖时期，基于政治需要，对蒙古的政策有所放松，不论是与成祖关系密切的兀良哈三卫，还是一些经济利益诱惑而来的蒙古部落，都积极参与到朝贡中，贡马易钞，整体蒙古东部和西部都加入这一队伍，到也先时期达到高峰。一般进贡后的给价十分惊人，以1452年为例，也先、阿剌遣使三千人，贡马驼四万匹，明朝方面"通赏各色织金彩素绖丝二万六千四百三十二匹，本色并各色阔绢九万一百二十七匹，衣服三千八十八袭，靴鞡毡帽等件全"。[②] 充分表明明朝中期的贸易发展有所回升。达延汗时期，由于蒙古各部的混战大为减少，封建领主对自己的领地开始注重建设，传统的游牧经济发挥出重要作用，百姓生活趋于安定。据史料记载："宁夏贺兰山后，地势旷远，水草便

---

①　参见蒙古民族通史（第三卷）［M］. 呼和浩特：内蒙古大学出版社，2002：174.

②　蒙古民族通史（第三卷）［M］. 呼和浩特：内蒙古大学出版社，2002：185.

利，六七十年间兵所不到，七八十里之外虏得自由生养藩息，久安乐土。"① 对于游牧经济而言，只要能够保证草原水草丰美，减少干扰，经过一定的休养生息，基本就能够恢复发展，因此，这时期的封建领主基本都拥有极为丰富的牛羊驼马和大量的财富。通过当时边境互市贸易的数据能够说明畜牧业的发展程度："1571 年阿拉坦汗封贡互市，在宣府、大同、山西三镇官易马 7000 多匹，加上商民等互市牛马骡羊共计 29000 多匹。至 1582 年，此三大镇市马每年在五万匹以上。"② 除了传统畜牧业获得的成绩，狩猎、采集、捕鱼等附属产业也有所发展，依托草原、森林的丰富资源，蒙古人秋猎极为常见。但蒙古人"春不合围、夏不搜群"，仅三五成群小范围打猎，用以充饥，到秋风起，枯草黄，野兽肥壮，才会大规模进行围猎，对丰富的战利品予以数众均分，兽肉为食、兽皮互易，这样的狩猎习惯一直很好地得到了维持，同时也保持了蒙古人长期的战斗力。农业在这一时期有所加强，尤其是兀良哈三卫，本就处于半农半牧区，至明朝成化年间，农业区域不断扩大，耕地面积大幅度提高。由于明朝政治的腐化，许多汉族百姓生活无以为继，有的被掠到蒙地，有的自愿逃到蒙地以种地为生。当时比较有名的半农半牧地区有河套地区、张家口地区，比较著名的事件是 1546 年阿拉坦汗组织汉民开发丰州川板升，使该地区的农业迅速发展，至 16 世纪末，土默特地区出现大量的"板升"，聚集大量汉民，一定程度上促进了农业的发展，解决了粮食问题。

三　明朝与北元时期蒙古地区的法律面貌

北元时期，由于政权纷乱、派系纷争，不同时期不同政治环境下，许多局部地区实施的法律法规在发挥作用，而且其中的一些法律法规对保护蒙古草原起到了重要作用，有些甚至影响至今，例如北元时期的《阿勒坦汗法典》《喀尔喀七旗法典》《卫拉特法典》等。从这一系列法典的创建可以看出整个蒙古族群体的生态意识正随着社会的发展而逐渐提高，在强有力的法典制度保障下，传统的人与自然和谐发展的理念也

---

① 蒙古民族通史（第三卷）[M]. 呼和浩特：内蒙古大学出版社，2002：219.
② 蒙古民族通史（第三卷）[M]. 呼和浩特：内蒙古大学出版社，2002：222.

得到进一步巩固。

　　在蒙古文的典籍中，有一部法典没有被保存下来，但其对《阿勒坦汗法典》的影响比较直接，这就是《图们汗法典》。据史料记载，图们汗做蒙古大汗长达 35 年，而且带领部族长期与明朝进行战争，为了巩固已经式微的皇权，他采取组阁的方式，在左右翼各选人员形成"五人执政"，制定律法，意图重振大汗权力。① 阿勒坦汗是图们汗时期土默特万户的首领，他率领右翼三万户征服了河套、青海、新疆等地，称霸蒙古各部，而且与明朝封贡互市，促进了当时的经济发展，他利用佛教施行政教并行，通过教法政令治理地区，既制定了相应的宗教法规，也颁布了政令《阿勒坦汗法典》，这部法典对了解当时社会的法律面貌提供了重要的支持。根据奇格先生的记载，该法典最早是藏文手抄本，在英国利物浦市的博物馆被发现，此后蒙古学者以及内蒙古的几位精通藏文的学者对其进行翻译，从而让我们看到了《阿勒坦汗法典》的真实面貌。② 《喀尔喀七旗法典》发现于 1970 年，前蒙古国和苏联学者波日来、沙卜库诺夫在布拉干省塔欣其嫩苏木附近哈尔哈城址中发现了白桦皮书，其中一部分是 16 世纪下半叶至 17 世纪 40 年代的喀尔喀各旗的会盟法典，蒙古学者称为《喀尔喀七旗法典》，因写在白桦皮上又称"白桦法典"。《卫拉特法典》是 1640 年喀尔喀和卫拉特蒙古各部进行会盟而制定的。由于后金政权对漠南蒙古的征服，使北部喀尔喀蒙古和西部卫拉特蒙古产生了唇亡齿寒之感，因此为了整顿蒙古秩序，加强团结维护安全，各部积极联络进行了会盟。法典突出的主题是调整各部封建主势力的相互关系，加强内部统治，如果存在掠夺大爱马克、兀鲁思的现象，蒙古则联合起来严惩，剥夺财产分给被害人和贵族，如果发现敌情却不履行告知和帮助的义务，均会对发现者处以死刑。这些给处于严峻政治氛围的蒙古各部带来一定的触动，也提升了各部团结协作保卫家园的积极性。

　　当禁止草原火灾的习惯法被列为蒙古族重要的法律内容载入法典后，在很多蒙古族的成文法典中都会看到预防草原火灾的规定，由前文阐述，我们可以认定，防止草原荒火的规定是来源于蒙古族生态习惯法的。例

---

①　奇格. 古代蒙古法制史［M］. 沈阳：辽宁民族出版社，1999：83.
②　参见奇格. 古代蒙古法制史［M］. 沈阳：辽宁民族出版社，1999：89.

如《阿勒坦汗法典》中规定："失火致人死亡者，罚牲畜三九，并以一人或一驼顶替，烧伤他人手足者，罚牲畜二九。烧伤眼睛，罚牲畜一九。烧伤面容，杖一，罚五畜。"① 在《卫拉特法典》中也有相关规定，例如："在牧民迁出的游牧地方扑灭火者，向遗火人要一只绵羊。从草原荒火或水中救出他人，要一五畜；为救别人而死去，以驼为首要一九。如救出甲士及其铠甲，则要一匹马、一只绵羊。如救出帐篷及物品，要一匹马、一头牛分而吃之。从草原荒火中救出几群牲畜，群数多要二群，群数少要一群，要根据不同季节时间决定分取。"② 以此方式鼓励牧民积极防止荒火，积极帮助他人扑火，以达到对草场的保护。可以说，草原上有关禁止荒火的规定从习惯法时代就已确立其重要地位，在以后的历史发展中详尽而完善地列入了蒙古族重要的法律之中，成为蒙古族草原生态保护法律的重要内容。

在保护野生动物方面，自元朝以后，基本已经没有大规模围猎，民间打猎活动仅限一些豺狼或小型的野生动物。从蒙古族成文法记载中可以看到很多保护野生动物的法律规定，而这样的规定本身就可以证实蒙古族生态习惯法曾有保护野生动物的传统，由其演变而来的法律条文，也体现了蒙古族生态保护的良好理念。《元史·刑法志》规定："诸每月朔望二弦，凡有生之物，杀者禁止。诸郡县岁正月五月，各禁宰杀十日，其饥馑去处，自朔日为始，禁杀三日。"③ 而后《喀尔喀法典》中也指出"在特别划定的区域内不许捕杀野生动物，否则严厉惩处"。同时也指明不许杀无病之马、鸿雁、蛇、青蛙、黄鸭、黄羊羔、麻雀、狗等。如果在特定禁止杀生的日子杀生被人发现了，那么只要有证据，被杀的动物就归那个发现的人了。④ 保护山林树木也是法典内容之一。古代呼和浩特律法记载："禁止在召庙山之嘎尔嘎、乌达、苏勒吉叶辖地打生、伐木。"《喀尔喀法典》中规定了"从库伦边界到能分辨牲畜毛色的两倍之地内的活树不许砍伐，如果砍伐没收其全部财产……诺颜等不许暗中支

① 杨一凡，田涛，张冠梓，点校.中国珍稀法律典籍续编（第九册）少数民族法典法规与习惯法（上）[M].哈尔滨：黑龙江出版社，2002：62.

② 参见杨一凡，田涛，张冠梓，点校.中国珍稀法律典籍续编（第九册）少数民族法典法规与习惯法（上）[M].哈尔滨：黑龙江出版社.2002：39.

③ 宋濂.元史·刑法志（卷105）[M].北京：中华书局，1976：2683.

④ 道润梯步.喀尔喀律令（蒙文版）[M].呼和浩特：内蒙古教育出版社，1989：172.

持砍伐树木者而从中获利，寻求好处，违者同样受到法律的制裁"。无论是蒙古族生态习惯法还是后期成文法中关于保护山林树木资源的记载，都蕴含蒙古族保护生态的文化传统。《喀尔喀法典》中还规定："抢夺他人新挖修理的水井，罚四岁马一匹。饮完牲畜仍不给他人用水，同样罚四岁马一匹。如不给带嚼马饮水，罚二岁绵羊一只。"法典中也有蒙古人保护水资源的习惯法规定，这一规范不仅起到了保护水资源的作用，也起到防止疾病、保持水土等积极的生态保护作用。

第五节　清至民国时期蒙古族生态习惯法的变迁

一　清至民国时期蒙古各政权的情况

16世纪末以及17世纪初，蒙古社会进入重要历史时期。由于明朝时期蒙古各部不断征战，彼此之间的联系日益松散，至明末，蒙古形势已经发生显著变化。整体来看，明末的蒙古是三个区域：漠南蒙古、漠西卫拉特、漠北喀尔喀。[①]漠南蒙古与西部卫拉特之间不再有大规模的战争，但漠北喀尔喀和漠西蒙古之间依然存在种种矛盾。当时蒙古地区南部面对明朝，东部面对后金，北部面对沙俄，强敌环绕，形势非常严峻。延续自图们汗时期的政治复兴已经不能维系，政治格局在不断发生变化，大汗的地位逐步衰弱。至林丹汗时期（1604-1634年），虽有雄心壮志但始终壮志难酬。努尔哈赤和皇太极时期，满清与东南蒙古科尔沁等部落联姻、交易，对西部林丹汗主要以征讨为主。1634年林丹汗病死后，内蒙古的十六部四十九王公集会，承认满洲皇帝继承蒙古可汗之位，蒙古八旗随之也编制完成。在清初五十年间，皇帝对蒙古各部投奔之人多采取嘉奖、入旗、分佐领、封为札萨克的方式完成吸纳，基本形成了49个札萨克旗、10个总管旗，至清末没有太大变化。[②]

大漠以南各部被称为漠南蒙古，属于这部分的有：科尔沁、扎赉特、杜尔伯特、巴林、扎鲁特、奈曼、喀尔喀、茂明安、乌拉特、喀喇沁、

---

① 参见蒙古民族通史（第四卷）[M]. 呼和浩特：内蒙古大学出版社，2002：2.

② 参见奇格. 古代蒙古法制史 [M]. 辽宁：辽宁民族出版社，1999：158-163.

乌珠穆沁、察哈尔、土默特、鄂尔多斯等部。① 他们的分布地区东接盛
京、黑龙江，西接伊犁东路，南至长城，北到荒漠，绵延万余里。漠南
蒙古拥有相当强大的军事力量，因此满洲贵族对漠南蒙古一直采取积极
争取的政策，同他们建立联盟关系，其中察哈尔蒙古在漠南蒙古各部中
势力最强，其领袖林丹汗拥有 8 大营、24 部，势力东起辽西，西至洮
河，兵马强盛，威震河套以西，横行于漠南，成为挟持和威胁各部的宗
主，诸部不堪其苦，故漠南各部的封建主与林丹汗长期存在着较深的矛
盾。他们试图借后金力量抑制林丹汗，摆脱其统治。而后金政权则利用
此间矛盾，通过威胁利诱和联姻联盟政策，积极拉拢蒙古各部，采取扶
此抑彼、各个击破的策略，利用他们的军事力量征服与之相抗衡的蒙古
部落，集中整合后金和蒙古诸部的联合军事力量来对付察哈尔部，多次
打败了林丹汗的攻袭。科尔沁部明安和喀尔喀部的锡伯、卦勒察两部曾
参加反建州的九部联军，失败后科尔沁部嗣部长奥巴首先服于后金。喀
尔喀五部中的锡伯、卦勒察两部先后被后金和林丹汗攻灭，其余巴林、
翁牛特、扎鲁特三部亦相继臣服于后金。后金还诱使作为察哈尔东部前
锋的土默特、敖汉、奈曼、喀喇沁四部离林丹汗而附己，林丹汗势力日
益薄弱。1634 年（明崇祯七年），林丹汗在青海去世。次年，后金军继
续进攻察哈尔余部，林丹汗之子额哲奉母命献传国玉玺归降，至此，漠
南蒙古全部统一于后金。② 1636 年（明崇祯九年，清崇德元年），漠南蒙
古 16 部 49 个封建主，同满汉贵族一道共推后金国主皇太极为皇帝。从
此，满清打通了从西北进入中原的通路，拥有更为雄厚的兵源，占有更
为广阔的地域，在战场上取得了优势地位。

卫拉特蒙古，元明时期称为瓦剌，清朝时期称卫拉特或厄鲁特蒙古，
所在区域不断变迁。在 16 世纪时，卫拉特蒙古分布领域东自杭爱山经控
奎、扎布汗流域，西至额尔齐斯河，北越唐努山至叶尼塞河上游，南接
察哈台后王诸城。16 世纪末至 17 世纪初的卫拉特蒙古包括和硕特、准
噶尔、杜尔伯特、土尔扈特、辉特、厄鲁特、巴噶图特等部，他们各自
为政，互不统属，③ 其中准噶尔部强势控制天山南北。明朝崇祯元年

　　① 　参见奇格. 古代蒙古法制史［M］. 辽宁：辽宁民族出版社，1999：158.
　　② 　参见蒙古民族通史（第四卷）［M］. 呼和浩特：内蒙古大学出版社，2002：28.
　　③ 　蒙古民族通史（第四卷）［M］. 呼和浩特：内蒙古大学出版社，2012：45.

（1628），土尔扈特部西迁到伏尔加河沿岸，崇祯九年（1636），和硕特部又在固始汗率领下迁到青海建立和硕特汗国。杜尔伯特部游牧于科布多阿尔泰山一带。清顺治三年（1646），卫拉特各部首领派使臣赴北京朝贡，进献各种物品，表示愿与清朝保持良好的政治关系，开展双方的物资交流。清朝对这些来使热情接待，赏赐各种物品，表示尊重他们原有的政治经济模式和生活状况。顺治十年（1653），准噶尔部首领巴图尔珲台吉之子僧格继任准噶尔部首领后，不断派使臣到北京进献贡物，着力加强与清朝的政治关系和经济往来。因此，在僧格执政准噶尔部的近二十年中，清准之间一直保持着良好的政治关系和频繁的经济往来，对准噶尔部的发展起到积极的促进作用。[1] 准噶尔部（卫拉特地区）的首领噶尔丹于康熙六年（1667）打败卫拉特盟主鄂其尔图汗之后，把松散的联盟体制一步步改变为集权的政权体制，并通过把准噶尔首领的台吉地位上升为汗王地位，促使卫拉特蒙古重新独立。随着其统治地域的扩大和军事实力的增强，噶尔丹希望统一全蒙古重建大准噶尔汗国的野心也迅速膨胀。但经过清准的乌兰布通之战、昭莫多之战，准噶尔汗国元气大伤，无法与清朝争雄。乾隆二十二年（1757），清军平定阿睦尔撒纳的叛乱，完全控制卫拉特区域，从而确立了对天山以北广大地区的直接治理权。

漠北喀尔喀蒙古，东接呼伦贝尔，西至科布多，南临大漠，北与布里亚特蒙古接壤。清入关以前，喀尔喀蒙古的三大封建主——土谢图汗、札萨克图汗、车臣汗和清政府建立了联系。崇德三年（1638），喀尔喀三部"遣使来朝"，以后每年各贡"白驼一，白马八，谓之九白之贡"[2]。顺治十二年（1655），清朝赐盟宗人府，并在喀尔喀设八札萨克，分左右翼，从而使喀尔喀蒙古与清朝中央政府的政治联系更加密切，土谢图汗衮布子察珲多尔济、车臣汗硕垒子巴布、札萨克图汗诺尔布及赛音诺颜部长丹津喇嘛"各表遣子弟来朝"。后来三部之间发生纷争，准噶尔部首领噶尔丹乘机插手，于康熙二十七年（1688）向喀尔喀大举进攻，土谢图汗等猝不及防，拒战失利，沙俄趁喀尔喀战败，向其上层人物威

---

① 参见蒙古民族通史（第四卷）[M]. 呼和浩特：内蒙古大学出版社，2002：45—64.

② 沈阳故宫博物院院刊（第15辑）[M]. 白文煜，主编. 北京：现代出版社，2015：118.

逼利诱，要他们投降俄国以寻求保护，经哲布尊丹巴呼图克图倡议，喀尔喀蒙古举旗投清。① 康熙三十年，康熙帝与内外蒙古各部首领于多伦诺尔会盟，宣布保留喀尔喀三部首领的汗号，废其封建王公的济农、诺颜旧号，按满洲贵族的封号，各赐以亲王、郡王、贝勒、贝子、镇国公、辅国公的爵位。其行政体制也和漠南蒙古一样，实行札萨克制，以此次会盟为标志，喀尔喀部最终并入清朝，成为清王朝的一部分。雍正十年（1732），喀尔喀亲王额驸策棱击败准噶尔部有功，清廷从土谢图汗部分出 21 旗隶属于额驸策棱的赛音诺颜部，于是赛音诺颜部始为大札萨克，与三汗部并列。车臣汗部、土谢图汗部由清朝驻库伦（今乌兰巴托）办事大臣管辖，赛音诺颜部、札萨克图汗部由清驻乌里雅苏台的定边左副将军统辖。②

二　清朝对蒙古的统治政策

（一）盟旗制度

清朝在入关前就开始在归附的漠南蒙古中编佐设旗，崇德初年又大规模设置旗分，后继续增设，至康熙初年已增到 49 旗。喀尔喀设旗则从顺治年间开始，康熙年间编为 32 旗，至乾隆年间增到 86 旗。雍乾时期，青海蒙古和漠西卫拉特也逐次被征服，青海设 28 旗，漠西设 34 旗，再加上西套卫拉特 2 旗，至乾隆中期，札萨克旗数达 199 个。此外，还有一部分总管旗和喇嘛旗。③ 明代以来蒙古地区即有会盟的传统，遇有重要事情，均采取若干部落或兀鲁思会盟协商的办法加以解决，清以后会盟更是定为惯例。最初为一年一次，后来一般每届三年举行一次，会盟时间多为当年六、七月份，会盟办法各地不同，漠南地区以旗为单位由清廷指定，漠北和漠西地区仍以蒙古各大部落为单位单独会盟。

（二）封爵制度

清王朝与蒙古族建立的是一种满蒙联盟的政权组织形式。蒙古贵族得封六等爵位，内蒙古爵位分为六等，即亲王、郡王、贝勒、贝子、镇

① 参见蒙古民族通史（第四卷）[M]．呼和浩特：内蒙古大学出版社，2002：99-136．
② 参见蒙古民族通史（第四卷）[M]．呼和浩特：内蒙古大学出版社，2002：137-149．
③ 乌云毕力格．晚清政府对新疆、蒙古和西藏政策研究 [M]．呼和浩特：内蒙古人民出版社，2005：8．

国公、辅国公，此外还有台吉（在亲王、郡王、贝勒、贝子、公爵之下）、塔布囊，又分一至四等（台吉、塔布囊爵同，土默特左翼旗、喀喇沁三旗称塔布囊，其余旗称台吉）。外蒙古等地区在亲王之上还有汗爵，而无塔布囊只有台吉（非札萨克及加衔之台吉、塔布囊）。汗以下每等爵位根据任职与否的情况，有在职和闲散之分，在职即为札萨克。一般情况下，封爵基本上可以世袭罔替，延及后世，由清政府颁发册诰作为凭证，可见清朝对他们的重视。此外，清朝在政治、经济上给蒙古王公种种特权，使蒙古贵族跻身于清朝全国性政权的最高统治阶层。因此，他们与清朝结成"从龙佐命，世为肺腑，与国休戚"的亲密关系。①

（三）满蒙联姻

明清时期满族与蒙古族保持了三个世纪的和亲，建立了世代姻亲关系。也正是这种姻亲关系，对清廷统辖与治理边疆蒙古地区，起到了重要的作用。满蒙联姻是清朝"南不封王北不断亲""分封以制其力""崇释以制其生"三大国策之一。满蒙联姻的制度化，还表现在围绕联姻通婚而形成了一整套维护双方上层特殊亲族关系的规制。主要包括下嫁公主的品级及俸禄制、蒙古额驸入京朝觐制、公主回京省亲制、赐恤致祭制、生子予衔制、备指额驸制等。②

（四）中央与地方的管理机构

理藩院是与蒙古族联络和对其统治的中央机构，清朝于后金时期（最迟至1635年）已创设了"蒙古衙门"。1638年，清朝改蒙古衙门为"理藩院"，专管外藩事务。此后，随着清朝统治范围的扩大，理藩院也成为总理外藩蒙古、内属蒙古、西藏、回部以及西南地区土司事务的机关。另外，它还办理部分与外国通商交涉事务。理藩院是清朝中央政府管理蒙古（也包括其他少数民族）的最高行政机构，它从政治、经济、军事各方面严密控制着蒙古族。

由于清代蒙古各盟旗都是相对独立的军政组织，札萨克王公拥有一定的军权。因此，除了中央的理藩院外，清廷在蒙古地区的战略重要之

---

① 姜伯彦．长河筑梦：蒙古民族史话（明清卷）[M]．呼和浩特：内蒙古大学出版社，2017：322-327.
② 杜家骥．清朝满蒙联姻研究（下）[M]．北京：故宫出版社，2013：233.

区设立将军、都统、大臣等地方最高军事长官，以监督、控驭各地盟旗，严密防范王公的独立倾向，统一征调蒙兵以镇戍地方，加强边防。漠南地区的将军、都统自东而西主要有呼伦贝尔副都统、热河都统、察哈尔都统、绥远城将军四处。漠南地区除上述将军、都统外，黑龙江将军、吉林将军和盛京将军虽不设在蒙古地区，但由于邻近蒙古各部，实际上也负有监督和控驭蒙旗军政之责。漠北地区自东向西，分别设有库伦办事大臣、定边左副将军和科布多参赞大臣。漠西及青海地区亦有将军和大臣衙署三处，即伊犁将军、塔尔巴哈台参赞大臣和青海办事大臣。

（五）卡伦、台站制度

卡伦是满语音译，意为"更番候望之所"，也称斥堠或哨。按其性质，卡伦可分为内地卡伦、边境卡伦。有的设于蒙古地区腹里作为划分各盟、部、旗之间界的标志，也有的设于蒙古边境地区作为边防哨所。各地卡伦均设有卡伦章京或侍卫统带兵丁巡防、驻守。鄂博的作用略同于卡伦。

二者之间的关系，台站是军台与驿站的合称，清代某些蒙古地区的驿递主要是为国防、军用服务的，因之常常被称为军台。总的来看，蒙古地区台站的基本职能是负责蒙古地区的军事通讯和物资转运。按设置机关可分为官设台站和苏木台站两种。官设台站是指清政府直接安设，官兵饷需及驿车马均由国家负责的台站。苏木台站则是各盟旗以佐领为单位自行安设的台站。按其规模大小，又有正站（正台）和腰站（腰台）之别，正站为大站，腰站为小站，某种意义上说腰站可视为正站的派出机构或分站。①

（六）在蒙古地区大兴黄教

首先自俺达汗控制的蒙古右翼地区开始，图们汗时期在漠南地区开始信奉推广黄教。喀尔喀地区信仰黄教始于阿巴岱汗时期，卫拉特也大体是在同一时期接受黄教的。到 17 世纪初，黄教已成为蒙古全民族信奉的宗教，当时的蒙古地区寺院林立，喇嘛成群，黄教与蒙古已密不可分。明末清初的战乱兵祸使漠南地区黄教一度衰落，但在清政府的扶植、鼓

---

①　马长泉. 清代新疆卡伦制度研究［M］. 哈尔滨：哈尔滨出版社，2005：34.

励下，蒙古地区的黄教迅速发展到前所未有的规模，大体上在顺治和康熙时期恢复发展，乾嘉年间达到鼎盛。

清入关以后，清朝统治者全面继承了努尔哈赤、皇太极的统治政策，并逐步使之制度化、系统化。首先，清朝统治者更加强调黄教的重要性，雍正曾说"因其教不易其俗，使人易知易从，此朕缵承先志维护黄教之意也"①。乾隆也直言不讳，"本朝之维持黄教，原因众蒙古素所皈依，用示尊崇为从宜从俗之计"，又谓"兴黄教，即所以安众蒙古。所系非小，不可不保护之，以为怀柔之道而已"②。毫无疑问，清廷崇奉黄教完全是基于政治目的，直如昭链在《啸亭杂录》中所说："国家崇信黄僧，并非崇奉其教，以祈福祥也。祇以蒙古诸部敬信黄教已久，故以神道设教，籍仗其诚心归附，以障藩篱、正王制，所谓易其教不易其俗之道也。"③ 清代"蒙古各地，寺庙林立，僧众遍布"，寺院数量迅速增加。清初，仅青海西宁一带即"渐增至数千余所"。清代蒙古地区究竟有多少寺院，史料上未见系统记载，但从一些片段记载看，数量是很多的。有的研究著作称：19 世纪在内蒙古地区共有1200 多座寺院和喇嘛庙。归化城地区作为漠南喇嘛教的中心之一，曾有 72 召，其中比较著名的就有"七大召八小召"，漠北蒙古地区也有 700 余座寺庙。④ 所以在内外蒙古建立了两大活佛转世系统，即内蒙古的章嘉呼图克图活佛转世系统与外蒙古的哲布尊丹巴活佛转世系统。

三　近代以来蒙古社会的变迁

（一）内外战争不断

自清朝中叶以来，举国内忧，外患丛生。第一次鸦片战争开始后，清朝便陷入持续的内外动乱之中，蒙古各部兵丁也被清王朝频繁征调于内外战争中，蒙古各部还捐献了大量的马匹以供军需，《清实录》多次记载此阶段蒙古各部贡献的骑兵以及马匹等数额，少则百匹，多则上千

---

① 张羽新.清代治藏要论［M］.北京：中国藏学出版社，2004：154.
② 内蒙古文史研究通览（历史地理卷）［M］.张建华，薄音湖，总主编.呼和浩特：内蒙古大学出版社，2013：332.
③ 卫拉特·蒙古史纲［M］.马大正，成崇德，主编.乌鲁木齐：新疆人民出版社，2006：381.
④ 海西希.蒙古的宗教［M］.耿升，译.北京：中国藏学出版社，2016：1.

匹。在第一次鸦片战争、第二次鸦片战争期间，蒙古科尔沁后旗札萨克郡王僧格林沁率领蒙古骑兵流传下了英勇而可歌可泣的事迹，展现了蒙古族官兵为维护多民族统一国家利益而坚决抵御外侮的爱国精神。

不仅是对外侵略作战，内地发生反叛时，清廷也大量征调蒙古骑兵四处作战。接连而至的太平天国起义、捻军起义、陕甘回民起义事件，清政府大量征调蒙古族士兵，蒙古上层贵族也为清廷"捐献"了大量的军需银两和马匹，甚至比两次鸦片战争时还多，蒙古将领以及普通蒙古兵丁在内外战争中付出了巨大的伤亡，据记载，"察哈尔、归化城土默特、内札萨克东三盟等兵丁悉数被派出参战"，由于战争时间长，士兵折损率半数以上，青壮男丁健全生还少，对各盟旗的老百姓生活影响极大。其中被誉为"国之柱石"的蒙古族将领僧格林沁在剿灭捻军的战争中战殁。延续 10 年之久的陕甘回民起义和清朝镇压回军的战争，特别是 1868 年至 1870 年蔓延蒙旗腹地的战乱，给内蒙古西部各盟旗造成了清朝有史以来最为严重的灾祸和劫难。连年的战火夺走了许多蒙古丁壮（士兵）的生命。① 战争期间，盟旗出征官兵"应需军器、驼马帐房均自行筹备。所有倒毙驼马、损坏兵器破烂皮衣，亦须随时摊办补齐"。为驮运清军粮饷和武器装备，清政府还从各盟旗征调大批驼马。除了军需征调，战乱兵灾尤使蒙古族人民的牲畜、财产损失惨重。蒙古民族的宗教文化活动中心喇嘛教寺庙亦遭严重劫难。在遭受战乱影响最早、时间最长的鄂托克旗，生命财产损失尤为惊人，紧邻宁夏马化龙回民起义中心的阿拉善旗，青海西宁地区蒙古盟旗战祸也很严重。对于直接经历战火较少的外蒙古各盟旗来说，除了提供自备驼马装备的兵丁，战争负担和影响最大的就是为清朝大军和战地奏报通讯提供驮驼、乘马、食羊和驿路台站支应。繁重的军需负担，加上清军官兵的恣意勒索，使漠北蒙古各部特别是驿路台站困苦不堪。②

（二）人民反抗压迫的斗争

近代以来的内外战争，极大消耗了蒙古各盟旗的战斗力，给民众带来了沉重的兵役负担，且蒙古王公贵族统治者压迫剥削广大群众，各种

---

① 蒙古民族通史（第五卷）［M］. 呼和浩特：内蒙古大学出版社，2012：52.
② 蒙古民族通史（第五卷）［M］. 呼和浩特：内蒙古大学出版社，2012：61.

征敛摊派给人民带来极大的负担，社会的阶级矛盾不断激化，最终也导致抗争运动的发生。这些抗争运动多表现为蒙古族传统民间组织形式，例如伊克昭盟的"独贵龙"运动。伊克昭盟是近代蒙古族以"独贵龙"组织形式进行反抗斗争的地区，也是后来形成大规模"独贵龙"革命运动的发源地和摇篮。据史料记载，早在 1840 年以前，群众自发组织的"独贵龙"反抗斗争就已发生。① 这种形式的运动主要因为百姓受各类摊派压迫，人头税、牲畜税、牧场税令百姓苦不堪言，群众写出诉状逐级向上申述，且不屈不挠，不断请愿，最终促使清廷下令处理各个严酷压迫的蒙古王公贵族。这一斗争形式固然具有一定反抗性，但是由于百姓对封建制度本身的弊端认识不足，寄希望于统治者，因此未能从根源上解决剥削和压迫问题。

土默特右旗"八枝箭"反抗斗争也是历史上有名的反抗运动。"八枝箭"即八个佐领（苏木，蒙语意为箭），原来隶属于卓索图盟土默特右旗台吉素克都尔，素克都尔死后无嗣，改隶旗扎萨克直接管辖。早在乾隆年间，"八枝箭"人民就不满旗府官吏的苛敛压迫，屡次呈控斗争。还有就是土默特左旗"老头会"反抗斗争，也是清咸丰、同治年间内蒙古卓索图盟土默特左旗人民反对清廷和王公苛政斗争的组织形式，蒙古语称"勿布格得"。咸丰十年（1860），土默特左旗 70 名营村老年人，以绰金汰、那木斯赉为首，组织老头会，向官府交涉，反对王公典卖牧场，抗拒苛差重敛。官府组织团练，号称"新老头会"，借查拿"老头"之机，向村民敲诈勒索，抢掠财物，引起公愤。老头会号召群众武装反抗，蒙汉人民持枪自卫，各村屯相互支援，多次击退官兵和团练，坚持斗争长达五年之久。同治四年（1865），在热河都统，卓索图盟、本旗贝勒的联兵在镇压下斗争失败，主要领导者被害，百余群众被处以军、流、徒、杖等刑。

（三）全面放垦蒙地

蒙古南部自秦汉以来就有汉人屯垦，魏晋南北朝至唐朝时断时续，但也不乏大规模农垦，特别是五胡十六国时北方少数民族会招徕汉人农耕，唐时耕种更多是为了筹措边境驻军的粮食。自 14 世纪以来，北方民

---

① 参见蒙古民族通史（第五卷上）［M］. 呼和浩特：内蒙古大学出版社，2002：81.

族统治中国一部分或全境，更积极引汉族农民到塞外耕种，拓展了对农作物的需求，《元典章·户部十》纳税条款中记载："成吉思汗皇帝时，不以是何诸色人等，但种田者依例出纳地税外，据僧道、也里可温、答思蛮种田出纳地税，买卖出纳商税。"[1] 表明农耕在当时形成了特定的供求关系，其中也有部分蒙古人在从事农业。明代以来，内蒙古喀喇沁、土默特有很多开垦活动，河套地区也有蒙古部招徕汉民到所属地带进行耕种的记载，丰州地区有俺答汗经营农业的大量记载，且此时的汉民不再像之前是被迫迁移或者是屯兵、俘虏等人在开垦，北方的很多汉人有自发迁徙蒙地耕种的趋势。清朝初年，清廷为了防止蒙汉民族联合危及政权，限制内地农民进入蒙古从事垦种和经商。顺治十二年（1655），强调内地民人不得往口外开垦牧地。自康熙八年（1669）到乾隆初期（1748 年前后）大约 80 年间，政府以许可制度的方式限制汉人迁入蒙古，表面虽未奖励移民，实际等于默认，没有采取禁止政策，事实上这时的移民数量并不少。从雍正元年到雍正二年，为了统治汉人，清廷设置归化城、张家口、热河三厅，并分置许多州县，此行为虽有缓解流民压力，解决内地人口压力的目的，但也表明蒙古人的牧区有汉人的农地，这些官厅就是用来管理农耕的汉人。因此清初至乾隆年间，清廷虽多次发布禁令，但都没有收到预期效果。从嘉庆到光绪年间，清廷承认开垦，禁止扩大私垦但又允许蒙地招垦，内地农民大量移居口外垦种，且从南往北越来越多。嘉庆二十年（1815），热河都统竟然提出要从喀喇沁、土默特等蒙古原来租给汉民的土地中，撤出十分之五给蒙古自行耕种，并因耕牛已经呈缺乏之状，要求禁止山沟村庄宰牛。[2] 光绪二十八年（1902）基本全面放垦，已经允许鼓励蒙古王公自由招垦，由清廷出面主持开垦。据说，在光绪三十一年前后已经开垦十分之七的地区，可见开垦速度之快。光绪三十四年（1908）东三省设立蒙务局，库伦办事大臣三多踏勘了车臣汗部、土谢图汗部及沙比那尔管区等地亩。大约十年后，外蒙古人口中汉人约十万人，其中五万人为农民，在漠北严寒地区

---

① 大元圣政国朝典章（中）. 中国广播电视出版社，1998：1023.

② 杨强. 清代蒙古法制变迁研究 [M]. 北京：中国政法大学出版社，2010：254.

竟然有占蒙古人总量十分之一的移民，不得不说数据极为惊人。[①] 至此，清廷对农垦的态度从最初防备蒙古的隔离政策改变成为移民实边的防范帝国主义的政策。全面放垦是清政府缓解边境安全压力，转化内部经济矛盾的一种策略，但对于蒙古草原的生态环境而言，不啻是一种深重打击。民国时期，放垦现象呈现不同的特点，但本质并没有改变。1912年，袁世凯政府的《蒙古待遇条例》从法律上承认了蒙古王公贵族的统治地位，通过设置规范化的垦务机构和颁布系列的条例等方式禁止私人垦荒，强化政府行为，但之后也是不断加强掠夺，放垦数目也非常巨大，特别是从伊克昭盟等地的垦荒中获得大量银钱。国民政府时期，对内蒙古改省设县，让蒙旗继续报垦，扩大了蒙地开垦速度，以边疆防务需要为名大量拓垦，政治目的显而易见。据统计，从 1932 年 7 月 "绥区屯垦办事处成立" 到 1933 年 7 月，绥西地区记载垦地 1828 顷，而从伊盟郡王旗和杭锦旗牛羊马驼四种牲畜的数量来看，1936 年比 1930 年总量减少了 75%～80%，也说明牧场的草地面积已经急剧缩小。[②]

四　清代蒙古社会的生态习惯变迁

（一）传统生态习惯的整体变化

近代以来，特别是清廷在蒙古地区推行新政，废除封禁的法令，许多汉民涌入蒙地，大量草原被开垦，一定程度上改变了当时草原的生态环境。清廷为了获得更多的押荒银，广泛设置了厅、州、县用来管理当地的汉民，特别是各地方的统领，在看到相关利益后，也多采用鼓吹移民实边的好处来进行管理。但对于蒙地而言，这直接导致农牧交错地带原有的游牧民和牲畜北迁。清同治年间，发生至少三次正黄旗牧群北迁的情况，而事实上自咸丰年间已经开始北迁，到光绪年间牧场不及以前的二成。[③] 宣统二年（1910）八月，理藩院向清政府提出废除一些不合时宜的条文，其中《理藩院则例》关于 "凡旧例内禁止出边开垦地亩，禁止民人典当蒙古地亩，及私募开垦地亩、牧场治罪等条，酌量删除，

---

① 田山茂. 清代蒙古社会制度［M］. 潘世宪, 译, 呼和浩特: 内蒙古人民出版社, 2015: 289.

② 色音. 蒙古游牧社会的变迁［M］. 呼和浩特: 内蒙古人民出版社, 1998: 26.

③ 王建革. 农牧生态与传统蒙古社会［M］. 山东: 山东人民出版社, 2006: 33.

以期名实相符"的条文被删除，这就意味着全面放垦通过了相应的法律程序。光绪年间"内蒙古许多盟旗牧业日渐凋敝，牧不蕃息，蔓草平原，一望靡际闲置，穷苦小民皆有不能糊口之势。"而蒙古王公贵族存在生活奢靡现象，有的债台高筑，不得不放出荒地抵债。科右前旗札萨克乌泰在光绪初年袭职时，先祖欠债银四万七千两，而到光绪末年，欠债累积到五十六万两白银，1902~1911 年间放出荒地 1016600 垧，占全旗总土地面积的 70%，① 一定程度上反映了当时草原牧业的状况。

游牧经济中的人、畜群与草原的关系是十分密切的。游牧人口的多少由牲畜数量决定，牲畜多少则由草原的载畜量决定。整体上看，传统游牧的方法较为原始，需靠天放牧，随着自然周期运转，牲畜的数量和牧群的产量本身是随着周期性进行运转的，春、夏水草丰美，牲畜逐渐丰满，到秋天家畜就变得非常肥壮，冬季草原枯黄后，气温下降，牲畜营养减少普遍变得消瘦，因而死亡率非常高。通过民国时期对呼伦贝尔草原的调查发现，马的成畜死亡率为 5%、牛的成畜死亡率 7%、绵羊和山羊的死亡率 10%，仔畜死亡率比成畜还要再高一些。② 事实上，清朝以来内蒙古草原人口数量是不断下降的，按道理人口数量减少对于草场恢复和保护是有利的，可是由于当时的放牧技术比较粗放，草原的利用率反而趋于低下。清至民国的各种政权和蒙古王公的不断盘剥以及外国势力的介入，都导致蒙古底层民众生活极为困难，进而为了生存对草原进行过度索取。

可以说，这一时期无序的开荒和过度放牧都是草原生态不断恶化的原因。草原上的生态习惯法固然存在，但无法承受无序的政治秩序带来的破坏，那些短期利益获得者没有考虑过生态环境保护的问题，只是单纯地掠夺。以清朝土默特平原的清水河厅为例，当地是内蒙古移垦较早的地区，乾隆年间垦熟的农地 13426 顷，到嘉庆二十五年（1820），荒废的农地达到 1774 顷，至道光年间荒废至 4171 顷，光绪年间很多农民因为土地沙化，无法垦种，不得不逃回原籍，也导致该地区沙质草地不可逆转。民国时期，环境退化成为塞外草原的普遍问题。伊金霍洛旗的毛乌

① 色音. 蒙古游牧社会的变迁 [M]. 呼和浩特：内蒙古人民出版社，1998：67.
② 王建革. 农牧生态与传统蒙古社会 [M]. 山东：山东人民出版社，2006：22.

聂盖村，20 世纪 30 年代中期还是植被丛生的优良牧场，滥砍滥伐之后流沙遍地，解放前夕，已有 80% 的土地沙化，陷入农不能农、牧不能牧的严重境地。① 因此，诸如此类没有根据当地生态习惯统筹规划而导致的盲目放垦现象非常普遍，致使大量草原沙化，给草原生态带来沉重负担。时至今天，国家还在通过多种方式退耕还林、还草，强化生态屏障建设，不断补救当年清朝以来草原生态环境被破坏的恶果。

（二）蒙古国时期的生态保护习惯与法律

1. 蒙古国传统生态习惯

蒙古国是指位于中国和俄罗斯之间的一个内陆国家，首都也即全国最大城市是乌兰巴托，主体民族为喀尔喀蒙古族，约占全国人口的 80%，此外还有哈萨克族等少数民族，官方语言为蒙古语。② 历史上，蒙古与内蒙古之间的关系十分紧密，在整体的生态环境上都是属于蒙古高原的范畴，从北至南大体为高山草甸、原始森林草原、草原和戈壁荒漠等六大植被带。因为与内蒙古的蒙古族在历史上同属于一个民族，具有大致相同的文化背景，因此虽然属于不同国家，但在生态习惯和习俗方面具有相似性。本书通过对蒙古国在生态环境保护等方面的良好习惯和法律法规进行梳理，以便更进一步了解蒙古族生态习惯法的发展。

蒙古人从古代时期便一直称天为父、称地为母，将天与日月星辰、土地与山水、植物及动物一同认识，将整个生态看作一个整体来敬奉，无论山水、动物及植物如何多样，但敬爱自然、保护自然始终是游牧文化的大智慧。传统的习俗礼仪从对待自然的方式、内容、原则可以被分为尊重、禁止、教导、信仰、观察认识等五大类。

尊重主要体现在将爱惜土地、山水、林木、野生动物和植物的一种极度节俭的智慧和方法传授给下一代。从与大地母亲和谐共生的意义上，蒙古人习惯早起，给天地、山水、升起的太阳献上茶和牛奶，以示信奉和尊重，这一传统流传至今。③ 它不只在日常生活中实践着，在白月节

---

① 闫天灵. 汉族移民与近代内蒙古社会变迁研究 [M]. 北京：民族出版社，2004：425.

② 蒙古国家概况，参见中华人民共和国外交部，网址：https://www.mfa.gov.cn/web/gjhdq_676201/gj_676203/yz_676205/1206_676740/1206x0_676742.

③ 敖·阿木尔夫. 蒙古族生态保护习惯与法律保护制度——传统与发展问题（蒙文版）[M]. 海棠，译. 呼和浩特：内蒙古大学出版社，2013：15.

的仪式上也会隆重进行，例如：白月第一天早晨，所有人在黎明时分起来沐浴，在拜年之前，每家每户将茶和白食的头一份敬献给大地母亲，然后男女老少对已经准备好的敖包——音德尔，敬拜三次；此种仪式在训母马、解牛羊、数家畜、成家、生孩子等喜事上都会进行。牧人游牧到新草地的时候，往往穿上美丽的服装，整理发型、梳妆打扮。尊重自然的习俗涵盖众多内容，其中最重要的是祭山、祭敖包。从历史文献记录来看，蒙古地区祭山、祭敖包的习俗早在 13 世纪就已经是习以为常的事情。史书记载："成吉思汗时代全蒙古和大蒙古国祭奠肯特省的不儿罕山，将其尊为全部蒙古人的苏力丁山，成吉思汗的继承者每年都举行相关仪式，其中不儿罕山祭奠仪式有过中断，后来按照清朝皇帝之命，1818 年重新恢复。"①

蒙古国《祭奠仪式法》② 之中记载：当时的博格达汗（大圣汗）下令在夏天和秋天收获的季节祭奠海拉罕山、罕肯特山、敖特根腾格里山，并指定主办人员、落实资金支持等。祭奠不儿罕山所需的牛、羊、饼、食物由喀尔喀四省准备，祭奠博格达山的仪式由五衙门之正首中选人举办，祭奠不儿罕山的仪式由副首选一人来举办，祭奠敖特根腾格里的仪式由扎萨克图罕、赛音诺彦省的诺彦们参与举办。从这里看，祭山祭水不只是习俗传统，还上升到国家政治的需要，但这一传统随着 1924 年蒙古当时的博格达汗的去世而停止。20 世纪 90 年代，蒙古国国内广泛收集意见后恢复了祭山祭水的这一习俗。蒙古国总统彭萨勒玛·奥其尔巴特接受民众意见后，在 1995 年 5 月 16 日下第 110 号总统令："支持恢复祭奠博格达罕、海拉罕山、罕肯特山、敖特根腾格里山的传统"，并且自己亲自参与相关活动。祭山、祭敖包的仪式往往是依据地方特色以及相传的文化传统进行念经、熏香、烧香，呈献奶茶、奶食品和牛羊肉，在给敖包增添树木石头后可开展赛马、摔跤等那达慕比赛。如果有路过祭奠敖包的人，则下马绕敖包三次，用哈达系在敖包上，添加石头以示尊重。这种习俗一直作为尊崇大地母亲，爱护自然的朴素文化特质而保存。但是后来蒙古国敖包上喝醉酒的人多了，附近随处可见酒瓶、啤酒罐、

---

① 　车·达木丁扎布．成吉思汗纪念地方向（蒙文）[J]．劳动报．1994（34）.

② 　参见敖·阿木尔夫．蒙古族生态保护习惯与法律保护制度——传统与发展问题（蒙文版）[M]．海棠，译．呼和浩特：内蒙古大学出版社，2013：15-17.

银制品、碎骨、刀叉和旧衣服等各种垃圾物品，表明人们对祭祀仪式缺乏尊重。1993 年，关心此事的蒙古国人民开始在蒙古自然环境保护协会的号召下，展开清理乌兰巴托附近山上敖包垃圾的运动，这一运动持续展开，1997 年 4 月，自然环境部门的工作人员号召清理"额吉山"，这一问题开始受到国家部门的重视。

蒙古人尊崇自然还表现在保护动物和森林树木方面。狩猎是蒙古人自古以来的生活方式之一，但在狩猎时候始终保持尊崇自然的习惯。蒙古人普遍认为，丰富的资源是自然山川的恩惠，应当用正确方式接受，若有人违反这一习俗，就有相应的严厉惩罚。因此狩猎都有严格的时间规定，其中白鹿狩猎时间是从白露到九九寒冬，狐狸的狩猎时间是从下霜到开春。① 狩猎活动中对某些动物还给予特殊的尊重，在仪式上有一套非常详细的流程，例如，蒙古人猎鹿后在未扒开皮之前先将鹿头挂在树上，在地上"涂白灰，不让鹿角沾土，有人把鹿角放在马背上带回，放在猎鹿者家里，然后大家一起喝茶享用猎物，结束后把鹿角挂在右边的壁上"。② 不能破坏鹿角，不让鹿角着地，挂在高树上，三次叩拜并说祝福语，也对杭盖山方向叩拜三次，说祝福语，然后将鹿角拿在手中，骑马回家，家中的妻子看到丈夫回家的身影，便走到拴马柱旁，铺蒙古袍边角，跪在上面脱帽等待。蒙古人有一个典型的习俗传统是特别爱护一根树和一丛树（百根），对这些特别的树木，不仅禁止砍伐，还禁止人们靠近它。蒙古人使用柳树来搭蒙古包，但在河流边上的柳树是不砍伐的，因为蒙古人认为这样会使河流变干枯。

蒙古人自古以来秉承万物有灵的观念，并代代相传这种稳定的思想输出，给当前的科学发展提供了思想养分，其衍生出的禁忌、学说、信仰、思维习惯和方法，形成了完整的科学知识体系。

学说教导主要是让蒙古人坚信尊崇自然、遵守禁忌会有好报，若违反禁忌、破坏自然则有恶果。这种信念由父母传递给儿女，兄姐传递给弟妹，世世代代，莫不如是。例如，蒙古人认为土地与人一样有生命，

---

① 参见敖·阿木尔夫. 蒙古族生态保护习惯与法律保护制度——传统与发展问题（蒙文版）[M]. 海棠，译. 呼和浩特：内蒙古大学出版社，2013：22.

② 帕·娜仁图雅. 尊崇鹿的习俗在口头文学中的印迹（蒙文版）[M]. 乌兰巴托：蒙古民族志问题. Y 卷，1974：54.

修筑牛羊圈门、立拴马柱、挖井、开地时会诵读祝福词并烧香；移出旧牧场时会将拴马柱的洞填满土，清理牧场，保持整洁；时常教导下一代，如果砍掉生长着的树木或折断树枝，树木会以奶泪哭泣，让砍伐或折断树木的人缺失奶制品；在野外森林里要找光秃的沙地，没有草木的地方来生火，生火时还要发誓"不会引起口舌留给大汗，不会引起火灾留给杭盖"，离开时保证将火完全熄灭，并在熄灭的灰烬上放干草来验证。他们还将这些保护自然的珍贵习俗通过故事、史诗、传说、歌谣、赞歌等民间故事和日常游戏教给一代又一代。

　　同时，蒙古人也会以信仰的方式教导人们敬奉先人、土地和山神，禁止杀害神山里的动物。他们在这种信仰传统中加入一些富有神话色彩的故事。例如，蛇集在蒙古高原上是较罕见的，碰见的人们应当敬奉并跪求吉福，美好就会实现，但若以恶习相待就会遭遇灾难。南戈壁省诺彦苏木传说，1960 年代中期，有一次三人相遇罕见的蛇集，于是给众蛇浇油生火想烧死它们。结果，没过多久这三人及其子孙疾病缠身，一贫如洗，其中一人还得了只能爬行的重病，没过多久便撒手人寰。这类传说的目的在于暗示人们，保护自然的信仰不是落后的、虚假的，人们应当按照这些传统增强信念，警示自己。①

　　蒙古人关于自然的认识来自对日常生活的观察，例如：观察牛羊、狩猎行为、日月星辰的运动规律以及人体器官体征变化等，从而进行总结概括，调整自己的游牧生活。甚至从日常生活的现象和老人身体的变化预言气候变化。例如：锅灰发红表明天气开始变暖；包里的食盐变得潮湿表明雨水增多；烟嘴潮湿、老人颈椎僵硬发麻、手脚冰凉、关节炎发作则表明天气即将变化等。

　　总而言之，我们可以明确以下几点：第一，蒙古高原是世界上少数几个从古至今在全领域做到保护自然、与自然和谐共生的地区，蒙古人在满足生活需求的同时将保护自然的方法、习俗、习惯、知识和文化的传统作为独特的智慧留存；第二，自然是人的物质生活和精神生活的永恒宝库，蒙古人形成依赖自然的经验，形成被自然吸引的情感，从而进

① 敖·阿木尔夫. 蒙古族生态保护习惯与法律保护制度——传统与发展问题（蒙文版）[M]. 海棠，译. 呼和浩特：内蒙古大学出版社，2013：25.

一步形成、培养情感适应模式；第三，保护自然的传统是游牧智慧、习俗和道德的珍贵成果，对其继续深入展开研究是当前社会科学紧要任务之一；第四，恢复保护自然的传统不仅对自然有积极意义，也具有代际传承的重大社会意义；第五，保护自然的习俗将成为 21 世纪可持续发展的主要内容。

　　2. 蒙古国生态保护法律制度的发展

　　17 世纪是东蒙古和西蒙古严重对峙时期。1640 年秋，喀尔喀及卫拉特全部诺颜为代表的会议在蒙古地区举行，制定了《蒙古—卫拉特法典》，这部法典服务对象为 40 万（万为蒙古的管辖单位，而不是人口数）蒙古和四万卫拉特地区的人民，因此在历史上称之为《四十四两部大法典》或《蒙古—卫拉特法典》。学者施·壁拉在法典的前言中说："四十四两部或者喀尔喀四十万、卫拉特四万两部诺彦撰写了这部法典。"[①] 这部法典是为了维护当时蒙古的独立自主，因而多方面协调社会生活，但在自然环境保护方面的规定并没有放弃。防火灾方面，传承了先前的法典，但也有新的特点。例如从原先牧场搬走后，原先牧场上失火了，还要罚有错的主体；鼓励救火的人；救人于水或火灾，则奖励五头牛，如果因救人而牺牲，则补偿九九；若有人因仇恨放火则严惩等。环境污染方面也有些法律规定，因干旱、雪灾、暴风雪、寒冷而死亡的牲畜，其主应当在十日之内清理干净以保持环境整洁。若有不遵者，罚三岁牛。打猎方面，所指定的汗、诺彦打猎的地方，禁止进入，若外人进入打猎，则将罚有错一方骆驼为首的九个牲畜（此处借鉴了俄罗斯 1880 年圣彼得堡保存的版本）。此外若谁违反了保护狩猎物方面的常规办法，罚五匹马。这部法典在国际上，1879 年被翻译成德文，1880 年被翻译成俄罗斯文，1931 年被翻译成日文，1986 年翻译成蒙古文。[②] 总之，这部法典首次用法律条文规定"游牧之前要在原先牧场上熄灭一切火源"；首次制定法律层面的激励机制，奖励参与灭火的人或救人于水或火灾的人；保护汗和诺彦等上层阶级打猎的地方，防止落入他人之手。

---

①　施·壁拉. 蒙古史 [M]. 东京：文化. 历史文集研究，1994：81.

②　参见敖·阿木尔夫. 蒙古族生态保护习惯与法律保护制度——传统与发展问题（蒙文版）[M]. 海棠，译. 呼和浩特：内蒙古大学出版社，2013：84.

　　在蒙古国法律传统中，《喀尔喀法典》具有独特的位置。《喀尔喀法典》是18~20世纪早期蒙古较大影响的法律，是当时法律的顶峰。《喀尔喀法典》有301条法律，在1709年制定大部分（215条），此后逐条增加。1718~1770年的50多年里7次增补共86条，它服务于喀尔喀蒙古全部落，协调蒙古社会生活的问题。①清朝统治在蒙古地区确立后，曾经想要慢慢取消蒙古地区的旧法，遇到了蒙古王公强烈的反对，其后便不再加紧消灭传统法律，而是借助喇嘛教来加强自己的统治，其表现便是1789年制定的《理藩院则例》。

　　《喀尔喀法典》从多方面协调蒙古社会，其中自然环境保护问题具有显著的位置。例如第126条中规定："建立库伦的地方不能砍伐干木或青木，也不能从库伦边上向外视野内的地方砍伐青木，违者没收其工具和随身携带的全部财产。"关于保护动物方面，第127条规定："库伦管辖范围内从北边色楞格一直到桑达巴，禁止捕杀动物，若有违杀者，以旧法惩罚。"条文不只规定保护库伦附近的狩猎物，还首次规定保护无关狩猎的动物。第128条规定："每月初八、十五、十三、二十五、三十不能杀生，若有违杀者，有人见证便带到衙门。"另一值得注意的地方是该条中又规定："不要杀害健康的马、天鹅、蛇、青蛙、鹅、马驹、麻雀、狗等，若有违杀者，谁见到，谁就索要马。"牧民从古以来喜爱且重视马，也认为狗是人最亲近的动物，从而具有爱护狗的传统。此外对水的合理利用方面，第173条规定："若有人为夺他人治的水源而争吵，则索要一匹三岁马。饮完自己的牲畜而未让水者索要马。"防止森林火灾方面，第176条中规定："若有人失火，无论多少人，每人罚五个牲畜，若失火者自己灭火则不罚。"第177条："从原牧场离开，走之前灭原牧场的火，若没有灭火，则罚两岁马。"此外该法也规定了森林火灾宣告制度。第168条："若有牛羊或主人在对贵族墓地附近两个黑白里地地方踩

<hr/>

① 目前为止，在蒙古国国立图书馆馆藏两种版本的《喀尔喀法典》。国内版本有：余大钧先生的唯一汉译版，记录在《蒙古史研究参考资料》新编第24辑．1982.9，此汉译版没有条文梳理；道润梯步先生蒙文版的《喀尔喀法规》内蒙古教育出版社．1989.9，此版进行了条文的梳理；本书参见奇格．古代蒙古法制史［M］．辽宁：辽宁民族出版社，1999：181-191．以及敖·阿木尔夫．蒙古族生态保护习惯与法律保护制度——传统与发展问题（蒙文版）［M］．海棠，译．呼和浩特：内蒙古大学出版社，2013：115-125.

踏的，将其主人罚一马。"《喀尔喀法典》还对库伦寺庙所有土地、喇嘛等寺庙住持和徒弟们所有的土地问题进行协调，制定法律。这一点可以从广义上看作是保护自然方面的法律规定。总之，《喀尔喀法典》在历史上首次对城市根据地绿化带进行立法规制，不仅禁止在绿化带中砍伐、打猎，也设定监督岗位；首次用立法对与游牧蒙古人狩猎生活意义不大的蛇、青蛙、鹅、麻雀等动物进行保护，这对保护动物物种的丰富性具有重大意义；传承了防止水污染的传统，又确定了水井、泉水、河岸、河水等的所有权问题；细化丰富了防止森林火灾的法律传统，也首次对宣告火灾灾情、动员灭火行动、失火者的惩罚等客观问题进行立法规定；首次以法律形式保护行政所属地区的圣山、湖和水域；关于库伦寺庙所管辖土地方面，喇嘛、徒弟们居住的地不以所有权形式，而是以公共使用管理的方式，立法进行保护。

1915~1918 年相继颁布 65 本《钦定蒙古国则例》，其体现的法理、权限以及蒙古风俗习惯和传统文化的延续均表明这是一部具有影响力的蒙古地区法律。其中第十二本《户与粮》中说明了为改善民生而培训牧民耕地的方法；选择在畜牧草场、祭祀圣地以外的地方耕地；耕地面积、耕地名称由户部指定允许，三年进行一次审查。关于保护自然的还有一个重要的规定是第三十二本《祭奠仪式法》，其中传承了蒙古人尊崇自然和保护自然的习俗传统。另一重要的法条是："禁止在祭祀相关的、有信仰的山打猎、砍伐树枝。禁止在任何钦定的神圣祭祀山上打猎和砍伐树木的行为"，若有人暗中违规打猎和砍伐树木将断为偷盗案件，严厉惩罚，没收狩猎物、被砍伐的树木、马，枪支工具充入国库，辖区内发生这种事情的部门长官视作失职和管理松散，罚五个牲畜，未能抓捕归案的警察，罚 81 鞭刑。① 总而言之，这一法律既沿袭了传统，又有一些新特点。

从 1960 年到 1990 年，蒙古国在政府审议通过的《环境保护法》中持续关注狩猎和动物保护等方面的内容。1962 年《蒙古人民共和国狩猎法》明确猎物属于国有。重新修订狩猎期限，增加了禁止狩猎的动物种

---

① 敖·阿木尔夫. 蒙古族生态保护习惯与法律保护制度——传统与发展问题（蒙文版）[M]. 海棠，译. 呼和浩特：内蒙古大学出版社，2013：121-130.

类，对狩猎手段方法也进行了限制。对野骆驼、野马、藏羚羊、罕达犴、鹿、水獭、貂、驯鹿、山鸡、獐子、野骡、鹿、盘羊、野山羊等禁猎动物进行保护。加强与违法者的斗争，特别是对保护动物有违法狩猎的犯罪人员追究刑事责任。不过从 1962 年至 1972 年的法院数据统计来看，其实没有那么多受刑事处罚的案例。1972 年的《蒙古人民共和国狩猎法》则涵盖了更多调节社会关系方面的规定，不仅从广度和强度拓展了狩猎期限、规则、保护和禁忌，而且还设计了全新的思考。例如：对于"狩猎"进行了更明确的定义；对于什么样的狩猎物使用什么样的工具有了明确规定；禁止使用化学毒品、挖洞、烟熏洞等方式进行围猎；对于有蹄动物禁止使其在雪中沉浸或冰上滑溜而狩猎；猎人有义务清楚相关法律；打猎时需随身携带自己的体检和准许捕猎证；要检举他人的违法行为等，还增加了先前的法律中没有的义务条款。保护蒙古国天然风貌的库布苏湖是蒙古国自然环境政策中重要的事项，其表现之一是 1985 年 12 月 31 日部长会议 370 次决议审议通过《关于改善库布苏湖及其平原办法》。

为了保护在蒙古国和全球濒临灭绝的猎物、植物和自然景观，从 1965 年开始，人民大会主席通过命令将几个地区指定为违禁圣地，纳入国家保护范围。1988 年，蒙古人民共和国大会第 11 届选举第 5 次会议首次审议通过了《蒙古人民共和国腹地法》，这个法律规定了从地表到地下深处无限制的资源或无资源地的使用和保护等事宜。另一个表现是 1989 年 12 月由国会审议通过《蒙古人民共和国领空空气保护法》，该法在土地保护法问题中成为一个独立的系统。可以说蒙古政府在各个历史阶段中实施的关于自然环境保护的独立法案都有创新之处，具有深远意义。[①]

1992 年蒙古国制定新宪法，宣布与国际保持一致，保护人权，并在新宪法中规定，蒙古国最高执政和立法机构是大呼拉尔，由民主选举产生，国家首脑是总统，由全民通过选举产生。宪法中说明：蒙古国的土地及地下矿藏、森林、水流、动物、植物以及其他自然资源只属于人民，

---

① 奥·阿木尔夫. 关于环境保护政权—权力理论若干问题研究 [J]. 乌兰巴托 .1979：104-173.

受国家保护。除分给蒙古国公民占有外的土地，以及地下矿藏及其财富、森林、水资源、野生动物，均为国家财产。除草场、公用和国家特需外的土地，只能分给蒙古国公民所有，但不包括地下矿藏。禁止公民以出售、交易、赠送、抵押等方式将私有土地移交外国公民和无国籍人士所有，并且未经国家主管部门批准，不得让他人占有和利用。蒙古国 1996 年 5 月通过防止森林火灾，保护森林的法律，这些法律继承了成吉思汗《大札撒》到蒙古历史各阶段的相关法律传统，并进行了丰富发展，让其更符合民主社会实际。在法律中专项制定"生态教育·培养"，规定其原则和方法。例如第 36 条规定："政府需审议关于公民通过官方或非官方培训接受生态教育、培养习惯的纲领，并组织落实纲领。"根据法律，蒙古国政府 1997 年 12 月审议通过第 255 条决议《全民生态教育》纲领。相比于先前的法律，该法律对非政府的机构和公民规定了更准确的义务规定，其中第 4 条规定，每个公民都有义务让子女接受生态教育。蒙古国公民有从相关新闻机构获得准确的自然环境方面消息的权利，同时也规定蒙古国公民具有遵守法律、掌握保护自然环境的传统习俗等义务。①

　　综上所述，蒙古国从历史传统中走来，坚持把自然环境安全作为蒙古国稳定发展的基础，同时为了实现社会发展和自然环境的协调和稳定，政府自然环境保护部门的行为也在努力向国际上广泛被接受的原则靠拢，规定自身行为并扩大参与国际事务的能力，取得了较好的成绩。具体来看，1994 年 2 月蒙古国政府与俄罗斯政府签署相关合作条约；1993 年 7 月蒙古国政府与吉尔吉斯斯坦共和国政府签署相关条约。此外，蒙古国分别在 1994 年 12 月、1995 年 2 月与我国和俄罗斯签署《保护和利用水资源合作》条约，并与俄罗斯在 1995 年 4 月签署了《水、气候、环境监督科学技术领域的合作》条约。这种合作不只是在国家与国家之间开展，也在负责具体领域的相关部门和其他社会组织之间开展。可以看到蒙古国关于国家、财政、社会生活的诸多革新中，自然环境保护始终是一个独立部分且没有在法律的修订中被排除出去，而是与人权、自由、提升生活条件等各方面紧密相结合，形成保护自然的良好观念。同时，重新

① 　关于自然环境的蒙古法律．乌兰巴托．1997：182-188.

修订宪法、国际法是从双重角度考量，有多重意义，新修订的一系列法律能够遵守宪法和国际上广泛被接受的原则，形成了一个较为合理且一致的法律体系。

第六节　蒙古族生态习惯法的内容

一　蒙古族生态习惯法的内容

结合前文对蒙古族生态习惯法历史发展进程的梳理，可以看出蒙古族生态习惯法主要包括四个方面：保护草场的习惯法、保护水资源的习惯法、保护森林的习惯法及保护野生动物的习惯法。

（一）保护草场的习惯法

1. 轮牧制

草场对蒙古族牧民来说是最重要的生产资料和生活来源，也是畜牧业发展的基础。牧民们珍惜草原上的一切自然资源，尤其以保护草资源为重点。游牧的核心是不断变化的草场，根据畜群的营养需要，根据季节、降水的变化，按季节、分地区转移放牧。在蒙古人看来，在同一片草场上长期放牧同一种牲畜，牲畜的蹄足反复践踏地表，极易造成草原植被的破坏，使草原不能循环利用，而一块草场如果畜群一年只吃一次，就不会造成过度放牧。当人们发现总在一个地方放牧会影响植被，草和牲畜质量均有下降的时候，就会选择离开，"逐水草而迁徙"以达到草原的恢复，并使牲畜质量得到极大提高。可以说，游牧经济是草原畜牧业最好的选择，同时"游牧经济是一种生态经济"。① 牧户、草场、营盘之间的统筹使家畜在特定的四季草场实现有规律的轮牧，既能保障牧草、水资源与环境的协调，又能保障五畜的管理具备科学性。可以说，轮牧制是蒙古族生态习惯法最为重要的内容之一。

2. 禁止草原荒火

草原面积广大，障碍物极少，一旦发生荒火，扑灭极其困难，不仅

---

① 乌日陶克套胡. 蒙古族游牧经济及其变迁 ［M］. 北京：中央民族大学出版社，2006：71.

直接烧毁草场，破坏草原植被，还会造成人员和财产的重大损失，牲畜觅食困难，草原沙化。这些威胁都是历史上大力禁止草原荒火的原因。蒙古族生态习惯法的发展过程中，有许多关于禁止草原荒火的记录。《黑鞑事略》中有"其国禁草生而剗地者，遗火而爇草者，诛其家"[①]的描述，说明蒙古族生态习惯法中对于草原火灾问题十分重视，惩罚也极为严厉。成吉思汗《大札撒》中记载，向灰烬上溺尿要处以死刑。[②] 因为如果在灰烬上溺尿容易迸发火星，极易引发荒火。《喀尔喀法典》细化丰富了防止森林火灾的法律传统，也首次对宣告火灾灾情、动员灭火行动、失火者的惩罚等客观问题进行立法确定。《蒙古—卫拉特法典》记载，从原先牧场搬走后，原先牧场上失火了，还要罚有错的主体；鼓励救火的人；救人于水或火灾，则奖励五头牛，如果因救人而牺牲，则补偿九九；若有人因仇恨放火则严惩等。这些世代相传记载的禁忌，更加表明草原荒火危害的严重性。

3. 禁止胡乱挖掘草皮

草场是蒙古族牧民最主要的生产资料之一。蒙古人特别忌讳在草场上挖坑、挖草根，破坏地表。据史料记载，历史上某些蒙古部落不太遵循习惯法当中的禁止破坏草场的规定，曾出现乱掘草根、破坏牧场的事件。成吉思汗第七世祖蔑年土敦之妻莫奴伦，因札剌亦儿人被契丹人打败，逃到她的游牧地挖掘草根来吃，在草场上挖掘出许多坑，破坏了养马场，对此莫奴伦很气愤，质问道："你们为什么乱掘一气，掘坏了我的儿子们驰马的地方?!"后来莫奴伦被札剌亦儿人抓住杀害了。[③] 又说明保护草场的习惯法极为重要，莫奴伦为了草场不被破坏，甚至付出生命的代价。成吉思汗《大札撒》明确指出"禁草生而镬地"[④]，表明从初春开始到秋末牧草泛黄时，任何人禁止挖掘草皮，若谁有犯就要受到严厉的惩罚。

（二）保护水资源的习惯法

蒙古高原大都地域广袤，纬度较高，再加上距离海洋较远，其间有

① 彭大雅，徐霆. 黑鞑事略［J］. 王国维笺证本. 文殿阁书庄，1936：68.

② 杨一凡，田涛，张冠梓，点校. 中国珍稀法律典籍续编（第十册）少数民族法典法规与习惯法（下）［M］. 哈尔滨：黑龙江出版社. 2002：416-418.

③ 奇格. 古代蒙古法制史［M］. 辽宁：辽宁民族出版社，1999：26.

④ 参见奇格. 古代蒙古法制史［M］. 辽宁：辽宁民族出版社，1999：38.

高山阻隔，所以气候以温带大陆性季风气候为主。这种气候特点是日照时间充分，降水量少且不均匀，由北向南递减，无霜期较短，让人感觉寒冷、风沙大，恶劣天气时有发生。《多桑蒙古史》记载，"鞑靼地域处地甚高，故其气候较之欧洲同一纬度之气候为严烈，摄氏零下25度之寒度，不少见也"。① 因而水资源对蒙古族牧民而言十分珍贵。成吉思汗《大札撒》中有很多从传统遗留下来的规定，如禁止水中溺尿，否则处以死刑；禁止徒手汲水，如汲水应当使用器皿；在衣服完全穿破之前，禁止洗濯衣裳等。② 这种朴素的生态保护意识源于蒙古人对水源的珍视，他们明白河流和湖泊是蒙古人最直接的水源，没有了这些水源，蒙古人的生活将无以为继，人与牲畜都无法存活，更甚者他们认为会遭受长生天的报复。窝阔台汗时期针对漠北实情指出，"旷野之地，除野兽外别无人烟，如今要散开百姓居住。可教察乃、畏兀儿台二人去旷野之地，找水掘井"。③ 拉施特的《史集》中记录，"蒙古人有这样的习惯：春天和夏天，任何人都不在光天化日之下坐于水中，不在河中洗手，不用金银器汲水，也不把湿衣服铺在草原上，因为按他们的见解，这样会引来雷电大劈"。④ 这些都是在当时而言极为重要的生态习惯法。

（三）保护森林的生态习惯法

蒙古人对自然界万事万物都存有敬畏之心，也始终认为自己是自然界的组成部分。他们不会滥砍滥伐，倍加珍惜生息繁衍的大草原，对森林树木的保护也是十分的普遍。《普兰·迦儿宾行记·鲁布鲁克东方行记》中有一段记录："当今皇帝的父亲窝阔台汗种了一片矮树林来安宁自己的灵魂，他降旨道，任何人不得在那里砍树，若有人砍折树枝，就要遭到鞭打，被剥掉衣服痛打。"⑤ 虽然这个记录的是皇家禁地的树木得到很好的保护，但是在蒙古族民间社会，人们也并不会乱砍滥伐，所有的摘取均以所需为限，尤其是在一些靠近寺庙、敖包等的神圣区域内，

---

① 多桑. 多桑蒙古史（上册）[M]. 冯承钧，译. 上海：上海世纪出版集团，2006：27.
② 参见杨一凡，田涛. 张冠梓，点校. 中国珍稀法律典籍续编（第十册）少数民族法典法规与习惯法（下）[M]. 哈尔滨：黑龙江出版社. 2002：416-418.
③ 特官布扎布，阿斯钢. 蒙古秘史 [M]. 北京：新华出版社，2006：276.
④ 拉施特. 史集（第一卷）[M]. 余大钧，周建奇，译. 北京：商务印书馆，2017：77.
⑤ 参见普兰·迦儿. 普兰·迦儿宾行记·鲁布鲁克东方行记 [M]. 余大钧，蔡志纯，译. 呼和浩特：内蒙古大学出版社，2009：29.

一般都是不允许随意砍伐树木的。《通制条格》《元典章》都记载："至元九年二月，据大司农司奏：自大都随路州县城郭周围，并河渠两岸，急递铺道店侧畔，各随地宜，官民栽植榆柳槐树，令本处正官提点本地分人护长成树……不得非理砍伐。违者并仰各路达鲁花赤、管民官依条治罪。"[①] 可见蒙古人日常生活中的生态保护行为是非常自觉的。

（四）保护野生动物的生态习惯法

在保护草原生态的诸多习惯法中，冬季围猎和野生动物保护的习惯长期存在，这也是生态习惯法中极有特色的。蒙古族在草原兴起和发展，最初生活在草原上的人的欲望就是能够有足够的生活资料，在打猎中获得更多的猎物，产出更多食物满足自己的基本需要，而这一切显然都依赖自然，如果每一个人的欲望无限地扩大，那么就会无限地索取自然资源。但十分难得的是，虽然狩猎是蒙古人的传统生计，但蒙古人却从不会肆意捕杀，总是会有虔诚的信仰和严格的规矩。蒙古人"春不合围、夏不搜群"，仅三五成群，小范围打猎，用以充饥，到秋风起枯草黄，野兽肥壮，才会大规模进行围猎，对丰富的战利品予以数众均分，兽肉为食、兽皮互易，这样的狩猎习惯一直得到了很好的传承。成吉思汗《大札撒》规定：入冬下雪之前以及春季融雪之后，禁止狩猎。这一习惯产生于蒙古族生产生活实践，狩猎是蒙古人比较传统的获得食物的方式，但规范表达出来的方式是禁止在特定时间狩猎，防止威胁到动物资源的生息繁衍。忽必烈统治期间曾经下旨："每年自十二月至来年正月禁止杀母羊。"[②] 元成宗铁穆耳也曾下旨："正月初一到七月二十是禁止捕猎的时期，任何人胡乱打猎都会治罪。"[③] 之后的各个阶段，蒙古族的各种律法之中都包含野生动物捕猎的限制性规定。《元史·刑法志》规定："诸每月朔望二弦，凡有生之物，杀者禁止。诸郡县岁正月五月，各禁宰杀十日，其饥馑去处，自朔日为始，禁杀三日。"[④]《喀尔喀法典》中也指出："在特别划定的区域内不许捕杀野生动物，否则严厉惩处。"[⑤] 因此，

---

①　通制条格校注（卷16）[M]. 方龄贵，校注. 北京：中华书局，2001：457.
②　宋镰. 元史·世祖本纪（卷16）[M]. 北京：中华书局，1976：346.
③　宋濂. 元史·刑法志（卷105）[M]. 北京：中华书局，1976：2683.
④　宋濂. 元史·刑法志（卷105）[M]. 北京：中华书局，1976：2684.
⑤　道润梯步. 喀尔喀律令（蒙文版）[M]. 呼和浩特：内蒙古教育出版社，1989：172.

保护野生动物的习惯法从蒙古族传统习俗一直演变而来，成为生态习惯法中不可或缺的内容。

二　蒙古族生态习惯法内容的变化

草原是蒙古族生息繁衍的土地，蒙古人世代居住于此，用自己朴素的生态观念和习惯法保护着自己的家乡。从遥远的"约孙"时代开始，通过习惯法、成文法不断记录着蒙古人的保护草原生态的历程。习惯法的内容随着时代变迁在不断发生着变化。最早宗教作为一种信仰体系，具有原始时代的威慑力，形成了极强的宗教禁忌，在蒙古族生态习惯法的诞生过程中，它对蒙古人的日常行为起到十分重要的规范作用，在习惯法产生、演变发展的过程中，一些禁忌本身成为习惯法的核心内容。有些学者形容"习惯法是宗教信条的法律化"①。借由宗教广泛的影响力和威慑力，将一种普世的生态价值观念深刻地烙印在民众的脑海和行动中。蒙古族生态习惯法本身就脱胎于这种强大的宗教威慑力之下。蒙古民众最早对所处自然环境有敬畏之心，形成了"万物有灵""天父地母"的重要思想，他们相信只要崇拜和遵从天地之神的引导，热爱环境，约束自己的行为，就可以获得天神的保佑，就不会遭受自然的报复。因此，为蒙古族生态保护的行为奠定很重要的信仰基础。

随着时代发展，科学逐渐驱除蒙昧，然而深刻印记在蒙古人内心的生态意识还是以文化为载体传承下来。格尔茨认为："文化是指由历史传递的，体现在象征符号中的意义模式，它是由各种象征性形式表达的概念系统，人们借助这些系统来交流、维持并发展有关生活的知识以及对待生活的态度。"② 因此蒙古族的生态文化在不断地维系和传承中保留，在今天的草原上，你依然可以看到关于传统游牧、禁止荒火、保护水源、爱护森林、禁止滥杀野生保护动物的好习惯在民间适用，那些残忍而落后的惩罚方式逐渐被文明替代，也不会再看到那些不符合科学规律的行为，例如，今天的牧民不会认为衣服放在草原上会遭到雷击，也不会因为在河流中伸手而被打死。但是蒙古族的牧民还是尽量不做任何有违生

---

① 周世中，等. 西南少数民族民间法的变迁与现实作用 [M]. 北京：法律出版社，2010：38.
② 梁治平. 法律的文化解释 [M]. 北京：三联书店，1994：7.

态习惯法的事情，这一点在经过实地调研后还是非常肯定的。

　　蒙古族生态习惯法本身蕴含着敬畏生命、尊重自然、与自然和谐相处的生态理念，虽然跨过千百年不断传承，但是因其本身的理念和价值观是可持续发展的，所以具备"非人类中心主义"的优良特质，是我国生态保护法律体系的良好补充，在今天依然具有存在价值。

第四章　蒙古族生态习惯法的现实运行

　　蒙古族生态习惯法是指蒙古人在长期实践中逐渐自发形成的，体现本民族全体成员意志和利益，以草原生态环境为主要保护对象的，被本民族成员以法的确信去遵守，并由共同认可的社会力量保障实施的规范。在秩序意义上，这样的习惯规范是社会规范的有力组成，是社会生活中秩序形成的依据，因此，民间社会中的习惯法最能展现其真实价值。理论与实践的结合，在当下最为合适的方法莫过于实证研究，借鉴人类学的"方法支撑"，通过实地考察，以创新且必要的方式整理经验和数据，为理论与实践搭建桥梁，将更加有利地展现蒙古族生态习惯法的现实状况。从前文对蒙古族生态习惯法的产生基础、效力来源等问题的分析可知，习惯法来源于民间社会，扎根于民间社会，只有在老百姓的日常行为中才能看到最生动而有力的习惯法规范。因此，本章以蒙古族聚居区的草原为依据，开始寻找"真实之旅"。

　　对蒙古族生态习惯法的调研共分为两个部分，按照时间顺序进行排列：首次调研时间为 2012 年 7-8 月，调研地点为内蒙古自治区呼伦贝尔市牧业四旗，笔者对当时牧业四旗存在的生态问题以及牧民心目中蒙古族生态习惯法的真实状况进行问卷调查及访谈，获得了一手的数据，得出的结论是蒙古族生态习惯法在牧民的传统生活中占据重要地位，对维护草原生态环境具有显著效果，然而随着社会生活不断向前发展，外在因素的介入使蒙古族生态习惯法产生变迁，而且因为工业经济发展的需求，以及部分地区游牧经济形势发生转变，草原出现大量严重破坏生态环境的事实案例，直接影响了整个呼伦贝尔市的草原生态环境状况。第二次调研的时间为 2019 年 5-8 月，此次调研一方面基于在内蒙古区域内发放问卷，获得调研数据；另一方面在赤峰市阿鲁科尔沁旗扎格斯台镇、锡林郭勒盟东乌珠穆沁旗、乌拉盖管理局贺斯格乌拉牧场（五十三大队）、鄂尔多斯杭锦旗伊和乌素苏木、巴彦淖尔市乌拉特后旗苏木、兴安盟阿尔山市、呼伦贝尔市新巴尔虎左旗新宝力格苏木，进行实地调研访谈。整体看，所得数据与第一次调研相比较有一定程度的变化，特别是在呼伦贝尔市故地重游，所见所闻都有一些不同。在国家大力提倡生态理念，不断践行"绿水青山就是金山银山"的过程中，局部地区的草原生态水平切实得到了提升。以上两次的调查研究在一定程度上展示了蒙古族生态习惯法在当下的存在状况，便于我们讨论国家政策的变化对生态习惯法的形成和变迁究竟有哪些重要影响，生态习惯法的生存困境是什么，未来我们是否能够引导和促进新的习惯法形成等问题。

第一节　从社会生活视角观察蒙古族生态习惯法（一）

一　呼伦贝尔市概况

（一）呼伦贝尔市社会情况

呼伦贝尔市位于内蒙古自治区的东北部，西部和西南部与蒙古国接壤，西北部以及北部以额尔古纳河为界与俄罗斯为邻。呼伦贝尔市属于高原型地貌，是蒙古高原的组成部分，主要有山地丘陵、高平原、河谷平原低地三大地形，大兴安岭山地为林区，岭西为呼伦贝尔草原，岭东是丘陵地貌与河谷平原，以种植业为主。这里四季分明，但冬季寒冷漫长，春季风大，草原的空旷也极易导致狂风肆虐，秋季霜冻较早，唯有短暂的夏季，大约集中在 6~8 月，雨水丰沛，有利于植物的生长。呼伦贝尔天然草原面积达 1.26 亿亩，占全国天然草场总面积的 28%，是全国典型的畜牧业经济区。① 畜牧业主要集中在鄂温克旗、新巴尔虎左旗、新巴尔虎右旗、陈巴尔虎旗，它们被称为牧业四旗。呼伦贝尔草原的大部分集中在这四个旗里，除此外还包括海拉尔区、满洲里市以及额尔古纳市南部、牙克石市西部的草原，合并称为呼伦贝尔大草原。呼伦贝尔草原自东向西规律性的地跨森林草原、草甸草原、典型草原和半荒漠草原四个地带，绝大部分都是天然草原，由于多年生草本植物构成基本的生态环境，有大量价值性极高的优良牧草，为畜牧业发展奠定基础，所以自古以来，呼伦贝尔草原就是优质牧场。呼伦贝尔草原的野生动物的

---

① 呼伦贝尔市要览［A］. 中共呼伦贝尔市委办公厅，2011：5.

种类和数量也较多，主要集中在呼伦贝尔草原和大兴安岭林区，野生动物种类占内蒙古自治区的 70%。① 其中有很多受国家保护的珍稀兽类和禽类。可以说，整个呼伦贝尔市拥有极其丰富的自然生态资源，特别是呼伦贝尔大草原，既是蒙古族聚居区，也是国家畜牧业重要基地。

自公元前 200 年左右一直到清朝，呼伦贝尔草原上有许多游牧民族历经发展、变迁乃至消亡。公元前 209 年，呼伦贝尔草原被强大的匈奴统一，成为其左贤王庭辖地。公元 1 世纪左右，原本以狩猎为生的鲜卑族迁徙至呼伦贝尔草原，从狩猎转向游牧，后来逐步强大，建立霸业。② ——据说为蒙古族先民的蒙兀室韦人，在公元 7-8 世纪，为了适应经济方式的转变而从大兴安岭东北部的森林中迁出。成吉思汗的祖先孛儿帖赤那带着自己的部族走向呼伦贝尔草原，后又迁徙到了蒙古高原的斡难河和土拉河的发源地肯特山，不断地发展壮大，直到成吉思汗时期兴起并统一了蒙古草原，形成地域庞大、盛极一时的蒙古帝国。③ 1206 年，成吉思汗在进行分户封地的时候，将呼伦贝尔草原分给了他的弟弟哈萨尔和斡赤斤。可以说，呼伦贝尔草原是蒙古民族的摇篮，是蒙古民族起源和强大的重要地域。

如今，呼伦贝尔市辖 13 个旗市区，其中：一区——海拉尔区；五市——满洲里市、扎兰屯市、牙克石市、根河市、额尔古纳市；七旗——阿荣旗、莫力达瓦达斡尔自治旗、鄂伦春自治旗、鄂温克族自治旗、新巴尔虎左旗、新巴尔虎右旗、陈巴尔虎旗。呼伦贝尔市是多民族聚居区，其中汉族和蒙古族占多数，其余主要还有达斡尔族、鄂伦春族、鄂温克族、满族、俄罗斯族等，内蒙古自治区的三个少数民族自治旗都在这里，分别是莫力达瓦达斡尔自治旗、鄂伦春自治旗、鄂温克族自治旗。

笔者此次调研探访的地区是鄂温克旗、新巴尔虎左旗、新巴尔虎右旗、陈巴尔虎旗四个旗的部分地区。这四个旗显著的特点就是均以畜牧业为主要的传统产业类型，同时加大了工业产业的力度。例如，在鄂温克族自治旗，下辖 10 个乡镇苏木：巴彦托海镇、大雁镇、伊敏河镇、红

---

① 呼伦贝尔市要览 [A]. 中共呼伦贝尔市委办公厅，2011：40.
② 参见呼伦贝尔市要览 [A]. 中共呼伦贝尔市委办公厅，2011：494.
③ 参见吴海航. "约孙" 论——蒙古法渊源考之一 [J]. 中外法学，1998 (3)：72-76.

花尔基镇，巴彦塔拉达斡尔民族乡，巴彦嵯岗苏木、辉苏木、锡尼河西苏木、锡尼河东苏木、伊敏苏木。鄂温克旗工业经济增长速度较快，主要为煤、电、风能、铁矿的能源产值，这里招商引资项目也逐步增多，2010 年引进的 33 个各类项目中有 7 个已经投入建设。[①] 而畜牧业也得到进一步发展，逐步实现农牧业产业化、组织化。笔者疑虑的是，在新增许多工业项目，加大资源转化为经济优势的同时，应如何大力建设生态文明，保护环境，二者如何共存是一大问题。因为就目前现状来看，消耗高、污染重依然是大型工业企业面临的问题，尤其是在鄂温克族旗，经济发展与生态保护的固有矛盾依然存在。新巴尔虎右旗的畜牧业也是传统产业，对于禁牧休牧、补播牧草、建设水利设施、防沙治沙、发展扶持畜牧业等方面的力度在加大。工业方面的产值主要体现在石油开采、有色金属开采、肉食品加工方面。新巴尔虎左旗的石油勘探、风电项目、多金属开发、肉类加工是主要发展方向，工业仍然是其经济发展的支撑力量，开发煤炭矿产是必然趋势，这也不禁让人对其草原生态问题担心。陈巴尔虎旗是依靠煤电化工这些重污染产业来提升经济实力，对草原生态环境保护方面的投入力度与前几个旗相差不大。

（二）呼伦贝尔市生态环境总体情况

呼伦贝尔大草原，从古至今都是以其典型的温带草原景观而闻名于世，这里是我国自然条件、生产水平较高的天然草原，大面积草甸草原是良好的畜牧业发展基础，尤其是著名的牧业四旗。但如今，草原生态的问题却让这里存在极大发展隐患。

首先，草原退化、沙化等问题严重。天然草原的退化、沙化已经是威胁草原最为严重的生态问题。虽然呼伦贝尔草原是内蒙古自治区草原生态环境相对比较好的地区，但近二十年来，沙化面积也在逐步加大，按照这样的频率计算，呼伦贝尔草原的前景并不乐观。就牧业四旗而言，在 2004 年全国荒漠化普查结果中，"新巴尔虎左旗草原全旗沙化土地面积为 747088.6 公顷，占全旗土地面积的 34.5%，占可利用草场面积的

---

① 　呼伦贝尔市要览［A］. 中共呼伦贝尔市委办公厅，2011：297.

40%"，① 原本的南、中、北三条沙带如今已经发展成为三块沙地了。而这样沙化是十分危险的，会导致草场退化、危及牧民生产生活、导致沙尘天气肆虐、影响境内公路及铁路的安全。可以说，如果继续沙化下去，草原植被水土保持功能将受影响，整个呼伦贝尔草原的生态都会受到影响。就新巴尔虎左旗沙化原因来看，除了本地区气候多风，以及松散沙砾丰富之外，主要还是人为造成的。20 世纪 60 年代以来，人口增长迅速，除蒙古族牧民保持蒙古族传统的牧业养殖之外，很多其他外来居民也加入了养殖行列，导致草场过度放牧，阿木古郎镇这一点比较明显。至于嵯岗镇沙化的主要原因为过分地开垦土地、人口增长，加上 20 世纪 60 年代以来的农垦高潮，致使后续土地荒废严重，逐步沙化。20 世纪 50 ~ 60 年代是我国粮食短缺时期，为保证粮食自我供给，大力扩大耕地面积，增加粮食生产，其中就以鄂温克旗和陈巴尔虎旗草原开垦最为严重，后来虽然因为过分开垦导致许多问题，就禁止了草原开垦，但是仍然不能解决根本问题。例如，"在鄂温克旗境内，沙地面积为 38.1 万公顷，20 世纪 60 年代还不存在的流动沙地，在二十年间就增加 10 万多亩。"② 可以说，草原退化和沙化是目前威胁草原生态最为严重的问题，而其中根本原因还是人口增加、过度开垦草原和过度放牧。笔者在去陈巴尔虎旗的路上就看到很多开垦的农田，但值得欣喜的是，301 国道两旁有时会见到一排排沿着道路种植的树木，其作用是防风固沙，保持水土，防止这一地区沙化程度进一步扩大。

　　其次，草原水资源受到威胁。呼伦贝尔市的水资源较为丰富，但是时空分布不是很均匀，河流分布主要集中在嫩江流域和额尔古纳河流域，时间上讲，每年降雨主要集中在 6 ~ 9 月，对牧业四旗而言，这种形势十分不利。牧业四旗普遍没有丰沛的地表河流，近年来地表河流水位不断下降，甚至有些河流会出现断流现象，情势不容乐观。在调研的路上，陈巴尔虎旗当地牧民向笔者反映，呼伦贝尔草原上著名的莫尔格勒河也面临断流危机，这让牧民们十分着急。同时，海拉尔河和伊敏河这两条

---

① 崔显义. 呼伦贝尔草原生态［M］. 呼和浩特：内蒙古出版集团，内蒙古人民出版社，2011：26.

② 崔显义. 呼伦贝尔草原生态［M］. 呼和浩特：内蒙古出版集团，内蒙古人民出版社，2011：28-29.

流经海拉尔区的重要河流，也因北方气候和自然环境影响，流量不断减少，在枯水季节几乎成为排放污水的河道。笔者亲身感受到了这一变化：十年前，笔者曾经游历美丽的呼伦贝尔草原，当时的海拉尔河流经城市，夏天很多人在这里钓鱼、游泳，风景秀丽，如诗如画。十年后笔者重游故地，此情此景不禁令人忧心，处于雨水较为丰沛的年景，水位尚且明显下降，碰到雨水不太好的时期，河流水位可想而知。而且，地下水问题也十分突出，以前打入地下十几米就能出水，现在恐怕几十米也不能保证一定有水。水位下降的直接后果就是居民和牲畜饮用水缺乏以及附近河流断流。一些住在嘎查（村）里的老人反映说：过去有小孩那么高的牧草如今都不到小腿了。的确，过去被开垦的草原往往处于河流水系的上游或发源地，破坏了这些源头的植被，地表水分蒸发过于迅速，雨大的年份易成水患，水土流失；而无雨季节就会蒸发严重，出现河流断流、湖泊干涸的现象。可以说，草原上的水资源威胁早已开始显露。

最后，自然灾害严重。呼伦贝尔草原地域辽阔，气候落差极大，常常伴有自然灾害。在牧业四旗，经常会面临多种灾害并发现象，呼伦贝尔市经常出现的灾害天气类型包括旱灾、水灾、风灾、雪灾、虫灾、霜灾、雹灾等。而其中对畜牧业影响最大的就是旱灾和雪灾。如果呼伦贝尔草原春夏季节干旱，牧草萌芽和生长受到阻碍，牲畜过冬后不能饱腹，牲畜的繁殖就会下降；如果草场产量下降，等到过冬时饲草就会缺乏，牲畜将会面临过冬困难的威胁；如果草场稀疏、耐雪量不足，就会导致冬天大雪过后，积雪覆盖草场，牲畜无法觅食牧草，从而大量死亡。同时，大雪也会导致救灾困难，人与牲畜均有可能发生灾害。从历史上的记载来看，新巴尔虎右旗和左旗是旱灾发生较多的地方，"在 2001 年 4 月开始，新巴尔虎右旗曾经遭遇了严重的旱灾和鼠害，受灾面积超过 2000 万亩，牧草产量减少 3 成以上"。[①] 如果说过去的草原是"风吹草低见牛羊"，如今的草原则被形容为"风吹草无见老鼠"。笔者亲眼见到的草原鼠洞就非常多，当草原植被被破坏之后，地面裸露的黄土和矮草丛根本无法遮掩老鼠洞。春季牧草本来就十分缺乏，加上严重的鼠害，就

---

① 　相关数据参见崔显义. 呼伦贝尔草原生态［M］. 呼和浩特：内蒙古出版集团，内蒙古人民出版社，2011：27.

更加大了牛羊饲草的危机。

面对呼伦贝尔草原的生态问题，我们不禁会想，究竟怎样做才能恢复过去的美丽草原？诚然，有些牧民会说，你坐在一座金山上还能无动于衷吗？的确，呼伦贝尔草原拥有丰富的工业发展资源，但是从长远发展角度，如何更好地开发草原是值得深入探讨的问题。历史上，这里曾经历过多次草原生态破坏过程，现实也回应我们，如果不能很好地进行规划和安排，草原生态还给我们的将是越来越多的灾害。回溯草原的习惯法时代，草原生态良好，虽然同样从事畜牧业，但生态维护一直被放在重要地位，人们不会竭泽而渔，耗竭资源。这也启示我们，在人口增多、工业产业发展迅速、各种利益诱惑不断增多的现实境况下，如何重申习惯法时代的草原生态保护意识，让所有人都自发做出保护草原生态的行为，值得深思。

二　社会生活中蒙古族生态习惯法的动态表达（一）

（一）调查问卷的基本情况

笔者本着以对蒙古族生态习惯法的现状分析为出发点，以实地调查为方法，选择蒙古族发源地——内蒙古呼伦贝尔市作为调查对象。社会调查作为深入研究社会问题的重要方法已经为很多研究习惯法的学者们采用，而很多少数民族习惯法相关调查报告也显示了这种方法的可行性。笔者在2012年7~8月在呼伦贝尔市牧业四旗进行了为期二十天的深入调查，通过实地观察、入户访谈、填写问卷等方式基本了解到呼伦贝尔地区蒙古族生态习惯法的实际情况。由于缺乏各种项目支撑，也没有组成调研团队，调查困难显而易见。首先，路途遥远。呼伦贝尔市位于内蒙古自治区东北部，紧邻我国东北部边境，距离笔者居住的呼和浩特市有一千多公里路程，坐火车需要三十五个小时。而呼伦贝尔地区各个旗和苏木之间的距离也十分遥远，从海拉尔出发，至鄂温克旗大约十公里；至陈巴尔虎旗三十二公里；至新巴尔虎右旗三百一十六公里；至新巴尔虎左旗一百七十公里。每个嘎查的牧户居住都十分分散，一般方圆十几公里才能找到一个牧户家，因此，调研需要不断驱车赶路才能完成。同时，在车辆选择上也需要注意，在草原上驱车只能选择越野车，笔者在调研时，最初选择普通轿车，后来在去陈巴尔虎旗草原牧户家的时候就陷入草原坑洞中，找了很多牧民才抬出来。其次，语言障碍。呼伦贝尔牧业四旗以蒙古族为主，特别是从事畜牧业的大都是蒙古族牧民，他们很多人都是几代居住在草原上，在语言使用方面带有地域性特点，加上与外界其他人沟通较少，因此很多牧民不会说国家通用语言，常用语言为蒙古语。有些人即便会说国家通用语言，也常常词不达意，因此在沟通中，语言交流比较困难，而对叙述语意的准确判断也需要反复分析。幸好笔者选择的翻译人员精通蒙汉两种语言，特别对呼伦贝尔地区蒙古族方言十分熟悉，因而保证了调研能够正常进行。再次，此次调研属于个人行为，在调查中笔者调动了亲朋好友的关系，才得以找到适合的调研对象，很多受访牧民对于学术意义上的生态习惯法不能很好理解，不过受访牧民已经尽量提供了他们所理解的生态习惯法。没有形成团队是此次调研的一大缺憾。最后，牧民普遍存在学历不高的情况，常常无法很好地理解和回答调研问题，因此需要笔者系统整理和挖掘。

整个调研是在牧业四旗完成的，调研地包含鄂温克族自治旗锡尼河西苏木巴音胡硕嘎查、陈巴尔虎旗东乌珠尔苏木巴音乌拉嘎查，新左旗乌布尔宝力格苏木巴彦贡嘎查，新巴尔虎右旗呼伦镇的五一嘎查、伊和诺尔嘎查、呼伦诺尔嘎查、达石莫嘎查。笔者根据向导提供的名单来到牧户家，观察牧民在生活中一些保护生态的习惯做法，并入户发放调查问卷以及和牧主访谈交流。由于草原牧区人员十分稀少，且每户牧民居住又十分分散，问卷调查在全部的基层嘎查中很难落实，因此笔者主要选择了鄂温克族自治旗锡尼河西苏木巴音胡硕嘎查、新左旗乌布尔宝力格苏木巴彦贡嘎查、新巴尔虎右旗呼伦诺尔嘎查三个地区发放问卷。在这三个地区抽样调研主要考虑牧业四旗的实际情况以及它们所具有的代表性，它们分属于不同的三个旗，均为传统畜牧业地区，牧户数量分别为：鄂温克族自治旗锡尼河西苏木巴音胡硕嘎查 80 多户牧民、新左旗乌布尔宝力格苏木巴彦贡嘎查 60 多户牧民、新巴尔虎右旗呼伦诺尔嘎查 40 多户牧民。蒙古族牧民占人口数量的 90% 以上，因此能够代表蒙古族牧民群体。通过他们对蒙古族生态习惯法的阐释来分析呼伦贝尔草原生态习惯法比较有说服力。在调查中，主要由笔者和向导进行蒙汉语翻译工作以及指导牧民填写问卷。在巴音胡硕嘎查发放了 60 份问卷，其中回收有效问卷 52 份，回收率 86.67%；在巴彦贡嘎查发放问卷 48 份，回收有效问卷 41 份，回收率为 85.42%；在呼伦诺尔嘎查发放问卷 37 份，回收有效问卷 33 份，回收率 89.19%。这些问卷具有广泛代表性，能够体现牧业四旗的蒙古族牧民对生态习惯法的理解和说明。值得一提的是，在陈巴尔虎旗，笔者见到了时任陈巴尔虎旗农牧业局局长斯琴毕力格，并对他进行了采访；在鄂温克旗见到了时任鄂温克族自治旗锡尼河西苏木巴音胡硕嘎查书记色仁达希，了解了相关情况。（访谈内容见后文）

（二）调查结果的分析

笔者对调研总人数进行统一分析，而没有对三个嘎查进行分别计数和分析，主要因为在蒙古族生态习惯法调查中，不需要特别区分某个嘎查的生态习惯法，笔者要了解的是牧业四旗整体情况。对这些区域内所有人员进行整体分析就可以折射出牧业四旗蒙古族生态习惯法的现实情况。其中蒙古族的比例要加大，不是蒙古族就难以理解蒙古族传统习惯法；从事畜牧业的牧民比例要高，这样才能理解草原生态现实状况以及畜牧业发展实际情况；年龄需要呈现分层，这样才能够说明不同年龄人员对蒙古族生态习惯法的了解程度；而男女比例影响不会太大，仅作为参考。（调查问卷见附录 1）

1. 调研人数的分析

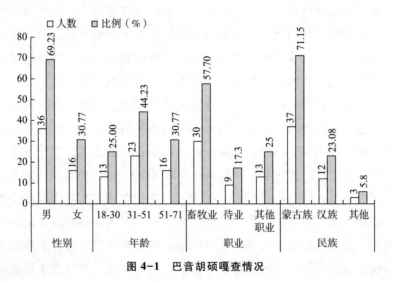

图 4-1　巴音胡硕嘎查情况

从图 4-1、图 4-2、图 4-3 中可以看出，调查人员的比例能够达到

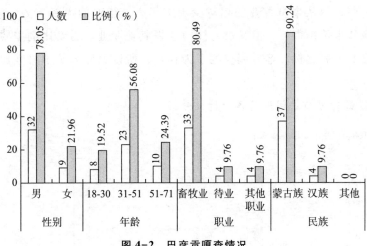

图 4-2　巴彦贡嘎查情况

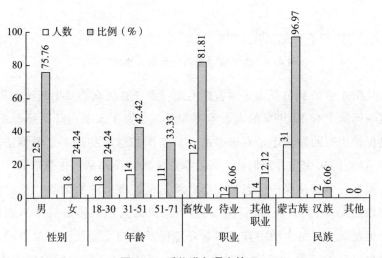

图 4-3　呼伦诺尔嘎查情况

注：图表中其他职业主要指不从事畜牧业的其他，包括从事小买卖、打零工或在事业单位等；表格中的其他民族有满族和达斡尔族。

要求。根据笔者需要，由于调查的目的是看蒙古族生态习惯法的现状，所以希望主要涉及蒙古族，而结果中三个嘎查均为蒙古族占主要比重，巴音胡硕嘎查为 71.15%，巴彦贡嘎查为 90.24%，呼伦诺尔嘎查为 96.97%，并且均为当地土生土长的蒙古人；从事畜牧业的人员占多数，分别为 57.70%、80.49%、81.81%，而汉族人多从外地迁徙过来，从事一些小买卖，真正放牧的较少；年龄比例比较平均，年轻人普遍汉语水平高一些，但从事畜牧业的相对少于中年人，待业的大多数为年轻人，不愿意从事传统畜牧，但又没有能力从事其他职业。男女比例主要根据所选择的家庭比例，笔者调查的多为牧户，所以家庭人员中男性比例高于女性。

2. 针对习惯法问题的调研情况分析

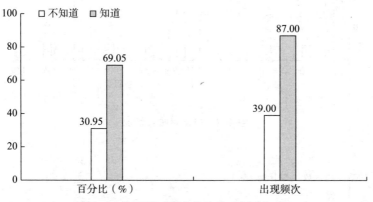

图4-4　你了解"蒙古族生态习惯法"吗？

从图4-4看到的是关于蒙古族生态习惯法在民众心目中的认识程度。在这一问题上有30.95%的人表示不知道，主要不太明白什么是习惯法。但是保护生态的做法还是有很多的，只是不知道那些是不是习惯法。表示知道的占69.05%，他们认为所有草原上的牧民都是很热爱草原的，所以有很多习惯都是保护生态的，那些就是他们理解的所谓的"保护生态的习惯法"。因此，从比例看，认为不知道的人绝大多数只是不知道名称，但是认为日常生活中有很多对环境保护的习惯做法。可以表明大多数牧民仅对于何为习惯法这一概念不是很清楚，这与他们的知识水平、学历等具有一定关系。

通过图4-5主要是看牧民了解生态习惯法的途径。通过图中数据分析，可以看出，牧民了解习惯法的主要方式是通过父母的言传身教，比例达到58.73%，其次是嘎查里面的老人们对于蒙古族生态习惯法的教导，占18.25%，两者合并几乎就成为牧民了解蒙古族生态习惯法的绝大多数途径。而这也符合传统生态习惯法的普及手段，毕竟在国家法律一统天下的时代，从苏木嘎查角度，多会宣传法律法规，但很少会涉及传统习惯法的整理，甚至很多人也不能完整地形容哪些是传统习惯法。

12.7%的人选择嘎查的宣传，主要表现为日常生活中、普通的人际交往中，对于生态保护传统彼此之间能够进行沟通和交流。可以说，在蒙古族生态习惯法的保护和发展中，官方介入力度还是有待加强，当然，这也符合目前国家法制统一的需求。但还是表明，蒙古族生态习惯法延续的途径依然为民间自发形成，并世代以自己独有的方式在继承和发展。

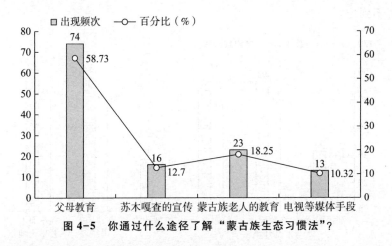

图 4-5　你通过什么途径了解"蒙古族生态习惯法"？

图 4-6 是以列举的方式询问，平时的生活中有哪些行为牧民一定不做。这一调查主要看保护生态习惯法在实际生活中被遵守的情况。从选择的情况来看，以畜牧业为生的人员对于草原上保护生态的做法能够以身作则，因为一方面父母从小教导，使得他们从内心知道只有保护好生态环境，才能获得长久的发展，因此对于调查所列项目都可以做到。而其中又以遵守不在草原上开垦、不扔垃圾以及不乱开车的习惯的比例最高，这个情况与牧民的实际生存状态有关。而对于"不过度放牧"仅有29.37%的牧民表示一定能做到，不能做到的牧民表示，实际情况是草场数量不够，因此载畜量没办法得到保证，尤其这几年牲畜的卖价一直很高，多养才能保证生活水平的提高，在提高生活水平和保护生态方面很难完全达到平衡，加上目前存在很多外人到牧民草场里随意放牧的现象，这些都是导致过度放牧的原因，因此牧民不敢保证一定做得到，从而很多人没有选择这一项。关于在草原上乱开车这个问题，牧民是不会在自家的草场上乱开的，但是长期以来，原本在草场上的路却越来越宽了，多数外来的人完全不会顾及牧民的草场，这也是牧民比较头疼的事。而

在草原上盖房子，就目前的经济方式而言，牧民已经放弃过去四季游牧的传统了，甚至冬夏两季的营地都已经很难再维持了，所以很多的牧民都开始定居，无法保证不在草原上盖房子，因此这一选项选择的人数较少，比例为34.13%。毕竟像蒙古包那样便于迁徙和保护草原的居住方式已经无法满足牧民的需求了，这也表明牧民对草原生态破坏的情形还是理解不到位。

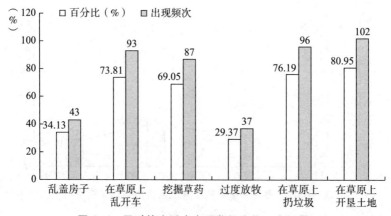

图 4-6　平时的生活中有哪些行为你一定不做？

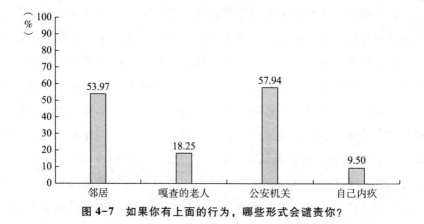

图 4-7　如果你有上面的行为，哪些形式会谴责你？

图 4-7 是希望了解蒙古族生态习惯法的强制力，哪种力量对牧民而言更具有威慑力，也就是希望了解蒙古族生态习惯法在现代社会还能有多大约束力。从图中选择占比可以看出，认为邻居会谴责的人数较多，占 53.97%。说明现代牧民之间的相互关系依然沿袭以前游牧时代，在每

个嘎查，人数是一定的，一般很少会有外来的人，周围人之间的相互关
系往往非常密切，遇到问题也都是由周围人共同帮助解决，或者说，嘎
查里的邻居是彼此的伙伴，是彼此在广阔的草原上较为直接的依靠，因
此，邻里之间的关系十分密切，如果邻居对自己疏远和谴责往往会让牧
民觉得十分难受。虽然随着社会生产力发展、科技进步，亲朋之间的联
系更加方便，但是在村落嘎查中，邻居之间的关系依然十分重要，这一
点也是习惯法能够依然延续的重要原因。而认为嘎查的老人会来惩罚的
牧民占 18.25%。从主观上讲，这些人深受蒙古族传统的影响，蒙古族有
祖先崇拜和尊重经验的传统，老人的地位在任何一个蒙古族地区都是十
分重要的，因此，从中国社会的实际而言，依然存在一种民间约束力量，
可以保证传统生态观念的延续。认为公安机关也就是国家权力机关会出
面干涉的占 57.94%，自己会内疚的占 9.50%，从这个比例可以看出，随
着国家法律制度的普及，虽然处于草原深处的牧民已经具备一定的法律
意识，知道以上提及的破坏草原的行为许多都受到国家法律明确禁止，
如果有所违背，会遭到来自国家强制力的惩治。不过牧民法律意识的深
度及内涵不够，对国家法律的理解程度还需要进一步加深。综合来看，
可以发现在牧民内心中对草原的保护始终占据重要位置，他们内心确信
来自生态保护的习惯使然，说明在蒙古族传统习惯中一直能够做到珍视
自然，不破坏自然环境。

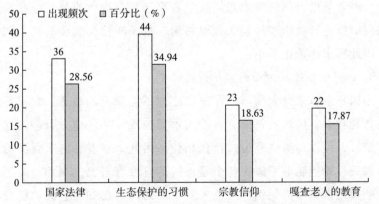

图 4-8 日常生活中，对于自然生态的保护，你认为哪种力量对你影响最大？

通过图 4-8，笔者主要想展示蒙古族生态习惯法是否还能影响牧民
的生态环保意识及行为。通过图中比例可以发现，在蒙古族牧民心中，

生态保护的习惯依然具有十分重要的作用，所占比例为 34.94%，相对高于国家法。通过对牧民的调查，我们可以知道，国家法律发挥的作用其实已经显现。蒙古族不同于西南少数民族，西南少数民族长期处于相对封闭的自然环境中，强烈地方色彩的习惯法能够发挥极大的作用，充分适配当地人民生活。但蒙古族地区自古以来就比较开阔，蒙古人从内心有着爱好自由的不羁性格，喜欢开疆拓土，从人的性格和地域文化角度看，蒙古族几乎没有封闭时代，蒙古族地区能够很快受到外在社会变迁的影响，因而形成十分封闭的地方性传统的机会相对较小，从调查中可以看到，国家法律对于这一地区的影响力虽然很强，但是蒙古族固有爱护自然的传统也没有放弃，这点已经十分难能可贵了。而且，传统的生态保护习惯具有实用理性因素，能够在时代变迁中依然保持进步性，所以随着一代一代蒙古人言传身教被延续下来，这样的影响力十分惊人。在现代中国社会，法律普及还需时日，在完全接受法治观念之前，传统蒙古族习惯法还能够发挥其重要的引导作用。而呼伦贝尔地区宗教信仰是喇嘛教，在元代，藏传佛教替代萨满教成为蒙古族的国教，至清代更达到极高普及度，因此，在呼伦贝尔地区，佛教作为民间宗教信仰具有很重要的影响力，其本身主张善待生灵的观念有助于保护草原，但是，在生态保护方面，宗教信仰力量已经没有古代那么重要，仅占 18.63%。而嘎查老人的教育这一点会产生作用，主要是传统游牧社会中盛行老者崇拜，老者凭借自己的知识和经验为家族和社会提供指导，并在发生矛盾纠纷时以自身资历和经验来化解纠纷，是民间社会重要的社会调节力量，因此所占比重也不小。

3. 针对嘎查民约方面的调研情况分析

中国自古以来地大物博，在国家法律不能触及的地方，常常是地方自我管理状态，民约就是地方自治的重要表现，一些地方可能没有形成文字记载，仅以口头规范方式世代相传。因此，笔者针对嘎查民约方面进行调研，希望能够了解在各个嘎查村落有没有自己的民约，关于生态保护的规范占据多大比例，当地人对于民约的态度如何，民约能否起到规范力量。

通过问卷调查能够发现，在这些嘎查中，牧民对嘎查民约的了解程度不高，绝大多数牧民不是十分关注本嘎查规范的形式，不知道的占了

33%。(见图4-9) 作为当地百姓却不了解地方民约,而且人数还很多,表明这里民约制定的程序缺乏民众参与,很多民约并非是在全体嘎查牧民合议之上产生,参与的牧民比较少,多数人并没有受邀参与这个与嘎查自我管理有很大关系的事情。因此,很多牧民对此没有参与认同感。同时民约的效果也是一般的,占38%,应该也与民约普及度不高存在一定关系。对于民约的作用,占多数的是引导大家的行为和爱护草原生态环境两项,分别为69.05%和70.63%,相信了解民约的人会选择这种方式规范自己行为,而保留传统习惯占的比例相对较高,占61.90%,说明牧民普遍赞成通过民约的方式将民族习惯法传承下去,这也让我们进一步加大对民约的完善力度充满期待。(见图4-12) 而对是否遵守民约的

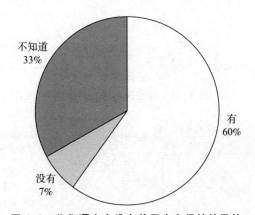

图4-9　你们嘎查有没有关于生态保护的民约?

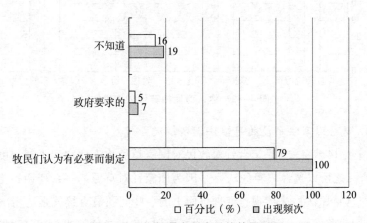

图4-10　你们嘎查制定民约的原因?

选项上，几乎所有参与调查的牧民都选择会遵守，比例高达97.63%（见图4-13）。也说明牧民对保护生态环境的举动十分支持，并能自觉遵守，如果能够很好地利用这一点，将生态保护习惯法更多地体现在民约中，就可以更好地发挥传统生态习惯法的优质作用。

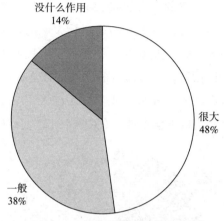

图 4-11　那些民约的作用大吗？

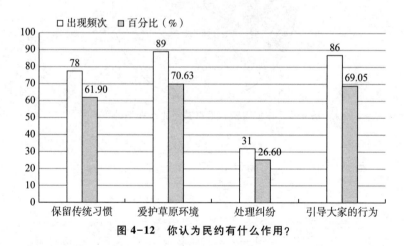

图 4-12　你认为民约有什么作用？

4. 针对国家法角度的习惯法调研情况分析

图4-14和4-15是笔者针对牧民对国家草原生态法律的了解程度所做的调查。之所以选择《草原法》是因为国家针对草原的一系列调整主要通过这部《草原法》来体现，处理草原上的一些问题最直接就是适用《草原法》。国家曾经大力宣传过《草原法》，所以牧民对这部法律还是比较熟悉的，也清楚它是对自身利益的重要保护，但是十分了解的仅占45.23%，部

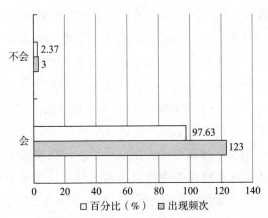

图 4-13　你会遵守嘎查的民约吗?

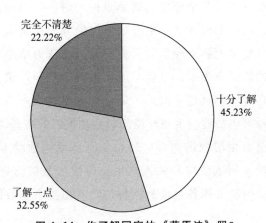

图 4-14　你了解国家的《草原法》吗?

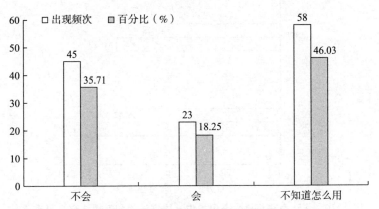

图 4-15　你平时会用《草原法》吗?

分牧民对于详细内容不能很好地了解，完全不清楚的占 22.22%。这与牧民的知识程度、文化素养以及对法律的关注程度均有关系。通过这些数据可以得知牧民对关系到自身利益的法律是有所了解的，但是了解程度还是有限。牧民普遍对如何适用这样的法律并不是十分清楚，不知道怎么用的占了 46.03%，这需要国家进一步深入地普及法律，让法律更加深入牧民实际生活，以体现国家法的优越性。

通过回答"国家法律和习惯法在草原生态保护中哪个更重要"这一问题，笔者希望了解在牧民心中国家法与传统习惯法哪个更加重要。可以发现，牧民选择两者的比例差距并不大，分别为 59.52% 和 40.48%，（见图 4-16）一方面，国家法治实践已经多年，大力宣传普及的效果显而易见，牧民在遇到涉及草原生态破坏事件的时候，会选择通过法律途径解决，同时，牧民也很清楚在生态环境保护方面还是国家才能够具有威慑力，能够从根本上解决现实的重大问题。而认为草原生态保护习惯法的效果更好的牧民也表示，目前草原生态问题十分严重，但是过去在草原上大家都自觉保护环境的时候，问题并不是这么严重，所以，国家法律没能很好地解决目前的生态环境问题，如果习惯法还能再发挥作用，让牧民过上以前自由游牧的生活，恐怕生态环境问题就不会这样严重。显然，这也体现了国家法律和蒙古族生态习惯法分层治理的不同效果，如果能够继续让两者发挥各自优势，相信对草原生态和牧民生活都十分有利。

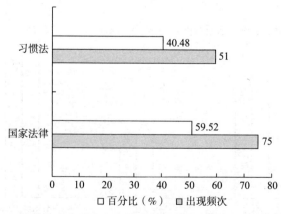

图 4-16　你认为在草原生态保护中，国家法律和习惯法哪个更重要？

图 4-17 展示了牧民对目前破坏生态的违法行为的认识程度，从中可看出生态习惯法可能发挥作用的空间。从列举的选项来看，并不能穷尽所有破坏生态的行为，但是所列的是目前比较普遍的违法行为。开垦草原的行为并不是近期才存在，自清朝开始在蒙古地区的开垦潮就已对天然草原造成很大程度的破坏。而对呼伦贝尔草原而言，这种潮流反而是20 世纪 50 年代末、60 年代初开始的，开垦对草原生态造成极大的破坏，因此年龄较大的牧民对开荒都持反对意见，毕竟不同的自然生态适应性要着重考虑，因此此项所占比例高达 77.78%。乱挖草药是草原上无法遏制的一种严重破坏草原的行为，自古以来，呼伦贝尔草原就有丰富的植物种类。近几年，随着珍贵草药的稀缺引发了大规模挖掘草药的风潮，很多草原植被被严重破坏，这也是目前破坏草原生态的显著问题之一，占 69.05% 的牧民对此十分重视。至于工业废物的污染能占如此大的比例，达到 44.45%，与笔者所调研的地区有一定关系，但是不排除这也是目前草原上的普遍现象。目前，牧业四旗均在保持传统畜牧业的同时大力发展工业，因此有大量工业项目招商引资，而其中尤以煤炭、石油、有色金属、电力为主要项目，这些项目可以为地区经济带来可观利益，但其衍生的污染物排放问题对草原植被的破坏十分惊人。因此，工业污染也已经成为草原生态破坏的重要原因，牧民对此早已有所认识。

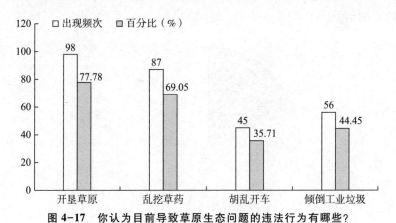

图 4-17　你认为目前导致草原生态问题的违法行为有哪些？

图 4-18 展示了牧民对国家法律的认可程度。可以发现，牧民对国家在草原生态保护方面的认可度较好，45% 的牧民表示认可国家法律的效果，认为国家法律是草原生态保护的重要力量。牧民表示目前草原生态

确实没有以前好，这点比较遗憾。但在面临越来越严峻的生态问题时，国家法律是牧民寄予希望比较高的一个解决途径。尤其是面对破坏生态的现象，违法者不听牧民劝告，强行实施危险行为，期间发生的矛盾纠纷并不少见，在这种情况下，用当地的习惯做法很难威慑外来人员，因此牧民对国家法律的需求十分明显。但也有牧民表示，国家法律在面对实际生态问题的时候，并不能真正发挥作用。牧民原本心中就有爱护草原的理性态度，不会做出破坏草原的事情，毕竟那是他们赖以生存的重要物质资源，即便面对经济利益的诱惑，牧民也表示，单就依靠牧业收入生活上已是十分富足，不会以破坏生态、牺牲草原的代价去获取即时利益，无论怎样都希望给下一代留下美丽的草原。可是外来人员是一个暂时性群体，当牧业收入可观时，会有很多没有草场的人受经济利益驱使来偷牧，由于他们没有足够的生态意识和放牧技术，就会造成草原生态被破坏。但事实上，当生态问题越来越突出的时候，国家法律没有表现出应有的治理效果。所以那些认为国家法律没有效用的人，往往属于自身权利受到影响，尤其是自家草场面临破坏的牧民，他们大多数生活在工业园区附近，草场受破坏比较严重，因此，当这样的破坏现象无法得到解决的时候，就会怀疑国家法律的实际作用。因此，国家法律还需要不断完善、不断实践，只有真正地解决了现实困境，才能得到牧民发自内心的信仰。

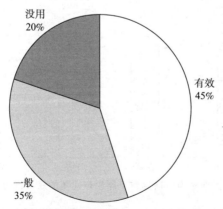

图4-18　你认为现在国家法律对生态问题的解决有效吗？

图4-19展示了当国家法和习惯法发生冲突时牧民的选择。过半数的

人都选择了国家法，这与该地区法治宣传普及度较广有极大关系，人们虽然不了解法律的实际内容，但是通过多种方式了解到国家法律是保护个人权利的重要手段，因此多数寄希望于国家法律。选择习惯法的占34.13%，这部分人普遍以年龄偏大者居多，在国家法治建设尚不完善的时代，他们遇到问题更喜欢寻找第三方中介来作为调解方，一般会找嘎查长或者是嘎查有名望的老人。习惯法对他们而言更加亲切，更加熟悉，所以选择自己熟悉的方式往往会事半功倍，因此，对于他们不太了解和熟悉的法律一般会选择放弃。从显示数据可以看到，国家法在生态保护领域具有十分重要的影响力，如果能够协调与习惯法的关系，实现习惯法与草原生态保护立法机制的互动，应该可以进一步增强草原生态环境保护力度。

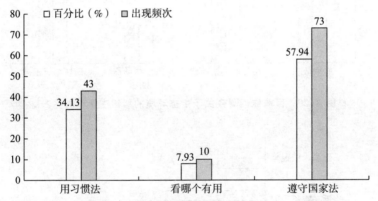

图4-19　如果你们的生态保护习惯法与国家法冲突，你会怎么办？

5. 关于纠纷调解的调研情况分析

图4-20主要展示了目前草原上因为哪些生态环境问题导致牧民之间或者牧民和外人之间发生矛盾纠纷，而在图中数据中，发现"破坏草场植被"占44.44%。牧民表示，这些破坏草原植被的行为有在草原上随便开车，在草场上架设电缆，破坏草库伦的围栏，以及在放牧草场审批开矿后给植被造成的损害，等等。而笔者把"在草场上挖药材"单独拿出来，是因为从了解到的案例中发现，这一行为比较严重，且屡禁不止，引发了很多因私人草场被破坏而形成的纠纷，而该选项高达53.17%，也说明了在呼伦贝尔草原偷偷挖药材的情况已经比较严重。而"污染了草场不给赔偿"的行为往往伴随相关大型企业的矿产开发和石油开采，由

于开发或开采过程中不能及时处理废水、废物，给牧民草场带来破坏，引发纠纷，此项比例相对较少，因为不是所有的牧民都存在赔偿不能及时拿到的情况。至于偷偷放牧所占比例最大，为70.63%，此项纠纷主要来自那些没有自己的草场，但又养殖牲畜的人，他们一般都会到别的牧民草场上偷偷放牧，导致超牧现象，牧民在驱赶时就会引发一些纠纷，据牧民反映目前这样的情况十分多。

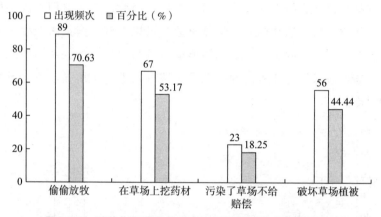

图 4-20　目前你们嘎查关于生态环境的纠纷主要有哪些？

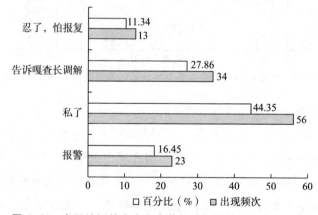

图 4-21　有不认识的人在你家草场破坏植被，你会怎么办？

图 4-21 和图 4-22 主要展示牧民们如果出现矛盾纠纷会选择什么样的方式解决，以此观察在民间纠纷发生后，有多少人会选择法律途径。此次调研结果也反映出一些问题。当邻里之间发生矛盾，牧民普遍会选择自力救济，或者说邻里之间一般不会适用法律途径，一方面是因为不

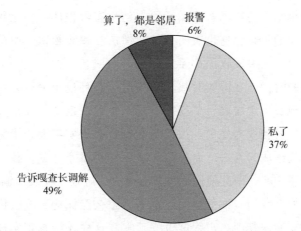

图 4-22　如果你认识的邻居在你家草场上偷偷放牧或者破坏
你的草场，你会怎么办？

值得，太费事；另一方面也觉得大家都是邻居，抬头不见低头见，没必要弄到不可收拾的程度。因此在纠纷处理上表现出民间调解的特点，例如，选择私了或者告到嘎查长那里。而在对待外来人的侵害时，牧民一方面表示，除非有特别严重的行为会报警，一般的破坏行为会警告，如果不听，则会组织周围牧民去集体威慑。但也有一些牧民表示，来搞破坏的人很多都是团伙，一起开着车来，牧民害怕他们会报复，所以有些是不敢管的。由此，我们可以了解到，在草原牧区对矛盾纠纷一般不会诉诸法律，主要因为法律的调整效果不会立竿见影，简单的矛盾不至于去法院，太费事，除非发生比较严重的矛盾，例如，如果出现刑事案件则一定会选择报警。由此体现了习惯法在民间社会，特别是在熟人社会可以成为调解矛盾纠纷的主要方式，显示出习惯法在民间社会有广阔的生存空间，也看到了国家法与习惯法分层治理的现实状态。

　　通过以上调研分析，我们可以发现，对呼伦贝尔市牧业四旗部分苏木嘎查的牧民而言，所处草原的生态环境现状并不乐观，而且他们清楚地了解生态问题的源头在哪里，但是对于如何解决这些问题却无法提出很好的建议，他们也希望通过参与问卷和访谈的方式，表达对现实草原生态问题的忧心。一方面，绝大多数的蒙古族牧民对蒙古族传统生态保护习惯法能够从内心确认其重要性，也能在日常生活中以实践的方式良好地保持，而大多数的汉族人并不是十分了解和重视蒙古族生态习惯法。

另一方面，年纪大的牧民普遍熟悉原有的生态习惯法，但是年轻人就很难对其有全面的了解，这也表明传统习惯法在逐步松散，亟待加强宣传推广。调查中，大多数牧民都希望回到游牧时代，尤其一些老牧民，十分怀念过去的时代。在游牧时代，草场的生态环境十分好，牲畜的状态也好，不像现在，定居之后草场环境越来越差，也许不知道什么时候就将再也无法以畜牧业为生了。虽然定居也符合现实需要，毕竟现在定居然后游走放牧已成为常态。而且定居后不用再举家迁徙，孩子上学或老人就医都方便一些，因此他们也只能对过去的游牧时代表示缅怀。的确，现实地说，如今我们应该更加关注定居后怎么能保持游牧时代的生态环境状态，至少能恢复到一定程度也好，唯有这样才能真正实现现代化意义的可持续发展。总体而言，笔者通过对蒙古族牧业传统保留较好的呼伦贝尔牧业四旗进行调查，得到了一些实际的收获，为后文理论分析奠定十分重要的基础。

三 社会生活中蒙古族生态习惯法的动态表达（二）

笔者亲眼目睹牧业四旗生态问题之后，就一些困惑向牧民们进行了询问，并希望他们谈谈对生态习惯法的认识，牧民们也通过举例方式向笔者表述了他们所理解的习惯法以及国家法与习惯法的互动问题，其中最多的还是对目前草原生态问题的担忧，并希望能得到尽快解决。由于当地人主要使用蒙古语，所以以下记录是笔者根据访谈内容进行的转译，阐述尽量贴近原意，希望能够尽量还原他们的真实想法。笔者首先去了离海拉尔区距离最近的鄂温克旗，当地人称为南屯。

访谈 1
地点：鄂温克族自治旗锡尼河西苏木巴音胡硕嘎查
人物：苏和巴特尔，牧民
家庭情况：家里有 3300 亩打草场；养 800 只羊、100 多头牛、几十匹马；生活水平属于中等。家里有妻子和两个儿子，均为牧民。
对于传统的习惯法，他表示：目前草原上已经无法轮牧了，家家户户都已经固定了草场，以前的夏营地已经被林业局拿走了，产权不归自己，所以没法去夏营地轮牧。他表示，蒙古族牧民对草原生态十分爱护，这个是祖先留下来的好习惯，也是牧民生活的保证。牧民在自己家草场中不会胡乱破坏，以前轮牧的时候，每当搬迁时他们会把包含蒙古包的所有东西收拾好，不会在草原上留下隐患，垃圾也会打包放在指定地方。牧民一般不会自己胡乱开采药材，即便长在自己草场里，也不会因为是草药就乱挖，往往是一些外来人员随便乱挖，影响草场质量。而他比较反感的是，好多车辆在他家草场上乱开，以前自家草场通行道路也就一米宽，但是现在总有车开过，那些地方的草就不长了，路有二三十米宽。另外让他比较担忧的是，自家草场本来是不超牧的，但有些外来人员，像那些原来国营农场的人，农场解散后他们就养一些牲畜，但是因为没有自己的草场，就来他家草场放牧，虽然有时会发生冲突，但自己也不敢过度干涉。

对于国家法和习惯法的关系，他表示，对国家法律很遵守。虽然不知道国家法律具体规定哪些行为违法，但是牧民们从小就被告知不能破坏草原，要不然会遭到老天惩罚，因此都是不敢破坏的。他觉得从小树立的保护草原的那些规矩，国家法律应该不会反对。

访谈2

地点：鄂温克族自治旗锡尼河西苏木巴音胡硕嘎查

人物：嘎查书记——色仁达希，牧民

家庭情况：家里有2000多亩的打草场，其他不便告知。

由于时间比较紧，他对很多事情没有具体回答，现将他的描述整理如下：以前游牧时期草原还是很好的，草原生态能够平衡，但是1986年以后草原基本就逐步分到个人手里，轮牧就开展不了了，以前嘎查大队能集体调控，但现在不能了。打草季节会选择合作方式，附近几个嘎查集合在一起，保证人员数量的同时也不用聘请外来人员。牧民一般都会遵守固有的生态保护习惯，但是那些来自镇上的外来居民也会养牛羊，他们大多数是以前供销社或国营单位的人，没有自己的草场，会偷偷到牧民个人的草场上放牧，导致载畜量超标。牧民的生态保护意识非常强，对于自己生活的草原十分爱护，但外来人员，如那些被雇用的人员就无法做到牧民的程度，他们会乱扔垃圾。另外，草原上的防火问题对嘎查来说也是大事，每年 3~6 月和 9~11 月都是防火期，嘎查会合力防火，如果风大，绝对不能在外烧火，现在在屋子里面可以用液化气做饭，但是如果没有液化气的牧民，风大时宁可不做饭也必须保证草原上不能有一点火星，否则一旦草原上发生火灾将会非常严重。

在鄂温克族旗的访谈之外，笔者还奔赴呼伦贝尔巴音胡硕最有名的"天下第一敖包"，观察蒙古族传统祭祀方式。按照蒙古族习惯法，凡是对蒙古族生产生活重要的事物都要祭祀和敬畏，所以蒙古族有祭祀草原、森林、树木、河流及山岭的习惯，在草原上经常会看见各种各样的敖包，敖包附近的一草一木、河流湖泊均为神地，不可任意破坏，不可砍折树木，不可捕鱼，否则将会遭到神灵降祸。对于祭祀敖包也有很多禁忌，例如，不可空手祭祀，路过敖包要下马捡石头添在敖包上。如今，蒙古人依然保留了这个习惯，在巴音胡硕敖包，每年都会举行那达慕大会，并且隆重地进行祭祀活动，祈求给牧民带来丰厚的牛羊、幸福的生活。因此，祭祀敖包是蒙古族传统习惯法的一种体现，牧民都能遵从，不会违背，至少在鄂温克族旗，这种习惯依然在延续。

笔者离开鄂温克族旗后，来到海拉尔区北部的陈巴尔虎旗。在陈巴尔虎旗，能够看到工业企业繁荣的局面，道路两旁多见各种煤矿、供电、化工等企业，而沿道路两边的草原植被不是太好。

访谈 3

地点：陈巴尔虎旗东乌珠尔苏木巴音乌拉嘎查

人物：吉日穆图，牧民

家庭概况：家里有 2000 亩草场，羊 500 多只，牛 70 多只，马十几匹。家住蒙古包，蒙古包旁边还停着传统的勒勒车。

这位蒙古族牧民，穿着蒙古袍，骑着摩托车。他漫谈了关于习惯法的理解。他说，家里还是住在蒙古包里，但是和以前的不一样了，蒙古包都已经基本固定，很难游牧了。原来的夏营地莫尔格勒河现在也在用，不过已经不够用了。笔者发现，这一点要比鄂温克族自治旗好一些，至少这里还保有夏营地。他表示，其实草原上破坏最厉害的是草库伦的铁丝网，人们没有意识到它的破坏力，所以以前大规模用铁丝做草库伦，如今弊病显示出来了，这些铁丝对草原植被破坏十分严重。牧民们对此很有意见，他们还是希望能够回到游牧的那个时代。他们对于保护生态这一点是很认真的，例如，他们一般都会打包处理好生活垃圾，尤其是塑料垃圾，家家户户基本有车，等到开车出门到镇上时再集中扔掉。普通的垃圾也会烧掉，不会挖坑掩埋，因为那样会破坏草原植被，自己的地方要自己爱护。人们也会在河里打水，但是不会直接在河里洗衣服，都会把水舀出，用过后撒到草原上，不会再倒入河中。他们非常反感挖草药的人，虽然草药利润丰厚，但是会破坏草原植被，作为世代居住在草原上的牧民，不会因为这些利益就去破坏生存的根本。国家是禁止打猎野生动物的，枪支也管制，大概在20世纪的时候，经常会见到拿着猎枪的人，近几年见得少了，但是会有人用车去追赶黄羊。如果彼此之间发生矛盾，一般的小矛盾大家给调解调解就好了，谁也不会因为小问题跟邻里之间"打持久战"，但是如果跟外面不认识的人有了矛盾就要考虑找公安或者上法院。

访谈4

地点：陈巴尔虎旗农牧业局

人物：斯琴毕力格，局长

内容：这位局长是一位典型的蒙古族，地道的陈巴尔虎旗人，多年来一直工作在陈巴尔虎旗的农牧业系统。他表示，关于蒙古族传统的习惯法蒙古族牧民大多数都知道。从小父母都会言传身教，不允许有任何违背，比如，不能在火上尿尿，不允许大风天气在外面玩火，父母也不会胡乱地在草原上盖房子，大家都住蒙古包里面，换营地的时候搬起就能走，走的时候会把草皮整理好，这些都是自然而然的行为，不需要别人来说，如果不这样做，周围的人会谴责。所以蒙古族牧民都很热爱草原，草原是神圣的，是牧民生活的寄托。虽然现在草原生态不如过去了，但是也在想办法努力改善。比如，今年初内蒙古自治区颁布的《草原植被恢复费征收使用管理办法》取代了原来的那个办法，对草原上进行的各种开矿、挖煤行为都要大力管理整治。那些企业都需交植被恢复费，有了植被恢复费就可以用在生态恢复上，呼伦贝尔草原上最大的煤矿——神华宝日希勒矿也已经开始改善生态环境了，例如，在露天矿的排土场上植树种草，进行绿化，恢复植被，还建成了很有特色的绿色工业示范园区。他还表示，现在都是按照国家法律做事的，生态恢复保护的过程不是一两个人能完成的，即使牧民们有想法，有保护草原的良好传统，也没办法再回到以前那个游牧时代，所以有心无力。

结束了在陈巴尔虎旗的访谈，笔者驱车 300 多公里来到新巴尔虎右旗，来到了呼伦镇呼伦诺尔嘎查，找到了牧民呼其图和阿拉坦琪琪格夫妻的家，正好也见到了来自呼伦镇伊和诺尔嘎查的牧民——米格尔苏荣。

访谈 5

地点：新巴尔虎右旗呼伦镇呼伦诺尔嘎查

人物：呼其图，牧民，家里有 9000 亩的草场，所有牲畜加在一起大约 1200 头；呼伦镇伊和诺尔嘎查的牧民，米格尔苏荣，家里有 6000 亩草场，牲畜 500 头左右。

内容：大家均表示在心里和行动上都十分注意保护草场，平时也注意不要破坏草原植被，但是超载问题还是十分麻烦的。目前能够加入合作社，整合嘎查的集体草牧场，比以前要好点，大家集体打草，春天的时候集体购草，有 30 吨的饲草就能解决牲畜饲草不足的问题。过去那些没有自己草场的人常偷偷放牧，对生态造成了破坏，现在已经让他们去工作，解决生存问题。通过合作社能够集中对牲畜饲养、防病、出栏等问题进行商量，共同出主意，比单打独斗要好点。

据了解，呼伦镇是比较早实行畜牧业合作社的镇，大家集资入股，旗财政也进行补贴，成立的合作社有专人负责，有生产小组、打草小组、旅游业经营小组和市场营销小组，整合全嘎查的力量统一规划和经营，大畜由合作社统一管理，小畜联户经营，这样可以联动保护草原生态。呼其图并没有十分明白习惯法调查的意义，只是不断地说明目前草原经营的办法。但是笔者在他家参观时，也看到牧民在生活中一些保护生态的具体做法。他家可以说比较富裕，看起来十分整洁，住的是砖房，他们已经不再游牧，都已经定居了。在他家院里发现一个十分大的桶，据说是装垃圾的，草原上风大，不能把垃圾随便放，会污染草原，因此都会将垃圾集中处理。他家里有一架大型的打草机器，由于正是打草季节，在后院的空地上堆满了成垛成垛的干草。据他说，（干草）自家够用了就会把剩下的拿出去卖。当笔者希望他们能介绍一下民约时，他从家里的抽屉中拿出一份看来比较旧的彩色纸张，据说是去年发的，但是也没特别保存。（内容见附录中民约部分）

从这个嘎查民约中，笔者发现很多内容都体现了国家法律的痕迹。国家法律规定，村民会议可以制定和修改村民自治章程、村规民约。所以，就现在看到的这个民约，具有明显的现代法律规范雕琢过的痕迹。不过，与正统国家法律体系相比较，村规民约毕竟是民间习惯法的重要表现形式。从呼伦诺尔嘎查的这个民约中可以看到很多与自然环境保护有关的内容。在共9条的民约中，有3条完全是关于如何保护生态环境的，这个比重在一般民约中已经很高了。民约引导牧民要做好草原防火、蓄水、造林绿化和保护耕地、草地工作。禁止非法占用耕地、草地建造房屋；保护生态环境，爱护野生动植物；认识野生植物资源的重要性，不随意放牧，破坏野生植物；禁止非法交易，坚决制止破坏行为发生。民约所规定内容能够从本地实际出发规范牧民行为，并且其内容与国家相关法律规定十分一致。

牧民米格尔苏荣也表达了自己所理解的蒙古族传统生态习惯法。他说，一般他们这里的人不吃鱼，现在也就是下馆子的时候会吃，自己也是不捕鱼的。原来克尔伦河的鱼有时从河里蹦出来，大伙见了都会捡起来放回河里。他们的传统是不能打黄羊，所以原来黄羊不怕人，有时还会跑到羊群中，但是这几年就见得少了。蒙古人比较根深蒂固的观点就是不能污染草原，所以一般垃圾、灰烬都有指定倾倒场所。他们认为污染草原是不吉祥的事情，会遭到报应。而自然界的一草一木对蒙古人而言都是十分珍贵的存在，在青草发芽以后，一般就不会胡乱挖土，如果动土则要举行祭祀仪式。他说，蒙古族爱护生态的习惯法早已深入每个蒙古人的血液，大家都会遵守不敢违背。

最后笔者到达的是新巴尔虎左旗的乌布尔宝力格苏木巴彦贡嘎查，见到了图门巴雅尔和斯琴其木格两位老人。这里草原生态破坏比较严重，草原植被状况不是很好，以牧业为主要特色的畜牧业大旗，却面临严重的草场退化、沙化困扰。笔者沿途见到的草原植被确实呈现这样的面貌。回想笔者十年前来到甘珠尔庙附近，沙化并不严重，还能看到优质的牧草，如今沙化程度确实惊人，沙化后牧草的高度明显下降，以前能够看到的动植物种类也锐减。笔者来到巴彦贡嘎查时正好赶上大风天，风力很大并夹着沙粒，在草原上肆无忌惮地刮着。

访谈 6

地点：新巴尔虎左旗乌布尔宝力格苏木巴彦贡嘎查

人物：图门巴雅尔和斯琴其木格，牧民，均为六十多岁的老人。

内容：因为两位老人都已经六十多岁，经历了草原的变迁。他们说，以前草原很美，在 20 世纪 70 年代的时候，这里"风吹草低见牛羊"，一点没夸张，牧民还能轮牧，家里养的牛羊都能够随着季节变换去夏营地和冬营地。那时候，没有这么多人，后来人口不断地增加，自家草场也渐渐少了，但是不养那么多羊就不能达到温饱。有时冬天遇到自然灾害，会冻死很多牲畜。还是游牧的那个时候好，对这里的草原最好了，不会对植被造成耗竭性的破坏，等到再回来的时候，草又长得很好了。不过八十年代就已经不能自由轮牧了，草场都承包到户。平时家里人有祭敖包的习惯，会祈祷来年有个好气候，不要有大灾害，尤其是蝗虫灾害。大家没有特别注意过什么是属于习惯法的，就是平时不随便挖掘草场，虽然草场里有很多柴胡和黄芪之类的珍贵药材，但为了自己的草原，不会去挖着卖。不过有些外面的人开车来挖。前几年这里开始有企业打机井了，好像在挖石油，据说草原下面的石油资源十分丰富。2009 年的时候旗草原监督管理局的人来发过草原补偿费，主要就是占着草场开发石油，但是那些开发石油的车一趟又一趟地从自家草场开过去，对草场植被破坏太大了，长期开过车的地方植被就不能再恢复了，那些挖出来的石油黑黑的、粘粘的，有些草场被石油覆盖了，那里再也长不出草了。

当笔者结束访谈之后不禁在想，呼伦贝尔草原算是内蒙古自治区草原生态保持最好的地区，可是也都已经面临如此多的问题，更不要提其他草原的生态困境了。近些年这些地区也意识到要改善环境问题，提出许多加快推进生态环境保护工程，如加大退耕还林、退牧还草力度，恢复草原植被，并辅助提出针对性解决措施如控制那些高耗能产业，防止污染。但是这些举措也让人疑虑，面对呼伦贝尔市工业强市的要求，经济利益和生态利益如何才能兼顾。草原上的每一个人都是这个生态系统的组成，而人类的行为是导致生态环境恶化的主要原因，因此用蒙古族传统习惯法来调整人类行为是很好的选择。过去民间存在这样保护生态的习惯法，可是我们没有给予足够关注，如今我们应当正视国家法治建设中的多元背景，争取在完善国家法律体系的同时彰显蒙古族生态习惯法的实用价值，为草原生态保护寻求多元途径。

四　社会生活中蒙古族生态习惯法的现实状态——基于调研的理论分析

蒙古族生态习惯法是指在蒙古族民间自发生成的，以草原生态保护为指向性的，根据人们在生活中的实践经验，依据某种社会权威和组织确立的，或基于民众内心的确认而具有一定程度强制力的行为规范。一般来说，蒙古族生态习惯法的渊源有民族禁忌、民族习惯、苏木嘎查的民约等。与正式的生态保护法律机制比较，蒙古族生态习惯法凸显出更强的灵活性、特殊性、自觉性特点，而且传承的方式主要依靠口口相传。蒙古族早期游牧生活的灵活度极大，稳定性反而较差，所以习惯法很难依托书面文字而流传，表现形式就多为口诵，即便后来建立庞大的蒙古帝国，文字记载依然远远少于中原政权。在蒙古族生态习惯法的责任承担方面，早期规定了十分严酷的惩处，大多数都会处以极刑，后来有了正式的成文法之后，与国家强制力相比，多会利用舆论批判、谴责、罚款、驱逐等方式进行处罚。十分重要的是，蒙古族生态习惯法能够一直传承至今，主要源于民众对生态保护习惯的内心确认，这种普遍的认同感具有约束力。在经过对呼伦贝尔市部分地区的调研后，笔者整合了蒙古族生态习惯法的现实状态。可以说，习惯法不是凝固不变的，作为蒙古族法文化的主要表达形式，蒙古族生态习惯法早已随着社会变迁而不断向前发展，因为不可避免要受到各种外在因素干扰，所以变迁过程也较为复杂。但可以肯定的是，蒙古族生态习惯法依然以自己独有的形式存在，依然在蒙古族牧民中间发挥独特功能。

（一）社会生活中蒙古族生态习惯法的文本表达：嘎查民约中的发现

村规民约是习惯法一种比较正式的、合法的成文存在方式。传统村规民约是中国传统社会中以地缘或者血缘关系为基础，在当地村民共同生活中设立的规则，用来规范地方事务。据学者的考据，最早的村规民约兴起于北宋年间，当时的《吕氏乡约》被朱熹修订，称为《朱子损益吕氏乡约》，影响比较大。后来，明代出现过《赣南乡约》也十分有名。① 基本上，明清是村规民约比较盛行的年代。新中国成立后，由于国家权力的渗入，地方传统的民约都被视为封建时代的残余而备受质疑。进入 20 世纪 90 年代，村民委员会这种民间基层组织在农村地区广泛发展，新型的村规民约逐渐受到重视，同时也在各地兴起村规民约的制定热潮。国家通过这样的形式达到对基层的管理，并以村民自我管理、自我教育、自我服务的理念实现村民自治。在民间习惯法的研究中，村规民约被认为是与国家法关系密切，并最能体现基层民众自治的形式，也是民间习惯法重要的表现形式。在 1982 年的宪法中，国家认可了村民委员会作为农村基层群众性自治组织的合法地位。《村民委员会组织法》使村民的自治成为了现实。在广大的牧区，这种牧民自治的形式也得到了体现。在寻找苏木嘎查的民约过程中，笔者也发现了一些问题。（民约全文参见附录）

在陈巴尔虎旗的乌珠尔苏木，他们的民约对生态保护的规定比较明显的集中在 8～11 条，从所占比例来看，已经十分显著。其中明确提出要爱护环境和保护生态，并指出在该地十分重要的沙芦草野生植物需要特殊保护。条文中的生态保护条款与当地牧民爱护环境和保护生态的行为是一致的。从理论上讲，民约是苏木民众自治的基本形式，它能提高苏木民众的民主意识，加大民众参与管理苏木事务的热情，并不断提高民族地区民众参与事务的能力。同时，民约也是当地民间习惯法的一种

---

① 厉尽国. 法治视野中的习惯法：理论与实践［M］. 北京：中国政法大学出版社，2010：212.

表现形式，① 一般传统的民约都是在苏木中地位比较权威的组织或者全体牧民共同制定并通过的。内容涉及风俗习惯、公共道德和地方治安等问题，对于地方事务的引导和规范具有举足轻重的地位，民众对此多不敢随意触犯。在蒙古族聚居区域，传统的民约也具有自身特点，例如，由于古老的游牧习惯，民众流动性极大，形成固定文字的类似于石碑等方式的民约较少，流传方式多为口口相传。后来蒙古族游牧活动减少，定居增加，才逐渐看到一些文字性的民约。不过，随着国家行政事务的干涉，现在的民约中越来越多体现出国家法的色彩。"现代社会的习惯或者民间法已完全不可能保持其在近代民族国家形成之前的那种所谓的'原生状态'，它已必定是在同国家法的互动过程中，不断地重新塑造着自己。"②

当我们看过地方的民约后，也会发现，承载习惯法的民约的效果已被国家法渗透。的确，"村规民约的制定与运行也必须在国家法的指导下进行，国家权力尽管在逐步的向上收缩，但国家法仍然是村规民约的合法性的检验标尺，仍然体现出一种国家权力的村庄治权"。③ 就形式、内容和实施状况等方面，都可以看出民约目前的力量似乎不足以撑起整个习惯法的成文化重任。

首先，国家《村民委员会组织法》第 20 条规定："村民会议可以制定和修改村民自治章程、村规民约，并报乡、民族乡、镇的人民政府备案。村民自治章程、村规民约以及村民会议或者村民代表讨论决定的事项不得与宪法、法律法规和国家的政策相抵触，不得有侵犯村民的人身权利、民主权利和合法财产权利的内容。"这里对村规民约的制定进行了详细规定，因此我们看到的大多数民约都是按照国家的要求，体现一些国家所引导的相关内容。从形式上讲大都和国家法律的形式一致，例如，名称上叫作《…民约》，结构是条款式，也就是"第一条、第二条、第三条"等，也有采用数字编码的顺序排列，像一、二、三等，在结尾处一般会标有什么时候生效，以及"××村民委员会"的字样以及日期。从形式上与国家法律类似。其次，从内容上看，村规民约的内容中往往首

---

① 高其才．中国少数民族习惯法研究 [M]．北京：清华大学出版社，2003：246．
② 田成有．乡土社会中的民间法 [M]．北京：法律出版社，2005：157．
③ 姜世波，王彬．习惯规则的形成机制及其查明研究 [M]．北京：中国政法大学出版社，2012：31．

先都标明热爱祖国，热爱中国共产党，拥护社会主义制度，遵守国家政策、法律，等等。后面就是"爱护集体财产，发扬家乡优良传统。提倡社会主义精神文明，提倡学习科学文化知识，热爱劳动，提倡婚事新办，丧事简办"等符合国家对基层的一些要求。从这些内容上来看，村规民约的许多内容像是统一表达国家法一样，套话太多、太明显，使得村规民约更像国家法律的一个补充。最后，在村规民约的运用现状中，也有明显不足。虽然，国家强调民约要有严格的规范和群众的参与，要在嘎查代表大会上讨论、修改和通过，还要进行表决，并报上级政府备案。要充分体现牧民们的民主权利。但在实践调查中，很多牧民表示，不知道有民约，也不认为民约有什么用，因此，实践中，我们希望民约可以成为对当地习惯法的一个重要补充，虽然这些民约在实际状态中不一定能表达出我们所期望的效果。在有些嘎查的民约中能够看到关于当地生态保护的一些要求，我们也无法肯定这一定就是习惯法的表现，因为其内容与国家法是一样的，民约中对于国家法律的遵守情形更加明显于对习惯法的肯定。村规民约并不是正统法律体系的组成部分，它是有别于国家制定法的重要形式，表现出不同于国家法律体系的特点，可以算作当地民众共同意志的体现，笔者认为，应该利用这一方式，将依然合理的存在并适应本嘎查需要的生态习惯法大胆写入民约中，让民约承担起习惯法时代的重任，除了从内容上继续体现公共卫生、精神文明等重要内容，还可以加大生态习惯法的内容，扩大蒙古族传统生态习惯法的约束力，不仅让蒙古族牧民再次回溯自己的优良传统，也能让蒙古族聚居区的非蒙古族牧民重视起蒙古族生态习惯法的约束作用，恐怕这就是蒙古族生态习惯法得以继承和存在的最好方式，但这一点也需要国家先重视蒙古族生态习惯法，才能真正实现。只要我们深信嘎查民约可以承载习惯法的未来，就一定会制定出最贴合蒙古人需求的民约，真正实现蒙古族生态习惯法的民间表达。

（二）社会生活中蒙古族生态习惯法的规范作用表达

对蒙古族聚居区的呼伦贝尔市牧业四旗调研过后可发现，在蒙古族民间地方，牧民之间一直存在一种固有的、传统的解决问题方式，并非外人所能熟知。因此我们试着从法理角度分析问题，按照学者对哈特理论的反复性思考，可以推导出："一个规则，我们可以称为'rules'，当它具备一定条件时才能存活于'society'，这样的条件为：在'society'中存在根据'rules'的行为规律性，也就是'society'的绝大多数成员是遵守'rules'；且绝大多数'society'的成员对于规则'rules'持有规范性态度（即哈特所说的'接受'）。那么这个'接受'至少包含以下内容：对绝大多数society成员来说，rules的存在构成以与rules相符合的方式行动的理由，而且不仅被society成员视为批评相反行为的理由，也被视为是对society其他成员遵守rules施加压力的正当理由。"① 那么，蒙古族生态习惯法有其存在的实际效用，作为规则去引导相应的行为，并被当地民众"接受"，继而实现规范力。

1. 蒙古族生态习惯法能够指导草原生态保护行为

当"风吹草低见牛羊"的美丽草原如今千疮百孔时，我们知道虽然其中存在各种缘由，但是人类的行为是造成这一现象的重要原因，因此我们应该反省自身行为的缺失，并寻找缓解途径。草原是蒙古族人民起源、生存和发展的依托，没有任何人能够离开自己所处的地域、生活的环境。蒙古族生态习惯法恰恰是在蒙古人民长期的游牧生活中，在日复一日的劳作中，逐渐形成的一套与自身生产生活密切相关的习俗习惯。它的存在和演变也是在蒙古草原之上，如果要解决目前蒙古族聚居区草原的生态法律问题，就可以从这样世代演变的生活习惯乃至沿袭相传具有约束力的习惯法上去寻找依据。而目前蒙古族习惯法对于草原生态保护具有的价值，可以通过蒙古族生态习惯法的规范指导作用去表达。"如果聚居在一起的人们长期地在相同的条件下、以相同的方式为相同的行为，那么，一个趋势，即心理学上意义上的一个意志，在人们作为该群体的成员而习惯上如此行为时就产生了。起初，构成习惯的这些行为的主观意义并不是一个'应当'；但后来，当这些行为已经存在一个时期，该群体的成员就会产生一种观念，他应当以其他成员习惯上的方式行为，与此同时，要求其他成员也如此行为的意志也就产生了。如果某个成员没有以其他成员习惯上的方式行为，其行为就得不到其他成员的认可，因为这与他们的意志相违背。如此一来，习惯就变成了集体意志的一种

---

① MARMOR A. Legal conventionalism in jules coleman ed., hart's postscript: essays on the postscript to the concept of law [M]. Oxford: oxford university press, 2001: 125.

表达方式，其主观的意义乃是一种应当。"① 如此说法揭示了一种习惯背后的心理因素。从学者的理论上讲，在日常生活中，人们更多地会寻求一种"纯粹模仿性"② 的活动。如果每个行为都需要经过深思熟虑理性地做出的话，会需要极大的成本，而且做出不异端、比较常态的行为会较为安全。虽然会被认为具有盲目的从众心理，但这确实是一种普通人的经常性做法。比如，习惯经常会告诉我们什么应该做，什么是禁忌不要去做，习惯常常通过内化的心理影响而对人行为起到约束和规范。所以，习惯是具有规范性的。从习惯的外在表现来看，习惯的规范性表明习惯应当是长时间、反复地出现在一定区域，而不是偶然地发生，这一地区的社会主体人员也会遵循这样的方式去进行社会活动。所以，习惯的规范性也是习惯可被称为"法"的一个重要原因。

　　蒙古族习惯法的规范功能，按照高其才教授的定义，"是习惯法对其成员行为的调节、控制和规范的功能"。③ 对于蒙古族生态习惯法而言，其规范性不言而喻。蒙古人世代生活在草原上，在长期的生活中逐步形成适应本地区生产生活方式的风俗习惯，这些习惯为蒙古人更好地适应环境，保持生态平衡，与自然和谐相处，求得自身生存发展奠定了重要的基础。目前蒙古族聚居区的草原上依然保有许多生态保护的习惯性做法，通过民众内心确认，在草原上发挥规范力量。例如，笔者在呼伦贝尔陈巴尔虎旗调查过程中，遇到一位老牧民，他介绍说，草原上有很多的习惯做法是不必写出来的，他也根本不认识字，但很多做法一代一代就那样流传下来了，像蒙古包前不会随便乱扔垃圾，牧民会将生活垃圾打包，带到市区的垃圾场丢掉；他们在每年大风天气的时候，不会烧火做饭，只吃冷食，因为烧火做饭可能会引发火灾，烧掉大片草原，这也是沿袭了古代"禁止草原荒火"的习惯。类似这样保护生态的习惯做法在草原上有很大的影响力，不用别人来惩罚他，他自己会自然而然地做，至于这些习惯做法是不是体现在国家法律中并不是很重要。因此，习惯法背后有很强的约束力。

　　蒙古族生态习惯法对蒙古人行为具有指引作用，引导他们热爱和保

---

① 王林敏. 民间习惯的司法识别 [M]. 北京：中国政法大学出版社，2011：124-125.
② 参见王林敏. 民间习惯的司法识别 [M]. 北京：中国政法大学出版社，2011：125.
③ 高其才. 中国少数民族习惯法研究 [M]. 北京：清华大学出版社，2003：233.

护自己的生活环境，不做危害生态环境的事情。固然，国家法律也具有同样的指引功能，也能对牧民的行为进行约束，但是传统习惯法往往更能获得牧民的认可，毕竟许多牧民对于国家法律并不清楚。蒙古族生态习惯法的指引功能具体分为确定性指引和有选择性指引。前者明确如果违反相关的习惯法会带来的后果，例如，蒙古族传统中有限时打猎的习惯，打猎时间明确而且不允许赶尽杀绝，如果牧民违背狩猎习惯就会受到惩罚，严重时会失去性命。这种习惯的主要目的是为了让不同猎物在春、夏、秋季最大限度地繁殖。这类习惯法的指引功能常常与国家的法律规定密切结合，也是国家制定相关法律的重要依据，在制定与蒙古族相关的国家法律时就非常重视固有民族习惯的吸收。所谓选择性指引，主要是引导牧民做一些不违背习惯特别是不违法的行为，绝大多数的民族习惯与国家相关法律不违背，国家在制定法律时都会参考本地区的实际习惯，这在民族地区立法中很普遍。例如，在草原上，保护草皮的完整性很重要，所以牧民对于在草原上开车到处乱走的行为十分反感，国家立法也充分考虑到这个实际情况，《草原法》第55条就规定，"除抢险救灾和牧民搬迁的机动车辆外，禁止机动车辆离开道路在草原上行驶，破坏草原植被。"那么，牧民面对可能会破坏植被的行为时，就会告诉自己要保护草皮，不能乱开车，同时他也会在遇到类似问题时主动选择保护草皮。例如，牧民在草原上修建固定住宅时，会在蒙古包与道路之间铺上一种架高的木板路，木板路下面草皮正常发育，当不需要时只要拿起木板，草皮就不会受到影响。这样的行为在国家制定法上是找不到法律依据的，但是传统保护草原植被的习惯却可以指引牧民主动去做。所以，蒙古族生态习惯法对于保护草原生态行为具有指引作用。

2. 蒙古族生态习惯法能够评价草原生态保护行为

所谓评价功能是指作为一种社会规范，习惯法可以作为衡量本民族成员行为合法或违法的标准或尺度。制定法是目前我国法律的正式渊源，但在少数民族地区，很多不成文的习惯法因为操作性强，易于让调整对象接受，凭借社会舆论、民族传统意识甚至神明等约束力的束缚，某种程度上也在调整社会。尤其在生态保护领域，国家制定法基本是在尊重传统生态保护理念基础上完成的，可视为国家法与习惯法冲突较少的领域，因此，在生态保护领域里真正能得到有效贯彻执行的国家法恰恰是那些和习惯法一致的法律内容。这种评价功能在于让习惯法主体衡量自身行为的合法性，也让旁人通过习惯法来评判某些行为是否合法，由此形成群体价值的评判标准，促进生态保护法律的实施。

3. 蒙古族生态习惯法能够教育草原生态保护主体

习惯法主体可以通过本民族地区广泛使用的习惯法来预估自己的行为，并衡量他人行为的合法性，以便得出对自己行为的判断，由此，习惯法主体可以及早作出适应群体习惯或国家法律的行为安排，避免对草原生态进行破坏，避免对他人造成侵害，避免违反国家法律，最终促进蒙古族聚居区社会和谐以及草原生态的恢复。教育功能体现在习惯法实施后对本地区、本民族人员今后行为的影响力。蒙古族习惯法不同于国家制定法，如果说制定法需要国家大力宣传教育，并以实际的法律实施来普及。习惯法就更依赖世世代代的言传身教来实现，它来自人民的生活，与日常行为密不可分。因此，一个地区具有示范作用的习惯确立，就会对该地区其他人员的行为产生教导意义，特别对子孙后代的行为作出合理规范和指导。某些违背民族习惯的行为一旦受到惩罚就会在本地区群众中引起极大反响，从而产生威慑力。因此蒙古族生态习惯法的教育功能也不能忽视。

蒙古族生态习惯法作为一种重要的规范，是经过时间检验，或者说在过去向现在的嬗变中不断被修正，在与其他社会事实共处的过程中留存了正面积极的因素，在不同程度被赋予了积极向上的意义。蒙古族生态习惯法之所以能够流传下来并依然发挥作用主要取决于经验性，在与国家法比较中，主体可通过自身在运用习惯法的过程中有所体会，这对一些没有条件熟悉、了解国家法律的人来说，具有教育意义。因此，在草原生态保护的过程中，不应当忽略蒙古族生态习惯法的教育规范作用。

（三）社会生活中蒙古族牧民的生态法律意识表现

生态保护法律意识是草原上的人民在长期的生产生活中逐渐形成的，反映草原上人与生态环境高效和谐的一种生态关系，在草原自然资源利用和保护的立法中、在司法实践中以及在草原生态主体权利和义务的实现中表现出来，并对国家草原资源的合理利用提出指引。可以说，生态保护法律意识是指导草原上人们行为的一种内心精神力量。有学者认为，"从反映法律现象深度的发生学角度，可以把法律意识分为法律心理、法律观念和法律思想体系三个相互依存的有机结构"。① 生态保护的法律意识也应该如此。

生态法律心理更多地表现为感觉、情绪、情感等方面，如果不对人的行为进行深度分析，往往不能发现隐藏在人们行为背后的潜意识或无意识。因为每个人对于事物的感知力量是不同的，生态法律法规能够理解到什么程度，或者说，对自身所处的环境感知程度如何会产生不同层次的法律意识。所以生态保护的多重性决定生态保护法律意识的多样性。而生态保护法律心理的认识主体恰恰主要是全社会的公民，或者说社会大众。

生态法律观念是合理利用自然资源和有效保护生态环境的法律价值和思想。"法律观念在法律意识中有独特的地位和作用，它是由法律认知、法律情感和法律评价三要素组合而成的。"② 法律认知是"人们对法律的内容、形式、运行法律的性质、作用等法律现实，以及法与其他社会现象的区别和联系的感知和认识"③。草原生态保护的法律认知，取决于草原生态保护的法律法规作用发挥的程度，也受人们对于参与生态保护和关注法律的实际状态影响。而这样的法律认知不仅影响着人们的生态保护法律情感，引导人们有效合理利用自然资源的价值认同程度，也影响人们对所处生态环境真实情感的表达。

生态法律评价是指在生态法律认知与生态法律情感的基础上，人们会对实际的生态保护现状形成一种客观理解，相对来说，法律评价能够产生评价者对于自身行为的节制，从而达到对于生态保护的一种心理指向。"从认识主体的角度来说，只能是法学家、法律职业者和其他受过正规法学教育的人"④ 构成生态法律思想体系的组成，他们对社会中的法律现象能够理性地对待和认识，具有比较系统的看法。因此他们能够形成所谓的思想体系，对于生态保护的法律现象理性地进行法律思考，既具有个人意识上的法律心理，也具备良好的生态保护的法律观念，更重要的是他们形成了有关自然资源和生态保护法律政策等的系统化、理论

---

① 葛洪义. 法理学 ［M］. 北京：中国政法大学出版社，2002：189.
② 葛洪义. 法理学 ［M］. 北京：中国政法大学出版社，2002：189.
③ 张文显. 法哲学范畴研究（修订版）［M］. 北京：中国政法大学出版社，2001：241.
④ 赵惊涛. 论生态法律意识 ［J］. 社会科学战线，2003，（6）：3.

化的思考结果，体现民众的生态利益的需求，能够为各种生态保护法律的实施提供引导。与此同时，法律思想体系不会简单到同法律心理和法律观念那样，仅是针对某个法律问题的看法和观点，而是更加复杂和深入的，具有科学性的整体思考。这样的思考最终会形成全社会关于生态保护的法律思想体系。"法律思想的理论性决定了它在一个社会的法律实践过程中具有指导性的地位和作用。"① 由此可见，生态法律心理、生态法律观念、生态法律思想体系是相辅相成的。其中，生态法律心理更偏向于普通民众的针对生态保护的潜意识想法，这样的心理往往是在实际生活中、在遵从本民族世代相传的民族习俗习惯的基础上形成的。介于法律心理和法律思想体系之间的是法律观念，它的认识主体范围很难确定，是由现实法律的运转现状等具体问题来决定。在提升民众对于生态保护重要性的认识方面，需要在极大范围内提升对民族固有的良好生态习惯法的保护与宣传，当然，法律认知、情感的形成绝不是简单步骤，是法律法规从"纸面上的法律"走入人心的重要阶段，我们不能忽略它的重要性。法律思想体系则更具有一种宏观性，它是我们践行草原生态保护的重要指导性思想体系，这需要所有法律从业人员和法学研究工作者加大理论研究和立法、司法实践的力度，从而更好地形成科学的、符合自然发展规律的生态保护法律思想体系。由此，我们可发现，生态法律意识是关于合理利用自然资源和有效保护生态环境的生态法律价值和思想的体系，为我们合理利用自然资源和有效保护环境打下良好的基础。

目前，在草原生态保护过程中，绝大多数牧民的生态保护意识较高，笔者在调研中也发现，问卷和访谈分析的结果体现了蒙古族牧民热爱草原、保护草原的积极性，这种意识是千百年来生活在草原上的人民最深的情结，没有良好的生态环境就不会有牧民的稳定生活，因此，牧民比任何人更加关注草原的变化。在访谈中，几乎所有牧民都向笔者表达了一个愿望，就是希望通过我们的研究找到切实解决问题的办法，他们不在意谁来管理谁来负责，单纯只希望能够实现草原生态环境的好转，只要让牧民实实在在地看到草原生态的恢复，他们就会由衷地高兴。这种朴素的生态意识是蒙古族牧民保护草原、约束自己行为的原动力，因此

---

① 葛洪义. 法理学［M］. 北京：中国政法大学出版社，2002：190.

更加珍贵。牧民是草原生态保护的主体，国家无论采用何种治理草原的政策，根本来说还是要看这些生态保护政策措施能否被牧民接受，并且实际地践行下去，牧民的态度和行为直接决定了草原生态保护的长远效益。但是也不可否认，部分牧民存在生态意识淡漠而引发的行为缺失，也给草原生态保护带来了许多的问题。长期以来，放牧是广大草原地区牧民生计的主要来源，对于草原的功能他们也会当然地认为只是养畜放牧的地方，而且认为养的牲畜头数越多，牧民的生活也就越富裕。特别是没有其他有效致富途径时，牧民也只能靠增加牲畜头数来维持生计，缓解经济压力，提高生活水平，这导致他们容易忽视草场退化问题。虽然牧民们在国家大力宣传倡导的生态保护法律和世代相传的传统生态习惯法影响下，存在自发的生态保护观念，但在认识上依然存在偏差。他们没有充分认识到草原生态系统存在诸多其他功能，如生物多样性或者民族文化传承的价值等，特别是一些缺乏对世代相传具有约束力量的生态习惯法了解的人们，常常不能预计生态破坏带来的后续问题。笔者希望从蒙古族生态习惯法中寻找一种培育生态法律意识的可行性途径，引导所有牧民真正地将法律意识投射到生态保护领域，实现生态保护法律意识的实质性提高。显然，生态治理绝非一人之力便可带来成效，也不是单纯提高法律意识就可以解决。但没有社会民众生态保护意识的提高，没有国家自上而下坚持不懈的宣传教育，没有政府官员依法行政、民众遵纪守法，就不可能有草原真正美丽的一天。从传统蒙古族的生态习惯法中寻找解决问题的切入点，以祖祖辈辈沿袭相传的文化驱动生态保护的法律意识，是一个值得尝试的路径。

（四）社会生活中蒙古族生态习惯法的迁移性表达

国家法律的统一性和权威性，改变了习惯法的生存空间。中国社会自 20 世纪 80 年代以来，不断地加强国家法制的统一和完善，通过自上而下的普及和适用使中国的法治环境发生改变。法律体系更加健全，大量制定法出台，司法制度愈加完善，法律调控作用不断得到加强，而经过多年普法宣传和教育，逐步改变了民众的厌讼意识，寻求法律途径保护自身权利的行为更加普遍。因此，国家法的表达令民众更相信国家法律。可以说，目前中国的法治进程依然是以国家制定法为主，以政府强力推动为模式，在这一趋势中习惯法作为地方知识的代表，也在国家法的发展中悄然发生变化。

1. 蒙古族生态习惯法经济共同体要素发生变化

蒙古族生态习惯法最初产生于蒙古人的生产、生活之中，并深受当时蒙古族宗教信仰的影响，从而形成了蒙古人独特的人与自然相处的和谐观念，也形成了独具特色的蒙古族生态习惯法。然而，从结构功能主义的观点来看，"每个社会实体，不论是一个组织或者整个社会都是有机体，和其它的有机体一样，一个社会系统是由不同部分组成，对于整个系统的运作而言，每部分都有功用"。① 当生态习惯法所处社会各个层面的因素发生改变，如政治、经济各种因素发生改变，那么习惯法自身将无法保持不变，所以变迁将是一种必然。

我们都知道，经济基础决定上层建筑。经济的变化必然导致社会其他因素的改变。蒙古族生态习惯法诞生于传统游牧经济中，所谓"游牧"是以草原生态系统为基础，以氏族部落为组织单位，以自然循环法去养殖牲畜。牧民们在生产实践中会根据自然条件的特殊性和草原五畜的习性，根据气候、季节、草场的变化，一年之中在春、夏、秋、冬四个营地之间转换，为了共同防御自然灾害，每个个体家庭"阿寅列"（不同家庭组成的群落，范围小于村）依托在共同的部落中，逐水草游牧，以确保各个营地草原植被的恢复和生生不息。这一传统游牧经济曾经给草原留下十分良好的生态环境，促进了草原上每个生态组成部分的延续和发展，以其生产投入少、成本低利润高和对自然界破坏较少而不断发展，而这依然是今天草原牧民所向往的方式。蒙古族生态习惯法依托于蒙古族游牧经济而产生和发展，一方面，游牧经济本身的一些特质，如平衡牲畜数量增长与牧场载畜量之间的矛盾使得蒙古人必须在不断迁徙中才能保证经济发展与自然界之间的良好关系，另一方面，游牧使得蒙古人经常性处于变迁的状态中，这样又会限制其文字、法律以及各项制度的建设，所以我们所了解的蒙古族的生态习惯法的产生和发展往往依托蒙古人的口头相传，依托彼此行为的约束以及共同的心理认可等方式。当蒙古族进入成文法时代后，生态保护的固有习俗逐步为国家成文法所吸收，而遗存在民众之间不成文的规范也得以不断地存续并内化为

---

① 艾尔·巴比. 社会研究方法［M］. 邱泽奇，译，北京：华夏出版社，2006：38.

蒙古人内心的确信。

但是，这种传统的游牧经济和习惯法延续方式却由于各种因素的介入，特别是农业方式的介入而不断发生转变。过去内蒙古地区多为美丽草原，牧民基本都能从事游牧，新中国成立前，普遍实施的是草原公有、牲畜私有的模式，游牧范围能达到百公里的距离。后来要克服游牧的脆弱性，并适应人口增长的需要，政府逐步设立一些定居点，但主要让老人和孩子居住，年轻人依旧游牧。到20世纪80年代，当牧区实行了改革，将草场和牲畜分到各户，游牧的可能性降低，每户都在自家草场定居，自己的草场内要放牧多种牲畜，且范围固定也无法按季节轮牧，当牲畜数量增加后，过度放牧就成了草原的致命伤害。与国家法相比，生态保护习惯法往往不具有严格的制定程序，主要依赖长期的自发形成，并且没有科学的制定形式，几乎没有什么成文规定可以参照，因此，随着游牧经济的变迁，生态习惯法本身也被迫发生变化。虽然现存的各个苏木嘎查的民约被赋予习惯法成文化承载的依托，但前文我们也发现其本身并不能完全承担这样的重任。当千百年来草原上最适宜的游牧经济已经备受挤压，经济方式的改变和生态的破坏使得传统蒙古族生态习惯法遭遇巨大挑战。我们无法阻止人类社会的前进道路，面对变化更加应该保持能动性，在现有境况下更好地思考未来发展之路。

2. 蒙古族生态习惯法地缘共同体要素发生变化

蒙古族生态习惯法从其产生的背景来看，具有极强的地缘性特点，这一点在前文阐述中已作说明。伴随蒙古族自古以来生活的自然环境，逐步形成了适宜草原生态的一系列生产生活方式，形成了许多面对自然的禁忌和习惯，由此形成的蒙古族生态习惯法也必然在特定的自然环境中更加具有因地制宜的适用性，离开赖以生存的环境，这种适应就会缺乏针对性。在离开草原的环境中强调草原生态的习惯法也会失去其本身价值。在历史上，游牧人口的密度很小，每平方公里有时仅有一人，几十里地见不到一户家庭。因此，游牧人很久才能与别人见面，进而有一些简单的物质交换。地广人稀的地域特点导致草原上很难建立固定机构，如监狱和法庭，因此，在草原上生活自有一套生存规则。基于防御野兽、敌人和预防自然灾害的需要，一个部落的人会一起进行迁徙，以集体组织的方式生活，因此，会形成一个部落自己的相处规则，这一形式极为便于习惯法生存。蒙古族传统生态习惯法可以世世代代沿袭至今，得益于这样人口稀少和关系密切的群体生活。在集体中，每个人都有一种依赖性，如果离开群体，个人在恶劣的环境中难以生存，因此对集体的规范不敢违犯，一旦被驱逐，个人不仅在生活中难以为继，精神上也会崩溃。所以本民族的习惯法得以严格执行，不会有人轻易违抗。除了严格规范群体的习惯法之外，还有很多蒙古族习俗也与地域内人口稀少有关。例如，蒙古族牧民十分的好客，在蒙古族传统中，对待客人的态度是有严格规定的。《大札撒》中记载，"客人来时，禁止在招待客人前，主人先吃饭，禁止在朋友吃饭前先饱食；乘马经过饥饿人身旁者应下马，不等该人同意即给予食物，共食的不拒绝做过路人的朋友"。① 所以，如果在草原牧区，你见到蒙古人，他都会十分热情地请你进门，拿出食物招待，至今如此。对于蒙古族来说，特定地域是良好风俗习惯产生的基础，正是这样的特定地理环境塑造了特定的习惯法，而也是这样的原因，使习惯法有了很强的地方性。将习惯法和国家制定法进行比较，我们可以知道习惯法是"小众的"，属于"小传统"，无法表现出国家法那样的普遍性和权威性。但也恰恰是习惯法的小众，才能承载一个地域内人们彼此相熟、彼此约束的力量，当地域内的人们经过无数次的矛盾和摩擦逐步形成大家都认可的知识和规范，也就有了习惯法需要的规范力。在"熟人社会"中习惯法的力量最强，当蒙古族聚居区的人们世代相守着这样的生态习惯法知识，彼此监督、彼此约束的时候，这样的讨论才有价值，离开这里，其作用也就打了折扣。如果让外来的"陌生人"加入或者认可这样的习惯法，是比较困难的，他没有切身的体会，缺乏长期的分享这套知识的积累和创造，也就不会产生认同感和约束力。由此，习惯法产生的背景是其本身地域性特点产生的原因。它无法像国家法那样具有普适性，因此，其适用范围无疑是有限的。这套知识发生变迁的可能性会随着所谓的"熟人社会"范围的变化而加大，导致这套知识的不稳定因素增加。如果离开所谓的"熟人社会"，进入完全是陌生人打交道的环境中，不信任感将打破固有的习惯规范，习惯法的作用将不及

---

① 见杨一凡，田涛，张冠梓，点校．中国珍稀法律典籍续编（第十册）少数民族法典法规与习惯法（下）[M]．哈尔滨：黑龙江出版社．2002；416-418.

国家法的调整力度。我们也应当看到蒙古族生态习惯法的这一缺点，对症下药地解决问题，让它在适宜的地区继续发挥它的作用。

如今，这种局面发生了显著改变。历史上曾经有过多次移民戍边，大量中原地区的人不断到草原上生活，改变了草原的民族结构。在国家比较困难的 20 世纪 60 年代，大量人口迁入草原地区进行农垦，自 70 年代开始，这里的煤矿开采业也大量引进务工人员。人口的迁徙不仅打破了蒙古族传统习惯法的严密性，也使得草原生态习惯法的作用大打折扣，人们对生态保护的认识逐步下降。同时，在现代化飞速发展的今天，科学技术日新月异，那种道路不通、信息不畅的局面早已改变。当电视、电脑、手机等通讯工具以及摩托车、汽车等交通工具带动牧民走向现代化的时候，相对封闭的环境因素就被打破。"我们地区文化不是简单来自内部变化过程，而是今天所反映出范围相当宽的——甚至是全球性的政治和经济发展对文化的影响，它们以多种形式冲击着这一特殊地区。"① 面对空间范围的拓展，对外交流的加大，人与人的接触和外来文化的渗入愈加便捷。科技进步使报刊、书籍及互联网更加普及，降低了文化和意识传播成本。当信息媒介宣传的都是现今主流文化，也就促进了国家法律的普及，让人们遇到问题有了更多的选择。还有一部分非定居人口出现，那就是草原上的游客。为了响应国家经济建设的号召，利用草原的资源优势，打造美丽草原的旅游业已经成为内蒙古自治区所有草原的共识，而这些游客的参与本身也是对蒙古族生态习惯法的弱化。他们不是长期生活在草原，一方面这些人不懂草原生态习惯法，常常做出侵害草原的不合适行为；另一方面当旅游形成产业并大规模出现的时候，大量人口涌现，成为草原上人口流动的另一种形式。而人口流动给蒙古族生态习惯法的适用主体带来改变，那些世代延续的良好传统逐渐在松弛。

3. 共同体要素变迁中的蒙古族生态习惯法

蒙古族生态习惯法从产生的时代背景而言，是"从公元 8 世纪走出山谷，迁居草原开始"②，经过一定时期的发展，蒙古各部的人们依托共

① 盖志毅. 新牧区建设与牧区政策调整：以内蒙古为例 [M]. 沈阳：辽宁民族出版社，2011：443.
② 奇格. 古代蒙古法制史 [M]. 沈阳：辽宁民族出版社，1999：2.

同的生活环境逐步形成共同的语言和生活习惯，也渐渐有了自己独立的
习惯规范来调解生活中的矛盾。由此，蒙古族生态习惯法逐步有了自己
独特的内容。基于保护草原生态环境的目的，有了初步的禁止破坏草场、
禁止草原荒火和掘地、禁止违规偷猎野生动物、禁止污染水源等规定。
在过去的游牧时代中，看似简单的规定却起到了对草原生态良好保护的
作用，人们潜移默化地遵守着这样的规定，约束着自己的行为并世代相
传。然而，面对社会生活发生巨大变化的今天，回顾草原生态习惯法，
其内容的严谨性和全面性似乎很难与时俱进，独立承担保护草原生态的
重任，与国家制定法的科学性和强制力相比也稍显不足。国家在草原生
态保护方面以国家法特有的强制力和权威性引导和规范社会。国家立法
具有严格的程序，并通过科学的方式制定出对草原生态保护最基础和
核心的法律条文。毫无疑问，在如今的草原生态保护领域里，国家自
上而下的政策引导和法律规定都在发挥着重要作用。虽然关于草原生
态保护的法律机制依然存在一些问题，也需要在今后的发展中进行完
善，但是从对草原生态保护的力度和效果看，国家法能够整合优质资
源，并能充分调动一切力量实现生态保护，这是其他规范力量无法达
到的高度。从生态保护意识的树立方面，也只有国家能够通过各种宣
传方式达到对民众的法律意识的培养。可以说，在与国家法的对话中，
特别是在当前国家大力建设社会主义法治国家的进程中，习惯法常常
被"嫌弃"。

　　但我们不能忽视蒙古族生态习惯法本身具有的迁移性特点，即蒙古
族生态习惯法会随着时代发展自动自发地产生内部调试，这种调试可能
是自发的、微观的或者潜移默化的，但一定会随着形成要素的变化而发
生变化。这就表明习惯法在特定地区和特定人群的日常生活中依然会发
生作用。习惯法不是过去的法，不是死亡的法，而是流动的、迁移的法，
它依然具有朴实、贴近群众以及方便人们理解、操作的优质特点，对特
定地区的社会生活依然发挥调节作用，对地区内草原生态领域的纠纷依
然可以产生影响力。因此，我们在研究蒙古族生态习惯法的时候应该正
视蒙古族生态习惯法的迁移性特点，认可其存在并凸显其作为国家法补
充力量的作用，从协助国家法律普及和实现民族生态法律文化传承等多
方面挖掘习惯法的价值，找到良好途径将所有可用资源纳入完善国家法

律的道路上来，毕竟国家法再强大也同样存在进步空间，我们要做的就是将两者的现实状态分析清楚，并利用蒙古族生态习惯法去实现完善草原生态保护法律机制的目的。

第二节 从社会生活视角观察蒙古族
生态习惯法（二）

一 调研情况的说明

（一）问卷调查的说明

2019年5~8月，笔者带着问题开始关于蒙古族生态习惯法的第二次实地调研，此次调研一方面通过问卷星在内蒙古自治区内发放问卷，发放途径主要通过蒙古族大学生联系所在家乡的牧民，帮助他们解读并填写，进而获得调研数据；另一方面笔者在赤峰市阿鲁科尔沁旗扎嘎斯台镇、锡林郭勒盟东乌珠穆沁旗乌里雅斯太镇、乌拉盖管理区贺斯格乌拉牧场、鄂尔多斯杭锦旗伊和乌素苏木、巴彦淖尔市乌拉特后旗获各琦（原巴音温都尔）苏木、呼伦贝尔市新巴尔虎左旗新宝力格苏木，进行实地调研访谈，并发放一定数量的问卷。此次问卷调研与2012年第一次问卷调查有所不同，具体表现在：第一次调研发放纸质版问卷，问卷发放地点与访谈一致，随谈随发，因此调研对象都集中于呼伦贝尔市牧业四旗，所收获的数据主要用于支撑当地蒙古族生态习惯法的现状分析；而此次问卷调研利用问卷星的优势，广泛发放问卷，调研对象也基本普及到了内蒙古自治区大部分牧区和半农半牧区域，需要说明的一点是，此次问卷访谈对象年龄偏低的原因是很多蒙古族的中、老年牧民对智能手机的运用存在一定的障碍，影响他们填写问卷，同时让自己的孩子来答卷的牧民也占一定的比例。整体来看，从不同地区收集问卷，能一定程度补充第一次调研的不足，也能广泛了解蒙古族生态习惯法在内蒙古自治区广大牧区和半农半牧地区存在和发展的状况。此次调研的问卷是在第一次问卷基础上完善的，着力解决第一次问卷中表述及阐释等方面的不足，使问卷更为清晰易懂，特别是不同部分之间的逻辑关系更加明晰。

（二）实地访谈的说明

2019 年 7~8 月，笔者再度展开实地调研工作。因内蒙古自治区各个盟、市、旗、嘎查之间距离非常远，交通不便，驱车调研是首选。两个多月时间，笔者基本走了蒙古族传统聚居区，自内蒙古西部巴彦淖尔市至东部呼伦贝尔市，直线距离近 2700 多公里，期间深入草原深处，又要平均多走二三百公里，因此可谓"跋山涉水"。每到一地，由当地提前联系好的向导带领我们深入草原腹地，寻找当地牧民进行入户访谈和问卷调研，在这样一家一户的拜访中，我们逐步感受到蒙古族生态习惯法在民间的信仰基础，期间也感受到牧民们的热情与淳朴。

（三）调研地的情况

1. 赤峰市阿鲁科尔沁旗扎嘎斯台镇

阿鲁科尔沁旗位于内蒙古自治区中部，赤峰市东北部，以牧为主，畜牧业为主要经济支柱。阿鲁科尔沁旗游牧区位于最北部的巴彦温都苏木。该地区横跨大兴安岭山地丘陵南北坡，山间宽阔的河谷洪积平原，植被良好，可利用草场面积约 25 万公顷，自古以来就是游牧民族栖息活动的传统区域。这里保留了内蒙古自治区乃至全国罕见的区分冬春营地、夏秋营地"逐水草而居"的传统游牧方式，牧民们过着融合了现代元素的传统游牧的生活方式，也能较为完整地保留蒙古族传统文化。笔者在调研中希望能够跟随巴彦温都苏木进行一次真正意义上的游牧，但是当笔者准备进入该地区，却得到消息，因为下大雨导致进入该地区的道路封闭，使得笔者错过了一次亲身体验传统游牧的机会。因此，笔者被迫转战到扎嘎斯台镇，继续寻求我们的答案。扎嘎斯台镇距旗人民政府所在地天山镇东 42 公里处，2012 年 10 月 8 日，镇子从原赛罕塔拉苏木划分成立，这里的地貌是丘陵地带，中间为沿河湿地，南北两边为沙带。满金芒哈、阿拉迪芒哈两大沙带横跨全镇北部和南部，有一个国家级湿地自然保护区，是镇子北部重要的生态系统保证。扎嘎斯台镇以蒙古族为主体，蒙古人占比超过 90%。全镇主导产业是畜牧业，畜牧品种主要为肉乳兼用型西门塔尔牛和大尾羊。全镇总土地面积 1399.4 平方千米，其中可利用草场面积 146 万亩，林地面积 98 万亩，农作物种植面积 17 万亩。这里的野生植物和天然林资源丰富，山野菜、中草药遍布全镇，有较高的开发利用价值。黑哈尔河、乌力吉沐沦河两大河流交汇在扎嘎斯台镇境内，并同扎嘎斯台泡子、达拉哈泡子、哈日朝鲁泡子、乌和朝鲁泡子等几大湖泊形成了丰富的地上、地下水资源。

2. 锡林郭勒盟乌拉盖管理区贺斯格乌拉牧场

贺斯格乌拉牧场前身是贺斯格乌拉公私合营牧场，后者成立于1965年2月，1969年组建内蒙古建设兵团，设五十三团，1975年兵团移交地方管理，成立贺斯格乌拉牧场。牧场占地面积为235.54万亩，其中耕地面积82527亩，可利用草场面积210.06万亩，常住人口578人，主要以蒙、汉两个民族构成。这里的草场类型属森林草原向草甸草原过渡带，草原植被较好，牧草种类优良，具有药用价值的野生植物也较为丰富。贺斯格乌拉牧场境内地下水资源丰富，色也勒吉河纵贯全境，全长98公里，境内有多处天然淖尔和泉眼，水质较好。笔者来到这里的时候，正值锡林郭勒大草原最美的季节，草原一碧千里，牧场水草丰美，这里的草原生态确实令人欣喜，牧民家很富裕，户主在介绍自己家的财产情况时，非常豪气地指着四个山头说，这些都是他家的，确实让人感受到了牧民生活的富裕和安详。美中不足的地方是从草原深处向另一个目的地进发的时候，看到有夜间开矿的情况，比较严重地破坏着草原的生态，牧民对此也是充满忧虑，好在目前自治区对草原煤矿开采管控越来越严，一定程度上也有利于生态的修复和保护。

3. 东乌珠穆沁旗乌里雅斯太镇

东乌珠穆沁旗是内蒙古自治区锡林郭勒盟的一个旗，地处内蒙古自治区锡林郭勒盟东北部，大兴安岭西麓，在北与蒙古国交界，国境线长达527.6公里，有一个国际性一类陆路口岸——珠恩嘎达布其口岸，距旗政府乌里雅斯太镇以北68公里处，是连接欧亚大陆桥的桥头堡。东乌珠穆沁旗天然草原总面积为6917万亩，森林面积27.2万亩。这里的草原生态非常原始，是内蒙古仅存较完整的原生态草原，2016年底已划为国家重点生态功能区。东乌珠穆沁旗以畜牧业为主，当地牧民的生活水平比较高，连续26年位居全区牧业旗之首。这里的草场有山地草甸草原、低山丘陵草甸草原、半荒漠草原、河泛地湖盆低地草甸草原等几种类型，矿产资源蕴藏量较大，有黄芪等珍贵药材，天鹅、狍子等野生动物。笔者沿途所见确实印证了草原生态的优越，虽然当季雨水不是很好，草比较低，但是依然是"风吹草低见牛羊"的和谐美景，相信只有走过草原的人才能体会个中滋味。

4. 鄂尔多斯杭锦旗伊和乌素苏木

杭锦旗气候特征属于典型的中温带半干旱高原大陆性气候，太阳辐射强烈，日照较丰富，干燥少雨，蒸发量大，蒸发量是降水量的二十倍，风大沙多，北靠黄河与巴盟乌拉特前旗隔河相望，地理结构属于丘陵沟壑、沙漠及黄河冲积平原相结合地区，库布齐沙漠横跨东西，是一个以蒙古族为主体，其次为汉族的少数民族地区。这里没有像中、东部草原那样的风貌，草原多荒凉，是典型的沙漠、荒漠和砒砂岩裸露的地区，石头很多，笔者所到的巴彦温都尔嘎查正是伊和乌素苏木的生态自然恢复区，过去这里草场沙化非常严重，经过 2007 年以来的生态移民修复，2020 年观察时发现生态明显得到好转。

5. 呼伦贝尔市新巴尔虎左旗新宝力格苏木

新宝力格苏木成立于 2006 年 6 月，由原来新宝力格苏木和新宝力格东苏木及新宝力格西苏木合并而成。地理上东与陈巴尔虎旗接邻，隔辉河与鄂温克旗相望，西与阿木古郎镇相接，东北与嵯岗镇为邻，西北与吉布胡郎图苏木相连。所在地莫达木吉（"莫达木吉"系鄂温克语，意为"辉河流域上游的白色湖泊"）东距海拉尔 97 公里，西距阿木古郎 75 公里，G322 公路辖区内穿过。土地总面积 3599 平方公里，下辖 14 个嘎查和 1 个社区，草场面积 440 万亩。目前，全苏木户籍人口 2945 户 5768 人，由蒙古族、汉族、达斡尔族、回族、鄂温克族、满族六个民族构成，其中蒙古族占全苏木人口的 75.9%，贫困人口有 168 户 481 人，其中稳定脱贫 43 户 130 人，正常脱贫 125 户 351 人。主要以畜牧业经济为主，牲畜总头数 15.09 万头只。[①] 辉河自西南向东北流，苏木境内流程 5 公里，土地肥沃，植被覆盖率 95% 以上，野生药材有防风、柴胡、黄芪等几十种，还有蘑菇、黄花菜、野韭菜等食用植物。

6. 巴彦淖尔市乌拉特后旗获各琦（原巴音温都尔）苏木

获各琦苏木位于乌拉特后旗西北部，北与蒙古国接壤，南与本市磴口县毗邻，东与本旗的潮格温都尔镇相连，西与阿拉善盟交界。距旗府

---

① 根据内部资料统计所得。

所在地巴音宝力格镇 85 公里，边境线长达 34.034 公里，总面积 9323 平方公里，北部为沙漠地带和成片的梭梭林地，中南部为丘陵地带，沿中东部沙窝边形成湿地等多种形态地貌，南部是储量丰富的多金属矿区，全国著名的六大露天铜矿之一的获各琦铜矿位于苏木境内。冬季寒冷，夏季高温炎热，气候特征为风大、沙多、降水量少、无霜期短，年均降水量不足 80 毫米，是典型的荒漠草原。全苏木辖 7 个嘎查，分别是巴拉乌拉嘎查、前达门嘎查、查干高勒嘎查、毕力其尔嘎查、满都拉嘎查、乌宝力格嘎查和萨如拉嘎查，8 个二级单位，总人口 6468 人，是一个以蒙古族为主体且以畜牧业为主的边境少数民族牧业苏木，可利用草场 5041 平方公里，牧业人口有 733 户 2543 人，其中从事畜牧业的有 194 户 834 人，实施禁牧的有 486 户 1699 人，牧区常住人口 313 户 1048 人。获各琦苏木地域辽阔，地形多样，生态环境保护较好，野生动植物种类较多，野生动物主要有黄羊、蒙古野驴、狼、鹰、天鹅、隼等；植物主要有梭梭（蒙语为"扎嘎"）、红柴、柠条、冬青、霸王、白刺等，其中梭梭是一种古老树种，它以耐旱为特点，成片分布在戈壁沙漠中，面积大约 130 万亩，寄生于梭梭根部的是素有"沙漠人参"之称的名贵药材——苁蓉。

二　社会生活中蒙古族生态习惯法的新样态（一）

（一）调研人数分析

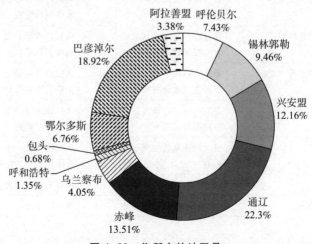

图 4-23　你所在的地区是？

表 4-1 你现在所在的旗（县）、苏木（乡）、嘎查（村）的名字是？

所在地名字	数量	所在地名字	数量	所在地名字	数量
阿拉善右旗阿拉腾朝格苏木查甘德日斯嘎查	1	内蒙古巴彦淖尔市乌拉特中旗海流图镇	1	扎鲁特旗黄花山镇敖干朝鲁嘎查	1
阿拉善左旗银根苏木达兰图如嘎查	1	科尔沁左翼后旗海鲁吐镇西阿阁州嘎查	1	扎鲁特旗嘎亥图苏木吉布图嘎查	1
阿鲁科尔沁旗巴拉奇如德苏木中诺尔嘎查	1	科尔沁右翼中旗白音胡硕镇新艾里嘎查	1	正蓝旗桑根达来镇巴音诺尔嘎查	1
阿鲁科尔沁旗坤都镇乌森义和嘎查	1	翁牛特旗白音他拉苏木达日罕嘎查	1	乌拉特中旗新忽热苏木希热嘎查	1
阿鲁科尔沁旗绍根镇柴达木嘎查	1	翁牛特旗白音他拉苏木白音树海嘎查	1	乌拉特中旗温更镇阿拉腾胡少嘎查	1
巴林右旗西拉沐沦苏木好义勿苏嘎查	1	通辽市扎鲁特旗嘎亥图镇吉布图嘎查	1	兴安盟科尔沁右翼前旗额尔格图镇苏木吐嘎查富兴艾里	1
巴林左旗乌兰达坝苏木哈布其拉嘎查	1	内蒙古巴彦淖尔市乌拉特中旗海流图镇	1	科右前旗归流河镇巴达仁贵嘎查	1
赤峰市翁牛特旗白音他拉苏木白音树海嘎查	1	内蒙古兴安盟科右中旗高力板镇丰产嘎查忙哈屯	1	乌审旗乌兰陶勒盖镇巴音敖包嘎查	1
赤峰市巴林左旗巴音努尔镇乌兰白旗嘎查	1	克什克腾旗巴彦查干苏木乌套海嘎查	1	科尔沁右翼中旗巴彦淖尔白音塔拉嘎查	1
巴林左旗查干哈达苏木汪安池嘎查	1	内蒙古通辽市科尔沁左翼中旗腰林毛都镇南塔嘎查	1	正蓝旗宝绍岱苏木满都拉图嘎查	1
鄂托克前旗昂素镇克任克图嘎查	1	奈曼旗固日班花苏木查干朝鲁嘎查	1	乌拉特前旗沙德格苏木毕克梯嘎查	1
杭锦旗锡尼镇吉镇格更召嘎查	1	通辽市科尔沁左翼后旗吉尔嘎朗镇准苏嘎查	1	乌拉特前旗沙德格呼和温都尔嘎查	1
杭锦旗伊和乌素苏木巴音嘎查	1	内蒙古自治区通辽市科尔沁左翼后旗甘旗卡镇	1	乌拉特后旗获各琦苏木毕力其尔嘎查	1
科左后旗茂道吐苏木索根嘎查	2	通辽市科左中旗宝龙山镇白家套布嘎查	1	乌拉特中旗川井苏木宝日汉图嘎查	1
阿左旗	1	科左后旗朝鲁吐镇昂海嘎查	1	乌拉特中旗巴音乌兰苏木伊和宝力格嘎查	1
敖勒召其镇	1	科左后旗阿都沁苏木	1	格日勒图嘎查塔木苏	1
查干胡守嘎查	1	巴林左旗巴音乌拉苏木	2	乌拉特中旗	6

所在地名字	数量	所在地名字	数量	所在地名字	数量
白音套海苏木高日罕嘎查	1	临河	1	乌拉特中旗海流图镇	2
巴彦乌兰苏木	1	茂道吐苏木	1	乌审旗嘎鲁图镇萨如拉嘎查	1
东乌旗	1	昆都仑区	1	乌拉特中旗新忽热苏木	1
宝力根花	1	奈曼旗	2	扎鲁特旗	2
陈旗鄂温克苏木哈吉嘎查	1	科右后旗	2	乌拉特前旗	2
东乌珠尔苏木海拉图嘎查	1	科右中旗	3	锡林郭勒盟东乌珠木沁旗	1
陈巴尔虎旗	2	临河	1	乌审旗乌审召镇乌审召嘎查	1
东乌珠穆沁旗	2	苏尼特左旗	1	科尔沁右翼中旗	2
杜尔基镇双山嘎查	1	苏布尔嘎镇	1	科右前旗察尔森镇联合嘎查	1
鄂温克旗	1	科尔沁左翼后旗甘旗卡镇	1	扎赉特旗胡尔勒镇宝力根花	1
鄂温克族自治旗	1	奈曼旗白音他拉苏木散代村	1	扎赉特旗	1
鄂温克旗西苏木特莫呼珠	1	通辽市科左翼后旗	1	锡尼河西苏木	1
二连浩特	3	苏布日根塔拉嘎查	1	正镶白旗	1
阿鲁科尔沁旗	1	通辽市巴嘎塔拉苏木	1	西乌旗巴音花	1
刚干哈尔	1	舍伯吐镇	1	海拉尔区	1
嘉尔嘎勒赛汉	1	赛罕区	1	开鲁县	4
哈日朝鲁	1	苏木	1	开鲁县义和塔拉镇	1
杭锦旗独贵塔拉沙镇沙日召嘎查	1	内蒙古兴安盟科右中旗	1	科右前旗	1
好腰苏木镇	1	四子王旗	5	科尔沁区	1
呼和浩特市	2	翁牛特旗	3	锡林浩特市	2
乌拉特后旗	4	乌丹镇阿什罕苏木	1	扎赉特旗胡尔勒镇	1

注：此表单内容为被调研人员个人填写原始数据，故对所在地名称不作统一调整。

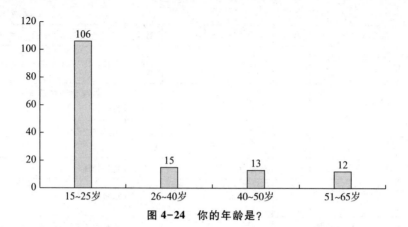

图 4-24　你的年龄是？

表 4-2　你的性别是？

选项	小计	比例	
男	50		33.78%
女	98		66.22%
本题有效填写人次	148		

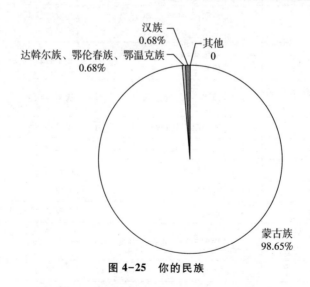

图 4-25　你的民族

根据图 4-23 至图 4-25、表 4-1 至表 4-3 所示，本次问卷调查覆盖 12 个盟市、114 个嘎查，调查覆盖范围较广，调查相对全面，调查结果真实可靠，具有代表性。从调查人员的年龄分布来看，调查对象多为 15~25 岁的年轻人，其余年龄段人数分布较为均衡。这里需要指出一点的是，有许多问卷是家里孩子帮助老人填写的，考虑到很多蒙古族牧民不懂汉语，孩子们普遍在 15~25 岁年龄段，正是上学的年龄，他们的汉语水平一定程度高于老人们。以上的数据不仅能让我们知道此次调研的主体分布，还能够比较广泛地看到蒙古族生态习惯法在年轻人中的遵守与传承情况。由于调查的目的是看蒙古族生态习惯法的现状，所以主要涉及蒙古族，本次调查人员中 98.65% 的人是蒙古族，符合笔者调研目的，能够更深入、更精准地了解当代蒙古族人对传统生态习惯法的遵守与传承状况，有助于分析蒙古族生态习惯法的现实状况和当代价值。

表 4-3　你的职业是？

选项	小计	比例
农民	5	3.38%
牧民	18	12.16%
公务员	5	3.38%
自由职业者	5	3.38%
企事业单位	16	10.81%
退休	1	0.68%
其他	98	66.22%
本题有效填写人次	148	

（二）被调研人员的家庭及个人情况分析

从图 4-26 家庭月收入数据来看，45.94% 的家庭月收入在 2001 元以下，家庭经济条件很差，且在 12 岁之前，他们当中有 41.2% 的人生活在半农半牧区，33.7% 的人生活在牧区。（见图 4-28）可见，牧区整体生活水平还是比较低，牧民主要依靠畜牧业和种田所得维持生活。2010 年 10 月，国务院作出决定，在全国 8 个主要草原牧区实施草原生态保护补助奖励机制，中央财政每年将投入 134 亿元，主要用于草原禁牧补助、草畜平衡奖励、牧草良种补助和牧户生产性补助等。这是继退牧还草工程和京津风沙源治理工程之后，国家作出的又一保护草原生态的重大战略决策，也是广大农牧民期盼已久的普惠工程，标志着草原保护建设进入了一个新的发展时期。2010 年全区禁牧面积达到 30361.61 万亩，休牧面积达到 37661.38 万亩，划区轮牧面积达到 10046.4 万亩，国家对 33

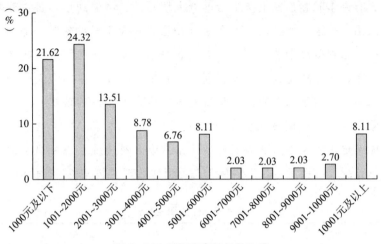

图 4-26　你的家庭每月收入是

个牧业旗县实施了草地生产力和草畜平衡动态监测管理。这项政策实施以后，一是牧民虽然经过就业转移安置，但大多数还是仅仅依靠补助生活，或者打些零工，生活方式转变缓慢；二是牧民在畜牧业之外能够提升经济收入的方式方法有限；三是一些牧民文化程度不高，拿到补助后进行自我更新的较少，很多都是拿来挥霍，也会导致生活水平不高。因此，数据体现出来的收入程度还是比较低的，如何从根本上提高牧民生活水平，还需要认真思考，特别是脱贫攻坚的持续性效应还要加强。

　　根据图 4-27 及图 4-28、表 4-4 及表 4-5 可知，在所有的调查人员当中，大学（含大专）学历的人占 54.05%，27.70% 的人学历为大学以上，受教育程度普遍较高，主要原因是填写问卷的学生人数较多，一家人中往往会选择让学历高的孩子来填写这个问卷，家长往往会说自己文化程度不太高，无法明白调研的目的，不太会填写。问卷中精通蒙古语的人数达 98.65%，调查对象基本上都是土生土长的蒙古人。宗教信仰方面，蒙古族最初的信仰宗教是萨满教，后受佛教传入的影响，信仰藏传佛教。但通过此次问卷调查发现，选择"其他"选项的人数最多，占调查总人数的 72.97%。在选择"其他"选项的人员中，54.05% 的人员具有大学（含大专）学历，27.70% 的人员具有大学以上学历。可以看出，在受教育程度越高的人群中有宗教信仰的人数就越少，这也在一定程度说明，目前在牧区广大群众中有宗教信仰的人在减少，在处理生活问题的时候，依托宗教信仰来决定行为的概率同样在降低。但是此处不排除，在年龄较大、文化程度低的人群中，宗教信仰的影响还是占据一定比例。根据"你的家庭成员 12 岁之前的生活地区"问题的调查结果可知，无论是哪一代的人，生活在牧区和半农半牧区的人数都占大部分，可见内蒙古牧民还是以牧业或半农半牧业为主要的生产生活方式。也正是因为蒙古族生产生活环境对草场有着绝对的依赖，他们才会对草原保护的重要性具有深刻认知。他们明白，如果对草原生态环境及其相关因素保护不好，则会失去生活场域，而生态习惯法正是适宜在这样的条件下传承发展，毕竟生态习惯与其他习惯在一定程度上有区别，除了人与人之间的相处逻辑，也包含人与自然之间的和谐共生。

表 4-4　你的信仰是？

选项	小计	比例
萨满教	8	5.41%
佛教	36	24.32%
伊斯兰教	0	0%
基督教	0	0%
其他	108	72.97%
本题有效填写人次	148	

注：部分为重叠填写。

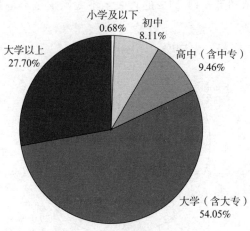

图 4-27　你的教育程度是？

表 4-5　你精通的语言是？

选项	小计	比例	
汉语	111		75%
蒙古语	146		98.65%
其他	28		18.92%
本题有效填写人次	148		

注：部分为重叠填写。

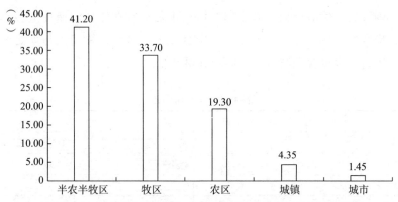

图 4-28　家庭收入 2001 元以下的个体 12 岁前居住地区情况

（三）针对蒙古族生态习惯法的调研分析

在图 4-29"你知道蒙古族有保护生态环境的习惯吗？"一题中，79.05% 的人表示知道，13.51% 的人表示不太确定是不是有，7.43% 的人

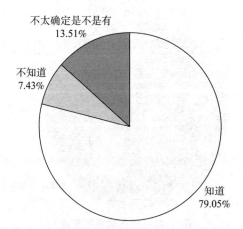

图 4-29　你知道蒙古族有保护生态环境的习惯吗？

不知道有保护生态环境的习惯法。从这题我们也可以了解到，绝大多数蒙古族人都知道蒙古族有保护生态环境的习惯，说明蒙古族非常重视对生态环境的保护，并且代代相传的传承效果很好，年轻人普遍知道蒙古族有保护生态环境的习惯。但还是有超过20%的人不知道或不太确定是不是有保护生态环境的习惯，这也表明很多人对于生态习惯并没有系统的认识，知识相对破碎，还不能形成连贯的体系，或者有些牧民对生态习惯概念没有了解，又或者无法准确表述和理解问卷的特定含义。

表4-6　你通过什么途径了解蒙古族保护生态环境的习惯

选项	小计	比例
家里长辈们从小的教育	129	87.16%
苏木嘎查宣传单	51	34.46%
除了家人以外的老人们教育	78	52.7%
电视、广播等其他方式	83	56.08%
学校教育	88	59.46%
根据生产生活经验积累	75	50.68%
本题有效填写人次	148	

注：部分为重叠填写。

根据表4-6所示，人们通常是通过家里长辈们从小的教育来了解蒙古族保护生态环境的习惯。除此之外还能够通过生活生产经验积累、学校教育、电视及广播等其他方式、家人以外的老人们教育和苏木嘎查宣传单来了解蒙古族保护生态环境的习惯。通过调查结果可以看出，蒙古族从古至今，一直以来都十分注重对生态环境的保护，大多数人都通过家里长辈和家人以外的老人们的教育来了解，表明蒙古族善于利用代际传承方式严格遵循。蒙古族人自古以来都是依靠草原生产生活，草原给蒙古人带来了丰富的物产资源、优美的居住环境，只有保护好生态环境，草原水草丰美，才能实现生活水平的提升以及永续发展。所以，在养育下一代的时候，他们就会将保护生态环境潜移默化地作为教育子女的必修课，在日常生活中渐次传承给自己的子女。除了家庭对生态环境保护习惯的传承，还有来自学校、媒体的宣传教育，59.46%的人通过学校教育了解保护生态环境的习惯，也有56.08%的人通过电视、广播等其他方式了解保护生态环境的习惯。从这里我们也可以了解到，蒙古族人对于宣传和遵守蒙古族保护生态环境的习惯是十分细致和重视的。不但有来自家庭从小的教育，还有来自学校的教育。从一个人从出生到长大成人的整个阶段都在向他们传输保护生态环境的理念。这使得每个蒙古人、每代蒙古人都能够在保护生态环境的教育理念和社会氛围中成长起来，使他们自觉养成保护生态环境的习惯，在思想上、观念上埋下保护生态环境的种子，从而实现蒙古人与自然和谐共生的健康生产生活模式。无须刻意去遵守，已经内化到蒙古人生产生活当中，成为一种生活习惯。

从图4-30得知，蒙古人对大部分破坏草原生态环境的行为都表示不会去做。85.81%的人表示一定不会砍伐树木，87.84%的人表示一定不会在草原随手丢垃圾，73.65%的人表示一定不会在草原开垦土地。从古至今，蒙古人都十分忌讳在草场上挖坑、挖草药，破坏地表层，造成土地沙化。根据前文笔者的介绍，蒙古高原其实在很早以前就已经有关于草场保护的习惯法，他们甚至不惜用生命来保护他们所赖以生活的草场，早期的习惯法中就有坚决反对挖掘草药、破坏草场的做法。严令禁止破坏草场的规定不仅是蒙古人长久以来口耳相传的规范要求，而且在后来颁布的成文法中也多有明文规定。比如，蒙古游牧社会的代表作《大札撒》就规定"禁草生而镬地"，就是说凡是在规定的时间内有破坏草场行为的，一律严惩不贷。蒙古族习惯法明令禁止砍伐树木、乱扔垃圾，这些禁忌习俗和习惯法在蒙古人心中根深蒂固，并世代相袭，代代遵守，规范着人们的行为习惯，让蒙古人始终以保护草原为己任。笔者在访谈中与牧民老乡们漫步草原，他们多次顺手捡起垃圾，这是因为他们知道垃圾覆盖下面草皮就无法长草了，会影响草场的品质。于他们而言，顺手捡起垃圾是基本的习惯。有86.49%的人表示一定不会过度猎杀草原上的野生动物，这有赖于蒙古族的祖先信奉"万物有灵"，对自然拥有敬畏之情。最早在原始时代，当人们捕猎野生动物后会将一些母畜或幼仔留下放归草原，这样就可以保证野生动物的生衍繁殖。这些习惯约定俗成，一直流传至今，使蒙古人能够深谙保护生态平衡的重要性，不过度捕杀野生动物。

但在所有选项中，选择一定不会"过度放牧"的人员比例是最低的，原因在于目前草场数量与维持生计之间的关系比较复杂，草场的载畜量没办法得到保证，尤其这几年牲畜的卖价一直很高，多养才能

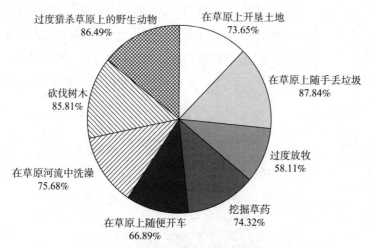

过度猎杀草原上的野生动物 86.49%

在草原上开垦土地 73.65%

在草原上随手丢垃圾 87.84%

砍伐树木 85.81%

过度放牧 58.11%

在草原河流中洗澡 75.68%

挖掘草药 74.32%

在草原上随便开车 66.89%

图 4-30　日常生活中哪些行为你一定不会做

保证生活水平的提高，牧民在提高生活水平和生态保护方面很难完全达到平衡，加上目前存在很多到牧民草场里偷偷放牧的现象，有的是那些打擦边球、靠养点牲畜来提高生活水平的人，他们好多都不是原来的牧民，他们没有草场，只是为了经济利益才放牧；有的是自家草场被封起来了，而补贴又不能维持生计，只能偷偷去草场上放牧。这些都是导致过牧的原因，因此牧民不敢保证一定做得到，所以很多人没有选择这一项。

根据图 4-31 和表 4-7 的调查结果可知，蒙古族牧民做了破坏生态环境的事情不但会受到家人和嘎查老人们的谴责，还会受到自己内心深深的谴责。在蒙古族聚居区内，个体与群体是一荣俱荣、一损俱损的关系，他们会自觉遵守本民族的社会规范并互相监督，因而民族习惯法对本民族成员具有极强的约束力。在长期实践中，村长、老人一般是地方权威，他们掌握着地方民间组织的权力，大多充当着官方和民间的中介角色，他们作出的裁判往往比官员的判断更有效，影响更深远。这也就是为什么当发生争执与冲突时，嘎查的老人们会阻拦（责怪）破坏生态环境的人。当做了破坏生态环境的事情，家人就会指责这种行为。67.57%的人都会感到深深的自责，这表明保护生态环境已经成为他们生活的一部分，已成为生活常态、习惯，当做了破坏生态环境的事情，自己内心的道德准则就会谴责自己的不当行为。这也是蒙古族生态习惯法具有约束力的原因所在，让一个人能够从"不能做"变成"不去做"。虽然我们看到当地治安人员在草原保护中发挥着重要作用，但是很多治安人员都是由当地的牧民担任的，他们在草原保护方面更有发言权，更加知道哪些行为会对草原造成严重破坏，因此，他们发挥的作用也是非常巨大的。

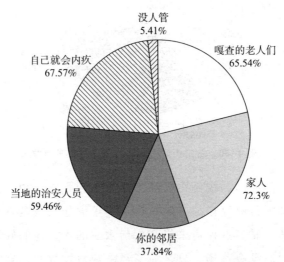

没人管 5.41%
嘎查的老人们 65.54%
自己就会内疚 67.57%
家人 72.3%
当地的治安人员 59.46%
你的邻居 37.84%

图 4-31　如果有上题中的行为，谁会阻拦（责怪）你？

表 4-7　日常生活中，你认为哪种力量在保护草原生态环境方面更有效？
（按照你认为最重要到最不重要的顺序进行排序）

选项	平均综合得分
国家的法律	5.46
蒙古族传统的生态保护习惯	5.08
长辈们的教育	3.76
社会宣传	3.08
学校教育	2.86
宗教信仰	2.11
其他	0.79

　　当前，国家法治建设进入一个快速发展的时期，蒙古族聚居区的法治化程度有很大进步。从调查结果可以看到，有 59.46% 的人表示，当人们做了破坏生态环境的事情会受到当地治安人员的阻拦或责怪。而在"你认为哪种力量在保护草原生态环境方面更有效？"的排序题当中，排

在第一位的就是国家法律，这也充分说明了国家法律在保护生态环境方面更加权威和令人信服。排在第二位的就是蒙古族传统的生态保护习惯。可见，国家法律和民族习惯在共同保护着生态环境的有序发展。国家法调整着全国范围普遍性的社会关系，具有普适性，乡风民俗则作为调整社会关系的有效手段之一，其中一些符合现代法治的内容也逐渐融入国家法中。在某些特定情况下，习惯法的规定比国家制定法更加具体明确，能够补充国家制定法的不足，习惯法在规范民族地区社会关系方面有了用武之地，这也是习惯法独立价值的体现。这两者的法律效力、约束力能够相互作用，让约束力渗透整个内蒙古地区和每个生活在内蒙古地区的人心中。

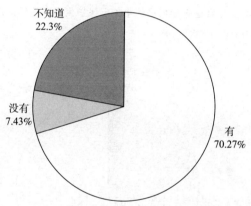

图 4-32　你们生活地区民约中有没有保护生态环境的规定？

从图 4-32 我们可以知道，70.27% 的人明确知道自己生活地区的民约中有保护生态环境的规定，但也有 22.3% 的人表示不知道。说明当地民约不再像几十年前或几百年前那样具有极高的普及性。随着城市化推进，时代变迁，人们也逐渐摆脱地缘限制，民约的约束力相对减弱，所以还是会有一小部分人不太清楚自己所在嘎查制定的民约中是否有关于保护生态环境的规定。在"你会遵守你们民约中关于生态环境保护的规定吗？"的调查中，如图 4-33 所示，84.62% 的人表示会遵守，14.42% 的人会遵守大部分，没有人不会遵守，说明人们对于民约中生态环境的保护非常看重，愿意保护生态环境，遵守相关约定。这一题主要是从主观的角度进行调查，意在探究人们是否有遵守民约的意愿。从调查结果可以看到，所有人都愿意保护生态环境。通过"你的邻居们会遵守你们民约

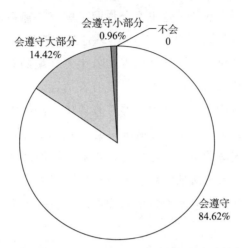

图 4-33 你会遵守你们民约中关于保护生态环境的规定吗?

注: 本问题有效填写人次为 104。

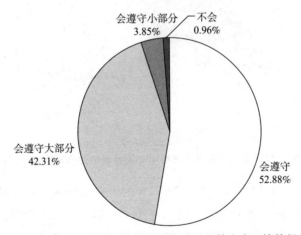

图 4-34 你的邻居们会遵守你们民约中关于保护生态环境的规定吗?

中关于保护生态环境的规定吗?"一题可以知道人们在实际的生产生活中是否会真正遵守民约中关于保护生态环境的约定，这是从客观的角度进行调查。从调查结果来看，52.88%的邻居会遵守，42.31%的邻居会遵守大部分。这与从自己角度判断自己的数据基本吻合，会遵守大部分以上的人的比例几乎一致，都在96%以上。说明当地居民能够很好地遵守或很好地遵守大部分民约中关于保护生态环境的规定。

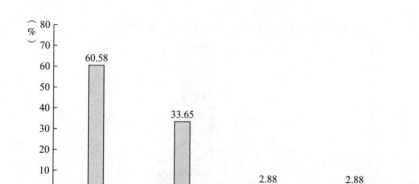

图 4-35 你觉得你们民约里保护生态环境的规定对保护草原有作用吗？

表 4-8 你认为保护生态环境的民约有哪些作用？

选项	小计	比例
让人们有保护生态环境的意识	95	91.35%
督促大家进行生态保护的行为	85	81.73%
让保护生态环境的行为有法律支持	83	79.81%
传承当地的文化	75	72.12%
解决人们之间的纠纷	44	42.31%
其他	18	17.31%
本题有效填写人次	104	

从图 4-35 可知，60.58%的人认为民约里保护生态环境的规定对保护草原有作用，33.65%的人认为民约里保护生态环境的规定对保护草原有一些作用，表明民约得到当地人的认可，并具有一定的作用。从表 4-8 可以看出，人们普遍认为民约在增强人们保护生态环境的意识、督促大家进行生态保护的行为、让保护生态环境的行为有法律支持和传承当地的文化等方面起着重要作用。民约在维护一定社会秩序的同时，本身就蕴含着民族文化，维护着民族利益。民约不允许做的事情，人们就会去遵守，或遵守大部分，以保证社会的正常运转、和谐稳定。在促进生态文明建设、督促人们保护生态环境方面都起着重要作用。这本身也说明，制定一个好的民约对于约束牧民行为，切实推动环境保护的自主责任具有非常重要的作用。

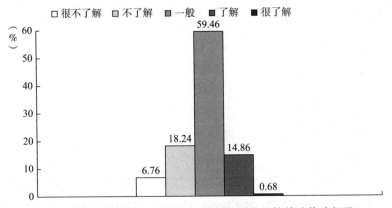

图 4-36　你了解国家《草原法》等保护生态环境的法律法规吗？

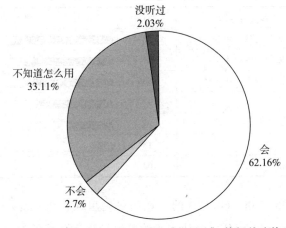

图 4-37　如果你的草场被破坏，你会使用《草原法》等相关法律法规维权吗？

　　图 4-36 显示，59.46%的人对国家《草原法》等保护生态环境的法律一般了解，14.86%的人表示了解，仅有 25%的人表示不了解或很不了解。国家曾经大力宣传过《草原法》，经过这些年的宣传与普及，人们对于《草原法》的了解还是相对较好的。通过将图 4-37 的调查结果与笔者前几年的问卷调查对比后发现，从主观层面来说，当自己的草场被破坏，会使用《草原法》等相关法律法规解决纠纷的人群比例已由前几年的18.25%（见图 4-15）提升到62.16%，证明人们对国家《草原法》已经比较熟悉了，《草原法》的宣传普及效果得到很大提升，人们使用国家《草原法》的频率也在上升。国家法的认可程度逐渐加深。但是，受个

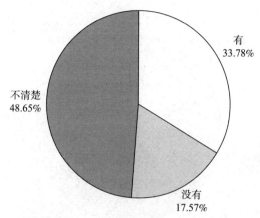

有
33.78%

不清楚
48.65%

没有
17.57%

图 4-38 你的熟人有使用《草原法》等法律法规解决问题的吗？

人的知识水平、关注程度和法律普及效果等因素的影响，还是有 6.76% 的人很不了解《草原法》（见图 4-36），有 33.11% 的人知道《草原法》却不知道如何使用，还有 2.03% 的人甚至表示没听过《草原法》，这说明需要国家进一步深入地普及法律，需要国家相关领域的专业人士对《草原法》的使用进行专门讲解或宣传，让法律更加深入牧民实际生活，以体现国家法的优越性。只有这样，国家《草原法》才能在内蒙古草原上发挥最大的效用，让人人知法、信法和用法。同时，在进行中国特色社会主义法治体系建设过程中，对《草原法》以及相关地方性法规的修改、解释应更加贴近实际，能够强化地方性法规的实际效用。图 4-38 表明，在实际生产生活当中，身边有使用《草原法》解决问题的人为 33.78%，人们不习惯用《草原法》解决问题，一是因为人们习惯找嘎查老人或嘎查长调解纠纷，二是因为在现实的生产生活中，运用司法途径解决纠纷相对耗时耗力，成本较高。

调查结果显示，当地居民认为导致草原生态问题的主要原因有倾倒垃圾、污水（占比 83.11%），胡乱开垦草原（占比 81.08%），草原上乱开车（占比 64.19%），偷猎保护动物（占比 63.51%），过度放牧（占比 60.14%），乱挖草药（占比 51.35%）等。

其中倾倒垃圾、污水的占比最高，但在题"日常生活中哪些行为你一定不会做"的调查结果（见图 4-30）中，87.84% 的人表示一定可以做到不在草原上随手丢垃圾，可在此题中，倾倒垃圾、污水却成为危害

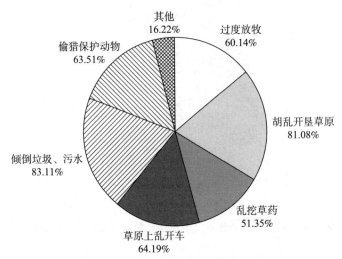

图 4-39　你认为当前导致草原生态问题的行为主要有哪些?

草原生态环境的突出原因。产生这一现象的有两种原因:一是人们在实际的生产生活中不注意对生活垃圾的科学处理,导致垃圾出现胡乱倾倒的现象;二是随着内蒙古工业化的逐步推进,有大量工业项目招商引资,而其中尤以煤炭、石油、有色金属、电力作为主要项目,这些项目可以为地区经济带来可观利益,但其衍生的污染物排放问题对草原植被的破坏力十分强大。因此,倾倒垃圾或排放污水已经成为草原生态破坏的重要原因。

胡乱开垦草原的占比高达 81.08%。这也表明,草原逐步退化很大一部分原因来自胡乱开垦。新中国成立前,为了大力提高农业产值,许多农民大规模迁入内蒙古高原,开始进行土地开垦,一定程度破坏了草原植被,造成草原退化、沙化,使得牢固的北方生态防线出现裂缝,环境恶化,这也是当代草原退化严重的一大原因。如今,国家对生态环境保护非常重视,明令禁止乱垦滥伐,生态环境得到保护。世世代代住在蒙古草原的蒙古人较少进行草原土地开垦的活动,因为草原是他们赖以生存的家园,牧业是主要经济来源,开垦带来的破坏是巨大的,且几乎不可逆地导致草原沙化,因此牧民非常重视这点。但随着人们逐渐脱离游牧时代,大量定居后,游牧带来的经济效益随着人们生活方式的变迁、城市化的推进逐渐降低,游牧形式逐渐被人们放弃,一些适宜栽种农作物的地区也开始了草原开垦,种粮种菜成为常态,人们不得不从游牧改为固定场所放牧，大量过去的草原演变成半农半牧地区。这也势必会扩大草原开垦的范围，进而带来生态环境问题。

在草原上乱开车的比例高达 64.19%。随着人们经济水平的提高，全国家庭车辆拥有率在不断提高。虽然土生土长的蒙古人十分忌讳在草原上乱开车，因为车辆的胡乱碾压会对草皮造成严重破坏，但是来内蒙古自驾旅游的人，一般不会在意草原生态的持续性问题，或者说没有意识到这样会给草原带来严重的破坏。随着内蒙古旅游业的不断兴起，越来越多的人选择自驾游内蒙古，这种情况就有可能会使草原在车辆的不断碾压下加速沙化，形成恶性循环。例如，2019 年 7 月 28 日，内蒙古多伦县发生数辆越野车辆肆意碾压草原，一名光头男子录制视频公开挑衅当地县长事件。多伦县政府组成专案组全力侦破案件。经官方查明，此次越野活动由某汽车定制改装中心组织，录制视频男子为该公司员工。活动中，组织者放任越野活动，导致 8.1 亩基本草原被肆意碾压。事件发生后，多伦县草原生态综合执法大队两次公告，多伦县县长也通过快手App 曝光视频方式两次喊话，要求尽快到案配合，但该公司就调查置若罔闻。多伦县政府认为，该事件性质恶劣，影响极大，引起社会强烈谴责，并严重违反《中华人民共和国草原法》《内蒙古自治区基本草原保护条例》和《中华人民共和国行政处罚法》。依据上述法律，多伦县草原生态综合执法大队对该汽车定制改装中心进行了罚款、恢复植被（栽植樟子松 10 亩）、视频公开道歉处罚。① 类似这样的外来人员破坏草场植被的事件陆续有所发生，一方面表明人们的草原生态保护意识还是不够，另一方面也表明，国家还应大力加强保护草原的宣传和引导，切实提高人们对保护草原生态的正确认识。

偷猎保护动物的占比高达 63.51%。一些受保护动物作为稀有物种在贪食者的市场具有很高的经济价值。一些人为了能够获取高额利润，不顾国家法律法规，偷猎保护动物，导致部分物种濒临灭绝，破坏生态平衡。蒙古族人民世代生活在草原上，崇尚"万物有灵"，对生态环境、动植物都有强烈的爱护意识。在蒙元时期，蒙古人通过制定法典对动植物进行保护，破坏或偷猎行为都将受到严酷的惩罚，所以世世代代的蒙

---

① https://china.huanqiu.com/article/9CaKrnKm76g, 2021-4-19.

古族人民恪守着与自然和谐相处的不二法则，全力保护着生态环境，维护生态平衡。但随着时间的推移，受巨大利益的吸引，有些人开始铤而走险，偷猎保护动物，导致生态环境遭到破坏，加剧了人与自然的冲突与对立。

过度放牧的占比达 60.14%。这一方面是因为草原环境被破坏导致草场沙化，不再适宜放牧，人们可切实使用的放牧地区总量减少，恶性循环造成牧民过度放牧；另一方面是因为人们逐渐选择定居的生活方式，游牧被定居取代，草原的载畜量有限，为了维持家庭正常开支，牧民就需要加大牲畜喂养量，这就势必会加大草原的压力，导致过度放牧的现象出现，进而造成草原退化。

乱挖草药占比达 51.35%。市场上，防风等珍贵草药会为人们带来可观的经济利益。一些人为了挣钱，不顾生态环境，在草原上盗挖乱采，草原上挖药材的铲子 20 厘米长，一铲子下去一个半圆的坑，盗采的人从来不会考虑把刨开的土填回去，草就没法再顺利生长，这就严重破坏了草原的自然环境，生态遭受严重破坏。草原上的世居蒙古人，从小受到生态保护的教育，很少有人会去胡乱开采草药。但在市场经济背景下，受到利益驱使的人，还是会不惜代价肆意开采草药，完全不顾这样的行为会给草原带来严重后果，究其原因主要是犯错误的成本太低，监督和惩治的措施还是不足。近年来，基层草原执法民警对盗采草原采取严厉打击，经常会看到一些对非法采药团伙的惩处，但要想从根源上解决问题还需努力。

从图 4-40 我们可以看到，仅有 7.43% 的人认为国家法律对解决草原生态问题没有效果，表明国家法律在解决草原生态问题上得到了广大人民的普遍认可。国家法律在强制力的保障实施下，能够最大程度地维护人民的利益。人们在了解相关的国家法律之后会对国家法律产生信任，进而会在最大程度上运用法律，解决问题。图 4-41 显示，当有不认识的人破坏自家草场时，45.95% 的人会选择报警处理，38.51% 的人会选择告诉当地的嘎查长处理。图 4-42 显示，当邻居在自家草场偷偷放牧或者搞破坏时，选择报警处理的仅有 12.84%，53.38% 的人选择找嘎查长调解。通过对破坏草原的人与自己的亲疏远近而采取不同的解决方法可以看出，在熟人社会，人们还是会更加倾向于找嘎查长或嘎查里有权威的

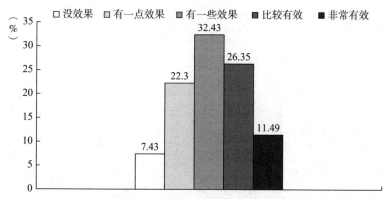

图 4-40　你认为国家法律对解决草原生态问题有效吗？

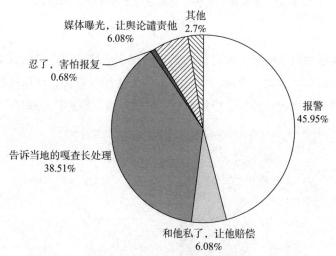

图 4-41　如果有不认识的人破坏你家草场，你会首先
选择哪种方式处理？

人来调解矛盾纠纷。这是因为蒙古族人很崇尚长者的权威，把老人的告诫视为行为准则，当蒙古族人之间发生纠纷冲突时，他们往往诉诸当地长者，并遵从长者的判断。这种解决纠纷的方法，建立在当事人对第三方信任的基础上。第三方也由于熟悉当事人情况，了解争议背景，对争议事件有较准确的把握，使得争议问题得到彻底解决，达到双方都满意的效果。可见，嘎查长在当地人的心中占有很重的分量，人们还是愿意通过嘎查长来调解矛盾纠纷。但是，对于不熟悉的陌生人，选择通过报警来解决纠纷的人明显增多。这是因为缺少场域的约束，嘎查长的调解效果就没

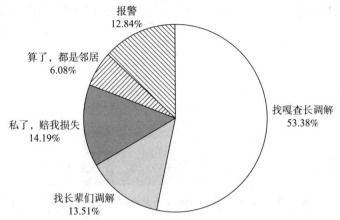

**图 4-42　如果你的邻居在你家草场偷偷放牧或者搞破坏，
你首先会想到怎么做？**

有报警调解的效果明显。人们会愿意选择国家法律法规或司法公安部门来维护自身权益。这也充分展示了国家法律法规和习惯法、村规民约不同的适用范围，两者的互补，会更加有利于解决纠纷，维护社会秩序。

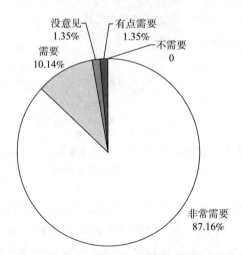

图 4-43　你觉得蒙古族传统的生态保护习惯需要一代代传下去吗？

表 4-9　你认为蒙古族传统的保护生态的习惯以什么方式传承最好？

选项	小计	比例
写到嘎查民约里	90	60.81%
家里长辈教育	118	79.73%

选项	小计	比例
学校教育	119	80.41%
嘎查集体学习	92	62.16%
写进法律条文里	99	66.89%
媒体报道宣传	101	68.24%
找专家写成作品流传下去	78	52.7%
本题有效填写人次	148	

从图 4-43 可以看到，人们对于一代代传承蒙古族传统的生态保护习惯是十分看重的。87.16% 的人表示非常需要一代代传下去，10.14% 的人表示需要一代代传承下去。蒙古人生于草原、长于草原，草原就是家园，保护生态环境就是保护自己的家，可见蒙古族传统的生态保护习惯早已成为蒙古族的一种生态文化观念，也必将一代代传承下去。从表 4-9 可以了解到，蒙古族人认为可以通过学校教育、家里长辈教育、媒体报道宣传、写进法律条文里、嘎查集体学习、写到嘎查民约里和找专家写成作品流传下去等方式将蒙古族传统的保护生态的习惯传承下去。可以看到，所举例的这七类方式都得到了蒙古族人的充分认可。但也可以看出，大多数人还是最赞成通过学校教育和家里长辈教育来传承蒙古族传统的生态保护习惯。随着时代的发展，网络媒体成为最便捷、最广泛的一种宣传方式，通过网络媒体的大力报道和宣传，可以有效地传承蒙古族传统的生态保护习惯。所以，在传承蒙古族传统的生态保护习惯时，要注意多方式、多角度，全方位地进行宣传和指导，才能最大限度地确保蒙古族传统的生态保护习惯能够完整地传承与发展。

三　社会生活中蒙古族生态习惯法的新样态（二）

在各地调研的过程中，笔者选择不同职业、年龄、经历的蒙古族乡亲进行了访谈，试图从他们的谈话中寻找蒙古族生态习惯法演变发展的足迹和近几年的变迁。乡亲们表达出的整体感觉是充满对游牧生活的怀念和对如今国家政策的感激，怀念游牧经济是因为草原上最为适合的经济方式就是游牧，如果能真正给子孙后代留下一片美丽富饶的草原，大家也是不惜一切代价的。当然，牧民们对当前的生态政策也充满感激，不过几年时间，大家就树立了"绿水青山就是金山银山"的生态理念，保护草原生态环境的举措变得更加得力，各地努力探索草原畜牧业生产发展、牧民生活富裕、草原生态良好的"三生统一"协调发展之路，走上更加科学合理的禁牧、休牧、划区轮牧制度，这些都让牧民实在地看到了希望。

以下访谈内容由蒙汉翻译整理形成。

访谈 1：伊日贵，学生，父母是牧民，家住阿鲁科尔沁旗巴彦温都苏木前那杰嘎查，家里四口人，父母和姐弟俩，家里有 2000 亩草场，她和弟弟都在外读书上大学，家里有 60 多头牛、100 多只羊，家里能买得起车，生活相对比较富裕，每年会在冬营地和夏营地转场。

从小家里的长辈都会将草场上的禁忌说给我们听，我觉得最好的生态习惯就是轮牧，但是现在听说也就是我们苏木还能实现轮牧，其他地方已经定点放牧了。我们苏木的夏营地有两万亩草场，每年六月初我们嘎查十几户人家都跟着苏木去转场，走着大约两天能到，开车也就需要两个小时。夏营地有联防队，对于那些意图进去偷猎和采药的人都能够进行控制，保证了夏营地的生态环境不被破坏。夏营地的生态特别好，就是最原始的那种草原，大家都是带着蒙古包到夏营地，我们还保留着最为原始的生活习惯，当然，比过去好得多的就是我们交通和通信都发达了很多。我们还是习惯在离开营地时将蒙古包收拾利索，然后把草原收拾干净，草原上不能留下任何垃圾，那太可怕了，简直是灾难，因为垃圾覆盖的地方不会长草了。而且传统的敬火、敬山、敖包祭祀仪式都还有，特别是夏营地有一个圣山，生态特别好，上面有那些珍贵的草药，原来有人偷偷上来采草药，都让联防队抓住了，现在是有专人把守，保证了最好的生态。我们在夏营地待两个多月就会回到冬营地，就是我们长期定居的地方，其实每年也不是必然会去夏营地，碰上一些自然原因或特殊情况，也就不去了，不过这种情况下牲畜的草料就不太够了，就会向其他地方买草料。定居其实对草场破坏还是很大的，不管怎样（定居的话）生态就始终会退化，夏营地其实不太管的话，生态也会被破坏，比如大家过度放牧，夏营地的草也是支撑不住的。整体感觉生态环境越来越往好的方向发展，但还是有一些比较顾虑的地方，比如我们的定居点，其实草也不是那么好了，怎么能够找到更合适的方式让畜牧业和生态一起进步，我们也是不断思考，希望政府能给我们想想办法。

访谈2：童嘎拉，学生，居住在鄂尔多斯杭锦旗伊和乌素苏木，目前正好放假在家，平时会和奶奶在乌兰镇居住，家里爸爸妈妈汉语说不好，让孩子接受了本次采访，采访过程中童嘎拉的父母一直都在进行补充。

童嘎拉家乡所在的苏木是2007年开始的生态移民地区，他家2008年搬迁，草场进行封牧管理，定期有相应补助。父亲曾在动物检疫站工作，后来内退了在伊和白音乌素租用别人的草场继续放牧，母亲做些奶制品出售。家里还有2000多亩草场，有产权证书，经过多年的封牧管理，现在草场生态变好了，但还是不让放牧，如果偷偷放牧，草监所发现会罚款的。对于生态习惯法，家里人的理解是只要生活在草原上就一定有相应的生态习惯，这些习惯是草原人世代相传的，当然也是为了保护草场，比如不能过度放牧，大家是非常认可的，还有草原上不能有垃圾，（垃圾）必须统一销毁。

访谈3：巴音那，56岁，牧民，居住在赤峰阿鲁科尔沁旗扎嘎斯台镇，家里人均草场200亩左右，家里目前是在镇上平房居住，已经定居了，有三间通透的房子，有自己的车库，围着家里房子附近开垦了几亩地种玉米和一些蔬菜。自家的草场离得不远，养了200多只羊，在草场的边缘清晰可见扎实的铁丝网，已经实施围栏很久了。

巴音那说，因为人多了，草场不得不围栏定牧，过去他们都是跟着大队转场，打水都在河里，大家世世代代居住在草原上，以前是没有过度放牧的，牧民是不会竭泽而渔的，还要考虑下一代，所以对草原是要爱护的。但是20世纪80年代开始，进入开垦时期，人越来越多，草场开始退化，还有一种情形是把草场外租给别人，由于产权不归那些人，他们也不会特别认真地保护环境，所以过度使用的情况比较常见。这几年政策上比较倾向环境保护，所以禁牧了，草原这才有了喘息的机会，感觉比前几年好一些了。其实作为老牧民，巴音那说，他觉得那些围起来不让牲畜进去的恢复沙地，也不完全科学，牛羊的粪便本来就是养草场的肥料，其实也要考虑这种保护起来的沙地的恢复模式。不过，开矿是一定不行的，太伤草原了，基本开矿的地方以后都是寸草不生的。他觉得，草原生态保护的意识是需要每一个草原上的牧民发自内心去遵守的，世世代代都是如此，还需要说吗，当然要继承下去。

访谈 4：王吉拉，76 岁，赤峰阿鲁科尔沁旗扎嘎斯台镇，牧民。这位老人年事已高，而且完全不懂汉语，因此，表述内容由作者转译。

过去的生态保护传统非常的强大，那时候他也不懂法律，也没什么机会去体验，大家在草原上就是互相照顾，一起放牧。后来新中国成立以后，大家也懂了一些法律，这些年草原上的政策也发生了变化，但老人觉得，生态保护的习惯法怎么会和国家法律冲突，那是不可能的，都是为了草原好，那就不会有冲突。还有，夏季在公共牧场放牧这件事，问题也不少，因为是公共的，所以就出现大家不像爱护自己家草场那样，管的人也少，容易出现过度放牧，所以到底怎样才能平衡牧民收益与生态保护之间的关系，始终也要深思。特别是什么情况下习惯作用更大，什么时候国家法作用大，是要区别对待的，特别是加上一些利益的引导，可能就会导致习惯作用更加没有影响力。

访谈 5：乌云，45 岁，呼伦贝尔市新巴尔虎左旗新宝力格苏木善都嘎查牧民，对国家的大事，或者政策法律并不是很清楚，就结合自己日常生活谈谈感受。

牧民们的纠纷有些是围绕羊群混群产生的，自家羊群里少了几只，就容易发生纠纷，大家一般的处理方式就去苏木综合站，在那的防疫站有记录，对这件事邻居们都知道，最后按照数量一分就行。当地的牧民不会挖药材，不是说大家不知道这个值钱，主要是觉得自家草场里面，不能太伤害草皮，毕竟对牧民来讲，畜牧业才是最重要的支柱，其他伤害草场的行为，固然可能有一定的盈利，但是长远来看得不偿失。外面的人不考虑这些，他们破坏草场，把草根都翻了，特别伤害草场，所以到了挖药材的季节，旗里会组织巡逻队防止破坏，发现了就报警处理，把坏人抓起来。

访谈6：特格西，51岁，赤峰阿鲁科尔沁旗巴彦温都尔苏木吉布图嘎查，原来是牧民，后来进了卫生系统工作，笔者是在天山镇完成采访的。

牧民的生态习惯并没有改变，一些约定俗成的规矩大家是不会轻易破坏的。巴彦温都尔苏木是为数不多的保留传统夏秋轮牧的苏木，每年六月牧民都要沿着河畔转场到夏营地，十月份带着牧群返回，这样浩大的游牧曾经被新华社全程跟随拍摄，将近2000户牧民带着近30万头的牲畜转场，宏大的场面非常震撼，成为当时游牧文化的标志。在转场出发前，按照蒙古族的传统习俗，牧民有向敖包敬献贡品、祈福的仪式，伙老大聚集转场一伙人公布出场选吉日情况以及准备工作，对一伙人叮嘱环境保护、爱护生态、防火等相关事宜，各种表演和聚餐完了，拆卸蒙古包装在勒勒车和卡车上，大家就准备启程，留在冬营地的阿妈，会给我们带上吉祥的物件，祈祷平安顺遂。虽然有传统的游牧存在，一定程度保护了草原生态环境，还通过这个方式获得了外界的关注，每人能有几百亩、上千亩草场，草场生物多样性挺好，而且草场承载量一般根据实际情况分配，但是仍存在夏营地放牧超载的问题。记得1998年发过大水，把这几条河的河床冲得特别干净，水土流失特别严重，河越来越宽，也是很让人担心的。其实牧场用草原法约束不现实，大型露天矿对草原绝对是严重伤害，所以开矿这种严重的破坏可以用法律来约束、制裁，放牧这一类的还是交给习惯法吧，如果没有外人进来，草原用习惯法就能规范得很好，大家都是一代代遵守这些习惯到今天的。

访谈7：景春，42岁，锡林郭勒盟乌拉盖管理局贺斯格乌拉牧场牧民。笔者开车从乌拉盖深入到草原深处，在泥泞的草原土路上开车近一个小时，才来到景春的家。乌拉盖草原确实名不虚传，水草丰美，景色宜人，肉眼可见草原生态环境非常好。景春夫妻两人都是四十出头，家里非常富裕，附近三四个山头都是自家草场，家里牛羊很多，平时在自家草场就能完全实现自给自足。

谈及生态习惯法，他们说，自家绝不会在草场上扔垃圾，山上看见塑料袋之类的必须捡回来，绝不能留在草场上，因为垃圾覆盖的地方就不长草了，家里的垃圾也是必须打包带走的，所以说对牧民自身来说，他们不会做破坏生态的事情，长久看那是非常不合算的事情。一般都是外来因素破坏生态，比如乱扔垃圾、胡乱开车、开采矿产，特别是开矿，非常破坏草原，过去五十三场的草原可好了，后来露天挖矿，现在都毁了。从景春家回程途中遇到大雨，车陷到了泥坑里，经过用车拉、垫石块的方式，大家齐心协力才成功将车脱离泥坑，虽有惊险但总算顺利，虽是如此，但要致富先修路这个在草原上可能还是有待商榷。

四　社会生活中蒙古族生态习惯法的新样态——基于第二次调研的发现

（一）草原生态环境在不断改善

1. 国家政策的变化对内蒙古生态环境保护的作用

结合前文实地调研数据的分析可以看到，党和国家极为重视对内蒙古自治区草原生态的保护，明确了内蒙古属于祖国北方重要的生态安全屏障地位，而且无论是自然科学带来的技术革新还是国家政策法规的推动，都很大程度的内蒙古草原带来显著变化，让草原生态环境有了明显提升，牧民生活水平显著提高。可以说从自治区成立以来，党和政府一直为改善生态环境作出努力，在不同时期提出一系列有针对性的生态建设和保护的方针、政策，对内蒙古生态环境的逐步改善作出贡献。这一点通过自治区成立以来的情况，特别是"十二五"规划以来内蒙古草原整体生态环境的变化，就可以看得出来。

1947 年，内蒙古自治区政府成立，当时一半以上的区域是游牧区域，那时候的封建部落和牧主拥有大量牲畜，牧民通过当雇工等方式维持生计，自己拥有的畜群数量不多，生活比较困苦。随后在政府采取废除封建的牧场所有制和封建阶级特权之后，牧区逐步实现保护牧场、放牧自由的改革。同时，在一些半农半牧地区，自治区政府还制定"以牧为主、照顾农业、保护牧场、禁止开荒"等政策，一定程度上缓和了农牧矛盾，维护了草原生态的平衡，而且在加强牧民互助、保护培育草原、合理使用牧场等方面加强了管理，在一定程度为自治区草原畜牧业打下了较好的基础。内蒙古牧区在历史发展中逐步形成牧区、半农半牧区、农区三种类型的经济区。在半农半牧区基本是定牧和舍饲，这里因为居住条件相对较好，饲养牲畜可以设棚圈，夏秋可以牧区移场放牧，冬春有贮草和秸秆喂养，整体比较稳定。农区舍饲也比较普遍。在牧区方面，自治区从新中国成立后基本提倡牧区定居游牧，让游牧民有固定的房屋居住，也有相对便利的医疗、教育、商品交换等条件。1956年，内蒙古自治区党委召开全区第三次牧区工作会议，提出"以牧为主，农牧结合发展多种经济"的思路，在条件许可的地方划给合作社固定的牧场和打草场，纯牧区则划分四季牧场建设冬营地，定居定牧区种植牧草、增加棚圈、合理使用牧场、改良牲畜品种，解决水草疫病等问题，建立草原站、供销点、打草站等技术服务单位。1956年底在农业合作化的高潮影响下，全区牧业生产合作社发展迅猛，大致采取分期、分批巩固和发展牧业生产合作社，到1958年已经办起了2295个牧业生产合作社，122个公私合营牧场，入社的牧民占比达到80%，加上各种形式的合作组，内蒙古自治区牧区基本实现牧业合作化，完成畜牧业的社会主义改造。牧区这些草场基本固定到社队，中东部地区大多夏、秋、春冬三季牧场，西部则因为畜群规模小，则多为夏、冬两季牧场，单户和联合户互助协作的放牧方式都有，但整体要受地区和畜群因素决定。1959年，全区草原的勘察规划初步完成，政府在基本摸清草原整体情况以后拟定了《草原管理暂行条例》，根据牧民的传统放牧习惯，明确了社、队的草场分界，以生产队为单位长期使用，对于登记造册的发草牧场使用证，进一步加强合理放牧利用制度。到20世纪70年代，全区各盟市基本实现定居游牧。

　　1947年到1965年是自治区草原建设的早期，党和政府从战略视角确实作了很多与畜牧业相关的举措，针对当时干旱少雨，生态系统脆弱的现实加大力度发展畜牧业，保护草原，长期进行勘察调研、加强水利建设，种植牧草，加强棚圈建设等，但是草原整体的状态还是堪忧。以赤峰市巴林左旗为例，根据《巴林左旗志》的相关记载："在十三至十九世纪这七百多年时间里，当地基本是地广人稀，由于弃农还牧，草木渐渐丰盛，植被覆盖率比较高，很少水土流失。雨量也比较丰沛，水源丰富，河流多，生态基本处于平衡状态。二十世纪初，这里开始放垦，大量农民开始移入，开荒除草，这里基本就由牧业变为半农半牧，人口数量激增，导致滥砍滥伐，植被破坏，还有比较忌讳的草原烧荒现象。从解放初到七十年代，人口增长，以及对自然规律的认识不足，也一度无限扩大耕地面积，只用地但是不养地，导致广种薄收；牧场载畜量过大，草畜平衡被打破；因烧柴不足，滥砍滥伐，破坏草场，给本地整个生态环境造成了损害。原本巴林左旗北部罕山还是兴安落叶松林，后来变成天然次生林，曾经森林覆盖率43.8%，可是到1981年下降到14.1%，森林植被减少，野生动物数量也显著下降，草场退化更加严重。上世纪五十年代中期，全旗可用的草场面积五百八十余万亩，而且水草丰美，平均亩产草量约在三百到四百斤，但截至1980年，已退化草场达一百八十万亩，正在退化的近两百万亩，两项几乎占全旗的可利用草场的65%。旗里形成了乌尔吉木伦河、沙里河、南部三条沙带，全长一百七十七公里。基于这样的生态环境问题，新中国成立后，党和政府非常重视畜牧业的发展，对保护自然和维持生态平衡作了许多工作。巴林左旗1956年开始推进水土保持工作，1959年建立水土保持站，勘察规划，植树造林，封山育林，到1963年水土保持面积已经达到二十五万三千余亩。"[①]1966年到1976年，内蒙古草原在建设发展方面进入缓慢阶段，此时的主要工作是推广草库伦建设。在鄂尔多斯乌审召"牧区大寨"的典型实例基础上，建设基本草牧场，统一规划，封滩育草，逐步解决打草场、放牧场、饲料基地的灌溉用水和林网化，种植优良牧草和饲料，建立高产的饲草饲料基地。1977年全区新建草库伦182万亩，累计达到1200多万亩。[②]

　　党的十一届三中全会以后，内蒙古的草原生态进入新的发展时期，历史遗留问题逐步被解决，相关政策得到调整，在人工草地、草库伦、飞播种草、围栏封育、鼠虫害防治等方面都有一定的进步。此时比较重要的是《中华人民共和国宪法》对草原资源的规定，一定程度为草原生态保护奠定了法制基础。1985年的《中华人民共和国草原法》在保护、

①　巴林左旗志. 巴林左旗志编辑委员会［M］.1985：83-150.
②　雷·额尔德尼，编著. 内蒙古生态历程［M］. 呼和浩特：内蒙古人民出版社.2013：240.

建设和合理利用草原，改善生态环境，维护生物多样性，发展现代畜牧业，促进经济和社会的可持续发展方面进行了更加具体的规定，也将历史上长期流传下来的很多保护草原的经验纳入其中。法律层面的修订在规范草原治理行为上提供了重要的依据，后文专章讨论，此处更多聚焦相应的政策调整。1980 年，随着牧区改革的深入，畜牧业的生产责任制多是以"定产、定工、超产奖励"为主的联产到组责任制。1983 年，在自治区旗县委书记会议上，赤峰市巴林右旗介绍了实行牲畜作价承包的做法，得到普遍赞同和充分肯定。会后，一些地区在作价承包的基础上，又逐步实行了"作价归户，分期偿还，私有私养"的责任制。牧区生产责任制形式发生了根本性的变化。自治区政府颁布了《内蒙古自治区草原管理条例》，各地根据有关规定，通过"草畜双承包"，按照承包牲畜的品种和数量，将草原使用权以及管理、利用、建设保护的责任，长期固定到新的基层生产单位，使草原的使用权和所有权分离。牧民不仅有了发展牲畜的自主权，调动起了积极性，也有了管理、保护、使用和建设草原的主动权，积极围建草库伦，使草业成为牧区新兴发展的产业。

　　为了进一步完善承包制，实行草原有偿承包使用，1989 年，自治区人民政府施行《批转自治区农委关于进一步落实草牧场使用权实行有偿承包使用制度初步意见的报告的通知》（内政发〔1989〕142 号）的规定，简称"二轮承包"。这次草牧场有偿承包合理地解决了收费标准等问题，还进一步对草牧场的界限、测定产草量，附属的权利义务都进行了规定，建立了一个"草场有价、使用有偿、承包有权、建设有责"的全新管理机制，这样的机制对促进牧民增收有很大程度的推动，牲畜头数增长很快。以锡林郭勒为例，1989 年，锡林郭勒草原上牲畜头数首次超过 1000 万，当地牧民创收的积极性空前高涨，甚至开始盲目攀比，随之而来的问题就是草场超载，草原大面积退化，甚至出现大量沙化，草场的保护刻不容缓。

　　1996 年，自治区政府出台《内蒙古自治区进一步落实完善草原"双权一制"的规定》，这是落实农牧业生产责任制的继续和深入，是新形势下深化农村牧区改革的重要内容，对于加强草原的保护和开发利用，推动畜牧业的持续稳定发展具有十分重要的意义。这项工作对草原的权属进一步明确：全民所有草原不属于任何一个使用该草原的国有单位所有，不得给其发放《草原所有证》；集体所有草原的所有权必须依法落实到基层的农牧业集体经济组织，一般应落实到嘎查、村一级的农牧业集体经济组织，或嘎查、村民委员会。全民所有草原的使用权，由行使草原管理权的地方人民政府负责落实到使用全民所有草原的单位或组织。草原集体所有单位及草原使用权单位，可以将所属草原分片承包给基层生产组织或农牧民经营，原则上提倡承包到户。这些规定对于草原权属和使用权利以及权责利相统一作出重要贡献。这是一项惠及千家万户的重要举措，直到 1998 年才基本完成。

　　进入 21 世纪，内蒙古草原的生态保护与建设取得更加显著的成绩，政府在生态保护、转变畜牧业生产经营方式、改善牧民生活方面作了许多努力。特别是国家实施西部大开发战略，内蒙古以多项保障制度和措施，切实提高了自治区的畜牧业发展和草原生态的保护与建设成效。1999 年 9 月，党的十五届四中全会通过的《中共中央关于国有企业改革和发展若干重大问题的决定》明确提出：国家要实施西部大开发战略。当年 11 月，中共中央、国务院召开经济工作会议，部署 2000 年工作时把实施西部大开发战略作为一个重要的方面。当年同月，国务院《全国生态环境保护纲要》（以下简称《纲要》）出台，要求各地积极采取措施，加大生态环境保护工作力度，扭转生态环境恶化趋势。《纲要》提出：对具有重要生态功能的林区、草原，应划为禁垦区、禁伐区或禁牧区，严格管护；已经开发利用的，要退耕退牧，育林育草，使其休养生息。发展牧业要坚持以草定畜，防止超载过牧。严重超载过牧的，应核定载畜量，限期压减牲畜头数。采取保护和利用相结合的方针，严格实行草场禁牧期、禁牧区和轮牧制度，积极开发秸秆饲料，逐步推行舍饲圈养办法，加快退化草场的恢复。同时在 2001 年国家《全国草原生态保护建设规划（2001—2010 年）》中对改革开放以后国家在体制机制、科学技术、法治建设等方面取得的成绩进行肯定，也对全国草原生态环境存在的问题进行深刻分析，更加明确实施草原保护建设"八大工程"等具体措施。围绕围栏封育、划区轮牧、人工种草、饲草饲料基地建设、草场改良、节水灌溉、建设草原类自然保护区、草原治虫灭鼠这些体系工程的建设，国务院在 2002 年出台《关于加强草原保护与建设的若干意见》，提出建立和完善草原保护制度，实行草畜平衡，推行划区轮牧、休牧和禁牧的制度以及退耕还草等基本制度，这是加强内蒙古自治区草原生态保护的重要纲领性文件。而且历年的中央1号文件都是围绕"三农"工作，文件中有很多切实关注草原生态的措施，例如：2005年中央1号文件对草原建设和保护、退牧还草等工作进行强调；2007年的中央1号文件对探索草原生态补偿机制和退牧还草工程进行进一步的强调。同时，在国家《草原法》修订的契机下，自治区修改了大量的地方性法规和政府规章，《内蒙古自治区草原管理条例》《内蒙古自治区基本草牧场保护条例》《内蒙古自治区草原管理条例实施细则》等法规的出台都进一步落实了国家的相应政策。自治区在加快推进"三农"工作中，对草原也有相应的部署和安排，例如：《内蒙古党委、政府关于加快农村牧区经济发展，千方百计增加农牧民收入的意见》（2003）对呼伦贝尔、锡林郭勒草原的建设，实现畜牧业可持续发展提出具体措施；《内蒙古党委、政府关于推进社会主义新农村新牧区建设的实施意见》（2006）要求对草原而言，要把保护和建设草原生态放在首位，全面推行草畜平衡和禁牧休牧轮牧措施；《内蒙古自治区人民政府关于促进牧民增加收入的实施意见》（2010）对阶段性禁牧区域内的牧民给予一定的补偿，严格限制养畜的数量，如果禁牧期结束，则根据草场恢复状况决定合理使用情况。

根据国家草原生态保护政策的不断发展，对内蒙古草原而言，京津风沙源治理工程和退牧还草工程是两项比较重大且影响深远的工程。国家实施了草原监管、划定基本草原、推进草畜平衡、阶段性的禁牧休牧轮牧、生态奖励补助机制等具体制度，对草原生态进行了切实的保护修复。同时推动畜牧业产业振兴、推动草原绿色发展等，不断改善牧民生活条件。这里以京津风沙源治理工程、退牧还草工程和生态奖励补助政策为例进行说明。

一是京津风沙源治理工程。在20世纪末21世纪初，内蒙古地区的草原沙化现象比较严重，导致浮尘、扬沙、沙尘暴的灾害天气频发，且影响范围非常广，京津地区受到严重影响，甚至沙暴还刮到日本、韩国等地，引起国际社会关注。2000年，党的十五届五中全会提出"加强生态建设遏制生态恶化，抓紧环京津生态圈工程建设"，相关部门着手制定规划，在2002年经过国务院批准后，各部委共同下发《京津风沙源治理工程规划（2001–2010年）》（以下简称《规划》）。《规划》以《全国生态环境建设规划》为指导，根据北京及周边地区沙化土地分布的现状、扩展趋势和成因及治理的有利条件，采取荒山荒地荒（沙）营造林、退耕还林、营造农田（草场）林网，草地治理、禁牧舍饲、小型水利设施、水源工程、小流域综合治理和生态移民等措施治理沙化土地1.5亿亩，内蒙古自治区也在其中，涉及36.9万平方公里，31个旗县，占了所有规划面积的80%，可谓任务繁重。在经过十年的人工种草、飞播牧草、围栏封育、基本草场建设、草种基地建设等具体措施实施后，可以看到生态环境得到了明显缓解，比较直接的效果是沙尘暴频次和强度有所减少，草原植被不断增加，草地有所恢复，草原沙化得到遏制，禁牧休牧地区的草原植被更加可喜。根据内蒙古林草局第七次普查显示，"全区五大沙漠、五大沙地森林植被总生物量不断增加，年防风固沙量15.92亿吨，年滞尘量709.53万吨。呼伦贝尔沙地、毛乌素沙地、科尔沁沙地、浑善达克沙地林草植被盖度大幅度提高。"① 并且在这一工程实施中，牧民的脱贫致富脚步也越走越稳健，加上退耕还林还草方面的补助，极大提高了牧民的收入水平。2012年前三季度，内蒙古自治区农牧民人均现金收入同比增长15.3%，扣除价格因素，实际增长12.2%。2012年，内蒙古农牧业产品产量稳步增长，支农惠农政策得到较好落实，拨付各类支农惠农补贴资金172.3亿元，比2011年同期增加63.6亿元，预计全年农牧民人均纯收入在7650元左右，同比实际增长12%~13%。② 京津风沙源治理工程是为改善和优化京津及周边地区生态环境状况，减轻风沙危害启动实施的一项具有重大战略意义的生态工程，也是践行山水林田湖草沙综合治理的标志性工程，对内蒙古草原的生态环境改善带来重要的影响，也充分让全国人民再一次意识到生态环境保护的重要意义，民众的环保意识在此之后不断提高。

二是退牧还草工程。2003年，国务院西部地区开发领导小组第三次全体会议决定启动退牧还草工程。根据农业部2005年4月11日《关于进一步加强退牧还草工程实施管理的意见》，通过围栏建设、补播改良以及禁牧、休牧、划区轮牧等措施，恢复草原植被，改善草原生态，提高

---

① 内蒙古第七次森林资源清查结果．内蒙古自治区林业和草原局，https://lcj.nmg.gov.cn，2022-3-24.

② 内蒙古：2012年农牧民人均收入稳步提高，https://www.gov.cn，2022-3-24.

草原生产力，促进草原生态与畜牧业协调发展。从 2003 年起，计划用 5 年时间，在蒙甘宁西部荒漠草原、内蒙古东部退化草原、新疆北部退化草原和青藏高原东部江河源草原，先期集中治理 10 亿亩，约占西部地区严重退化草原的 40%，力争 5 年使工程区内退化的草原得到基本恢复，天然草场得到休养生息，达到草畜平衡，实现草原资源的永续利用，建立起与畜牧业可持续发展相适应的草原生态系统。[①] 2003~2010 年，退牧还草工程的实施范围主要包括内蒙古、四川、云南、西藏、甘肃、青海、宁夏、新疆等省（区）及新疆生产建设兵团 190 余县/旗（团场），总面积达 319.21 万平方米。[②] 内蒙古自治区 31 个旗县先后被列入工程建设范围，这些地区主要集中于北方干旱半干旱草原区和青藏高寒草原区，以荒漠草原和高寒草原为主，大部分区域年降水量在 400 毫米以下，超载严重，草原存在不同程度的退化、沙化和盐碱化，生态系统脆弱。经过一系列因地制宜政策的落实，特别是内蒙古西部气候恶劣，生态环境脆弱，在这些地方主要采取禁牧，结合易地搬迁政策，当地的环境有一定程度改善。农业部统计材料显示，2003~2010 年，退牧还草工程共投入资金 185.22 亿元，投资额呈先增加后减少的趋势，以 2006 年总投资额为最大。截至 2010 年，全国退牧还草工程围栏面积共 5158 万公顷，其中禁牧围栏 2606.47 万公顷，休牧围栏 2466.2 万公顷，划区轮牧围栏 85.6 万公顷，退化草原补播改良 1240.87 万公顷。[③] 退牧还草工程总体对草原生态环境恢复起到了促进作用，植被状况得到恢复发展，草原的"双权一制"得到进一步巩固，为草畜平衡、禁牧休牧政策创造良好基础，也为当地产业转型升级带来契机，促进农牧民政策性收入增加。

　　三是生态奖励补助政策。2011 年，"草原生态保护补助奖励政策"作为一项新兴政策出现在大众视野中，这是自新中国成立以来，我国为实现草原生态环境可持续发展、促进牧区畜牧业发展、为牧民增收的惠

①　雷·额尔德尼，编著. 内蒙古生态历程［M］. 内蒙古人民出版社.2013：198.

②　农业部：中国西部地区实施退牧还草工程成效显著，https://www.gov.cn/gzdt/2011-08/04/content_1919844.htm，2021-8-1.

③　农业部：中国西部地区实施退牧还草工程成效显著，https://www.gov.cn/gzdt/2011-08/04/content_1919844.htm，2021-8-1.

民政策。① 草原生态保护补助奖励政策属于生态补偿机制的具体措施，于我国而言，不仅是补齐广大牧民因禁牧政策而减少收入的资金空缺方式的一项惠民工程，也是我国政府依托《中华人民共和国草原法》为背景，在改革开放后实行的又一项伟大工程，② 这一工程的实施能够有效提升区域生态环境，能够推动区域内产业结构改革，加快生态环境建设。该政策在包括内蒙古自治区在内的 13 个省、自治区的 639 个县实施，这几乎包括了全国大部分草原覆盖的地区和县市，我国财政每年对这项政策的投入约为 150 亿元。政策的优势覆盖面将达到我国 80% 左右的草原地区，面积约 3.2 亿公顷，涉及 284 万牧户。草原生态保护补助奖励政策的基本原则如下：一是在草原生态治理的工作中将生态建设与绿色发展相融合。能够将创新发展、协调融合、开放并存、共享信息的发展作为目标，坚决按照保护生态环境的理念发展，通过牧业发展维持牧民的生活保障，保证和提高牧民的生产生活水平。能够不断加强对于草原地区的防护管理，通过多种承包合作模式改变原有生产结构，以畜牧业和生态环境平衡发展为首要目标，确保生态环境不受破坏，目标是保障畜产品供应，能够有效保障牧民的劳动收入，不断加快恢复草原地区生态原貌，能够为牧区经济发展提供动力。二是对权责在落实到位的基础上进行分级落实。草原生态补助奖励政策实行资金、任务、目标、责任逐一落实和任务逐层分解的工作体系，方便任务进行下派，有效根据任务指标开展工作。完善政策落实逐层分工工作机制，建立健全绩效评价体系，加强资金管理和监督检查，确保资金、任务、目标和责任分别逐层落实。三是能够进行公示，并确保政策落实到位。能够在补贴政策的实施过程做到强监管，能够及时对发放情况进行公示，能够严格按照落实到户、严格透明、信息严查等要求开展工作，能够保障每个牧民利益，体现牧民的自主权益，确保政策最终以公平、公正、公开的原则予以实施。四是根据区域实际情况高效推进落实。需要针对不同区域的草原土地特点进行分类处理，本着科学、合理、客观严谨的态度，确定补奖标

①　敖登. 草原生态补奖政策对农牧民生产生活的影响 [J]. 当代畜禽养殖业，2020（05）：41-43.

②　中华人民共和国农业农村部公告第 90 号 [J]. 中华人民共和国农业农村部公报，2018（12）：59.

准和封顶保底标准，积极稳妥地开展草原生态保护补偿工作。根据第一轮国家所施行的补贴奖励牧民的情况来看，对需要停止放牧的区域，在经过 5 年的恢复期后，根据草原的实际恢复情况重新核定，需要由省一级单位对草原是否可恢复放牧进行客观评价，并予以确认，从而加强监管督查力度，能够进一步落实和跟进关于草原生态环境保护方面以补贴奖励牧民的方式政策。

2. 生态保护的效果

笔者第一次的调研处于国家"十二五"期间。内蒙古自治区在"十二五"期间，认真贯彻党中央、国务院关于生态文明建设和环境保护的决策部署，深入贯彻习近平总书记系列重要讲话和考察内蒙古重要指示精神，把加强生态环境保护、筑牢我国北方重要生态安全屏障作为重大政治责任和战略任务，积极实施了一系列重大生态修复工程，推进重点区域、流域污染防治，取得了较好成效。环境质量总体保持稳定，主要污染物排放显著减少，环境风险得到有效管控，环境监管能力逐步提高，生态环境实现了"整体遏制，局部好转"的重大转变。例如，森林覆盖率和草原植被盖度"双提高"，森林面积由 3.6 亿亩增加到 3.8 亿亩，草原植被盖度由 37% 提高到 44%；荒漠化和沙化土地"双减少"，分别减少 625 万亩和 515 万亩，减少面积均居全国首位。湿地保有量达 9000 万亩，沙化土地和水土流失治理面积分别为 4.13 万平方公里和 2.43 万平方公里。[①] 在"十三五"时期，内蒙古自治区党委、政府深入贯彻习近平生态文明思想和习近平总书记关于内蒙古重要讲话及重要指示、批示精神，践行"绿水青山就是金山银山"理念，以生态文明制度建设为保障，全力推进大气、水、土壤污染防治行动计划，稳步实施生态保护修复工程，有效防范生态环境风险，污染防治攻坚战阶段性目标圆满完成，生态环境质量明显改善，国家生态安全屏障构筑日益牢固。例如，内蒙古完成生态保护红线划定，初步将 50.46% 的国土面积划入生态红线保护范围，统筹推进山水林田湖草沙系统治理，全区森林面积提高到 4.08 亿亩，森林覆盖率达到 23%，草原植被盖度为 45%，湿地保有量为

---

① 国务院关于印发"十三五"生态环境保护规划的通知. 国发〔2016〕65 号，https://www.gov.cn/gongbao/content/2016/content_5148753.htm，2021-8-1.

9000 万亩。内蒙古是草原大区，草原面积达 11.38 亿亩，占全区总土地面积的 64%，占全国草原面积的五分之一。① 全区草原类型多样，植物资源丰富，草原类型占全国的 44%，包括温性草甸草原、温性典型草原、温性荒漠草原、温性草原化荒漠和温性荒漠五类草原类型，还隐域分布着山地草甸、低地草甸和沼泽三类非地带性植被。2019 年全国草原综合植被盖度达到 56%，较 2015 年提高 2 个百分点，2020 年达到 56.1%。（见图 4-44）2020 年，我国实施草原修复工程，完成种草改良 2425 万亩。天然草原鲜草总产量突破 11 亿吨，重点天然草原平均牲畜超载率降至 10.1%，较 2015 年下降 3.4 个百分点。草原防风固沙、涵养水源、保持水土、固碳释氧、调节气候、美化环境、维护生物多样性等生态功能得到恢复和增强，局部地区生态环境明显改善，全国草原生态环境持续恶化势头得到有效遏制。草原质量持续向好，草原生态服务功能稳步提升。

图 4-44　全国草原综合植被盖度情况（2015～2020 年）

3. 政策变化带来的影响与完善建议

通过上述官方权威数据展现，可知内蒙古草原生态的整体状况在逐渐好转中，这一结论是通过实地调研的观察、自治区生态环境部门的数据等资料得来的。即便如此，我们的政策也依然有很多需要提升的空间。

首先，从公共管理视角来看，自下而上的政策推动方式需要完善。前文曾多次强调国家在草原生态政策推动中发挥的主导作用，实际上前文所提及的草原生态工程或者说涉及内蒙古的我国北方生态安全屏障重大政策基本上是自上而下推行的，都是以"党委决定—政府部署—群众

----

① 内蒙古自治区"十四五"生态环境保护规划-规划计划-内蒙古自治区生态环境厅
　https://www.nmg.gov.cn，2023-3-22.

贯彻"方式进行。① 以草原生态奖励补助政策为例，国务院建立草原生态保护补助奖励机制的基本思路是，在全国主要牧区可利用天然草场范围内，建立草原生态保护补助奖励机制，基本达到草畜平衡，促进转变畜牧业发展方式，逐步实现草原生态保护和牧民持续增收的双赢目标。政策措施主要包括以下几个方面：一是实施禁牧补助；二是实施草畜平衡奖励；三是落实对牧民的生产性补贴政策；四是安排奖励资金。从奖补政策的实施路径来看，以政府为主导，林草部门牵头，多部门配合，严格责任追究制度。要层层签订目标责任书，加强责任追究；地方政府要将禁牧和草畜平衡工作纳入政府和村组年度考核范围，实行一把手负责制。通过制定相关治理办法，明确方案中的责任担当、管理细则、资金分配和农牧民责任，进一步将责任逐层下放，按照岗位职责承担相应风险。以内蒙古包头达茂旗草原为例，在执行政策过程中，将任务拆解并逐层下放，把业务指标精细化，按照人员分工承担相应责任，并履行个人所承担的分工职责。中央财政每年对于该项政策实施结果予以评定并实施绩效评价奖励资金政策，对工作突出、成效显著的省区给予财政补助和奖励。为了能够使最新的补助奖励政策起到生态保护的突出作用，这样的方式一定程度加强了地方政府的工作积极性，对于通过考核且能够达到标准的地区，根据绩效等级排名对款项进行公平划拨，个别治理不达标地区将无法享受考核支付的奖金。而中央以绩效考核方式推动生态环境保护建设工作有序进行，这种形式也恰恰是自上而下推动的主要方式，各地区根据区域内实际情况制定相应的考核办法和考核指标，强化各自地区的标准，对那些采取创新方式推动的地区，其获得的成绩要更好。本质上从上而下推动的优势非常明显，在政策的落实和实施效率方面有不可比拟的优势。然而，从达茂旗草原奖励补助政策实施的实际状况来看，虽然通过国家推行这项补助性政策能够确保草原生态不断改善，但传统牧民的生产生活方式也随之发生转变，由纯牧转变为以半农半牧为主，饲养牲畜方式也由之前的完全依靠草原供给，转变为之后的购买草料等方式。牧民这种生活方式的改变从表层来看获益匪浅，最直接的就是收入的提高，政府出资建楼房，将草原原住牧民集中迁入新住

---

①　盖志毅，等.内蒙古生态安全屏障建设论［M］.内蒙古大学出版社.2018：111.

所，牧民不必继续从事寒来暑往的游牧生活，大部分年轻牧民可以出门打工，也可以多见见世面，这些都是政策带来的福利。但从牧民本身来看，长期以来，牧民习惯于靠天生活，游牧是进行劳动生产的常态方式，而且他们一般受教育程度较低，与外界接触机会少，大部分牧民的认识具有局限性，对草原生态补助和奖励金没有合理规划，多数属于被动迎合政策，对生活的规划不足，因此在政策带来相应效益的时候，牧民的实际生活模式和未来的规划存在着一定的缺失。由此，如果能够在政策制定与实施过程中适时加入牧民智慧，增加他们的参与度，相信可以在政策实施上带来更加有效且长远的效果。

在考虑参与度这个问题时，我们可以借鉴公共管理的理论，从治理视角让政府的行政专家不必事必躬亲，而是擅于授权和鼓励公众、社区参与管理，鉴于部门能力的局限性和部门利益的影响，有关决策应由一定级别的综合部门、其他有关部门、各方专家及社会群体这四部分代表共同参与。[①] 对于这一举措，在生态治理和政策落实方面的确具有启示性。为了解决前面我们提到的牧民参与度不高的问题，可以在使用草原时由土地的直接使用人和政府等各方利益的代表进行协商从而制定可行性的建议，任何一方的缺席可能都会导致政策的不完整，因此多方协商是一个值得选择的方式。当我们打破原有体制的局限，就可以结合牧区特点尝试衍生新的社区，采纳社区治理的有效方式。政府、社区组织、居民及辖区单位、营利组织、非营利组织等基于市场原则、公共利益和社区认同，协调合作，有效供给社区所需，优化社区秩序的形成过程与协商机制，从而达到对既有模式的革新。

其次，政策主导转变政绩观。以 2012 年和 2019 年我们进行的调研数据对比，明显发现，党的十八大以来，习近平总书记提出的一系列生态文明思想，实实在在改变了内蒙古草原的生态状况。他指出发展是经济社会的全面发展，"不仅要看经济增长指标，还要看社会发展指标，特别是人文指标、资源指标、环境指标"，要做到"生产、生活、生态良性互动"。他提出了"绿色 GDP"概念，以及"绿水青山就是金山银山""破坏生态环境就是破坏生产力，保护生态环境就是保护生产力，改善生

① 盖志毅，等.内蒙古生态安全屏障建设论［M］.内蒙古大学出版社.2018：163.

态环境就是发展生产力"等论断。① 可以说，以绿色为导向的生态发展观，包括绿色发展观、绿色政绩观、绿色生产方式、绿色生活方式等内涵，深刻影响了中国各地的经济发展模式。所谓绿色 GDP，实质上是用以衡量各国除去自然资源损耗后创造的国民生产总值。根据联合国 SEEA《环境与经济综合核算体系 2003》，绿色 GDP 的计算公式可以表示为：绿色 GDP = GDP - 资源消耗成本 - 环境损失成本，② 这个算法在统计中考虑了生态成本，事实上真正得出一个地区的生态与经济的密切关系。特别对于内蒙古自治区这样一个资源消耗大区，这一思想的转变带来了明显的效益。自 2002 年以来，内蒙古经济增长迅速，在全国引起很大关注。但是我们应该看到这种经济的快速增长大多是以资金高投入、能源高消耗推动，以及以生态破坏和环境污染为代价的。在 2003 年至 2012 年这十年期间，内蒙古绿色 GDP 增长速度总体上要比 GDP 增长速度慢，虽然国家积极提倡可持续发展政策，但是内蒙古自治区总体上靠资源发展经济的局面仍然没有改变。资源损耗和环境损耗在十年间没有呈现较大的变化，表明这一时期对环境保护和经济发展的关系尚未理顺，而且完成产业升级改造的目标也没有实现。2018～2022 年，习近平总书记在参加全国人大内蒙古代表团的发言和重要指示中多次提到生态保护，"持续打好蓝天、碧水、净土保卫战，把祖国北疆这道万里绿色长城构筑得更加牢固"，③ 铺就高质量发展底色，努力建设好国家重要能源和战略资源基地、农畜产品生产基地，构筑向北开放重要桥头堡。习近平总书记对内蒙古的重要批示给内蒙古生态文明建设提供重要思路，内蒙古全区都在认真领会这一思想内涵，也切实将生态优先、绿色发展作为导向。根据自治区第八次森林资源清查结果，全区森林面积 3.92 亿亩。森林覆盖率 22.10%。与 2013 年自治区第七次森林资源清查结果相比，全区森林面积增加了 1904.25 万亩，森林覆盖率提高了 1.07 个百分点，森林蓄积增加了 1.82 亿立方米。全面停止天然林商业性采伐成果进一步巩固，

---

① 乔清举，习近平的生态文明思想，theory. people. com. cn/nl/2017/0117/c352499 - 29030443. html，2017-1-17.

② 傅麟，李沛芝. 资源型地区经济增长中的绿色 GDP 核算分析——以内蒙古自治区为例 [J]. 内蒙古科技与经济，2014：16.

③ 习近平总书记在参加十三届全国人大三次会议内蒙古代表团审议时讲话. 引自石泰峰代表：让祖国北疆绿色长城更加牢固（nmg. gov. cn），2024-8-1.

3.02 亿亩天然林资源保护实现了"全覆盖"。落实国家级公益林补偿面积 1.53 亿亩。荒漠化和沙化土地面积持续"双减少"。① 据第五次荒漠化和沙化土地监测结果,全区荒漠化土地和沙化土地分别减少 625 万亩、515 万亩。草原禁牧面积 4.04 亿亩,草畜平衡面积 6.16 亿亩,森林草原生态功能得到了有效恢复和提升。② 生态环境好转同时也促进了经济方式的转变,绿色 GDP 在内蒙古有了亮眼的变化。以大兴安岭腹地的国贫旗鄂伦春自治旗为例,全旗拥有林地 4340 万亩,森林覆盖率高达 65.8%。这里雨量充沛,林下土壤肥沃,且无任何污染,历史上就有珍贵野生中草药生长于此。因此当地结合地区优势,培育发展中草药龙头企业,壮大中草药产业。2018 年,全旗种植中药材近 3 万亩,品种达 305 种,主要品种有桔梗、金莲花、赤芍、返魂草(紫菀)等。不仅使当地贫困户脱贫,而且明确生态优先、绿色发展的优质路径给当地的经济发展打了强心针。类似这样的事例非常多,以绿色政绩观改变提升生态环境保护的效果,也成为当下内蒙古促进高质量发展的重要抓手。③

最后,提高环境资源整治和补救机制。环境资源整治、补救机制是法律规定的对环境资源问题进行整治、对人与自然关系的失衡进行补救的各种法定措施、方式、程序和制度,这里的补救包括整顿、治理、纠正、修复、援助、救助、补偿等措施和制度。④ 这一制度的主要目的在于对那些已经和正在遭受污染破坏的环境和那些严重影响人与自然和谐共生的生态破坏实际进行有效应对和补救的制度,因此从立法层面制定相应规定是基础。我国环境法按照"谁污染谁治理、谁主管谁负责、谁承包谁负责、谁损害谁赔偿"和"污染者付费、利用者补偿、开发者保护、破坏者恢复"等原则进行整体整治和补救。而且我国在环境保护层面适用惩罚性赔偿,作为损害赔偿填平原则的突破,通过让恶意的不法行为人承担超出实际损害数额的赔偿,达到充分救济受害人、制裁恶意侵权人的效果,具有惩罚、震慑、预防等多重功能。我国《民法典》除

---

① 林草概况-内蒙古自治区林业和草原局,https://lcj.nmg.gov.cn/lcgk_1/,2024-8-1.

② https://www.nmg.gov.cn/zwgk/xwfb/fbh/zzqzfxwfb/202005/t20200515_229376.html,2022-5-2.

③ 森林资源-鄂伦春自治旗人民政府(elc.gov.cn),2024-8-1.

④ 蔡守秋.调整论:对主流法理学的反思与补充 [M].北京:高等教育出版社.2003:773.

了在总则中规定"绿色原则"之外，还在第 1232 条增加生态环境惩罚性赔偿制度，对侵权人故意污染环境、破坏生态造成严重后果的，被侵权人有权请求相应的惩罚性赔偿。这为惩治生态环境侵权行为，推动生态文明建设，满足人民日益增长的对优美生态环境新期待进一步提供了法律保障。在内蒙古自治区，环境司法保护也在不断完善。2019 年 12 月，内蒙古自治区检察机关联合自然资源厅等相关厅局与地方企业共同举办"检察公益诉讼与生态专业化修复研讨会"，与地方企业共享生态环境大数据，高标准地打造生态环境司法保护的"内蒙古模式"。① 内蒙古自治区 2017 年审结环境资源类的案件共 10806 件，2018 年审结环境资源类的案件共 23420 件，2019 年审结环境资源类案件 20758 件，2020 年审结环境资源类案件 13745 件。② 2021 年，内蒙古自治区高级人民法院发布了八件环境资源审判典型案例，表明在司法机关之间、司法机关和行政机关之间的协作机制仍不健全，环境公益诉讼案件较少。

综上所述，自新中国成立以来，内蒙古自治区草原生态保护的政策始终随着生态环境的变化而不断更新，整体的方向是趋向于提升生态保护质量，突破经济发展与生态保护之间的矛盾。特别是党的十八大以来，随着经济社会发展和实践深入，人民群众对于优美生态环境的需要已经成为新时代人民美好生活向往的重要组成部分。我们党对中国特色社会主义总体布局的认识不断深化，从当年的"两个文明"到"三位一体""四位一体"，再到今天的"五位一体"，都是重大理论和实践创新，更带来了发展理念和发展方式的深刻转变。新时代推进生态文明建设要遵循以下原则：坚持人与自然和谐共生；坚持绿水青山就是金山银山；坚持良好生态环境是最普惠的民生福祉；坚持山水林田湖草是生命共同体；坚持用最严格制度、最严密法治保护生态环境，共谋全球生态文明建设。在这一大背景下，内蒙古自治区积极改变政策导向，根据《内蒙古自治区"十四五"生态环境保护规划》可以看到，内蒙古"十四五"时期生态环境保护九大重点任务非常清晰：一是全力推动经济社会高质量发展；二是加快推进碳达峰、碳中和进程；三是持续改善大气环境；四是稳步

---

① 高起点 高标准 高水平 合力打造生态公益保护的内蒙古检察模式，http://www.nm.jcy.gov.cn/xwzx/mjyw/201912/t20191210_2738880.shtml，2022-4-4.

② 根据内部资料统计而得.

改善水生态环境；五是改善土壤和农村牧区环境；六是提升生态系统质量和稳定性；七是强化生态环境风险防控；八是构建现代环境治理体系；九是推动形成绿色生活方式。要在保障经济高质量发展中坚定不移走生态优先、绿色发展之路。

（二）牧民生活状态的变化

1. 游牧经济的局限与新变化

游牧文明在历史上有非常多的成就，在促进推动人类历史发展和东西方文化交流等方面有着重要的历史功绩，但同样地，游牧文明与其他文明一样也存在许多缺陷，在时代发展中也要随着历史洪流走向不同的命运轨迹。游牧文明从自然环境的角度看，存在过分依赖自然资源的弊端，牧民逐水草而居，受限于北方地区特有的自然、地理、气候和生态环境，在面对自然灾害时抗压能力不足，经济成分比较单一；生活质量并不高，需要依赖对外贸易获得基本生活物资，古时候也会基于战争的掠夺，但在人员数量不足、物质条件匮乏的时代里，游牧经济更新和创新的速度显然是不足的；资讯相对封闭，文字记录不多，精神世界的建设不足，信仰的不同会影响社会的动荡与变迁，缺乏完备且影响深远的思想文化基础，进而导致文化支撑力略差。

面对新时代的全球发展形势，草原的游牧文明更需要改革，克服困难，重新树立新时代游牧文明的特征。从当下视角来看，草原具有生态功能、生产功能和生活功能。生态功能是草地生态系统维系和发展的基础，主要体现在维持生物多样性、水源涵养、水土保持等方面；生产功能体现在以畜牧业为主的经济发展领域，包括草产品生产、家畜养殖、畜产品生产、药用植物生产等方面；生活功能体现在人口繁衍生存、传承草原文化等领域，包括经济保障、游憩展示、身心愉悦等方面。综合以上功能，对比笔者上一次调研的数据，从草原生态整体的数据可以看到，国家采取的一系列恢复生态、保障牧民收入等举措是成效显著的，在草原的生态功能、生产功能和生活功能方面都有适应时代的长足发展，游牧经济的一些弊端正在逐渐得到相应的改善，牧民生活质量、生态保护、文化传承等诸多方面都在不断进步。从内蒙古自治区统计局的官方数据比较可知：2011~2015 年，农村牧区常住居民人均可支配收入年均增长 13.2%，增速高于城镇居民 2.1 个百分点，2015 年，农村牧区常住居民人均可支配收入达到 10776 元，比上年增长 8%，增速高于城镇居民 0.1 个百分点。城乡居民收入比逐年缩小，农牧民生活水平和生活质量进一步提高，2011~2015 年，农村牧区常住居民人均生活消费支出年均增长 13.8%，增速高于城镇居民 4.4 个百分点，2015 年，农村牧区常住居民人均生活消费支出达到 10637 元，比上年增长 6.7%，增速高于城镇 2 个百分点。"十二五"时期，农牧民用于文化娱乐服务等的支出也呈增长趋势。全区社会保障体系逐步健全，覆盖城乡居民的基本养老保险和基本医疗保险保障面逐步扩大，农牧民养老、医疗等社会保障水平不断提高。"十三五"期间，自治区农牧业经济总量不断扩大，综合实力稳步提升。农林牧渔业总产值由 2015 年的 2761.6 亿元增加到 2020 年的 3472.4 亿元，按可比价格计算，5 年间增长 14.0%，年均增长 2.7%。其中，畜牧业产值增长 13.9%，年均增长 2.6%。据主要畜禽监测调查，全区主要畜禽肉类产量从 2015 年的 236.7 万吨增加到 2020 年的 260.7 万吨，增长 10.1%，年均增速 1.9%，保持了稳定增长的态势。农村牧区居民人均可支配收入由 10776 元增加到 15283 元，年均实际增长 7.2%。[1] "十二五""十三五"期间关于农牧民生活质量提升的相关数据显示，党和国家从根本上帮助草原上的牧民解决了基本生计，同时又能紧跟时代步伐，让牧民生活质量随着国家经济发展而不断提高，一定程度扭转了传统游牧时代牧民生活质量低下的弊端。同时，2019 年，内蒙古自治区人均公共文化财政支出 470 元，拥有公共图书馆 117 座，文化馆 120 座，博物馆 125 座，广播电视综合人口覆盖率 99.2%。[2] 颁布实施《内蒙古自治区乌兰牧骑条例》后，全年深入基层演出 8700 余次，各地积极参加、举办重大艺术活动和示范性群众活动，蒙古马非遗展、蒙古族皮雕画等非遗保护传承活动数量多而且精彩纷呈。这些文化活动的丰富性表明蒙古族的传统文化随着时代发展在焕发新的生机，也是游牧文化的新的表现方式。

2. 共同体新表现

每一种文化都是人类在特定的自然和社会环境中的不断创造和革新，

---

① http://tj.nmg.gov.cn/tjdt/fbyjd_11654/202102/t20210209_883533.html，2018-11-20.
② 内蒙古自治区 2019 年国民经济和社会发展统计公报_内蒙古自治区人民政府，https://www.nmg.gov.cn/tjsj/sjfb/tjsj/tjgb/202102/t20210209_886021.html，2024-8-1.

曾经蒙古族在适应草原生态环境的前提下，创造了属于自己的辉煌。时至21世纪，适应信息革命与网络时代的大趋势，游牧文化也随之发生着变化，从过去的游牧转变为定居圈牧，长途跋涉的游牧较为少见，仅在部分地区可以实现，如阿鲁科尔沁草原的游牧系统。这里的牧民传承祖训，敬天爱人，与自然和谐共生，至今恪守着古老而传统的游牧习俗，是中国第一个游牧类的农业文化遗产，游牧总面积500万亩，涉及23个嘎查，而且依然原汁原味地保留着冬春营地和夏秋营地，以及逐水草而居、食肉饮酪、骑马射箭的蒙古族传统游牧生产生活方式。① 但这是仅存不多的文化遗产，事实上，传统意义的游牧基本上已经不存在了。国家政策的改变，产业结构的转型以及牧民生活选择的多元化，都在改变牧区的人员分布和职业特点，传统共同体的成员在发生改变。以笔者所调研地区的人员结构来分析，可以看到，最基层的嘎查村人口规模都不大，基本保持在1000人左右，家庭人口规模或者常住人口多为3人左右，在嘎查中农牧业依旧是主体从事职业，但是也会随着新型职业结构变迁出现较为多元的群体，如合作社、家庭农牧场、服务团队等。社会组织在数量、类型、功能等各方面发挥作用越来越多，主要的领导者为嘎查的嘎查长，也有返乡农牧民或者知识技能占据优势的医生、教师等成为当地的精英阶层，但从外面回到家乡成为组织主导的年轻人还是较少。年轻一代人外出打工占据比例非常高，规模在不断扩大，分布也越来越广，这是导致牧区人口老龄化、社区空心化、家庭养老功能逐渐弱化的主要原因。从2020年特殊时期以来，年轻一代由在外创业到回乡从事农牧业的趋势逐渐显现，但整体上看，人员流动或者说只出不进的流动模式还是占据主流。牧民生活在很大程度已经能够克服自然环境的弊端，生活质量和生活水平有了显著提升。随着年轻一代获得知识的方式更加便捷，完全封闭的环境已经基本打破，他们对外界的熟悉程度非常高，因此呈现原有共同体的重组，总结来说就是家庭规模小型化、代际扁平化、结构核心化和养老功能弱化。② 可见传统共同体形式已经被新

---

① 张祥熙．内蒙古阿鲁科尔沁草原游牧系统正式认定为全球重要农业文化遗产，学习强国内蒙古学习平台，2022-05-21．
② 双宝，等．内蒙古农村牧区社会结构现状调查研究［M］．呼和浩特：内蒙古大学出版社．2018：9．

型的多元化的共同体模式打破，依附于传统模式的习惯法需要不断"更新换代"，形塑新的习惯以对应时代发展。在与传统习惯法对应的文化观念变迁中，我们可以发现，牧民心中对生态习惯法的遵奉，以及在遇到生态问题时的处理思维延续了过去一脉相承的生态保护观念，这是当下文化观念传承的痕迹。但也存在一定的危机，随着人口老龄化和青年一代的离开，过去一代代口口相传或者言传身教的习惯传承方式有了相应的危机，如果特定方式发生断裂，又无足够的延续，就可能使特定的生态习惯法慢慢失去力量，这也是调研中我们发现且必须正视的问题。

3. 互联网、自媒体时代的生态习惯法

全球互联网自 20 世纪 90 年代进入商用以来，发展非常迅速，成为当今世界推动经济发展和社会进步的重要基础。中国互联网发展速度十分惊人，在中国互联网络信息中心发布的第 48 次《中国互联网络发展状况统计报告》中显示，截至 2021 年 6 月，中国网民规模达 10.11 亿，较 2020 年 12 月增长 2175 万，互联网普及率达 71.6%。[①]近几年互联网产品愈发充盈着我们的生活，人们对于简单、快捷、趣味性的需求也随之增加，短视频平台的崛起，标志着中国自媒体的飞速发展。大多数人在高速发展的网络中获利，于草原深处而言，年轻一代也在通过网络改变着生活。2020 年，内蒙古草原上的牧民通过北斗智慧放牧系统，实现了在家里就可以全方位地观察牧群的位置并且精准定位牧群走向的功能，深刻改变了草原上传统放牧的方式，也使牧民的生活质量得到提升。过去既有传承的生态习惯法有了不同的内涵和表现方式，牧民对草原生态环境的保护意识始终如一，并且展示出来的方式也是丰富多彩。如今的内蒙古草原上，网络跟着牧民走，知名的网红博主非常多。在锡林郭勒盟西乌珠穆沁旗阿拉坦敖都嘎查的乌音嘎是一名受益于互联网的牧民，乌音嘎大学毕业后回到草原，与父母在 8000 亩草场上放养 500 只牛羊、60 匹马，还有两只狗和 10 只猫。2018 年，光纤宽带设施铺设到乌音嘎家所在嘎查，她用手机拍摄了一段妈妈做晚饭的短视频：牛粪点燃的炉火旁，妈妈炒着羊杂和洋葱。这段短视频上传西瓜视频平台后，播放量很快达

---

① CNNIC 发布第 48 次《中国互联网络发展状况统计报告》，https://www.cnnic.cn/n4/2022/0401/c136-5299.html，2021-08-27.

到 47 万次，3500 人发表评论，这让她坚定了用短视频和直播平台展示草原生活的信心。乌音嘎在西瓜视频平台有 80 万粉丝，加上抖音等平台，粉丝累计超过 100 万，原创视频 1000 多条，被播放和传播上亿次。乌音嘎还通过网络直播销售当地牛肉干、奶食品等特产，每年销售利润达 30 万元。[①] 内蒙古草原上还有许多牧民依托互联网拓展新事业，他们直播展示的是草原深处最美的生态环境和优质的产品，也在展示新时代草原的生态保护习惯，不断拓展草原上的特色文化，让更多的人了解草原生态原本的面貌，一定程度加强了外来人员对草原生态保护习惯的认识，也促进了他们对草原生态的保护意识。

（三）新村规民约在生态保护中的作用

1. 村规民约的整体变化

根据《关于开展优秀村规民约（居民公约）征集遴选和宣传推介活动的通知》（内民政发〔2020〕84 号），以及对内蒙古自治区各盟市村规民约、居民公约进行相应的调查评估，透过对约 335 件村规民约、居民公约的分析，可以了解内蒙古自治区的村规民约的新样态。[②] 这一活动是为贯彻落实民政部《关于做好村规民约和居民公约工作的指导意见》精神，推动《新时代文明实践内蒙古"十大行动"方案》落实，在农牧民中开展"守村规、改陋习、重诚信、讲互助"活动，健全完善村规民约（居民公约），弘扬公序良俗，构建和谐社会，充分发挥村规民约（居民公约）在城乡基层治理中的积极作用。后续专家组从全区报送的 335 个村规民约和居民公约中审核通过 130 个优秀村规民约和居民公约，并且进行宣传和推广，达到提高全区嘎查村、社区规范化、标准化水平，提升嘎查村、社区组织居民自我管理、自我教育、自我服务及自我监督能力。由此，综合内蒙古自治区东西部各个具有典型文化特质的嘎查，并且结合我们过去的数据进行对比可以发现，条文中对党和国家的路线政策方针落实比较扎实，对社会主义核心价值观的体现也非常明

---

① 以网为媒：蒙古族青年牧民与外界的"新社交". 新华社网站，2020-10-09.

② 这里首先感谢笔者的同事为笔者提供的一手资料。他的团队根据内民政发〔2020〕84 号《关于开展优秀村规民约（居民公约）征集遴选和宣传推介活动的通知》，对内蒙古自治区各盟市村规民约、居民公约进行相应的调查评估工作，对约 335 件村规民约、居民公约进行分析，为本书提供了权威的数据支撑。

确，引领了善良风俗。下文以具有典型特点的内蒙古自治区呼伦贝尔市鄂温克族自治旗伊敏苏木阿贵图嘎查村规民约为例。

总　则

为了推进民主法治建设，维护社会稳定，树立良好的民风、村风，创造安居乐业的社会环境，促进经济发展，振兴乡村，建设生态文明的美丽乡村，经全体牧民讨论通过，制定以下村规民约：

第一章　牧民管理

第一条：热爱祖国，坚决维护习近平总书记党中央的核心、全党的核心地位，坚决维护党中央权威和集中统一领导，热爱集体，积极支持和配合各级党委、政府涉及农业、嘎查、牧民工作，自觉执行嘎查党支部、嘎查委员会、嘎查小组会议和牧民代表会议有关决定、决议和规定。

第二条：每个牧民都要学法、知法、守法，自觉维护法律尊严，积极同一切犯罪行为作斗争。

第三条：牧民之间要做到团结友爱，相互理解，互帮互助，和睦相处，不打架斗殴，不诽谤他人，不造谣惑众，不拨弄是非，不仗势欺人，建立良好的邻里关系。

第四条：提倡社会主义文明，移风易俗，新事新办，不铺张浪费，丧事从俭，不搞陈规陋习，不搞宗族派性，反对家族主义，反对封建迷信及其他不文明行为，树立良好的社会风尚。积极参与志愿者服务，关爱空巢老人，关怀儿童成长。

第五条：牧民要积极参与脱贫攻坚，人人心怀感恩之情，坚定脱贫信心，不等不靠不观望，自力更生抓脱贫，变"要我脱贫"为"我要脱贫"，勤劳致富奔小康；牧民要积极参加美丽家园建设，群众得到扶贫项目、资金支持后，必须主动作为、投工投劳；要自立更生、勤劳致富。

第六条：父母应尽抚养、教育未成年子女的义务，禁止歧视、虐待、遗弃女婴。子女应尽赡养老人的义务，不得歧视虐待老人。夫妻地位平等，共同承担家务劳动，共同管理家庭财产，反对家庭暴力。

第二章　公共卫生管理

第七条：各户要实行"门前三包"：牧民自觉保持好房屋周边的环境卫生，做到污水不乱排；垃圾、杂物不乱扔；柴垛、杂草、粪土不乱放。

第八条：对于有病的畜生，不准出卖，死禽、死畜要挖坑深埋，作无害化处理。发现多数家禽家畜得病，要及时向嘎查委员会报告，以防发生大面积的疫情。猪圈、牛栏、厕所要勤清理，以免臭气、脏水污染环境。否则，一户罚款200元。

第九条：积极开展文明搞卫生建设，搞好公共卫生，加强村容村貌整治，严禁在村里巷道、公路和村公共场所等堆放杂物、柴草等，及时打扫自家及分担区卫生，及时清理积雪，对修房屋余下的碎片应及时清理，柴草、粪堆应定点堆放。对违者除限期予以清除外，罚款100至200元。

第十条：要注意饮食卫生，以防病从口入。禁止在集体和牧户房屋外墙乱贴乱涂广告，及时清理对联及其他杂物，保持长期整洁。

第十一条：保持饮水安全卫生，不准在水井、河道边清洗脏物（衣裤、其他食物等）、农药罐。违者罚款200元。

第十二条：必须自觉维护道路、水利设施畅通，爱护花草树木：不在路边搭建违章建筑；不得在道路上晒农作物；不得破坏本村绿化造林工程，自觉维护道路两边花草树木及卫生设施。

第十三条：各户必须自觉搞好家庭卫生，做到院内物品摆放整齐，人畜分离，不得散养禽畜；不得让禽畜在街道上或公共场所大小便，污损地面，违者责令立即清除，并给予批评教育和一定的处罚。

第十四条：牧民每天将各自的生活垃圾打包后，放到指定地点（垃圾箱），不得在半途滴漏、抛洒、吹飘，更不能倾倒在没有设置垃圾箱的地方或河面，由环卫人员统一将生活垃圾清理后运到集中点。

第十五条：凡发现危害和破坏公共卫生设施的人和事要积极制止并及时向有关人员报告。窃取或破坏公共卫生设施者（如垃圾箱、保洁车等），一经查实，将以一罚十处置，严重者将移交公安机关。

第十六条：保洁员有责任、有义务对牧民提出建议和批评，牧民需认真听取，并自觉提高或改正自身的环境卫生保洁意识和作为。

第三章 土地管理

第十七条：嘎查的所有土地，除了法律规定属于国家所有的以外，牧民的宅基地、自留地、自留山等所有权属于集体，个人只有经营使用权；凡占用集体所属空坪、荒地建杂房、厕所和牛羊圈并经批准入册的，受相关法律保护，未经批准占用集体土地非法乱建的，村集体有权收回并另行处理。

第十八条：任何个人不得侵占、买卖、出租或者以其他形式非法转让和变更村集体或他人的土地使用权。

第十九条：牧民房屋不得私自买卖。

第二十条：牧民需要建房的，本人写好申请报告，由嘎查委员会小组开会讨论并签具意见，经牧民代表大会审查同意，报苏木人民政府和旗国土管理局批准，再经嘎查委员会定好房屋基地的方位，才能允许建房。

第四章 森林防火

第二十一条：护林防火，人人有责。万一发现野外火源，无论如何，牧民都要设法在第一时间向嘎查"两委"报告，接到火警的任何人都要在最短时间内号召广大群众赶赴现场灭火。

第二十二条：牧民野外用火发生火灾损失的，除应赔偿由此带来的一切经济损失外，视情节轻重予究法律责任。

第二十三条：凡擅自盗伐集体和个人林木者，视其情节轻重，处罚被盗伐林木价值的 2 至 5 倍，夜间盗伐林木者，加倍处罚。

第二十四条：自然灾害（大风、大雨、暴雨、风雪、冰雹等）毁坏的林木，任何人不准进山哄抢。否则，按照盗伐林木条款处罚。

第五章 社会治安

第二十五条：不参与涉黑涉恶等违法活动，积极配合上级有关部门开展扫黑除恶专项斗争，发现涉黑涉恶等违法线索及时向村里汇报；自觉抵制黄、赌、毒，倡导健康文明生活方式，共同营造良好社会风气。

第二十六条：凡故意毁坏、盗窃、偷摸集体和个人财物者，除追究回原物外，处罚 200 至 5000 元，情节严重的移交公安机关。

第二十七条：圈好、看好牲畜是每个牧民的职责。

第二十八条：凡聚众闹事、煽动宗派纠纷、故意殴打他人，造成直接损伤的，除赔偿医疗费用外，并处罚款 500 至 2000 元，构成犯罪的依法追究法律责任。

第二十九条：牧民发生口角纠纷或婚姻纠纷等需要调解的，为调解纠纷需出差外地的旅差费用，由当事人负担。

第三十条：为确保人身安全，保证正常供电，不准擅自私接电源，由此造成的故障和损失，除照价赔偿外，另处罚 100 至 200 元。

第三十一条：提倡讲文明，树新风；讲礼貌，尊老幼；讲正义，持真理；讲道德，正原则；家庭和睦，邻里团结；尊师重教，助残济贫；胸襟大度，诚实守信；美化村容，绿化村庄；开展文体活动，抵制反动淫秽书画影音媒介。

本村规民约若有与国家法律法规相抵触之处应以国家法律法规为准。本民约从公布之日起实施。①

该村规民约对当地的各方面综合管理都进行了详细的规定，也是一个容易得到切实履行的村规民约，抛开其他的内容不论，在围绕当地生态环境保护方面，嘎查的民约显然融入了非常明确的生态习惯法的内涵，如第十一条、第十四条的内容。这些条文不仅在内容上是传统习惯的延续，而且从其规定在嘎查民约中的数量方面看，也表明实行生态环境保护对嘎查而言十分重要。特别是禁止在河道边洗衣服这类规定与我国其他地区的百姓风俗有所不同，这是传统蒙古族生态习惯法的组成部分。

但是以上是众多嘎查民约中比较特殊的一例，对比分析，在呼伦贝尔市评选的 17 个具有一定代表性的嘎查民约中，真正体现蒙古族传统习惯法的并不多，虽然各个嘎查村都规定了大量关于生态环境保护的规定，也非常重视这类规定，但是作为一个传统的蒙古族聚居区，时至今天，嘎查民约中具有当地特色的规定较少，更多的依然是大同小异的范例规

---

① 　此为内部相关资料．

定。纵观内蒙古自治区各地区的 300 余件村规民约（居民公约），标准化指导是必须的，但是具有一定当地特色的做法，特别是落实生态文化的一些特色做法还没有被发掘出来，如果希望真正发挥民约作为基层社会治理中的依据，就必须立足地方性知识，立足当地的历史文化传统。"如果一种法治、社会管理体制能够有效地实施，不仅仅是由于其'权威'的性质，还因为与特定法治、社会管理体制相适应的价值观念、伦理道德、风俗习惯、意识形态等非正式制度给这种有效的实施提供了社会心理学的基础。"① 如此方可与党和国家的大政方针、国家的法律共同实现当地社会治理的成效。

2. 村规民约应成为生态习惯法的附着地

前文中我们谈到村规民约是最能体现基层民众自治的形式，也是民间习惯法重要的表现形式。据调查，在内蒙古自治区的农村牧区，群众获得法律知识的途径是依靠广播、电视、手机等传播媒介，而且农村牧区的农牧民的法律意识程度还是比较低的，不同类型嘎查村的百姓随着生活水平等差异可能略有不同，但整体的法律意识比较低，因而更加注重传统习惯的作用。② 20 世纪 60 年代初，枫桥创造了"依靠民众就地化解矛盾"的"枫桥经验"，在中央立法、地方立法和社会规范的三层治理制度体系中形成基层治理的良好模式。"枫桥经验"重视制度供给，发挥社会规范的作用，通过村规民约（社区公约）建设，保障公民直接行使民主权利，参与社会事务的决策、管理和监督，其体现的基本精神和蕴含的价值，对基层社会治理具有普遍的指导意义。③ 可以说，内蒙古自治区民政厅组织的开展优秀村规民约（居民公约）征集遴选和宣传推介活动，也是在基层治理层面寻找优秀的村规民约的代表并切实为各地推广标杆和模板。"复归遵循草原伦理和治理经验的牧民在草原生态保护中的主体性地位；采用合作社等自主组织和自主治理的形式，激发其组成社区共同管理草原；共同设计草地放牧、收益分配方案及违反社区治理规则的惩戒机制；依托'能人'治理和互相监督的机理展开具体运

---

① 汪世荣．"枫桥经验"视野下的基层社会治理制度供给研究［J］．中国法学．2018；6．
② 双宝，等．内蒙古农村牧区社会结构现状调查研究［M］．呼和浩特：内蒙古大学出版社．2018；219．
③ 汪世荣．"枫桥经验"视野下的基层社会治理制度供给研究［J］．中国法学．2018；6．

行；政府将主要扮演引导、监督和政策支持的角色。"①这非常符合新时代的草原生态保护模式，这样村规民约在基层才能更加发挥其应有作用，这也是现代基层治理多元主体投入以及民主管理的需要所决定的。村规民约作为成文的社会规范，经过民主讨论、村民大会决议得以建立并实施，涵盖了村内自治事项的重要方面，这是基层社会治理特质的反映，也是生态习惯法不断变迁的依托，因此应着重依托村规民约，构建基层社会规范的体系化，强化基层社会治理，通过基层群众自我管理、自我教育、自我服务，形成新时代共建、共治、共享的社会治理格局。

第三节　国家生态法律与蒙古族生态
习惯法的现实关系

一　法律多元与习惯规范

秩序是人类社会的一大福祉，人们对于秩序的追求也始终坚持不懈。和谐的秩序可以保证人们在物质和精神层面得到极大的满足和幸福感，而秩序是人们在长期社会交往过程中形成的相对稳定的模式，为了维护这样的模式，就需要用规范来保证秩序的实现，也就是社会控制手段。"社会控制在其真实意义上说，它是历史传统和社会团体的保障；它不仅是现在的人所从事的工作的保护者，而且是过去的人为后代所从事的工作的保护者，它不仅是无数人最珍贵财产的保护者，而且是人类精神财富的保护者——即人类自己自由从事和享受的各种发明和创造、艺术和科学、令人愉快的工作和探索医治疾病的奥秘等的保护者。"②庞德曾经指出我们要用文明来实质上指代各个社会科学所要研究的目的。文明是"人类力量不断地更加完善的发展，是人类对外在的或物质自然界和对人类目前能加以控制的内在的或人类本性的最大限度的控制"。③事实上，这样的控制使人类社会得以继续，至于控制力怎样产生又怎样保持、促

---

① 俞树毅，王睿. 草原生态文明建设进路中"围栏困境"的破解 [J]. 兰州大学学报2022：4.

② E. A. 罗斯. 社会控制 [M]. 秦志勇，毛永政，译. 北京：华夏出版社，1989：335.

③ 庞德. 通过法律的社会控制 [M]. 沈宗灵，译. 北京：商务印书馆，2010：12.

进和流传就成为十分必要的讨论议题。法律是由国家创制的行为规则，它的规范化体系，能够使秩序达到相对平衡的状态，而现代社会的现实本身也验证了这一点。在苏力教授看来，"人们关心法治，表达了一种深刻的渴求，渴求社会生活的规则有序，而法律就是使人类行为规则治理的事业……并且人们只有在有序和规则的环境中，才可能对未来有一个大致确定的判断，才可能有自觉的、有意义的生活，也才有可能在社会生活中运用个人的知识采取有效的行动、做出种种安排，其努力才是有意义的"。[①]因此，对一种良好秩序状态的表征——"法治"的选择也成为一个社会文明与否的标志。

中国社会在过去借鉴西方文化的背景下，展开了自身的法治建设进程，且尝试构建符合自身规律的法律理念、制度和规范，虽然我们建构的中国法治社会规模初具成效，但仍然时常被社会中一些例外事件所点醒。进化主义的法治观认为"法治的生成与发展是人类社会自然而然的进步演化而得，犹如瓜熟蒂落，纯系自然规律使然，决非人力之主观所为可能得到"。[②]因此，中国法治进程不能在依赖外力的作用下，在土壤和环境均不合适的条件下推进。而建构主义则认为，中国没有西方法治发展的历时性，因此无法静心等待条件具备后的法治，只能通过借鉴西方法治建设经验基础，用制度构建实现法治，其中首要是发挥国家的力量和权威去推动。两种不同的法治生成路径均有自己的合理性，然而，自20世纪80年代以来，建构主义法治出现在实践中的问题已经不可回避。国家不断加大力度去实现一个庞大的法律体系，出台各类法律，逐步实现国家法律体系的完整，民众与法律的关系虽然逐步密切，但依然没能培养出足够的法律意识，当"法律移植成为了一场发生在世界各地的壮观景象。殖民主义的典型特征之一是，西方法律和制度被大规模移植到被殖民的社会中，这些被移植的法律和制度明显地不同于被殖民地本土的社会文化组织和法律文化"。[③]因而导致在许多殖民地国家呈现西方意识形态输出与本土文化冲突的尴尬局面，虽然这样的运动过去了很

---

① 苏力. 道路通向城市：转型中国的法治 [M]. 北京：法律出版社，2004：4.
② 姚建宗. 法治的生态环境 [M]. 济南：山东人民出版社，2003：7.
③ Sally Engle Merry, Law and colonialism [J]. Law and society review, Vol. 25, No. 4, 1991：890.

久，但类似的输出模式也曾在中国引起一定的影响，"'外来法'作为一种异质文化，对于中国固有传统生活方式、社会组织形式和文化带来了极大的改变。既有的价值体系遭遇了西方的价值观，社会被多元化了，传统价值变得支离破碎"。① 因此，为了克服这样的现实状况以及缓解建构主义法治观存在的弊病，越来越多的人希望找到中国法治发展的新路径，将秩序的建构依托于本土资源，从中发掘中国法治发展的更多选择，并通过对自生自发状态下进化理性规范模式的分析，从而找到新方法，这一选择在目前学界已经呈现上升趋势。如果将问题细化，在相对偏远的蒙古族聚居区，人们对于秩序的寻求，对于法治发展的实践问题，就会有显著的地方性特点，无论理论如何宏大，都需要切实落实到一个个具体的实例上才有意义。从秩序规范角度来看，国家法和民族习惯法是两种不同的知识体系，有着不同的运作逻辑，二者在产生背景、规范功能和价值指向等方面都有不同的旨趣，这是多元背景下秩序规范调整机制不同的重要原因，也是彼此融合的一个切入点。因而，笔者试图在法律多元背景下，分析蒙古族聚居区草原生态保护立法机制和蒙古族生态习惯法存在的关系，以及两者互补的可能性。

法律多元，是一个十分广泛的概念，它严格意义上存在于法人类学研究中。1975 年，M. B. Hooker 在其著作《法律多元》中开始关注这一现象，并在随后的几十年时间里迅速成为法学研究中出现频率较高的词汇。"在每个社会都存在法律结构的多样性，它是与共同体多样性相适应的存在，彼此之间可以相互独立、相互依赖、相互渗透或者说三种情形都存在。"② 千叶正士的《法律多元——从日本法律文化迈向一般理论》是在学界引用频率非常高的一部著作。文中多次提到西方意义上的现代化对于各个国家文化的侵蚀和同化，并指出事实上存在多元法律文化。的确，一个单一政治共同体中存在不同的法律制度或文化是现实的，"经验研究者一旦将眼光投向现实中法律与文化之间的各种各样的相互关系，他首先就不得不将此看作是一种多元情形。考虑到法律中的这种文化多

---

① 王启梁. 法律移植与法律多元背景下的法制危机 [J]. 云南大学学报法学版，2010
　　（3）：132.

② Laura Nader, The ethnography of law [J]. American anthropologist, Volume 67, Issue 6,
　　1965：26.

元局面，自然就会使用'法律多元'的概念"。① 法律多元早期产生在欧洲殖民者法律移植中，在殖民地，殖民者的法律在许多情形下都会受到当地本土法律的抵抗，遇到矛盾纠纷也多依托习惯求助"本土法"，虽然殖民者引人的法律在某些方面展现了更为进步与现代化的特征，也体现了较高的文明程度，但在维持当地社会秩序方面，本土法律起到的积极作用无法估量，在许多情况下，殖民者的法律要向"本土法"作出妥协。② 范愉教授针对"法律多元"也指出，"民间社会规范的问题建立在一种与国家权力不同的共同体或公共社会的视角上，关注的是生活在特定社会基盘上的人。这些人是以特定方式（如血缘、信仰、地域联系等）生死相依的，并内在地产生一种合作的意愿和要求"。而造成多元化的原因是"政治经济的要求越来越多地通过法律话语出现在社会调整中，但文化和传统仍然固守着道德和信仰的领地，并成为与国家法律相辅相成的社会调整机制"。③ 苏力教授则从国家法秩序与乡土社会秩序不同方面指出，"由于生产力水平的限制以及其他种种原因，乡土社会的绝大多数人的具体生活世界都很小，在这样的生活世界中，人们的关系，无论我们今天评价其是好是坏，总是非常密切的，且是多维度的"。④ 显然，国家法和非国家法规范在法律的实际社会效果方面存在差异，国家法与其他要素之间的互动可能会使国家实效性打折，或者被扭曲。但国家法和非国家法之间的关系并不是截然分离的，它们之间存在既相互冲突又相互依存的互动关系，尽管国家法处于相对强势的地位，但非国家的规范的作用亦不可忽视。

由此，我们可以延伸出以下结论：对于秩序的需要促使人类不断追求更为理想的社会规范，法律规范无疑是人类社会发展到今天最为理想的选择，然而由于地域文化、历史发展等多种因素，在世界各国都存在法律多元的现实状况，而法律多元理论也通过承认非国家强制力保证的社会规范，希冀展现国家法和其他规范性秩序之间相互交织的复杂关系。

---

① 千叶正士．法律多元——从日本法律文化迈向一般理论 [M]．强世功，等，译．北京：中国政法大学出版社，1997：43.

② 张钧．法律多元理论及其在中国的新发展 [J]．法学评论（双月刊），2010（4）：3.

③ 范愉．纠纷解决中的民间社会规范 [J]．谢晖，陈金钊．民间法（第六卷），2007：11.

④ 苏力．道路通向城市——转型中国的法治 [M]．北京：法律出版社，2004：7.

在中国进行法治建设的过程中，除了国家理性建构的国家制定法体系，也存在其他规范类型可实现对社会的调整，虽然国家制定法无论从其结构严谨还是国家强力保证等方面都具有绝对优势，但也有许多国家法规范不能顾及的地方。特别是在偏远地区，由于历史文化多种原因，一直存在相对稳定的地方性知识。在蒙古族聚居区生态保护领域就存在许多地方知识传统，由于经济发展水平不高，对自然资源过分依赖，国家法规范所能"建构"的程度不能完全实现生态和谐一致的有序社会，因而，从秩序规范意义上，就可以用"地方性"知识来补充国家法的不足，笔者通过对国家立法视角下蒙古族生态习惯法的研究，希望找到两者互动的因素，特别是在基层治理体系中能够形成生态习惯与国家法之间的互动与创新。前文对蒙古族生态习惯法这一自生自发秩序进行了分析，证明了蒙古族生态习惯法具有英国学者哈耶克所阐发的"自生自发秩序"的特点，"这种行动的常规性并不是命令或强制的结果，甚至常常也不是有意识地遵循众所周知的规则的结果，而是牢固确立的习惯和传统所导致的结果"，① "在较多情形中，人类肯定是在并不理解某种事情为什么是正确事情的情况下而学会做这种正确的事情的，而且习惯也往往会比理解或知识给他带去更大的帮助"。②

二　国家法秩序载体——草原生态保护立法机制

国家法秩序，是与道德、宗教、习惯等非法律因素维护的传统秩序相区别的有国家法律规制的秩序领域。在中国现代化法治建设进程中，国家法具有权威性和普适性，对于建构理想法治秩序具有重要作用。在国家社会生活的各个方面，国家法权威地位是明确的。其中，草原生态保护的法律制度体系及其运作也呈现了自身强大作用力，为国家草原生态的可持续发展提供了重要法律保障。但国家法也时常面临困境，如被批评立法不够全面，实施不够严格，效果不够突出等，似乎一个出色的国家法时代还没有到来。当历史意义厚重的习惯法遇到现代意义的国家

---

① 哈耶克．自由秩序原理（上）[M]．邓正来，译．北京：生活·读书·新知三联书店，1997：25.

② 哈耶克．法律、立法与自由（第二、三卷）[M]．邓正来、张守东、李静冰，译．北京：中国大百科全书出版社，2000：53.

制定法，它们之间会出现怎样的碰撞，草原生态保护立法机制存在哪些现实问题，都值得我们关注。如果说，前文是对蒙古族生态习惯法进行规范理论的分析和界定，为蒙古族生态习惯法的现实研究进行理论铺垫，那么这一节的论述则转向国家立法视角，对中国社会理想秩序——"法治"建设中关于草原生态保护的国家制定法基础进行分析，进而指出国家法秩序背景下蒙古族生态习惯法规范与国家制定法规范之间的互动。

（一）草原生态保护立法机制的产生

"机制"一词最早源于古希腊文，是指机器的构造和原理，是一个工程学上的概念。根据《现代汉语词典》的解释，词语本身大体具备四种含义：一指"用机器制造的"；二指"机器的构造和工作原理"；三指"有机体的构造、功能和相互关系"；四指"一个复杂的工作系统和某些自然现象的物理、化学规律"。① 由于该词语本身强调各部分之间的协调和有机统一，所以也被广泛运用到心理学、哲学、经济学、法学等人文社会科学领域的研究。草原生态保护立法机制引用"机制"这个概念的目的，也在于突出一个系统内各组织或部分之间相互作用的过程和方式，其中法律的根本价值内涵可以以不同层级法律规范的表达实现互动，更重要的是，这个机制运转是否顺利和通畅也会影响一个地区国家法秩序的现实状态。笔者选择将立法机制带入草原生态保护领域中是有一定考量的。具体来说，草原生态保护立法机制是指国家以保护草原生态为目的，通过对草原生态保护进行立法，并结合各个不同效力层级的立法之间的互补，从而达到维护草原生态保护系统的正常运作。这些立法环节的每一个部分都是必要的，都是为了保护草原生态系统而存在。在运用立法机制概念时，更强调各部分之间相互作用后对草原生态保护的实质意义，国家立法体系决定着不同效力层级的法律法规实施的具体状态和法律问题的存在及解决，我们无论制定何种法律规范，根本目的是保护草原生态，这一出发点不能动摇，因此草原生态保护立法机制在本书中是一个以保护生态为目的的不同效力等级的法律规范动态循环的整合性概念。那么，蒙古族生态保护习惯法就要在与这一动态立法机制的对比中显示作用。

---

① 现代汉语词典（第5版）［Z］. 北京：商务印书馆，2005：265.

因此，草原生态保护立法机制至少应该具备两个主要特征：首先应该具有系统均衡功能。国家法律规定能够符合草原生态保护的客观规律，民众和执法人员对保护草原的法律能够拥有一种信仰，在日常的工作和生活中认真地遵守国家法律规定，使国家草原生态保护法律规定在社会中得到很好的适用，并推动草原生态和谐共生，是这一立法机制最为理想的状态。但是，在现实中我们也知道，目前国家的草原生态保护立法机制在许多环节上都还是存在问题的，预设目标和实际状态的平衡性有所欠缺。那么寻求多元途径完善草原生态保护立法机制，特别从蒙古族生态保护习惯法中寻找可行性补充力量，可以成为解决途径之一。其次，子系统之间相互影响、和谐共生，实现草原生态保护立法机制的全面系统化。立法机制强调系统内部各要素间信息的交流与互换。一直以来，草原生态保护的各个法律之间信息交流不够，多个法律内容存在过多重复，当需要个例调整时却出现缺失。因此，完整和灵动的立法机制应该实现信息反馈，及时发现各部分之间发展状态的不足，及时弥补，及时更新，抑或找寻非国家法意义上其他规范类型来保障草原生态保护立法机制系统正常运作。那么，蒙古族生态习惯法不失为很好的选择，它可以为建立一种和谐法律调整机制而发挥作用，最终落脚点都是为了实现对草原生态的恢复和保护，人与自然和谐共存。

草原生态保护立法机制的动态运行过程是从立法的各方面来考察草原生态立法对社会关系的调整和运行的作用，本身除了关注不同效力的法律法规制定得如何，也会看这些法律法规如何制定，可行性如何等问题，及时发现并调整立法机制。草原生态保护立法机制应该依托国家制定法体系，这是国家法秩序下最为重要的立法基础，在本书中特指国家以草原生态保护为目的制定的一系列相关政策与法律，以及这些政策和法律的关联性。了解草原生态保护立法机制是如何建构，以及它存在哪些问题，是我们寻找国家法视角下蒙古族生态习惯法作用的重要基础性探讨。

（二）草原生态保护立法机制的内容

草原生态保护立法机制，是指国家针对草原生态保护所形成的自上而下的制定法体系，同时也包括这一体系中各部分之间的密切联系和合理调配。一般意义上，法律调整过程分为三个阶段：首先创制法律，确认人们在法律上的权利和义务，形成法律规范；其次，当出现一定的法律事实时，这些法律规范从其抽象行为模式转化为具体到特定法律主体之间的权利和义务上，形成法律关系；最后，当法律关系主体之间实际行使权利和履行义务时，则法律规范的要求就在现实生活中得到具体的实现，就此，具体的法律调整过程就完毕了。所以，这部分所谈及的立法机制，就是法律调整机制中法的创制阶段。其实就是根据某方面社会事实的需要，而在法律层面上进行权利义务规制，当然整个目的的实现必须需要科学、合理的立法过程。"法律制度是一种配给制度，它的本质反映了社会权利的分配。这种制度发布命令、授予利益，规定人们可做或不可做什么。法律分配稀有的物品和服务。一方面，法律直接进行分配，授予奖励和惩罚；另一方面，它还通过私人协议定价来分配物品和服务市场，因此，人们如何评价法律产生的正义是什么，就看法律如何对待人们，如何分配利益。"① 所以立法机制的实质，就是将利益的各种构成要素进行有选择地确认，并将其转化为法律上的权利义务，以达到对于人们行为的调整。在草原生态保护法律领域中，草原生态保护立法机制旨在调整人们在保护、利用、建设和改善草原生态环境的过程中所产生的各种社会关系，实质就是将生态环境的保护归到人的行为上。其实，解决草原生态现实问题的关键也恰恰在人的身上，人是占有和破坏自然界的主体，通过直接调整人与人之间的社会关系，就能实现对草原生态根本性的保护。也只有把人的行为纳入严格的法律机制中，某些行为才可能得到遏制。由此，草原生态保护立法机制是通过法律来完成对人们行为的控制，实现国家法权威的强制力量，最终实现保护草原生态。草原生态保护立法机制中的法律法规均是由国家制定或认可并由国家强制力保证实施的法律规范，虽然法律渊源各不相同，但均属于严格意义上的国家制定法。其中，这些法律法规将对公民个人、国家机关以及其他主体在草原生态保护领域存在的权利、义务和责任进行明确规定。整体上看，草原生态保护法律外在机制具有自上而下的完整性和统一性，对于实现草原生态的保护和改善具有重要的法律意义。

1. 从法律渊源角度看草原生态保护立法机制

草原生态保护法律体系是草原生态保护立法机制的框架性基础，是

---

① 弗里德曼. 法律制度 [M]. 李琼英，林欣，译. 北京：中国政法大学出版社，1994：23.

国家在草原实现经济发展和生态保护共赢的制度设计。整体上说，从国家效力最高的宪法中确立根本性的指导方针，并通过国家《草原法》等部门法来落实对草原的全方位规制，其中《草原法》为主要规范，也是其他法律法规的重要参考。国家草原生态保护法律体系从法律渊源角度显示出层次分明的特点，但也存在重复设置、功能不突出等缺点，以下具体来看草原生态保护法律体系设置。

（1）宪法

宪法中对草原生态保护作了原则性规定，其第 9 条规定了草原属于国家自然资源，有全民所有和集体所有两种形式，并提出自然资源保护的原则。① 宪法是国家的根本大法，是国家草原生态保护法律的重要依据，任何草原生态领域的法律法规都不得与宪法相抵触。同时，这一条规定也是国家保障草原资源的最好印证。以前，草原没有纳入国家宪法范畴，不受重视，草原被当作荒地来对待，给草原带来极大破坏。当草原正式以自然资源出现后，就扭转了这一不利局面。所以，国家保障自然资源的合理利用，也保护珍贵的动物和植物，并以宪法的高度来禁止任何组织或个人用任何手段侵占或者破坏自然资源，在文中主要指草原生态系统中的各种存在物，例如草原、森林、珍贵动植物等。

（2）草原法等其他法律

第一部《中华人民共和国草原法》是在 1985 年第六届全国人民代表大会常务委员会上通过的，是我国第一次针对加强草原保护、管理、建设和合理利用，针对生态环境的保护和改善，发展现代畜牧业而制定的专门性法律，是地位上仅次于宪法的草原生态保护领域最高法律。这部法律的出台极大地补充了草原生态保护方面的规定，弥补了国家环境保护法的不足，但在规定方面依然是原则性太强而具体措施较少。其中，草原的使用权和承包经营权的有关规定对牧民的权利维护和生产积极性都有促进作用，但是却无法防止由于过度放牧导致的草原生态退化问题。因此，在国家面临严峻的生态环境形势，生态问题日益严重的情况下，

---

① 《中华人民共和国宪法》第 9 条规定："矿藏、水流、森林、山岭、草原、荒地、滩涂等自然资源，都属于国家所有，即全民所有；由法律规定属于集体所有的森林和山岭、草原、荒地、滩涂除外。国家保障自然资源的合理利用，保护珍贵的动物和植物。禁止任何组织或者个人用任何手段侵占或者破坏自然资源。"

第九届全国人大常委会于 2002 年 12 月对《草原法》进行了修订，新的《中华人民共和国草原法》（以下简称《草原法》）为草原生态保护带来了全新的面貌，修订后的法律深化了保护草原生态的内涵，明确保护草原对于可持续发展的重要性，规定了国家的草原行政主管部门以及草原监理机构，规定了许多合理的全面保护草原、重点建设和利用草原的规划，特别强调减少征用、占用，防止超牧，实行禁牧、轮牧，禁止开垦草原等一系列规范，并严格规定了违反草原法应当承担的法律责任。同时，在 2009 年 8 月 27 日第十一届全国人民代表大会常务委员会第十次会议《关于修改部分法律的决定》上第一次修正，2013 年 6 月 29 日第十二届全国人民代表大会常务委员会第三次会议《关于修改〈中华人民共和国文物保护法〉等十二部法律的决定》第二次修正，2021 年 4 月 29 日第十三届全国人民代表大会常务委员会第二十八次会议修改《中华人民共和国道路交通安全法》等八部法律中，三次进行部分条文修正。

例如将第五十五条修改为："除抢险救灾和牧民搬迁的机动车辆外，禁止机动车辆离开道路在草原上行驶，破坏草原植被；因从事地质勘探、科学考察等活动确需离开道路在草原上行驶的，应当事先向所在地县级人民政府草原行政主管部门报告行驶区域和行驶路线，并按照报告的行驶区域和行驶路线在草原上行驶。"将第七十条修改为："非抢险救灾和牧民搬迁的机动车辆离开道路在草原上行驶，或者从事地质勘探、科学考察等活动，未事先向所在地县级人民政府草原行政主管部门报告或者未按照报告的行驶区域和行驶路线在草原上行驶，破坏草原植被的，由县级人民政府草原行政主管部门责令停止违法行为，限期恢复植被，可以并处草原被破坏前三年平均产值三倍以上九倍以下的罚款；给草原所有者或者使用者造成损失的，依法承担赔偿责任。"将第五十二条修改为："在草原上开展经营性旅游活动，应当符合有关草原保护、建设、利用规划，并不得侵犯草原所有者、使用者和承包经营者的合法权益，不得破坏草原植被。"

可以说，草原法是我们处理草原生态保护相关问题的重要法律。虽然其中还是存在立法不够完善、规定不够具体的缺点，但对于草原生态保护已经达到前所未有的重视程度。其他部门法中关于保护草原资源的法律规范也是对草原法律的重要补充，不仅可以对草原立法的某些方面进行补充和细化，也可为草原执法等问题找到必要的规范指引，例如：①《防沙治沙法》主要是要求地方政府加强草原的管理建设，控制载畜量，推行牲畜圈养和草场轮牧，消灭草原鼠害虫害，防止草原退化和沙化；②《土地管理法》也是我国对于土地管理的重要法律，其中很多重要的原则对于草原管理和保护具有实践性意义；③《环境保护法》对于草原上的环境保护问题也有十分重要的规定，是我国环境保护的基础性法律，对于生态环境保护，以及各类危害环境行为有防止监督等作用；④《矿产资源法》也是与草原密切相关的一部法律，对于草原上矿产资源开发行为进行全面的约束，对审批、开采等行为进行详细而严格的规定。除此之外，对于居住在草原上的主体还有其他可适用的法律，如《民法通则》、《刑法》、《行政许可法》、《行政复议法》和其他相关的水资源保护法等。

（3）针对草原生态保护的行政法规和规章

草原生态保护的行政法规和规章相对此领域的法律而言比较细化，列出了具体内容来保障草原生态的完整性，是国家《草原法》极为重要的补充，大多数都是 1985 年《草原法》之后出台的，是保障草原生态的重要力量。其中包括 1993 年国务院发布的《草原防火条例》，主要强调草原防火问题，积极预防和扑救草原火灾。1996 年 8 月，国务院发布《关于环境保护若干问题的决定》，其中第六部分提出要各级地方政府加强草原保护，在维护生态平衡的前提下进行合理开发，恢复发展草原的植被，防止过度放牧，禁止在草原地区砍挖灌木和药材，防治沙漠化，这一规定对当时草原生态上出现的日益严重的问题进行了及时关注，起到针对性的指导规范作用。2000 年 6 月，国务院发布了《关于禁止采集和销售发菜制止滥挖甘草和麻黄草有关问题的通知》，禁止对草原生长的野生珍贵药材进行滥挖，因为这样会导致草原植被的严重破坏，这一规定及时纠正了草原上愈演愈烈的挖掘药材的破坏行为，一度起到了规范草原生态保护的作用，但是依然未从根本上解决偷挖偷采的行为。2002年 12 月，国务院颁布《关于加强草原保护与建设的若干意见》，其中提出为改善草原生态环境，促进草原生态的良性循环，实现经济社会和生态环境的协调发展，加大力度保护草原，实际上，这一意见已经显示出国家在草原生态保护方面的新趋势，就是加大宏观调控，从整体上重视并解决经济发展与生态破坏的矛盾。党的十八大以来，草原保护修复工作取得显著成效，草原生态持续恶化的状况得到初步遏制，部分地区草原生态得到明显恢复。2021年，国务院办公厅发布《关于加强草原保护修复的若干意见》，这是针对当前我国草原生态系统整体仍较脆弱、保护修复力度不够、利用管理水平不高、科技支撑能力不足等问题再次作出的指导，是坚持以习近平新时代中国特色社会主义思想为指导，全面贯彻党的十九大和历次全会精神，深入贯彻习近平生态文明思想而作出的重要引导，这对完善草原保护修复制度、推进草原治理体系和治理能力现代化、改善草原生态状况具有十分重要的意义。这些国家部委出台的相关法规，对于进一步完善草原生态保护提出细化的具体措施，更加便于明确职责，便于针对性处理问题，也便于地方政府具体操作实施。在国家修订完《草原法》之后，也出台了一些补充规定，例如，2005年3月，农业部颁布实施《草畜平衡管理办法》，主要是由农业部布置地方的草畜平衡的监督管理工作（该部门规章在2020年10月1日废止）。2006年3月，农业部颁布实施《草种管理办法》，用来指导地方政府进行草种的管理和使用，该文件在2013年、2014年、2015年分别进行多次修订。同时，农业部还颁布了《草原征占用审核审批管理办法》，指导地方政府对于矿藏开采、工程建设等需要的征用和审核，在草原上修建为保护草原和畜牧业生产服务的工程设施以及临时占用草原的审核（该部门规章在2020年10月1日废止）。这几部法规在特定的历史时期体现出了极强的针对性。自2003年开始适用的《草原法》已经很好地针对之前出现的问题进行了再次规定，基本体现了对草原生态保护的规定，内容比较明确具体，所以可以发现2003年之后出台的具体规定就相对减少了。除此之外还有《自然保护区条例》《野生植物保护条例》等。

（4）内蒙古自治区根据国家相关法律制定的配套性规定

国家《草原法》是内蒙古地区草原立法的重要指导，围绕《草原法》的相关规定，内蒙古自治区也制定了许多关于草原管理的地方性法规和地方政府规章，还有根据《中国人民共和国矿产资源法》制定一些配套措施。这些规章体现出一些特点：一是从法规的构架上严格遵循国家《草原法》《矿产资源法》，基本将国家法律所列章节进行一一配套；二是从内容上体现与国家法一致的配套性规定，仅在个别条文上体现内蒙古自治区的特点。毕竟国家法是针对国家所有地区的草原所作的规定，如果不能很好地落实地方性的特点，就容易造成配套性法规的格式化，而忽视地方实际。具体的法规有：2011 年 9 月，内蒙古自治区第十一届人民代表大会常务委员会第 24 次会议通过了《内蒙古自治区基本草原保护条例》，2016 年 3 月 30 日，内蒙古自治区第十二届人民代表大会常务委员会第二十一次会议对《关于修改〈内蒙古自治区基本草原保护条例〉的决定》进行修正。这一法规是针对目前草原生态存在的严重问题而作出的配套规范，为了实现对基本草原的特殊保护，必须加强草原生态保护与建设，促进经济和社会的可持续发展，在内蒙古自治区内都需要遵循该条例。其中，对于目前草原上存在的征占用地、开采矿藏、乱挖野菜等行为给予针对性的规定，同时，提出的依法交纳草原植被恢复费被认为是比较现实的能解决目前草原生态问题的做法，只破坏不补偿的现状有望得到遏制。修正内容既是针对《草原法》进行的相应修改，也凸显出"机动车辆离开道路在草原上行驶"这一现象的出现频次以及对草原生态的影响。

2004 年 11 月，内蒙古自治区第十届人民代表大会常务委员会第 12 次会议修订通过《内蒙古自治区草原管理条例》，这部法规是根据国家的相关法律，特别是草原法的相关规定，在内蒙古自治区进行具体规定的配套性法规。其中对于草原权属，草原的规划、建设、利用以及草原的保护、监管等举措作出较为详尽的规定，在法律责任部分依照我国相关法律的规定进行了规范，对于更好地处理国家、集体和农牧民的关系，特别是维护牧民的权益以及大力突出畜牧业生产和生态环境建设的关系有很好的促进作用。可以说，这部法规是内蒙古自治区切实保障草原生态的一部重要法规。2006 年，内蒙古自治区人民政府修订了《内蒙古自治区草原管理条例实施细则》，对地方政府如何进一步在实践中落实国家的草原法以及内蒙古的草原管理规定进行了细化。将原有的一些关于草原保护的通知办法，如《内蒙古自治区草原承包经营权流转办法》《内蒙古自治区草畜平衡暂行规定》等进行了整理和废止，使地方政府的职责和权限更加明确，操作性更强。2021 年 7 月 29 日，内蒙古自治区第十三届人民代表大会常务委员会第二十七次会议通过《内蒙古自治区草畜平衡和禁牧休牧条例》，提出落实草畜平衡和禁牧休牧工作应当与草原生态保护修复治理工程项目相结合，建立草畜平衡和禁牧休牧多元化补偿机制，改善草原生态环境。2023 年 7 月 31 日，内蒙古自治区第十四届人民代表大会常务委员会第五次会议通过《内蒙古自治区建设我国北方重要生态安全屏障促进条例》，更是以习近平新时代中国特色社会主义思想为指导，牢牢把握党中央对内蒙古的战略定位，完整、准确、全面贯彻新发展理念，建设我国北方重要生态安全屏障，把生态文明建设融入经济建设、政治建设、文化建设、社会建设等各方面和全过程，坚定不移地走好以生态优先、绿色发展为导向的高质量发展新路子。目前，关于内蒙古自治区草原生态保护的外在法律机制主要就是这几种类型，通过国家的相关规定，实现对蒙古族聚居区草原生态的保护。

（5）从法律规定内容角度看草原生态保护立法机制

在讨论草原生态保护的法律体系时，主要从内蒙古自治区的立法现实角度分析国家法在法律内容的设计上如何体现生态保护。详细了解目前国家立法都从哪些方面对草原生态进行保护，哪些措施本身隐含重要生态保护理念，国家法如何实现可持续发展战略在草原领域的作用。也就是说，这部分主要讨论国家草原生态保护立法机制所调整的内容，只有了解法律内容才能切实分析国家法存在的漏洞，才可以引入补充机制。

草原的权属问题是草原得到合理保护和利用的重要前提。如果草原的权属不能得到清晰明确的规定，就容易出现滥用草原及破坏草原生态的问题。如果地方政府或者每个牧民不能认定哪些草原归自己所有，必然不能很好地保护和建设草原，因此草原的确权是草原保护的前提。蒙古族聚居区的草原权属方面的规定主要体现在我国《草原法》及《内蒙古自治区草原管理条例》中。其中的规定大体分为以下几点：首先，草原的所有权分为国家所有和集体所有，内蒙古自治区的农村牧区则主要是集体所有。其次，国家所有的草原由国务院代表国家行使所有权，国家可以将草原所有权让渡给全民所有制单位和集体经济组织，还没有确定使用权的草原应该由国家机关，主要是县级以上人民政府负责对此进行监督和管理，如没有相关的法律规定，则任何人都不得侵占、买卖或者以其他形式非法转让草原。最后，属于集体所有的草原，在法律允许范围内由旗县级以上人民政府登记造册并负责保护管理。由于在蒙古族聚居区的草原主要是集体所有，这里的问题除了那些所有权不明的草原外，主要是如何进一步完善集体所有草原的承包经营问题。可以说，我国对于草原权属的规定有其合理之处，国家草原的所有权下放可以将用益物权的效果发挥出来，毕竟国家作为草原的所有权主体并不能够全面最大化地利用草原，因此可以让地方的相应主体实现对草原的使用。关于内蒙古自治区地域内草原的权属，除了旗县以上人民政府已经批准划拨给国有企业、事业单位和用于军事用地的草原是国家所有之外，其余都是作为牧区、农村集体经济组织使用的集体所有草原。总体上说，我国草原所有权有国家所有和集体所有两种形式。

我国对于草原的具体经营管理主要是依靠承包经营权制度完成的。内蒙古自治区关于草原承包经营权的具体法律规定依据国家《草原法》、《内蒙古自治区草原管理条例》（下文简称《条例》）和《内蒙古自治区草原管理条例实施细则》（下文简称《细则》）来体现。其中，主要探讨的是草原承包经营权操作问题、草原承包经营权流转问题。对于草原承包经营权相关问题的规定呈现层层递进的特点。《草原法》规定承包原则、承包主体，权利义务以及承包权实现方式；而《条例》规定如何进一步实现承包权的流转；《细则》是规定地方如何进一步细化承包经营权的分配和流转问题。下文就具体规定进行整理和总结。

首先，集体所有的草原可以由本集体经济组织内的家庭或者联户承包经营。经过相关人员的同意，也可承包给外来人员和单位。其中，相关人员主要指集体经济组织成员的三分之二以上牧民会议成员或代表，经过他们同意后，还得上报苏木乡镇人民政府和旗县级人民政府草原行政主管部门批准才可以实施。承包权原则上应当保持稳定，非特殊情况不得随意作出调整。尤其对于发包方来说，在承包期内，发包方不得收回和调整承包草原。即便在承包期内，承包方全家迁入小城镇落户的，也应当按照承包方的意愿，保留其草原承包经营权，允许其依法进行草原承包经营权流转。所谓的特殊情况主要包括因自然灾害严重毁损承包草原或者承包人全家迁入设区的市转为非农业户口等。承包经营权可以依法进行转让，我国法律上的草原承包经营权转让的原则是强调自愿、有偿。但是，这里的草原承包经营权转让的受让方也必须具有从事畜牧业生产的能力，否则，如果没有承担保护、建设和按照承包合同约定的合理使用草原的能力和素质，即便草原承包经营权转让过去也无法达到良好的承包效果，反而可能会给草原生态带来破坏。为此，国家的草原立法中不仅应该体现自愿的原则，而且应该表现出对于生态保护的合理性设置，不妨从承包主体的资质方面进行严格限定，而非笼统地作出引导。

其次，国家法律以及内蒙古地方法律都对草原的承包主体和主体的权利义务规定得较为明确。例如，对承包方在承包草原上投资和建设的畜牧业生产设施，如果对于草原生态保护极为有利，或者可以提高草原生产能力的，应当给予相应的补偿。发包方不得假借少数服从多数强迫承包方放弃或者变更草原承包经营权，不得将承包草原收回抵顶欠款。但是承包方自愿将承包草原交回发包方的是允许的。在承包期内，对于妇女因婚姻变动而导致的承包草原流转问题也进行了规定，以解决实际生活中妇女承包权经常被侵害的事实，已婚妇女如果在新居住地未取得承包草原，那么发包方不得收回其原承包草原；妇女离婚或者丧偶，仍在原居住地生活或者不在原居住地生活但在新居住地未取得承包草原或者承包地的，发包方也不得收回其原承包草原。

再次，在具体的操作过程中，国家《草原法》也明确各方人员之间，主要指发包方和承包方之间应当签订书面合同。在合同内容的规定上，主要依据我国的《民法典》来规制，例如：发包方不得单方面解除承包合同，合同中需要有双方的权利和义务、被承包草原的具体情形的规定，特别需要按照国家法律的要求将承包草原的用途以及违约责任规定清楚，那么承包经营草原的单位和个人，都要按照合同规定去履行保护、建设、合理使用草原的义务，不可违背合同和国家的法律，违背应尽的法律义务，违约责任的规定主要是防止纠纷和矛盾出现时找不到良好的解决途径。同时，国家法还赋予了原承包经营者经营期限届满时可以在同等条件下享有优先承包权。

最后，承包经营权可以合理流转。草原承包经营权可以依据国家法律规定实现承包权的流转。特别在内蒙古地区，强调草原承包经营权可以按照平等协商、自愿、有偿的原则依法流转。未实行承包经营的国有草原和集体所有草原不得流转。草原承包经营权流转应当符合一定条件，《条例》第11条规定："（一）不改变草原所有权、使用权的性质和草原的用途；（二）在同等条件下，本集体经济组织成员享有优先权；（三）受让方应当依法履行保护、建设和合理利用草原的义务。"实际上，学界普遍认为，加大草原承包权的流转是从根本上解决因草场承包带来的一系列问题，缓解"围栏陷阱"的有效途径。利用流转实现大片承包，可以防止碎片化的草原使用，尽量实现草原产权与生态整体性的协调发展。在查看内蒙古地区的具体承包时也能体现一些保护草原生态的设计。至少无力承担草原建设保护的人员不应该承包，但是实践中对此问题的关注力度还是不够的，作为草原生态保护的基本措施之一，有完善承包经营权流转的必要。

　　针对一些细节性的具体问题，《细则》规定得比较详细，弥补了国家《草原法》和《条例》规定得不足，或者说，原本《细则》就是对国家和自治区的相关法律法规所作的进一步说明和解释，便于地方适用，而内蒙古自治区的这一《细则》还是比较明显地体现了这一特点。其中，《细则》的第12条规定："草原承包经营权流转的方式包括转包、出租、互换、转让或者其他方式。草原承包经营权流转的主体是承包方。承包方有权依法自主决定草原承包经营权是否流转和流转的方式。不得以草原承包经营权作抵押或者抵顶债款。"为了更好地实现国家用益物权的效能，更好地实现草原的合理开发。国家鼓励进一步实现草原承包权的流转，并承认如果承包方将草原承包经营权转包或者出租给第三方，承包方与发包方的承包关系不变。至于具体的承包过程中各方权利义务的明确也是《细则》的主要任务。例如，可以基于需要对属于同一集体经济组织内的草原承包经营权进行互换，也可由当事人双方协商确定流转费用的分担问题。作为旗县级人民政府草原行政主管部门应当依据当地草原的生产能力和利用方式每年发布草原有偿流转的信息，有力地支持国家草原承包经营权流转的需要。的确，在一定条件下鼓励承包方将经营权流转，使草原始终处在明确的管理人员手中，能够更好地保护草原利益，使草原发挥最大效用。对于那些无牲畜或者牲畜较少的、已不从事畜牧业生产的、已不在当地经常居住的人应该提倡草原承包经营权流转。而《细则》中也对草原承包流转中主体双方应当签订的合同进行了详细的规定，确保对双方权利的保护。[①] 流转合同的内容方面也是严

[①]　《内蒙古自治区草原管理条例实施细则》第20条规定："草原承包经营权采取转包、出租、互换、转让或者其他方式流转，当事人双方应当签订书面流转合同。采取转让方式流转的，应当经发包方同意；采取转包、出租、互换或者其他方式流转的，当事人双方应当报发包方备案。"

格按照当时国家《合同法》和《草原法》的相关规定，将当事人双方的基本情况，草原的名称、面积、四至界限、等级、用途，附属生产设施，当事人双方的权利和义务，流转的形式、价款及其支付方式，流转的期限和起止日期，违约责任等问题进行明确规范，同时为了便于国家机关监督管理，流转合同签订后发包方应该到旗县级人民政府草原行政主管部门的草原监督管理机构备案。可以说，对于草原经营权的规定相对比较细致，为了更好地实现对草原的合理利用，将草原的效益发挥到最大化，这样详细规定无可厚非，但是其中对如何在草原承包经营权转让以及流转中更好地体现生态保护观念却并未有明确而有效的措施，不得不说，草原承包经营权流动过程中如果不强调生态保护，就会出现各承包主体只追求草原利益最大化而忽视草原生态可持续发展的严重问题。

为了加大对草原的保护、建设和利用，国家在《草原法》中明确了对草原应当进行合理规划。根本来说，一是主要体现对生态环境和生物多样性的保护，促进草原的可持续利用；二是应当以现有草原为基础，进行合理统筹的规划，加强建设的力度，达到生态效益、经济效益及社会效益的综合治理。基于这样的要求，《条例》中也明确了旗县政府可在上级规划的基础上，根据本级实际情况，会同相关部门共同制定本区域的规划。同时，配合国家《草原法》的相关要求，在内蒙古地区建立草原调查制度，每五年进行草原资源整理和评估；建立草原统计制度，对草原的实际状况进行明确统计，便于实时掌握草原的变动；同时还建立草原生产与生态监测预警系统，对草原实际情况进行动态预警，及时采取防控和防治。

国家近年来加大了对草原建设的投入力度，为了顺应这一趋势，《条例》增加了许多关于草原建设的规定，提高了建设者的积极性，从而实现"谁投资谁受益"，让那些投资建设草原的人实现其各项权益的综合受益。特别是各级政府，也要求加大人工草地的建设和对天然草地的改良、饲料基地建设和草原水利设施配套建设等的力度。

针对草原利用这部分，首先应当强调草畜平衡制度。草原承包经营者不应当超过行政主管部门核定的载畜量超牧，同时也应该加大对草原植被的恢复和建设，并通过技术优化畜群结构，提高出栏率。①内蒙古自治区根据国家的规定，在《条例》中作出相应的规定，并在相关的实施细则中进一步对草畜平衡作出细致规定。2021 年的《内蒙古自治区草畜平衡和禁牧休牧条例》共 38 条，主要规定了草畜平衡和禁牧休牧工作原则、补偿机制、监管责任机制、草原生态保护补助奖励发放以及相关法律责任等方面内容。进一步明确禁牧区每五年划定一次，对植被有效恢复的禁牧区草原可以调整为草畜平衡区，以利于科学放牧利用。内蒙古自治区旗县政府每三年就要核准本地区的载畜量，并根据适宜的载畜量与草原承包经营者签订草畜平衡的责任书，并由旗县草原监管机构、苏木乡政府建立档案。同时，在利用草原方面还要求划区轮牧、合理配置畜群，在农区、半农半牧区和有条件的牧区实行牲畜圈养，国家还会对实行圈养的牧民给予粮食和资金补助，对割草场和野生草种基地实行轮割、轮采。针对草原适用的征收征用的问题，《草原法》等相关法律要求矿藏开采和工程建设尽量不占或者少占草原，如果确实需要占用，则应该由自治区级以上政府相关部门进行审批。同时，也要支付草原补偿费、安置补助费和附着物补偿费。而如果需要在草原上进行勘探、钻井、修筑地下或地上等工程临时占用草原的，在经过草原所有权者和承包者的允许后，也需要得到旗县以上政府批准，同时要支付相应的补偿。即便直接在草原上建设保护草原和畜牧业生产的工程也需要到有关部门审批。《中华人民共和国矿产资源法》当中对于草原上的矿产资源开采方面规定得比较简单，由于该法是针对我国境内的所有矿产资源开发问题，因此没有特别规定草原上开矿需要进行哪些保护，仅在第 32 条中要求开矿时必须考虑当地环境，不能污染环境，如果草原因采矿遭到破坏的，矿山企业应当因地制宜地采取复垦、植树种草等方法进行弥补。而且在该法第 10 条当中针对民族地区开采矿产应当考虑当地实际，照顾民族地区的利益，以及照顾少数民族的实际生产生活。因此，对于草原上开采矿产资源导致生态环境问题的，还需要通过《草原法》才能实际保护草原利益。以上这些规定对于防止草原生态恶化，进一步保持和建设

---

① 《草原法》第 33 条规定："草原承包经营者应当合理利用草原，不得超过草原行政主管部门核定的载畜量；草原承包经营者应当采取种植和储备饲草饲料、增加饲草饲料供应量、调剂处理牲畜、优化畜群结构、提高出栏率等措施，保持草畜平衡。"

草原植被有重要作用。

国家对草原实行基本草原保护制度。所谓基本草原，是指国家《草原法》第 42 条规定的"重要放牧场；割草地；用于畜牧业生产的人工草地、退耕还草地以及改良草地、草种基地；对调节气候、涵养水源、保持水土、防风固沙具有特殊作用的草原；作为国家重点保护野生动植物生存环境的草原；草原科研、教学试验基地；国务院规定应当划为基本草原的其他草原。"除了《条例》中与《草原法》配套的相关规定之外，2011 年，内蒙古自治区针对国家规定专门出台了《内蒙古自治区基本草原保护条例》，以地方性法规的方式特别强调了对基本草原的保护，法规中强调任何人都有权利和义务保护草原，并需要建立基本草原长效生态补偿机制和多渠道增加基本草原建设投入机制，来更好地实现对草原的保护。法规中细化了一些国家的相关规定，例如，国家明确禁止开垦草原，在草原上必须注意要防止火灾，防止草原沙化和水土流失。对于那些严重退化、沙化、盐碱化、石漠化的草原和生态脆弱区的草原，明确必须实行禁牧和休牧制度，让生态严重受损的草原能够得到恢复。在草原上如果从事可能危害草原生态的行为，必须要进行申报，获批后方可进行相应行为，否则就违反了国家《草原法》中的相关规定。危害草原生态的行为主要是指在草原上从事采土、采砂、采石等作业活动；开采矿产资源；开展经营性旅游活动；从事地质勘探、科学考察等活动必须离开道路在草原上行驶等行为，以上列举行为都必须要经过审批。出于对生态保护的目的，在草原上有些行为一定会被禁止，例如，禁止在草原上采集和收购带根的野生麻黄草，进行非法捕猎活动等。根本来说，国家对于一些可能给草原生态带来破坏的行为都给予明确引导和限制，其中一些内容与蒙古族生态习惯法有着同样的内涵，表明国家在特定危害行为上是遵守草原所固有规律的。但是，目前也存在一些问题，蒙古族基层民众对国家法律了解程度不高，也导致目前在蒙古族聚居区草原上依然有破坏行为泛滥的趋势。

我国《草原法》第 56 条规定："国务院草原行政主管部门和草原面积较大的省、自治区的县级以上地方人民政府草原行政主管部门设立草原监督管理机构，负责草原法律、法规执行情况的监督检查，对违反草原法律、法规的行为进行查处。"目前，全国有各级草原监理机构负责宣传贯彻国家的草原法律法规，对违法行为进行查处，对权属争议、征占用建设项目等进行监督检查。同时，草原监理部门人员本身的素质问题也是草原监管的重要方面，国家对于监管人员应当加大队伍建设，提高草原监督检查人员政治和业务素养，避免由于自身素质问题给草原生态带来破坏。草原地域广大，我国在草原监管方面还是存在人员不够以及人员素质不高的实际情况，因此，国家应就此问题进一步制定出合理的法律规定，以保障草原生态的保护力度。

我国在 1985 年就通过了《中华人民共和国草原法》，对草原的保护、管理和建设起到一定的规范作用，为草原上发展现代畜牧业提供了良好的法律支持，但是对于开垦破坏草原等行为的法律责任规定得比较简单，处罚力度并不够。2003 年开始适用的新《草原法》弥补了法律责任的不足，在法律责任一章强调草原行政主管部门工作人员若存在玩忽职守、滥用职权，不依法履行监督管理职责，发现违法行为不予查处，则必须要承担法律责任，严重的还要承担刑事责任。后续也用大量条文阐述一些危害草原生态的破坏行为应当承担行政责任和刑事责任。例如，截留相关资金、非法批准征占用、非法买卖转让草原、非法开垦草原、在草原上从事破坏草原植被的行为等，特别强调了构成犯罪需要承担刑事责任。这些法律法规体现了保护草原、保护农牧民利益的主要特点，彰显出国家治理草原生态的决心。但是，在法律责任规定方面还是有些欠缺。例如，对犯罪行为的立法都缺少"制裁"要素，在我国刑法典中也找不到匹配的罪名，所以容易导致刑事责任适用性不强，无法真正制裁那些草原上的严重犯罪行为，这是《草原法》立法中比较遗憾的一点。

三　习惯规范进入国家制定法的条件——法律多元视角下两者融合的可行性

秩序视角下存在法律多元的现实，这是法人类学所一贯主张的基础理论。前文对草原生态保护立法机制的梳理，是对典型国家制定法体系的剖析，关于法律渊源及相应内容的区分介绍展示了草原生态保护范畴内国家法呈现的状态。毫无疑问，正是国家法的存在，才使人类的行为处于相对严格和理性的规范内，不至于过分偏颇而带来不可挽回的后果。在秩序视角下，国家法与习惯法分别具有不同的规范体系，习惯规范作为社会秩序形成的重要规范之一，有其存在的独立性，按照哈耶克的理解，"在任何一个规模较大的群体中，人们之间的合作都始终是以自生自发的秩序和刻意建构的组织为基础的……而两种秩序会共存于任何一个复杂的社会中，而不论其复杂程度如何。"① "一个社会中的所有个人都会遵循某些规则，其原因是他们的环境以相同的方式展示于他们；他们也会自发遵循一些规则，这是因为这些规则构成了他们共同的文化传统的一部分；但是人们还会被迫遵守另外一些规则，因为，尽管无视这样的规则可能会符合每个个人的利益，然而只有在这些规则为人们普遍遵守的时候，他们的行动得以成功所须依凭的整体秩序才会得以产生。"② 这一阐述使我们知道国家法和习惯法应分别处于建构秩序和自生秩序两个范畴，其中法律体系的存在一贯被认为是"人为设计的"，前文中草原生态保护立法机制是一个典型的建构式秩序基础，这一秩序是国家在理性选择以及良好立法的基础之上，根据草原生态保护的真实状态，凭借科学手段所规划的理想体系，与自生自发秩序的习惯规范系统不同，这一建构充满了现代理性哲学的身影。但是我们不能忽视日常生活秩序对理性建构的作用力，如果法律规范脱离生活世界，那么几乎就是不合常理了。而且"尽管一些群体会为了实现某些特定的目的而组织起来，但是所有这些分立的组织和个人所从事的活动之间的协调，则是由那些有助益于自生自发秩序的力量所促成的。"③ 因而，习惯规范作为自生自发的秩序对于建构一个合理人为的秩序具有基础性作用。

与此同时，也有学者指出我们过分强调了两者的独立性，而实际意义上，在秩序形成中，两者根本无法严格分开，也不可以"一刀切"。"人们所谓的法律生活秩序并非从日常生活秩序中人为分割出来的一块'法律自治区'，它同样要受到习惯性规范的调整和约束，换句话说，在法律秩序下，习惯性规范仍是人的第一规范。"④ 而且很大程度上，两者其实没有那么明显的界限。因此，我们在定义"自生自发社会秩序"，

---

① 哈耶克. 法律、立法与自由（第二、三卷）[M]. 邓正来，张守东，李静冰，译. 北京：中国大百科全书出版社，2000：67.
② 邓正来. 哈耶克法律哲学的研究 [M]. 北京：法律出版社，2002：31-32.
③ 哈耶克. 法律、立法与自由（第二、三卷）[M]. 邓正来，张守东，李静冰，译. 北京：中国大百科全书出版社，2000：68.
④ 王新生. 习惯性规范研究 [M]. 北京：中国政法大学出版社，2010：181.

也就是本书所指习惯规范时，虽然强调与法律秩序不同，且与法律秩序并存，但也必须明白法律秩序是观察研究习惯规范的对应性参照物，因而，秩序规范意义上的国家法与习惯法是密切相连的两个问题，我们需要分析两者的"亲密关系"以达到寻找习惯法规范在立法层面的可能性贡献。

习惯法对于制定法的补充作用通常可以通过国家制定法中认可习惯的方式完成。"习惯只有属于被特定法律制度'承认'为法律的习惯丛的一个才是法律"。① 在我国习惯法理论中，"认可"是国家对于习惯法承认的标准，也就是说，如果按照"国家认可"概念，习惯想要成为法律，必须经国家认可才具有法律效力。我国虽然对于"如何认可"一直没有明确定义，但是大体有这样的理解：第一种是国家立法机关将已经存在的习惯写入法律条文；第二种是虽然没有明确的法律条文来佐证，但是明确可以适用或应当保护特定的习惯；第三种是国家司法机关在具体适用法律的过程中对习惯的承认。针对蒙古族生态习惯法而言，在草原生态保护领域，许多蒙古族习惯法早已被写入法律。例如，关于保持草畜平衡的习惯，禁止在草原上乱挖植物，禁止在草原上倾倒废弃物的习惯，禁止在草原上随意开车等。许多实际存在于生活中的习惯法未来也应当逐步在法律条文中体现，以达到更好地保护草原生态的效果。苏力教授说，"制定法重视习惯与否未必与制定法中出现'习惯'之类的字样的频率相关。一个重视习惯的制定法，完全有可能不出现或很少出现'习惯'的字样，而只是立法者在该法制定过程中注重了调查研究习惯，甚或是立法者自觉在制定法律规则时依从了社会的习惯。相反，一个大量出现'习惯'字眼，看似重视习惯的制定法完全有可能重视的是那些形成文字的过时习惯，而未必是当代的活生生的习惯。而且，一个过分强调将习惯成文化的制定法体系也完全可能使得习惯失去其活力，并因此实际不重视习惯。"② 的确，法律条文有多少曾经是习惯，而又有多少习惯真正在实践中发挥出作用是难以估计的。苏力教授通过软件所

---

① 哈特 . 法律的概念 ［M］. 张文显，郑成良，等，译，北京：中国大百科全书出版社，1996：46.
② 苏力 . 当代中国法律中的习惯：一个制定法的透视 ［J］. 法学评论（双月刊），2001（3）：19-33.

作的一项统计经常被学者们拿来说明我国制定法对习惯的接受程度如何。他对 1949 年 10 月至 1998 年 3 月国家相关机构依据法定程序制定颁布的共 2500 件 "所有现行有效的法律和行政法规以及重要的司法规范性解释" 进行分析和整理。"发现在这 2500 件制定法中，有 24 件文件（31 条）提及 '风俗习惯'，还有 73 件文件（91 条）提及了 '习惯'；又有 39 件文件（46 条）提及 '惯例' 一词。"① 并且指出，真正意义上谈及法学界所理解的 "习惯" 的非常少，而且多集中在少数民族习惯和国际习惯、惯例方面。

实际上，我国制定法体系中经常作为证明材料的法条，也就是证明我国法律中对习惯的认可程度的法条主要体现在以下几个方面：《中华人民共和国宪法》中的第 4 条，②《中华人民共和国民族区域自治法》第 10 条、第 20 条，③《中华人民共和国民法典》第 10 条、第 289 条、第 321 条。还有在我国的《立法法》中也有相关的规定，第 66 条就规定，"民族自治地方的人民代表大会有权依照当地民族的政治经济和文化的特点，制定自治条例和单行条例。" 这些是我国立法中对于习惯的适用法条，在对比中发现，蒙古族生态习惯法在适用方面可以遵照《中华人民共和国民族区域自治法》的规定，但是这样的规定也比较模糊，很难确定哪些是法条所指向的习惯，而且从前文对草原生态保护立法机制的分析，也不难看出并没有对 "习惯" 的提及，虽然按照苏力教授所言，不一定所有对习惯的借鉴都能够以 "习惯" 二字体现出来，在草原生态保护的实际立法过程中，立法者本身也不可能不参考一贯存在的习惯因素，"我们必须首先承认，绝大多数立法者在制定法律时，只要不是从天国中掉下来的，他们都会自觉不自觉地，或多或少地考虑到某种社会的习惯，尽管他们并不一定，而且我们也不应当要求他们将这些习惯都在法律中做

① 苏力. 当代中国法律中的习惯：一个制定法的透视 [J]. 法学评论（双月刊），2001（3）：22.

② 《中华人民共和国宪法》第 4 条规定："各民族都有使用和发展自己的语言文字的自由，都有保持或者改革自己的风俗习惯的自由。"

③ 《中华人民共和国民族区域自治法》第 10 条规定："民族自治地方的自治机关保障本地方各民族都有使用和发展自己语言文字的自由，都有保持或者改革自己风俗习惯的自由。"第 20 条规定："上级国家机关的决议、决定、命令和指示，如有不适合民族自治地方实际情况的，自治机关可以报经上级国家机关批准，变通执行或者停止执行；该上级机关应当在收到报告之日起 60 日内给予答复。"

出表述或统统接受。"① 即便如此，从国家立法视角分析，习惯规范存在的空间也还是微乎其微的，固然我们对待习惯是尊重的，但在走向现代化的过程中，我们还是更重视制定法的建设，即便从法律实践角度而言，国家法也是法律适用和法律发现的重要依据，法官在适用法律时必须优先适用国家法。因此，作为蒙古族生态习惯法，与草原生态保护立法机制发生联系的角度也就局限在国家法制定渊源这一方面。可以说，习惯规范作为非正式法源从来都是被认可的。习惯法如果作为非正式法源，主要有两种作用，一是成为国家法未来的制定基础；二是成为法官法律发现中的重要选择。那么在立法视角下，我们主要来看习惯法成为国家法补充的基础性作用。根据前文对草原生态保护立法机制的分析，我们尝试找到蒙古族生态习惯法进入国家立法的契机，准确地说，我们可以分析蒙古族生态习惯法进入国家法体系的可行性，无论这种进入方式是被国家法在制定新条文时采纳，或被新条文掩盖而"消失"在制定法中；还是以前文我们所看见的方式，成为法律条文中准许适用的情形，以"按照习惯"或者"从习惯"等字眼留在法律条文中。下面来分析蒙古族生态习惯法与草原生态保护立法机制的契合条件。

（一） 以实例论证蒙古族生态习惯法的补充作用

从法律的起源和发展来看，最初的法律规范大都由习惯演变而来，"习惯会保持，而且必须继续保持，去成为法律规则的一种来源"。② 武树臣教授等在对中国社会历史变迁的深度分析时也曾经指出，"自汉以来，中国的立法与司法非常注意吸收习俗的内容。晋律、唐律及宋元明清之律无不容纳大量的习俗，将习俗直接转化为律条，这一点在少数民族入主中原的王朝的法典中，表现得尤为突出"。③ 中国传统立法体系中有很多习惯法作为国家立法补充的例证。

清末民初之时，晚清政府曾经为了立宪修律之需，开展过两次声势浩大的民商事习惯调查运动，期间调查地域涉及几乎所有省份，内容涉

---

① 苏力. 当代中国法律中的习惯：一个制定法的透视 [J]. 法学评论（双月刊），2001 (3)：33.

② BROWN J W. Customary law in modern England [M]. Columbia law review, Vol. 5, No. 8, Dec. , 1905.

③ 武树臣，等. 中国传统法律文化 [M]. 北京：北京大学出版社，1994：465.

及民法总则、物权、债权、亲属、继承等方面，所获资料数量庞大，为当时变法修律奠定主要基础。这一运动为我们留下了非常重要的价值财富，那就是"尊重习惯的理性思维方式，体察、认同活生生存在于社会生活中的风土人情对法律创制的价值，自觉地领悟生成任何时代都不可以缺乏的遵从'习惯法权'的品格"。① 而至民国时期，习惯在民事法律中的地位尤为凸显。"民国二年（1913），大理院发布二年上字第六四号判例，规定在民事法律适用上：判断民事案件，应先依法律所规定，法律无明文规定者依习惯法，无习惯法者，依条理。"② 这显示当时立法者对习惯法的重视程度。民事习惯能够在民国之初迅速融入国家法律中的主要原因，按学者理解，"一定程度得益于我国历代法律实践中有着以民事习惯作为法律依据的悠久传统。封建时代，州县官到一地赴任后，首先要做的就是通过阅读县志等方式了解所辖地域的风土人情和特殊习惯，以便判案之需"。③

可见，在法律制度的形成过程中，国家会按照现行的社会秩序的需要对原有习惯规范进行取舍。所以，从国家法渊源角度看，有些习惯虽然不是国家正式的法律渊源，但在立法实践中，也会作为适用的依据而被加以运用。"由国家所确立的法律制度，必然是不完整的……如果没有非正式渊源的理论，那么在固定的实在法令的范围之外，除了法官个人的独断专行，就什么都不存在了"，④ 因此，习惯在法律形成过程中发挥的作用以及成文法对习惯法的吸收均表明习惯已成为国家法的产生基础，这并不是悖论。回溯蒙古族习惯法的产生过程，我们知道，当成吉思汗和其后世子孙对国家进行立法的时候，都存在一个对过去在蒙古族民间广泛使用的习惯法进行立法确认的过程。所以，成吉思汗《大札撒》本身就是蒙古族习惯法的合编。

从历史上蒙古族生态保护的法律中也可以明显地看到蒙古族生态习惯法的痕迹。在蒙古族传统中有爱护动物的良好习惯，这点从历史记载

---

① 眭鸿明．清末民初民商事习惯调查之研究［M］．北京：法律出版社，2005：277.
② 李卫东．民初民法中的民事习惯与习惯法［M］．北京：中国社会科学出版社，2005：94.
③ 李卫东．民初民法中的民事习惯与习惯法［M］．北京：中国社会科学出版社，2005：114.
④ E·博登海默．法理学：法律哲学与法律方法［M］．邓正来，译．北京：中国政法大学出版社，1999：445.

中可以例证。根据史料记载，在蒙古汗国及以后的政权中，法律条文中有很多保护动物的规定，而且更加完善。例如，根据《元典章》记载，元朝的法律中有"杀羊羔儿断例，至元二十八年四月二十一日奉圣旨休杀羊羔儿吃者，杀来的人根底，打一十七下，更要了他的羊羔儿者，么道钦此"。"禁宰年少马匹。至元十八年十月二十一日，行御史台准御史台咨承奉中书省札付，据枢密院呈蒙古文字译七月初二日孛罗奏，如今外头做亲，么道推着头杀马吃的人每多有，么道奏呵奉圣旨，如年纪大，残疾不中用的杀吃呵，於管百户牌子头官人每根底，立着证见呵，吃者，无病、年纪小的休杀吃者，么道圣旨了也，钦此。"① 可以说，从史料记载的国家法律中随处可以看到传统蒙古族生态习惯法的身影。国家法和生态习惯法之间本身存在的这样一种密切关系，使得习惯法成为国家法律体系构建中最优选的基石。这一点在草原生态保护的领域中体现得更加突出，蒙古族的生态习惯法产生较早，这些习惯法规范着蒙古人的日常行为，促使蒙古人自发地爱护着自然环境，当有了国家的诞生，国家通过立法机关以制定法的形式将古老的习惯法予以确定，赋予其更强大的权威性。因此，生态习惯法是制定法的重要基础，这些先例的存在证明了我们国家当前立法也可以寻求合理的习惯法进入路径，如果坚持历史唯物主义的观点，将习惯视为国家上层建筑的一部分，那习惯就会随着社会生产、生活方式的转变而变化。"人民群众的习惯从来不是固定的，人民群众的（而不是某个人的）习惯从来不固守什么意识形态的信条，因为，任何习惯都必须适应当地民众生活的需要，必须让人们'习惯'，如果不习惯，那么人们不会遵守，就会放弃。因此，只要社会条件发生了变化，任何习惯都会发生变化。"② 过去的生态习惯法可以成为国家法的渊源，如今变迁中的生态习惯法同样可以成为国家法制定的坚实基础。

　　以蒙古族传统游牧活动为例。著名草原学家任继周院士指出，游牧是"关系到草地生态系统基本理论的一件大事，关系生态建设，持续发

① 大元圣政国朝典章·刑部（卷十九）[M]. 北京：中国广播电视出版社，1998：2057.
② 苏力. 当代中国法律中的习惯——一个制定法的透视 [J]. 法学评论（双月刊），2001（3）：32.

展的一件大事，切勿轻言禁牧！"① 几千年的不断实践和发展已经表明，在内蒙古高原只适合进行游牧，农业从来都不能成为草原上的主业。在游牧中，草场植被、牲畜和人之间达到一种良性的循环。用蒙古老人的一句话形容："从没听说草原是让牛和羊给踩坏了的"。确实，牲畜的踩踏对于草场植被有促进作用，牲畜的粪便有利于草场植物的生长，这是十分科学的生物学理论。我们无法深究其间的能量和物质的转化，可至少有一点要明确，蒙古高原的自然生态可以大力发展现代化游牧畜牧业，而非集中圈养畜牧业。我们不是要恢复传统的游牧，这点已经证明不可能，人口的急剧增长和目前的现实环境都表明已经无法回到过去的游牧，但是针对现实，我们也不能放弃牧区游牧的其他方式。最好的办法是贴近目前牧区的实际，以现代化方式发展游牧，结合目前先进的卫星遥感技术，及时了解草场植被状况，看看哪里的草场恢复得较好就安排到哪里进行合理的游牧。而现代化的交通方式也可运用到游牧中，例如，运用移动的房车代替传统的蒙古包，并以牧民联户发展游牧作为主要趋势。从国家的角度，也应当支持地方游牧的举措，从法律制度上予以认可并出台相应的措施去完善和保护这种既适应生态需求又能使牧民致富的新尝试。但是目前法律法规中没有类似规定，这也对国家法律的制定提出了更高的要求，国家应当认可蒙古族传统习惯法的智慧因子，进一步完善制定法。

（二）蒙古族生态习惯法与国家法在观念价值上的一致性

在我们的理解中，习惯法属于自发生成，其表现形式较为自由和松散，尤其在适用中，更多的时候是在比较随意的情况下，并无严格的规则形式要求，也没有特别严格的程序。相反，国家法是在严格的立法程序下，依据对相关事物客观的分析和理解而制定，每一个条文都十分严谨而且具有较强规则性，在价值上追求一种秩序和规整，所以在国家法实施中应该会遭遇习惯法的抵制。但如果追根究源的话，在两者的终极价值中具有贴合度，两者均含有一种对和谐价值的追求理念。国家法通过其权威达到一种良好的社会调控，最终也是为了形成社会和谐的法治

---

① 盖志毅．新牧区建设与牧区政策调整——以内蒙古为例 [M]．沈阳：辽宁民族出版社，2011：170.

理念；而习惯法通过民间自发形成，以其传统的方式调整地方事物，达到地方社会整合，其本质也是为了达到和谐共处的理想生活环境，达到"以和为贵"的理想秩序，因此从秩序价值的需求角度来看，两者有密切合作的空间。

特别在草原生态保护的领域中，国家法和习惯法的价值观念趋向于一致。前文中，笔者已经说明了蒙古族生态习惯法的生态价值理念——敬畏自然、爱护自然，实现人与自然和谐相处。曾经国家法在历史演变中一度忽略了这样的价值基础，过分强调经济发展，在生态保护方面非常弱势。"建国后至十一届三中全会，我国政府存在着向草原牧区进行种植业的政策偏好"，[①] 我国 1982 年的《宪法》才有了"矿藏、水流、森林、山岭、草原、荒地、滩涂等自然资源，都属于国家所有"的规定，而在之前的三部宪法中，都是将草原列入荒地的行列，没有赋予其独立的所有权地位，因此对草原的保护一直处于十分薄弱的环节，长期以来塑造了"重农轻牧"的观念，忽视草原牧区实际情况而对草原进行垦荒，造成对草原生态极大的破坏。以内蒙古锡林郭勒盟阿巴嘎旗为例，那里原有 23 万亩羊草草场，1960 年代，原本适宜牧羊的草原被改为农田，播种小麦、麻子等作物。当地的气候寒冷干旱，播种的作物很快就减产，数十年后即成荒地，而农垦后的草原再难得到优质的牧草。[②] 1966年之后，内蒙古自治区更是大规模开垦草场，最后造成很多区域既不能农，也不能牧。在以农垦为热潮的时代，牧区人口大幅激增，为草原过度放牧带来隐患。更遑论自工业兴起之后，人们没有意识到自己是自然的一部分，反而觉得人类的使命就是征服和利用自然。就像"西方工业化的发展模式的原动力来自攀比和竞争，就是这种发展模式激活并放大了人性中的贪婪和嫉妒，这些贪婪和嫉妒摧毁着人类的智慧、平静和幸福"。[③] 工业企业不断上马，环境污染逐步加重，许多污水垃圾不经过任何处理，直接排入草原，不但草原植被遭到严重破坏，空气、土壤、地

① 盖志毅. 新牧区建设与牧区政策调整——以内蒙古为例 [M]. 沈阳：辽宁民族出版社，2011：50.

② 列举事例参见盖志毅. 新牧区建设与牧区政策调整——以内蒙古为例 [M]. 沈阳：辽宁民族出版社，2011：53.

③ 盖志毅. 新牧区建设与牧区政策调整——以内蒙古为例 [M]. 沈阳：辽宁民族出版社，2011：129.

表水和地下水都不同程度地受到污染。还有一些工矿企业肆意挖掘草原，草原的表层土壤大面积被剥离，野生动物被迫迁徙，珍稀植物大量死亡，这些都逐渐成为草原牧区矛盾纠纷的起因。可以说，经济发展应当加大工业建设的投入力度，但是不能仅仅只看到利益，还应当看到经济发展背后严重的生态危机。目前，越来越多的人已经意识到生态问题带来的严重后果，可持续发展的理念也逐渐得到实践，人类从工业时代正式向生态时代迈进。2002年，调整国家草原生态问题的《中华人民共和国草原法》得到修订，它将更多的视线放在了草原生态的保护，明确了可持续发展对于草原的重要性，规定了国家的草原行政主管部门以及草原监理机构，提出了全面保护和建设草原的许多合理规划，特别强调减少征用占用，防止超牧、实行禁牧轮牧，禁止开垦草原等一系列规范，并严格规定了违反草原法应当承担的法律责任。至此，国家法的价值理念在保护草原生态和蒙古族传统的生态习惯法方面有了更加密切的融合，也可以说，蒙古族生态习惯法中的重要价值理念十分有必要通过国家制定法呈现出来，从而迈向可持续发展的生态文明。

　　蒙古族传统生态习惯法和国家草原生态法律机制的价值拥有一致性，因此两者结合可以共同发挥生态保护作用。实践中，那些"真心能得到有效贯彻执行的法律，恰恰是那些与通行的习惯和惯例相一致或者相近的规定；一个只靠国家强制力才能贯彻下去的法律，即使理论上再公正，也肯定失败"。① 对目前草原生态保护法律进行梳理，可发现存在需要改进之处，例如，法律规范的实效性；基本没有与草原法律相对应的刑事责任；内蒙古自治区很多配套性措施还不能体现地方实际，尤其是监管力度还需加强。因此，运用蒙古族生态习惯法的优势去补充国家法的不足是值得尝试的方法，也一定会取得较好的基层社会治理效应。

（三）蒙古族生态习惯法与国家法在分层调整中的协调性

　　前文中笔者阐述的草原生态保护立法机制在广泛意义上以畜牧业为主的草原牧区是十分重要的法律依据。按照效力等级自上而下依次有《宪法》《草原法》为代表的国家法律，关于草原的行政法规、部门规章，以及内蒙古自治区根据国家相关法律法规制定的配套性规定等法律

---

① 苏力. 变法，法治建设及其本土资源 [J]. 中外法学，1995 (5)：1-9.

渊源。从调整对象上讲，草原生态保护立法机制针对的是全国范围内的所有对象，具有普适性的特点，在我们所讨论的蒙古族聚居区域，国家法依然具有权威的法律强制力，这就为两者分层治理埋下伏笔。蒙古族生态习惯法的调整对象主要是传统蒙古族聚居区，特别是在蒙古族牧民之间，世代相传的生态习惯法对他们而言具有很强的影响力，同时这些人本身又是国家法所调整的对象。所以，从国家法和蒙古族生态习惯法的调整对象上看两者是一致的，同时两者的关系也具有大、小传统的碰撞关系。所谓"大传统"，是"某种优势文明的文化形态表现于宗教、文学、艺术等的传承规模，与地方性社区的小传统相对而言"。① 这种大传统是与国家法相关的，是一种社会性在广阔境界下的表现。我们正视国家法是一种"大传统"，是一种精英、大众的存在，但也不能就自然地鄙视或者放弃对"小传统"的理解。相反地，从所有地方调研中都可以发现，所谓的"小传统"是真实存在的，或者说，一种"复杂社会中具有地方社区或者地方性特色的文化传统"② 是真实存在的。在蒙古族聚居区内，不单是保护草原生态方面存在一些"地方性知识"③，在人际交往、社会矛盾的纠纷解决中，都有一种民间自发形成并被当地人所共同信守的规范存在。这种规范在很多学者眼中必然会与国家法律相冲突，但实际上两者也是有一致性的，能够有相容的可能。大、小传统的碰撞，正是两者分层治理效果的体现，因为调整对象一致，也就为习惯法和国家法的相互融合找到契机。具体该如何分层治理，就要先从习惯法对国家制定法的引导力说起。

"自清末以来，中国法律制度的变迁，大多数都是变法，一种强制性的制度变迁。这样的法律制定颁布后，由于与中国习惯背离较大或者没有系统的习惯惯例的辅助，不易甚至根本不为人们所接受，不能成为他们的许多规范"。④ 这一说法通过揭示我国法律发展中的固有矛盾，阐释了作为地方性知识的习惯法对国家法具有引导作用。国家法如何借鉴习

---

① 苏力.变法，法治建设及其本土资源 [J].中外法学，1995 (5)：1-9.
② 谢晖.大、小传统间的沟通理性 [J].法的思辨与实证 [C].北京：法律出版社，2001：5.
③ 参见克利福德·吉尔兹.地方性知识：事实与法律的比较透视 [A].邓正来，译.梁治平.法律的文化解释 [C].北京：生活·读书·新知三联书店，1994.
④ 朱苏力.法治及其本土资源 [M].北京：中国政法大学出版社，1996：13..

惯的规范力量使自身得到基层民众的信仰，如何成为基层社会生活中必不可少的存在，是值得深思的。以国家法遇到的地方性偏差来说明，在蒙古族聚居区，国家法毫无疑问是重要的，但为何国家草原生态保护立法机制还会出现适用中的问题？如果说，国家法律没有对相关的事项进行规定，我们尚且可以说这是立法不足，对草原生态保护意识不够。但在对国家草原生态保护法律的梳理中可以发现，仅就《草原法》这部法律，就已经对目前导致草原生态破坏的主要情形进行了全面的立法规制，也指出破坏行为应当承担的法律责任。可是为何在地方依然有很多牧民反映，存在许多危害草原生态的行为，虽然国家法律是禁止的，但是却没能很好地看到国家法发生效力。并且有很多牧民表示，他们是遵守国家法律的，可是却说不清那些法律该怎么用。如果"法律只考虑臣民的共同体及抽象的行为，而绝不考虑个别的人以及个别的地方"，① 则国家法在有特定文化传统和固有习惯习俗的民族地区的实施中就会碰到冲突。例如，国家《草原法》第68条规定："未经批准或者未按照规定的时间、区域和采挖方式在草原上进行采土、采砂、采石等活动的，由县级人民政府草原行政主管部门责令停止违法行为，限期恢复植被，没收非法财物和违法所得，可以并处违法所得一倍以上二倍以下的罚款；没有违法所得的，可以并处二万元以下的罚款；给草原所有者或者使用者造成损失的，依法承担赔偿责任。"法律条文规定得比较明确和严厉，但是在草原牧区，实际情况经常是当地主管部门批准以后，相关企业单位往往不按照申报地域和方式进行作业，或者在开采挖掘过程中往往对草原造成不可逆转性的破坏，更加多见的是，在开采过程中对牧民的草场破坏后不及时帮助恢复，而是仅仅将破坏的结果放在那里，让牧民自己承担后果。有些地方会给牧民一些赔偿，有些地方根本无视当地牧民的感受，认为只要政府部门审批了，其他因素可以不用考虑，就此引发的矛盾纠纷不断地出现。笔者在呼伦贝尔市调研时发现，许多当地人在解决纠纷时会选择自力救济和寻求当地权威，有的是嘎查长，有的是权威的长者。当然，在蒙古族聚居区，除了一小部分地区还能保持传统游牧生活，大部分地区也已经受到现代化的冲击，蒙古族长者绝对的威慑力量

① 卢梭. 社会契约论［M］. 何兆武，译. 北京：商务印书馆，1980：50.

正在弱化，而新的权威尚在形成过程中，在这一过渡时期，往往也是探索期，易导致牧民认识的模糊性。他们对法律的了解不够，虽然说知道法律，可是对具体内容还是一知半解，因此，对于法律权威尚未到达的地方，面对纠纷牧民还是会选择一种比较熟悉的处理方式，这也往往导致国家法在民间地方的不同境遇。还有一些苏木嘎查距离市区确实太远（没有见到草原的人不会理解这种距离感），十几公里一户人家是真实状态，对于居住在那里的牧民，他们选择习惯法更是情理之中的事。虽然国家法的统一性和权威性需要确立，但也要正视偏远地方习惯法的客观存在。通过这些实例，表明在社会秩序构建中国家法和习惯法具有分层治理的空间，针对同一区域，国家法和蒙古族生态习惯法完全可以各司其职，实现调整。特别是国家在制定相应的规范性文件时还可以充分调研基层的实际情况，从当地影响甚广的习惯法中寻找规则模式，这样就能让国家立法从制定之初就贴近生活，便于以后得到广大民众的认可，从而在真正意义上实现法律的普及化。在中国建设现代化法治国家的进程中，可通过国家立法机关制定的法律法规和地方性的习惯法实现各个特定区域的秩序和谐，以宏观法律体系和基层社会治理共同实现分层管理。毕竟中国地域广阔、民族众多，每一个特殊地区都不免有当地的习惯和风俗，多元社会背景下"用一套代表'普遍国家意识'的理想化标准去应对基层社会充满'地方性'的日常生活，难免就会出现问题和冲突"。[①] 因此，国家立法在完善的同时，要正视两者分层治理的可行性，以达到理想的法治状态。

综上所述，在习惯法研究领域里，特别是在蒙古族生态习惯法研究过程中，不能回避它与国家法之间的关系。在国家立法视角下研究蒙古族生态习惯法的优势，就是可以在与国家生态法律的比较中挖掘习惯法在国家转型期和社会变迁中的功能和独立意义。笔者在此阐释蒙古族生态习惯法和国家草原生态保护立法机制的贴合度，是为后文分析蒙古族生态习惯法对国家法的作用进行铺垫。国家在法治建设进程中需要强大的制定法体系，一个权威性、明确性、系统性和科学性兼具备的法律规范系统，自上而下实现对地方的法律调整，现有的草原生态保护立法机

---

① 田成有. 乡土社会中的民间法 [M]. 北京：法律出版社，2005：164.

制正是承担了这样的重任。而在蒙古族聚居区，也真实地存在着世代相传的，并由民众自发遵守的，特别是以内心的确认为约束的蒙古族生态保护习惯法。既然两者都有各自的优势，又有结合的契机，那么在草原生态保护领域方面，使国家法与习惯法进一步融合就有了可能。

第四节　蒙古族生态习惯法的现实发展进路

前文探讨蒙古族生态习惯法对国家法的作用，突出强调习惯法对国家法的补充作用，并指出蒙古族生态习惯法可以成为草原生态保护立法机制的非正式法律渊源，然而，这样的分析没有体现蒙古族生态习惯法的独特性，也没能超越其他类型习惯法的惯常研究路径，因此，蒙古族生态习惯法除了可以是国家法的渊源之外亦可转向环境法领域，从生态文明的趋势中寻找蒙古族生态习惯法的新效用，也是一种新尝试。

诚然，共同体要素在发生迁移性的表达，使草原深处发生着很多变化。游牧经济模式的改变，科技进步带来的新的生产、生活方式的革新都在改变曾经形成生态习惯法的共同体环境。在现代社会中，制定法的调整程度越来越详尽、规则越来越具体，留给习惯调整的空间日益缩小，习惯直接作为案件裁判依据的作用正在逐步减弱。但结合作者的调研发现，即便生产生活方式在逐步发生改变，只要是在草原上生活，依赖畜牧业为生的牧民依然将传统的生态习惯法奉为信仰。在他们的理解中，这些传统的习惯法是草原游牧经济的产物，一直通过牧民世世代代、口口相传不断继承发展，这一规范形式从来都没有失去。因此，蒙古族生态习惯法一直存在于牧民之中，我们需要去发掘其在新时代的价值皈依，也为基层治理寻找合理素材。绿色环保主义者觉得，工业革命以后的社会，立足于狭隘的利润最大化目标，进而鼓励过度消费，将工业化的"副产品"随意地投入到社会中，使消费者社会延续到全球，破坏雨林和草原，改变了气候。曾经缓慢发展的草原深处，有着相对稳定的经济形态，如今也在不断接受环境发生的变迁。随着气候变化及人类活动对生态系统造成的影响日益扩大，草地生态系统退化问题日益严重。事实上全球气候的改变对世界各地草原的影响都是非常显著的。在历史上，游牧时代因为生存环境的艰辛以及游牧经济对自然的依赖不断被称为落后文明或静止文明。与发达的农业、工业文明比较起来,游牧文明的发展速度可以说是缓慢的,但在不断对比分析工业革命以来生态环境所付出的代价,最终究竟孰高孰低,尚待后世评价。

一 发展进路一:法律生态化趋势的需要

生态文明是人类社会经过农业文明、工业文明之后步入的人类文明史上的又一次进步,对于现代人类社会而言,意义深远。习近平总书记在生态文明贵阳国际论坛 2013 年年会上的贺信中指出,"走向生态文明新时代,建设美丽中国,是实现中华民族伟大复兴的中国梦的重要内容。中国将按照尊重自然、顺应自然、保护自然的理念,贯彻节约资源和保护环境的基本国策,更加自觉地推动绿色发展、循环发展、低碳发展,把生态文明建设融入经济建设、政治建设、文化建设、社会建设各方面和全过程,形成节约资源、保护环境的空间格局、产业结构、生产方式、生活方式,为子孙后代留下天蓝、地绿、水清的生产生活环境。"① 可以说,习近平总书记站在中华民族永续发展、人类文明发展的高度,明确地把生态文明作为继农业、工业文明之后的一个新阶段,指出生态文明建设是政治建设之一,关乎人民主体地位的体现、中国共产党执政基础的巩固和中华民族伟大复兴的中国梦的实现。

文明是人类社会进步的标志,是人类改造世界的成果,在过去的时代中,人类社会存在几种较为典型的文明:原始文明,即原始捕鱼狩猎的文明;农业文明,以农耕为主,同时也并存游牧文明;工业文明,则以现代化大生产为标志。这几种人类文明的发展都离不开人与自然之间的互动,其中工业文明之前的时代,人与自然之间基本可以保持和谐,按照庞廷所理解,"人类历史的 99% 对环境没有产生什么影响,这个时代约有两百万年,真正对环境起作用的是人类历史上的两次大转变:农业转变和能源转变。而其中农业文明虽然对环境施加压力,但是依然能处于初级平衡阶段,物质生产活动基本上是利用和强化自然过程,缺乏对自然实行根本性的变革和改造。"② 进入工业革命之后,对于自然的征

---

① 习近平. 论坚持人与自然和谐共生 [M]. 北京:中央文献出版社,2022:36-37.
② 参见克莱夫·庞廷. 绿色世界史:环境与伟大文明的衰落 [M]. 王毅,张学广,译. 上海:上海人民出版社,2002:2.

服成为了主流，"在美国，19世纪的每座鼓风熔炉毁掉250英亩森林，俄国阿尔汉格尔附近一家年出口1000吨的钾碱厂，每生产一吨钾碱消耗1000吨木材。"① 这样的文明成果在一定程度上是建立在人类对自然毫无顾忌的掠夺基础上，"西方工业文明的基础就是人类中心主义，即将人视为自然万物的主宰和中心，就是将自然视为不断满足人类无限欲望的对象，其在300年间创造了空前的物质文明和社会财富，几乎等于传统社会的总和，但也消耗了亿万年的自然储备，带来了不可克服的经济危机和全球生态危机"。② 因此，现代意义上的生态文明是在反省过去的基础上，提出人与自然和谐相处为最高目标的文明形态，人类在尊重自然的前提下，合理地利用资源，减少对自然的破坏，实现人与自然、社会的和谐共生，最终实现可持续发展。所以生态文明就是"人们在改造客观物质世界的同时，不断克服改造过程中的负面效应，积极改善人与自然、人与人的关系，建立有序的生态运行机制和良好的生态环境所取得的物质、精神、制度方面成果的总和"。③

当生态文明给我们找到一条未来发展的道路，我们也就依循这样的指引来建构我们所希望的社会秩序。在法律制度层面，法律生态化正是回应生态文明的一种先驱行为，显然，如果实现国家法律体系的生态化，就能引导国家迈向生态文明意义上的现代化法治社会。法律生态化，是一种将生态理念、生态原理和方法渗透到法律制度的过程，率先体现为各部门法的生态化。法学界最早提出法律生态化的是前苏联生态法学家，在20世纪70及80年代，生态法理念出现在苏联的各种教科书中，后来逐步辐射到周边其他东欧国家，而随着生态问题日益成为国际社会普遍的关注点时，我国学者也开始尝试分析法律的生态化问题。曹明德教授在《生态法原理》中指出，生态化是将每一个与利用自然环境相关的行为生态化。而立法生态化就是各部门在立法时，需要考虑生态保护的要求，从各自的角度出发对环境保护和自然资源的利用作出相应的规定。④

① 克莱夫·庞廷. 绿色世界史：环境与伟大文明的衰落 [M]. 王毅，张学广，译. 上海：上海人民出版社，2002：305.
② 参见威廉·莱斯. 自然的控制 [M]. 岳长岭，李建华，译. 重庆：重庆出版社，重庆出版集团出版，2007：7.
③ 刘俊伟. 马克思主义生态文明理论初探 [J]. 中国特色社会主义研究，1998（6）：17.
④ 曹明德. 生态法原理 [M]. 北京：人民出版社，2002：191.

陈泉生教授则从法律生态化趋势角度说明，所谓法律生态化需要在扬弃和整合传统法律的基础上，将生态化的理念融合进各部门法中，主要体现在以下几方面：①宪法中，需要确立可持续发展的战略，将环境权作为公民基本人权予以保护；②环境法本身需要按照生态化的需求形成自身特色的体系、权利义务保护机制；③民法方面重新梳理所有权理论，将所有权多元化并对法律责任方式进行更改；④刑法中增加危害环境的罪名，增设刑法违法标准——"容许性危险"；⑤诉讼法中对起诉资格放宽等。① 王树义教授根据对俄罗斯生态法的研究指出，"20世纪90年代以后俄罗斯联邦生态法发展的一个显著标志是部门立法的生态化，即各部门法在立法的过程中，必须考虑俄罗斯联邦国家关于保护环境、防治环境污染、合理利用和保护自然资源的生态要求，注意对生态社会关系的配合调整。除了需要制定专门的生态法律法规对其进行专门调整，而且还需要其他法律部门从各自的角度对环境保护、自然资源的开发、利用和保护作出相应的规定，给予配合调整"。② 由此，我们可知道，虽然在学界对于法律生态化并未有统一定义，但是从立法角度，需要对各个部门法从生态文明的角度增加与生态保护相关的内容，特别是从理念和方法的角度将部门法引导向生态文明的方向。前文对草原生态保护立法机制进行梳理后可发现，在蒙古族聚居区发挥草原生态保护职能的主要是《宪法》、《民法》和以《草原法》为代表的自然资源保护法律和大量地方性法规。因此，基于对法律生态化的理解，我们将《宪法》《民法》，特别是《草原法》为代表的自然资源法的生态化作为主要研究对象。

在宪法领域里，我们过去一贯认为"近代宪法的法理基础——个人主义，还是现代宪法的法理基础——团体主义，强调的都是，人类是自然界的主人和征服者，人类可以随心所欲地主宰自然界，认为地球上一切物质都是为了人类而存在"。③ 而宪法中所遵循的价值观念也是从当代人的角度出发，以"人类中心主义"作为基本核心，对人类所关注的秩序、公平、自由等原则的理解也从当代人的利益需求出发，完全没有顾

① 陈泉生. 论科学发展观与法律的生态化 [J]. 法学杂志, 2005 (5): 5.
② 王树义. 俄罗斯生态法 [M]. 武汉: 武汉大学出版社, 2001: 129.
③ 陈泉生, 张梓太. 宪法与行政法的生态化 [M]. 北京: 法律出版社, 2001: 68.

忌后代人的利益，而在生态化的理解中，要将宪法的价值取向进行转化，除了关注当代人的利益，也要向后代人及其他物种进行扩展，因此如果将宪法生态化，就需要重新理解秩序、自由和公平等原则。将原来关注人与人之间的秩序向人与自然的生态秩序扩展，调整"人类为至高无上生命"的看法，不再以征服自然、统治自然作为唯一的方式，而要将整个自然界生态系统看作有机统一系统，在宪法价值观上更多地寻求人与自然的和谐相处，特别是将可持续发展作为至高原则并作详细规定。在重视代内公平的同时，也要保证代际公平。诚然，宪法中增加了生态文明和美丽中国的重要论断，但是在原则性规定和具体规则的思考方面还需进一步加强，毕竟宪法作为国家根本大法，要为未来以环境法典为代表的一系列生态环境法律奠定最高的价值标准和效力位阶。

民法生态化过程实际上也是对"人类中心主义"观念的转变，过去民法的关注点主要围绕人的利益以及社会公共利益等问题，以鼓励自然资源的开发利用和经济交易的快速运行为宗旨，这在当时的历史条件下是可以理解的。但生态环境的整体现状以及社会的发展对绿色民法典提出了全新的要求，法律生态化就成为必然。《民法典》第9条绿色原则明确规定：民事主体从事民事活动，应当有利于节约资源、保护生态环境。这一条规定是民法立法上的重大进步，之后，物权编和合同编中把遵守生态保护要求和尊重自然资源用途作为合法行使用益物权的边界范围和前提条件，要求订立合同应当避免浪费资源、污染环境和破坏生态。在侵权责任编第七章中进一步说明破坏生态环境应当承担责任，并增加惩罚性赔偿制度以及生态修复制度。这些都是民法典作为一部基础法律，深刻贯彻落实法律生态化的积极表现。但针对当前绿色低碳的发展战略来讲，民法典作为环境司法的重要法律尚未设定碳排放权，对市场主体的规制也还需完善，这也为进一步加强法律生态化提出要求。

2021年，以民法典制定为契机，环境法典的编纂进入全国人大常委会的立法计划，这也成为中国环境法科学化、体系化的一次重要里程碑。自党的十八大以来，生态文明建设既是我们的宪法序言的组成部分，也成为深入人心的重要理念，促进了生态环境类法律法规的大量出台，环境污染治理重拳出击，环境改善十分明显。至今为止，我国环境法律有31件，行政法规100多件，地方性法规的数量更是成倍增长，这都为环境法体系化带来重要的支持。极为重要的一点，环境法的体系化可以进一步促进我国生态环境治理体系和治理能力现代化，保证尽快实现绿色低碳转型。在未来的环境法典中，考虑运用中国生态文明体制改革以及环境立法以监管为主的特点，注重"适度法典化"模式，保持环境法典一定程度的开放性，扎根中华优秀传统文化并从中汲取养分。① 据此，作为中华传统文化的重要组成部分，蒙古族传统的生态思想将发挥一定的作用，并将对草原生态环境保护法具体规范产生一定的影响，在促进生态环境法典化方面带来自身的贡献。

可以说，法律生态化理论是建立在现代法律体系之上，在既有法律成果的基础上实现生态化的改革，因此这一生态化过程不仅不能失去现有法律基础，还应在改革中使法律价值、法律功能、法律运行等各个方面朝着一个良性的、彰显现代性的生态方向发展。在中国现有的包括民法、刑法、行政法、经济法、环境法等相对完善的法律体系上，结合法律本土化方法，构建法律生态化理论，从而形成既有科学性又有普适度的法律生态化过程。因此，法律生态化是人类社会遭遇生态危机后的反省，是生态文明趋势下的必然选择，也将成为人类化解生态危机的重要途径。

二　发展进路二：草原生态保护的实际需要

蒙古族生态习惯法是蒙古族生态文化的重要载体，在蒙古族生态习惯法中折射出蒙古族草原生态文化的良好观念，具体可以概括为三个关系的处理：第一是人与自然的关系；第二是人和萨满教的关系；第三是人和理性观念的关系。其中人与自然的关系是最基本的。这些观念都基于游牧民族的生产生活凝聚而成，是沉淀的智慧，决定了蒙古民族历史文化的独特性和思想观念的深刻性。

第一，人与自然的关系。人与自然的关系是人类自身生存和发展的重要问题。中国历史上许多哲学家都对"天人合一"的思想十分推崇。在蒙古族的传统生态观念中也始终具有这一理念，或者说这样的精神始终贯穿蒙古族草原生态文化观。古代蒙古人认为天地万物与人都是自然

---

① 吕忠梅. 统筹推进绿色低碳高质量发展——全国政协十三届常委会第二十二次会议大会发言［N］. 人民日报. 2022-6-30.

的组成部分，人与天地万物应该在这样的自然环境中和谐共存，所谓"世界是由混沌的气团构成的，其清轻气上升飘浮形成腾格里（天），其浓重气下降沉淀形成嘎扎剌（地）"。① 人在天地之间，受天地恩泽而繁衍生息，由于大自然的两面性，既有恩惠也有肆虐，因而对生长在严酷自然条件下的蒙古人来说，生存始终艰辛。但既然天地万物都有其存在的合理性，都是相互依存和谐共生，那么人也就应该顺应天地规律而达到生态圈内的协调发展。因此，蒙古人在长期对生态平衡的认识和实践中形成了草原生态伦理观，把自我的生命融入天地万物，形成和谐完整的生命共存体。其中，"万物与人都有各自的伦理、德性，把人的伦理、德性转移到整个生命世界，构成了独具特色的生态伦理观，表现出其传统文化中的泛伦理主义倾向"。② 而这正是蒙古草原生态平衡的根源。

第二，人与萨满教的关系。蒙古族早期的宗教信仰是萨满教（前文对萨满教已经有过介绍），其所提倡的爱护自然、敬畏自然的理念曾通过宗教本身的强大压力镌刻到广大蒙古人心中，为蒙古族生态习惯法的形成奠定了重要宗教基础。而其中，萨满教提倡的万物有灵、敬畏生命的观念，时至今日仍具有科学价值，可以成为当下我们应对人与自然关系的良好准则，如果每一个人都能够像蒙古族先民那样发自内心地爱护自然，崇敬自然，那么很多生态危机其实是可以得到缓解的，而现代人恐怕恰恰缺乏的就是这种对自然的敬畏之心。

第三，人与理性③的关系。在自然面前，人必须要有积极主动迎接

---

① 格·孟和. 论蒙古族草原生态文化观 [J]. 内蒙古社会科学，1996（3）：41.
② 格·孟和. 论蒙古族草原生态文化观 [J]. 内蒙古社会科学，1996（3）：41.
③ "理性"是西方哲学的基础概念，从古希腊传统理性开始，西方哲学家们一直处于对理性的各种理解中去实现对人类自身和社会的分析，正如奥古斯丁所形容，"理性正如幸福的理念在我们感到幸福之前已经印在我们心中，同样在我们变得智慧以前，我们心中已有智慧的理念"。（唐逸. 理性与信仰：西方中世纪哲学思想 [M]. 桂林：广西师范大学出版社，2005：17.）在康德看来有"理性者必须在思考中具备：自己思考、站在每个别人的地位上思考、永远和自己一致的思考。"（康德. 实用人类学 [M]. 邓晓芒，译. 上海：上海世纪出版集团，2005：8.）韦伯对于理性的理解是将"理性看作是一种计划性的安排"。（韦伯. 中国的宗教；宗教与世界 [M]. 康乐，简惠美，译. 广西师范大学出版社，2004：493.）可以说，对于理性的理解有多重含义，从社会学角度来理解是指能够识别、判断、评估实际理由以及使人的行为符合特定目的等方面的智能。

和挑战自然的聪明才智，方可游刃有余地生活。特别在游牧生产中，人与自然的相处关系十分重要，自然灾害是经常性且难以避免的，严重的旱灾、雪灾可以吞噬数以万计的牲畜，导致牧民家庭破产、生活无依，甚至会颠覆游牧文明。面对自然界的残酷，蒙古人通过自身的理性思考，寻找克服灾荒的良好途径，反复改良物种，培育适应草原环境和游牧经济需要的牲畜，面对一切灾害，不怨天尤人，而是努力寻求自身发展。因此，蒙古族生态理念中除了善待自然，敬畏生命，还有不断改善环境、抗击灾害的信念，而这些理念对于克服"人类中心主义"的弊端都是很好的指引，正是蒙古人理性而又克制的生活态度，才形成了草原上良好的生态环境。

我们一度比较重视"人类中心主义"，其实质特征就是以人为核心的社会关系，以人的眼光俯视自然，割裂了人与自然之间原有的协调性，把自然彻底变成人的附属品，在法律上直接确定人的环境主体地位以及对国家资源所拥有的权利。其结果是，人不必考虑自然环境，只将经济利益作为人关心的唯一因素，市场将周围的环境因素纳入生产对象，所有非人类的存在都受到市场支配，成为利益的牺牲品。因此，"人类中心主义"观念之下只有通过国家宏观调控来克服和减少市场经济的副作用，争取将生态问题保持在可控范围。显然，这对根本性地解决生态环境问题十分不利。我们只有首先放低姿态，承认自己与自然的平等关系，才能真正意义上解决问题，而这些正是蒙古族先民所具有的良好生态观念，因此，找寻蒙古族习惯法所蕴含的生态观念可成为未来解决蒙古族聚居区生态危机的合理进路。

三　发展进路三：可持续发展的效用

由于草原生态保护立法机制是一个综合性质的法律体系，其生态化问题需要从宪法、民法、草原法等层面来实现。而生态化中最为基础的是如何确立生态化的原则并将其体现在具体的法律条文中。法律原则是法律的核心价值体现，具有统领整个法律的指引性力量，而蒙古族生态习惯法中体现的生态文化和生态观念，正是针对草原生态保护的重要理念基础，我们应当合理借鉴，并首先从立法原则上确立其地位，从而为草原生态保护立法机制奠定生态化指引，也为绿色低碳发展带来启示。

（一）蒙古族生态理念与可持续发展原则的确立

"目前可以供人类自己使用的主要资产只有人类智慧和全球环境这两项了，但是它们或者未能被人类加以充分利用，或者遭到人类的浪费和破坏，或者被人类长期遗忘——这种情况如果任其发展下去，人类面临的则是黑暗的深渊，并将日趋灭亡。只有合理地利用资源，改善全球环境，人类才能走出危机，从而有力地把握自己的未来"。[①] 可以说，人类只有正视自身的问题，找到症结所在才能寻求发展，而可持续发展正是人类在这一情境下的最好选择。1992 年，联合国环境与发展大会上对这一理念的认可，真正拉开了人们对于可持续发展的研究。按照我国学者的理解，可持续发展是"不断提高人群生活质量和环境承载力的、满足当代人需求又不损害子孙后代满足其需求能力的、满足一个地区或者一个国家的人群需求又不损害别的地区或别的国家的人群满足其需求能力的发展"。[②] 这一发展对法律也提出了更高的要求。例如，可持续发展强调以在环境的承载力范围内发展经济为出发点，在经济发展的同时，就必须做到对自然资源的合理利用，防止环境污染和破坏，保证在经济发展的同时自然资源也能永续发展，使生态系统达到良性循环，实现经济效益、社会效益和生态效益的综合持续发展。同时，可持续发展还要求做到人与自然的和谐相处，既要保证人类能够过上更加优质的生活，同时也不能以耗竭资源、破坏环境为代价。要用法律的形式保证当代人在发展的同时也要为后代人的实际权利考虑。而可持续发展的要求落实到蒙古族聚居区内，其内涵就会有所细化。

蒙古族聚居区是以草原为主的自然生态循环系统，在这样的系统内，人们世代以游牧作为主要生产方式，在过去的游牧经济时代，人们更多地需要依靠自然力量才能达到自身发展，因此十分重视对自然环境的保护，然而随着社会生产水平的提高，经济增长方式发生的变化，人们对草原资源的需求已非过去能比，人们希望通过对草原上多种资源的利用和开发以达到经济利益的满足，生活水平的提高。然而，由此引发的草原资源持续减少，生态环境持续恶化的情形却越来越严重。例如，改革

---

① 陈泉生，张梓太. 宪法与行政法的生态化 [M]. 北京：法律出版社，2001：132.

② 叶文虎，栾胜基. 论可持续发展的衡量与指标体系 [J]. 世界环境，1996（1）：7-10.

开放以来，内蒙古牧区实行了"草场公有、承包经营"的责任制。先实现牲畜的产权私有，随后承包草场，实现草牧场有偿承包使用制度和落实草牧场使用权、所有权的"双权一制"。程序上一般先划出苏木（乡）和嘎查（村）的地界区域，然后由政府拟出合同，由嘎查与牧户或联户签订合同。但是，除了一部分已经承包到户的草原之外，依然有近一半的草原是没有承包到户的，在管理、使用及保护方面尚未达到责权的统一。承包人相互之间"混放混用"是非常普遍的。当牲畜能够按照市场价格自由出售时，这大大激发了牧户的积极性，牧户为了提高生活水平，大量增加自有牲畜的数量，超载现象就十分普遍了。这里借由比较著名的"公地的悲剧"① 理论来说明这种草原生态的问题。经济学家加勒特·哈丁曾论述过：当牲畜和牧场归同一人所有时，牧场就能得到有效的保护；当牲畜归一个人所有，牧场归另一个人所有或公有时，放牧者就会以牺牲长期资源保护为代价来榨取短期的收益。牧民追求利益最大化是可以理解的，他要考虑每增加一头牲畜给他带来的效益，如果在自己的承包地域放牧更多的牲畜，其成本是不合理的，但是如果在公用草地上放牧更多的牲畜，仅仅就是增加几头牲畜，而草场被过度利用或被吃光的损失则不需要自己承担，那么"牲畜私有、草场公有"在某种程度上就是以牺牲草原的生态为代价换得利益，极易造成草场严重的退化、沙化。共有草原上会产生"公地的悲剧"，在自己承包的草场内也有可能会存在类似的问题。随着人口的增长，草原面积越来越少，按照国家法律规定承包的草场就容易出现竭泽而渔的情况。草场使用权由家庭承包后，在一些地区，特别是人均草场面积小的地区，无法满足基本的放牧规模，也无法进行轮牧，使得草场的利用强度加剧。而定居的牧民围绕生活居住点，存在生活污水、垃圾乱排乱放等问题，同时对定居点周围的草原长期践踏，进一步破坏了原本脆弱的草原环境。不可排除的问题还有，因为草场分配存在的界限不清，牧民之间会发生侵占、掠夺草场，争夺草场使用权的纠纷。可以说，蒙古族聚居区关于草原资源利用方面的矛盾纠纷并不少见，可见与我们所希望的可持续发展还是存在一定距离。我国相关法律规定还是缺乏生态化的基本

---

① 　盖志毅. 制度视域下的草原生态环境保护 [M]. 沈阳：辽宁民族出版社，2008：26.

要求，也没有形成可持续发展的长远考量，因而让法律从条文中率先开始生态化改革。

蒙古族生态文化非常重视人与自然的和谐共生，循环发展，与可持续发展理念可谓殊途同归。通过对蒙古族生态理念的介绍我们发现，传统蒙古族生态观念就是要求在经济发展的同时，实现对自然资源的合理利用，防止生态环境被破坏，形成游牧经济发展的同时自然资源可持续循环发展，使草原生态系统实现良性循环。同时，蒙古族生态观念还要求人与自然和谐相处，不以耗竭资源为代价。因此，蒙古族生态理念是可持续发展的最佳代言，如果针对草原生态立法进行进一步完善，完全可以借鉴蒙古族生态理念。

（二）"双碳"目标背景下草原生态保护立法机制的完善

双碳，即碳达峰与碳中和的简称。2020 年，我国提出"力争于 2030 年前达到峰值，努力争取 2060 年前实现碳中和"的目标。从法治层面探索推动"双碳"实现，是我国在法治轨道上推进国家治理体系和治理能力现代化的重要表现。目前，我国已经出台了《大气污染防治法》《可再生能源法》《循环经济法》《森林法》等有关环境资源保护和利用的法律法规，但是在碳中和领域的专门立法比较缺乏，主要依靠大量的政策性文件和部门规章来推动，在整体的实施效果方面还是缺少一定的力度，下一步应考虑从法律概念的统一、高位阶法律的出台、法律监管体系的完善等方面着力。"双碳"目标提出的背景是后工业时代的环境与发展的矛盾关系，对于蒙古族聚居区的草原生态环境而言，实现这一目标也是从法治角度完善草原生态立法机制的一个契机。"双碳"问题导向是应对气候变化问题、解决环境资源约束问题，内在含义是构建绿色低碳循环的经济发展模式，本质意义是实现人与自然和谐共生。① 而蒙古族生态习惯法从来都没有离开人与自然和谐共生的生态理念，这也成为进一步实现法律生态化的重要原则基础。具体如下。

1. 应在我国《宪法》中明确"可持续发展"原则

这一概念最早出现于 1980 年国际自然保护同盟的《世界自然资源保

---

① 张忠民，王雅琪，冀鹏飞．"双碳"目标的法治回应论纲——以环境司法为中心［J］．中国人口资源与环境，2022（4）．

护大纲》："必须研究自然的、社会的、生态的、经济的以及利用自然资源过程中的基本关系,以确保全球的可持续发展。"① 世界环境与发展委员会定义为:"能满足当代人的需要,又不对后代人满足其需要的能力构成危害的发展"。1992 年以来,我国政府陆续提出可持续发展战略,认为中国如果想要加速发展经济并减少环境问题,就需要走可持续发展道路,而"加强可持续发展立法是可持续发展国家战略定型化、制度化的基础,而其立法的实施则是把可持续发展国家战略付诸实现的保障。"② 可持续发展的原则和我国要达到"双碳"目标有异曲同工的路径,我们既要发展经济又要保护好人类赖以生存的大气、淡水、海洋、土地和森林等自然资源和环境,使子孙后代能够永续发展。在这个基础上稳妥有序地推进能源绿色低碳转型,巩固提升生态系统碳汇能力,坚持山水林田湖草沙一体化保护和修复,积极参与全球气候治理,这些策略的实施也是可持续发展的重要途径。因此,可尝试再次提出在根本大法《宪法》中确立"可持续发展"原则,从最高法律效力的角度为"双碳"立法奠定原则,为下位法律发展提供指导。

2. 将蒙古族生态理念的相关原则写进《草原法》

前文对草原生态保护立法机制进行介绍,其中《草原法》所体现出来的对草原各项事务的调整、管理和监督作用显而易见,如果对《草原法》进行生态化,就可以进一步实现对草原生态的保护,减少沙化面积。在法律条文的进一步修改中,强化国土空间规划和用途管控,明确严守草原生态保护红线,持续开展自然保护地监督,加大对草原生态破坏问题的监督和查处力度,稳定现有森林、草原、湿地、海洋、土壤、冻土、岩溶等的固碳作用。尝试将蒙古族生态理念的相关原则写进《草原法》,以绿色低碳的标准对牧民生态环境行为进行规制,强化实施生态保护修复重大工程的意义,并从统筹推进山水林田湖草沙一体化保护和系统治理模式视角作进一步细化,为达到为碳中和作出贡献。

具体可以考虑:首先,在国家《草原法》或者内蒙古自治区的相应法规中加入"当遇到实际草原生态保护问题时尊重当地习惯",或者可

① https://baike.baidu.com/item.2022-9-20.
② 王曦,柯坚.跨世纪的法学视野:中国与澳大利亚可持续发展法研讨会述评 [J].法学评论,1998 (4).

以直接适用当地生态保护习惯的法律条文，例如，"如果没有相应规定，可参考习惯"这样的"准许性条款"，以确立生态习惯法在国家草原生态保护立法机制中的作用。当然，仅仅完善国家草原生态方面的法律也是不够的，可以考虑在国家重要的实体部门法或者未来的《环境法典》中加强规定，提高生态习惯的法源地位，在司法实践中确立生态习惯的证明责任的合理分配问题，让主张生态习惯的一方当事人承担证明自己所提出的习惯具有实效，当不能举出确切证据证明自己所提出的习惯是实际具有效果的，就不能认定这一生态习惯的存在。这样就可以进一步发挥习惯法在司法实践中的作用。

其次，《草原法》中对未确定使用权的国家所有的草原、集体所有但没有承包到户的草原的管理和维护规定不明确，在这些区域内发生的矛盾纠纷也比较多，没有明确规定主体极可能使该地区成为"无主之地"，因此，为了加大保护力度，在法律中需要再次明确所有权，其中也可依据当地习惯设置主体权限，同时对于草原管护义务、所有权主体的义务方面也需要进一步加强规定，如所有权主体不能履行良好的管护义务，姑息他人随意开采，也应该承担相应的连带责任。这一点按照习惯来看，牧民对所处生态环境内的资源一般都能主动实行管护，因为如果每个人都能够这样做，草原就能达到循环发展，以后无论哪个人放牧到此都能得到他们所需，不会因为草原不是自己的，就完全不管不顾，相反，现代所有权的分配使得每个人都有自己所有的草场，也就变成了"我只管我自己的，其他人的我不管"的现状。传统生态习惯法是建立在人的理性基础上，对于秩序形成也存在博弈过程，参与人势必都会遵循模式路径，而国家法却是在立法机关理性建构中形成的，事实上很多的规定未必都能够切实实现，这也是需要借鉴习惯法的一个重要原因。

最后，考虑借鉴蒙古族生态习惯法的合理内容融入国家基于"双碳"目标所制定的法律法规中。笔者曾经担心蒙古族生态习惯法因其时代特征被形容为"落后的游牧文明"，被质疑在当下时代的存在价值。毕竟"现代民族国家形成后，在客观上要求做到规则的统一和国家强制力的垄断。国家希望能通过统一的国家法律有意识的塑造普通民众的生活，将每个人的行为都纳入预定的轨道。用一套代表普遍国家意识的理想化标准去应对基层社会充满地方性的日常生活"。① 但是，就笔者对牧民所做的调查发现，牧民认为从保护生态的角度出发，国家法和习惯法均是为了更好地实现生态可持续发展，并未出现价值观的冲突，特别是目前蒙古族生态习惯法也在随着社会发展发生变迁。牧民很清楚国家关于草原生态的法律法规的重要性，但也不觉得传统生态保护习惯已经失去意义。生态保护的很多措施，尤其是一些大型工程，如退耕还林、退耕还牧、水资源保护、控制工业污染、生态补偿都不是某个人、某个集体组织能够完成的，因此国家法律在这里体现出重要作用，而习惯法就会有所让步。但是，每一个个体行为，或者嘎查、苏木中有一些集体行为都体现出传统蒙古族生态保护习惯法的重要性。蒙古族牧民从小深受爱护自然的观念影响，在内心中不一定能够具体列举这种保护行为，但却能实在地去维持。而且对于破坏草场、工业污染、牧民利益等问题，他们认为国家法律还是没能完全实现保障，如果按照传统习惯法去引导，未必不会产生相应的效果。在国家法律法规普及的现代社会，牧民心中依然保有对传统的遵守，习惯法的存在不言而喻，它是真实的，发自民间并世代相传的，基于一定的威慑力，让牧民自我约束。这点不仅不和国家法冲突，而且恰恰表明在保护草原生态方面，国家法与习惯法是殊途同归的。或者说，当国家在制定针对草原地区的法律时，必定也会调查当地生态保护存在的问题，寻求一种生态保护的良好途径，然后去制定适宜该地区的法律规定，所以单就这一点，蒙古族生态习惯法具有融入未来"双碳"立法的可能性。例如，笔者前文曾经多次提到，游牧经济是蒙古族聚居区草原最为良好的经济方式，只有在循环迁徙的轮牧状态下，草原生态才能得到恢复发展，因此，绝对不能放弃这项草原生活中价值最高的生态习惯。但是随着各种外在因素的影响，大规模的轮牧已经难以实现，唯有找到更好的替代方式才能焕发游牧经济的生机。现在的蒙古族聚居区已经尝试牧户联合，将各家草场进行统一调配，形成游牧的基础条件，实现大规模牲畜移动迁徙，在一定程度上缓解了草场压力，恢复了草原植被，因此很受牧民推崇。而且随着科学技术的进步，在草原上加大卫星遥感技术也可以实现对草原生态的宏观把握。依靠科

---

① 田成有. 乡土社会中的民间法 ［M］. 北京：法律出版社，2005：164.

技手段加强草畜平衡，强化合理的禁牧、轮牧，解决草原生态保护现实中最难的草畜平衡问题，综合各种资源真正实现游牧经济时代的生态保护效果。所以，应该细致合理地将蒙古族生态习惯法的最核心要素——轮牧制写进法律条文中，从更加适宜草原植被恢复，努力形成山水林田湖草沙一体化保护系统角度去完善。

第五章　蒙古族生态习惯法的多元价值

价值是一个抽象的概念，也是法律科学所不能回避的问题，"即使是最粗糙的、最草率的或最反复无常的关系调整或行为安排，在其背后总有对各种互相冲突和互相重叠的利益进行评价的某种准则。"① 所以，我们应该正视法律价值问题。马克思曾经说，"价值这个普遍概念是从人们对待满足他们需要的外界物的关系中产生的"。② 学者们在理解法的价值时，所指向的含义具有一些共同性，主要围绕价值的概念；主体和客体的关系，亦即人和法律的关系；法律对人的意义作用或者效用；等等。例如，卓泽渊先生指出，"法的价值指法对于人的一切意义。包括目的性价值：自由、平等、公平、正义等；工具性价值：效益、民主、法治等。"③ 同时他还认为，法的价值的内容范围还是以适度限制为好，严格意义上的价值应该是指法的功能与作用之上的，作为功能与作用之目的的至上目标与精神存在。只有法基于自身的客观实际而对人所具有的精神意义或人关于法所设定的绝对超越指向，才是最严格的法的价值。因此，本书将法的价值分析引入，旨在阐述蒙古族生态习惯法对于主体所具有的精神意义或者目的效用。

第一节　多元纠纷解决价值

实地调研为我们找寻社会生活中的蒙古族生态习惯法奠定了重要的实践基础，在此之上，我们看到社会生活中的蒙古族生态习惯法面临诸多现实困难，如国家法规范的介入，蒙古族生态习惯法凝聚氛围的消失等。但与此同时，我们也看到了蒙古族生态习惯法在社会生活中发挥作

---

① 罗斯科·庞德. 通过法律的社会控制 [M]. 沈宗灵，译. 北京：商务印书馆，2010：62.

② 马克思恩格斯全集（19 卷）[M]. 北京：人民出版社，1963：406.

③ 参见卓泽渊. 法的价值论 [M]. 北京：法律出版社，2006：49.

用的契机，那就是依托民间社会规范的生命力再塑蒙古族生态习惯法的形体，在国家多元纠纷解决机制中表现出真正意义的动态表达。

一　纠纷解决机制释义

在多元视角中，物质世界是互相关联的，不同的事物常常以多种方式呈现，并发挥各自的作用，对于每一种事物的存在，我们都应当正视其作用和价值，毕竟"存在"即是这一事物的合理性归依。在我们对秩序的追求中，各种规范是纷繁复杂但又密切联系的联合体，社会的复杂性决定单一规范不足以承担秩序建构的重任，多元的社会应当存在多元的规范调整体系。法律多元正是这样的现实存在，一元的规范（主要指制定法规范）不能完全解决多元社会所有的问题，因而，在法社会学和法人类学那里，法律多元就成为解决社会问题的最好选择。在蒙古族生态习惯法的动态研究中，如果依托法律多元，首先就要站在多元立场上将民间存在的习惯法纳入"准法"或者"活法"的序列中，并通过"发生学意义的习惯法溯源"找到习惯法的合法性和正当性（这点在本书的第二部分已介绍），并最终将这样的习惯规范适用于社会实践。

与秩序相反的概念是纠纷，在人类对秩序的渴望中总是衬托出矛盾纠纷的狰狞面貌，只有将纠纷化解掉，才能达到秩序的和谐。"和谐必以冲突、多样性、差异和混乱开始。冲突是人类社会的一个正常部分，因为人们有着不同的利益、抱负和理想。差异性和多样性使生活有趣，但如果它们过于极端，它将使人们难以通过共同劳动来实现共同目标。"[①] 随着冲突矛盾的多样化，现代社会的纠纷解决途径也呈现多元化。在我国，"民间社会规范的问题建立在一种与国家权力不同的共同体或公共社会的视角上，关注的是生活在特定社会基盘上的人。这些人是以特定方式（如血缘、信仰、地域联系等）生死相依的，并内在地产生一种合作的意愿和要求……政治经济的要求越来越多地通过法律话语出现在社会调整中，但文化和传统仍然固守着道德和信仰的领地，并成为与国家法

---

① COBB C., Creating a harmonious economy, the place of harmony in ecological civilization [C]. Sixth international forum on ecological civilization conference papers, 2012：28.

律相辅相成的社会调整机制。"①按照苏力教授所言，"虽然我们的法律在许多方面已经是西方化了，但许多中国人并不习惯这种法律，因此在许多地方出现了法律规避和违法现象。"② 这样的法律规避大多是民间社会中多元纠纷解决机制调控的结果，当现代社会的人们对法律作用和局限性有更加清楚的理解后，理性选择规避法律未尝不是一种可能。因此，"当事人需要解决纠纷的时候，他们不仅会诉诸国家的诉讼程序，如法庭的审判，还会选择仲裁、简易程序、调解等替代性纠纷解决方法。"③ 大致来说，纠纷解决的方式多种多样，人类学家大多将纠纷解决机制分为审判、仲裁、调解、交涉、强制、回避、忍受等各种具体的社会行为。日本学者棚濑孝雄就将纠纷过程理解为交叉的两条基轴：一是合意性——决定性，其中合意性的有和解、调解等；决定性的有审判、行政裁决等。二是状况性——规范性，前者类似国家间纠纷解决；后者是审判。上述两个基轴会流动，彼此之间存在混合的因素，都会随着当事人的状况不同发生彼此交换与重构。④ 那么，在多元的纠纷解决机制里面，根本上需要包括三个基本要素：①作为第三方的机构或组织。对于一个纠纷的解决，无论是国家法意义的一元解决还是其他纠纷方式介入的多元方式，都需要存在一个机构或者组织，如国家机关、社会组织、共同体等。②需要程序和手段。无论何种纠纷解决都需要有一定的方式和程序，裁决和协商是比较基础的，而两者之间也不是完全分开的。③规则。纠纷解决中必须要有让双方都能接受的解决规则，这样的规则可以是法律、习惯或其他社会规范。⑤ 事实上，社会生活中的多种纠纷常常是以上述因素的结合方式出现，而其间，习惯法的规范力量可以出现在多种层面。裁决是比较硬朗的，多以确定性的法律法规为主要调整规则；而在民间

---

① 范愉. 纠纷解决中的民间社会规范 [J]. 民间法（第六卷），谢晖，陈金钊，主编. 济南：山东人民出版社，2007：11.

② 苏力. 法治及其本土资源 [M]. 北京：中国政法大学出版社，1996：71.

③ SHAVELL S. Alternative dispute solution：an economic analysis，journal of legal studies，vol. 24，1995：17.

④ 棚濑孝雄. 纠纷的解决与审判制度 [M]. 王亚新，译. 北京：中国政法大学出版社，2004：7–14.

⑤ 参见范愉. 纠纷解决中的民间社会规范 [J]. 民间法（第六卷），谢晖，陈金钊，主编. 济南：山东人民出版社，2007：43.

调解中，机构或组织可以自由选择合适的规范，习惯就成为主要来源，这还不包括国家诉讼程序中可能适用的调解机会，因此，从习惯规范参与纠纷解决机制的程度来看，其比率并不低。社会是多元的，人的需求也是多元的，这为纠纷解决的多元形成了发展空间。在蒙古族聚居区，同样存在多元纠纷解决机制的必要性，蒙古族生态习惯法则可以依托这一机制发挥规范作用。

二　蒙古族聚居区多元纠纷解决的现实需求

蒙古族聚居区草原生态恶化因素是矛盾纠纷的基础原因。其中有一定的自然原因，例如，太阳黑子活动以及大气环流等因素可能增加地球自然灾害的发生频率；内蒙古自治区地处典型的生态环境脆弱地带，温带大陆性季风气候致使降水量偏低，春旱严重，大风频繁，夏季降水集中，极易形成洪涝灾害，冬季气温低下，雪灾经常发生。但更重要的是人类对草原的加速开发，如超载放牧，过度开垦草地，无度的狩猎、采药、开矿等行为造成水土流失，致使气候更为干燥，使生态系统中食物链关系发生改变，凡此种种人类行为进一步加速了草原生态系统的退化。蒙古族聚居区的草原从来都不是一个单纯的生态系统，它是融合自然、经济和社会等系统的复合体系。作为社会经济系统中的重要组成部分，人类的各种行为直接影响了草原自然生态系统，成为影响草原生态系统退化的主要因素。笔者在前文中已经对我国草原生态保护立法机制进行了梳理。在国家制定法体系中，上有《宪法》作为国家根本大法有着不可动摇的地位，为草原生态保护确立重要法律地位。虽然国家《宪法》中对于生态保护的提法和力度都有待完善和加强，但是它已经将草原作为国家重要的自然资源予以保护。之下有草原立法中最重要的《草原法》，这是国家在草原生态领域最为直接和明确的立法规定，也是地方各草原生态保护法规诞生的基础。其中，规定了很多适应目前草原实际情况的保护方式。例如，特别强调减少征用占用，防止超牧，实行禁牧、轮牧，禁止开垦草原等一系列规范，并严格规定若有违反应当承担法律责任。国家《草原法》在实践中是指导草原工作的基本原则，也是应对草原生态问题的法律依据，其地位和重要性不言而喻。而在内蒙古自治区，根据本地区的实际，也有许多的配套法规存在，例如《内蒙古自治区基本草原保护条例》《内蒙古自治区草原管理条例》《内蒙古自治区草畜平衡和禁牧休牧条例》等，这些法规在基层地方有十分重要的引导力量。在地方政府施政时，国家法律为其提供科学严谨的指导方针，使地方政府真正"依法行政"，维护广大草原牧区各项事务的法治化，切实保护牧民权利。因此，国家生态保护法律从体系到措施均为合理保护草原资源，促进可持续利用草原提供保障。然而，我们也不能回避国家法在蒙古族聚居区调控不足的局面。在完备的法律体系背后，潜藏着很多隐蔽性问题，使这一地区矛盾纠纷形式呈现多元化的态势。

（一）草原权属不清导致纠纷

新中国成立以来，针对草原进行的立法没有间断过，但均存在一定漏洞。例如，1954 年的《中华人民共和国宪法》中规定，"矿藏、水流、由法律规定为国有的森林、荒地和其他资源，都属于全民所有"。这里并没有将"草原"单独作为自然资源进行立法。1958 年到 1960 年间，由于将草原列为荒地，没有对草原的所有权和使用权进行相关立法，因而使得人们错误地对待草原资源，大量开荒引发草原生态危机。1963 年，中央批转的《关于少数民族牧业区工作和牧业区人民公社若干政策的规定（草案）的报告》规定，"生产队范围内的草原，依据各牧业区的不同情况和历史习惯，划归生产队固定使用""草原长期固定给人民公社、合作社、国营牧场和公私合营牧场使用。"[①] 确定草原由相关组织集体所有和使用。而 1966 年"文化大革命"开始后，草原所有制监管陷入无政府状态。直到 1982 年《中华人民共和国宪法》规定："矿藏、水流、森林、草原、荒地、滩涂等自然资源，都属于国家所有，即全民所有；由法律规定属于集体所有的森林和山岭、草原、荒地、滩涂除外。"至此，草原首次被单独列为一种自然资源，并规定了两种所有制，即全民所有和集体所有。1985 年《中华人民共和国草原法》规定："草原属于国家所有，即全民所有，由法律规定属于集体所有的草原除外。全民所有的草原，可以固定给集体长期使用。全民所有的草原、集体所有的草原和集体长期固定使用的全民所有的草原，可以由集体或者个人承包从事畜牧业生产。"《民法通则》也规定："公民、集体依法对集体所有的或者

① 盖志毅. 制度视域下的草原生态环境保护 [M]. 沈阳：辽宁民族出版社，2008：75.

国家所有由集体使用的森林、山岭、草原、荒地、滩涂、水面的承包经营权，受法律保护。"可以说，从 20 世纪 80 年代开始，我国的草原管理进入草原承包经营责任制时期。1984 年，内蒙古自治区在全国率先实行了"草场公有，承包经营，牲畜做价，户有户养"的"草畜双承包"责任制。1996 年，实现草牧场使用权彻底承包到户。随着市场经济的发展，2002 年，对《草原法》进行了修订，特别规定了草原权属问题。2003 年 3 月起施行的《农村土地承包法》第一次专门调整土地承包关系，并规定承包方可以将土地承包经营权转包、出租、互换，也可以转让，至此草原承包经营权的市场化流转问题第一次得到了法律的确认。可以说，我国的草原权属立法经历了一个从无到有，顺应国家经济发展的道路。然而，即便如此，就目前我国的草原权属的立法依然存在一些适用问题，从而影响牧民生活水平的提高，更加导致草原生态保护的一系列矛盾纠纷。当草原权属问题不能明晰的时候，必然存在滥用权利以及漠视公共草场生态的情况，也极易发生纠纷。有许多学者在分析自然因素、人为因素对草原生态环境的影响时，都能够将深层次的制度因素考虑在内。① 因为制度是用来规范人的行为的，高效率的制度可以很好地协调人与自然的关系，而低效率的制度却会破坏它。如果没有良好的草原所有权和使用权法律制度，就可能导致草场使用过度、草原沙化退化等问题。"草牧场承包到户的政策在一定时期和区域内极大地调动了牧民对草牧场建设、保护、投资、合理利用的自觉性和主动性。特别是对那些草场面积相对小，水源条件较好的牧区，牧户可以把自己承包范围内的草牧场围封起来，并划分为冬春草场、夏秋草场，及高产饲料用地。这样做，既可以合理利用（轮牧）天然的牧场，也可在冬春枯草季节补充人工饲草料，保证畜牧业的稳产、高产"。② 通过建立和完善草原家庭承包经营责任制，提高并调动了牧民保护和建设草原的积极性。但在顶层制度设计和细化处理规定方面，还有需要完善的地方。

以草原承包经营权矛盾为例。草原承包经营权受法律保护，可以按

---

①　乌峰. 内蒙古草原生态智慧论：内蒙古草原生态恢复与重建研究［M］. 沈阳：辽宁民族出版社，2009：152.

②　敖仁其. 草原产权制度变迁与创新［J］. 内蒙古社会科学（汉文版），2003，（4）：116-120.

照自愿有偿的原则依法转让。国家法律规定，承包经营权的流转可以采用转包、出租、互换及转让四种方式，其中又区分为改变承包使用合同主体的流转和不改变承包使用合同主体的流转。草原牧区草场承包使用权流转主要还是以不改变承包使用合同主体的形式存在，并且通过有偿转包和出租来实现。因此，就容易让人产生这种观念：既然我花钱承包了，那么就应当在尽可能的范围内大力地消耗租借来的草原，对于由此产生的生态问题则是不作任何考虑。这种急功近利式的开发，对草原生态造成极大的伤害。即使有些人意识到保护生态的重要性，能够作出一些补救行为，但绝大部分租赁者还是"掠夺式"使用，因此，基于承包权流转带来的法律问题成为导致生态破坏的重要原因。

（二）草原监管不力引发纠纷

一些地方政府招商引资，发展地区间的经济合作来带动本地经济增长，借助广大地域的优势，引进一些低技术、低附加值、高污染的行业。很多地区在没有有效勘察、调研的基础上进行项目建设，有些生态环境脆弱的地区还在开矿、建厂、修路，一些在建项目也没有采取有效补救措施，因此对草原生态环境造成严重破坏。油田建设、煤田开采、电厂建设及采金活动极易对周围草原植被造成破坏，导致草原生态系统结构功能衰退、生产力下降，甚至草原植被完全消失。因此，针对草原生态破坏行为进行大力监管是十分必要的。

草原破坏性的开垦问题可谓由来已久，历史上，草原曾经因为多种原因被大规模地开垦过，最早可以追溯到清朝。清朝是中国历史上人口增长较快的朝代，人口的过度增长致使人均耕地面积大量缩减，出现人口增长与粮食供应之间的矛盾。清初期，清王朝还会基于政治考虑，限制中原人到内蒙古地区垦殖，但是每逢遇到灾荒，那些没有土地，无法生存的饥饿农民就会大量涌入人口稀少的内蒙古地区，而蒙古王公也可以收押荒银和岁租。内蒙古地区垦殖问题就始终没有间断。① 雍正年间，清政府正式准许察哈尔蒙地招垦并陆续设置张家口、多伦诺尔、独石口三厅作为移民的管辖机关。就此，清代增加的大量人口在政府的鼓励下，往内蒙古地区实行"放垦"。自乾隆至光绪初年，鉴于内蒙古地区开垦

---

① 乌峰，包庆德. 蒙古族生态智慧论［M］. 沈阳：辽宁民族出版社，2009：161.

人数过多，曾一度限制开垦数量，蒙古贵族违例招纳的，要给予处分。但是，从光绪年间至清朝结束统治这段时间，基于《马关条约》与《辛丑条约》规定的巨额赔款导致国库空虚，又因保护内蒙古及东北领土需要筹集粮饷，清王朝正式宣布开放垦荒。①大量垦殖带来严重的生态问题。内蒙古地区由于气候、土壤、水利的原因，除了河套和土默特地区以外的草原深部基本上是不适宜搞农业开发的。清代以来对内蒙古地区的开垦处于无序状态，没有合理的计划，许多人毁林开荒，或者将草原开辟为农地致使农业与畜牧业发生矛盾冲突，甚至许多人在土地肥美时进行掠夺性地开发，当土地肥力耗尽，就弃之。总之，清代因为过度开发利用极大地加速了草原生态的演变进程。如今，我国《草原法》中已经明确规定"禁止开垦草原"。这样的规定对草原生态具有十分重要的意义，特别对于前文所描述的违背自然规律进行的大规模的开垦行为进行了有效遏制。以法律条文的方式实现对草原植被的彻底保护，恢复草原该有的实用价值。那些水土流失严重、有沙化趋势、需要改善生态环境的已垦草原，就必须有计划、有步骤地实施再造；那些已造成沙化、盐碱化、石漠化的地区，则特别重视按期进行整治，不能对其置之不理。近年来，类似的生态问题还有对野生动植物的破坏性猎采行为。我国北方草原出产甘草、麻黄、黄芩、苁蓉以及发菜、蘑菇等。这些野生珍奇植物，有的是名贵药材，有的是珍品野菜。在经济利益的驱使下，出现大量滥掘行为，致使草原面临沙化危险。而草原上出产的珍贵野生动物，如黄羊、狍子、狼等，也不可避免地面临被猎杀的危机。虽然很多野生动物都属于国家级保护动物，但是面对诱人的利益，很多人铤而走险，乱捕滥杀草原珍稀动物，进而影响草原生物种类，破坏生态。

笔者第一次在呼伦贝尔市进行调研期间向当地草原监理部门和当地法院申请相关案卷，其中获得当地草原监理部门的草原行政处罚决定书八份，经过分析发现，发生处罚的事由均为针对草原进行的一系列违法行为。举例如下。

1. 尹××在2010年8月11日驾驶机动车进入巴润别立镇巴音宝

① 参见乌峰，包庆德. 蒙古族生态智慧论［M］. 沈阳：辽宁民族出版社，2009：163.

格德嘎查草原并采集发菜，由于该行为违反禁止采集发菜规定，处罚如下：停止违法行为，没收非法所得，并处罚款 2000 元，没收搂发菜的工具和发菜并烧毁；

2. 陈××于 2008 年 5 月 20 日在察尔森镇察尔森嘎查自家牧点西侧非法开垦草原 6.3 亩，违反国家草原法等相关规定，没收违法所得，处罚款 3125 元；

3. 陈××于 2009 年在巴音塔拉镇苏吉尔嘎查草场上未办理任何手续进行探矿活动，处罚为立即停止探矿行为，并处 5000 元罚款；

4. 乌××于 2009 年 6 月禁牧期在巴彦浩特镇扎海乌苏嘎查禁牧草场上放牧 50 个绵羊单位，警告处罚并罚款 500 元；

5. 呼××于 2009 年 10 月 9 日在新巴尔虎右旗阿镇克鲁伦河北岸进行非法采砂，破坏植被，责令停止违法行为，处 100 元罚款，并恢复植被，种植多年生优质牧草。①

另外三项行为与以上行为相同，在此不作赘述。以上行政处罚书所针对事项为违法开采砂石、探矿、搂发菜、偷牧、非法开垦草原等行为，通过这些处罚书我们可以发现在呼伦贝尔草原多发侵害生态的违法行为，虽然当地草原监管部门也进行了处理，但就查处力度与违法行为数量的对比可知道，这一监管力度有待加强。

对中国裁判文书网上的数据进行分析可看到，自 2013 年至今，全国涉及草原生态类裁判文书共计 1412 份，其中内蒙古自治区 591 份。具体包括刑事案件 235 件，民事案件 249 件，行政案件 61 件，执行案件 46 件。其中比较典型的案件是以下的非法开垦集体草原案。

2013 年以来，高××在乌拉特前旗额尔登布拉格苏木西羊场嘎查来宝壕处陆续非法开垦集体草原地种植农作物，开垦耕翻深度超过 15 厘米，造成草原原生植被严重毁坏，自然恢复需 10 年以上，其行为构成非法占用农用地罪，2017 年被判处有期徒刑一年零六个月，缓刑二年，并处罚金人民币 1 万元。

① 案件来源：呼伦贝尔市草原监督局行政处罚记录.

　　这一案件的出现，既说明以高××为代表的一类人法律意识淡薄，也说明许多人对草原没有相应的认识，特别是蒙古族牧民世代相传的生态保护习惯并没有被更多人看到，也没有形成更广泛的宣传，对开垦草原这一极为严重的破坏行为没有足够的认识。草原生态习惯法并不应仅仅用来约束处于共同体意义上的牧民，对那些外来人员的约束和监管也是现实问题，应考虑让破坏人员承担草场修复职责，以长期为目标，直到形成足够的认识并且对草原完成修复，这不失为一种塑造生态习惯的有效途径。

（三）牧民权益受侵犯导致纠纷

　　在蒙古族聚居区，比较常见的是因草原征占及污染等行为引发的牧民权益被侵犯案件，值得关注的是这样的纠纷如何真正得到解决，以及以什么样的方式得到解决，在多元纠纷解决机制之下如何进行选择。《中华人民共和国土地管理法》第2条规定，"国家为了公共利益的需要，可以依法对土地实行征收或者征用并给予补偿"，草原当然也列入其中。草原上广大的牧民对有利于草原建设、生活改善及生态保护的征收征用还是普遍赞同的，为了公共利益，牧民可以作出牺牲，但是在此过程中出现的一些问题却让牧民们十分困扰。例如，征收、征用草场前没有及时通知牧民，也没有很好地询问牧民的意愿，往往是苏木或者旗县的有关人员先来做工作，有的甚至仅仅履行通知义务之后就开始运作了。牧民有意见也只能找嘎查、苏木的领导反映，其实他们也不知道应该找谁才能更好地解决问题。而征占草原后也带来了许多破坏草原生态的副作用。目前，关于草原比较常见的征用用途是进行勘探、钻井、修筑地上地下工程、采土、采砂、采石、开采矿产资源等作业活动。《草原法》对此有相应的规定，要求施工尽量不要征占草场，如果确实需要征占草场也必须向草原主管部门提出申请，获批后方可施工。① 内蒙古自治区对此也有相关配套规定，如《内蒙古自治区基本草原保护条例》中也有规定，在基本草原上进行勘探、钻井、修筑地上地下工程、采土、采砂、

---

① 《中华人民共和国草原法》第38条规定："进行矿藏开采和工程建设，应当不占或者少占草原；确需征用或者使用草原的，必须经省级以上人民政府草原行政主管部门审核同意后，依照有关土地管理的法律、行政法规办理建设用地审批手续。"

采石、开采矿产资源等作业活动需要有审批程序。但是审批程序中却常常有非法侵占以及延伸的环境污染等问题，导致农牧民的合法权益被侵害。虽然，国家《草原法》中对禁止非法侵占草原有规定，但那些未经批准或者未按照规定的时间、区域和采挖方式在草原上进行采土、采砂、采石活动的人们对牧民权益时有侵犯。虽然法律规定对草原所有者或使用者造成损失的，应当依法赔偿，但实施效果却并不理想。在内蒙古自治区，不同地区往往根据国家法律的精神设立相应的补偿机制。《内蒙古自治区基本草原保护条例》中也规定，如果经过相关部门的批准，可以征收、征用基本草原，并支付草原补偿费、安置补助费和附着物补偿费等，但其中补偿费不能按时到位或者数额不能弥补损失的情况也存在。

常见的牧民权益被侵犯的情形还有如下列举。非法占用他人依法登记的草原，擅自在他人承包的草原上采土、采砂、采石；特殊的生产作业方式造成开矿的地方噪音、粉尘等污染非常严重。一些开发地区剩余垃圾遍布，触目惊心，牧民的生活深受影响。如果距离开矿的地方非常近，牧民晚上睡觉的时候甚至需要戴上口罩，因为空气中的小颗粒让人呼吸得不舒服。另外，很多人为了逃避检查，经常在晚上作业，导致牧民与开矿单位发生纠纷，现实状态令人堪忧。同时，在草原上肆意开车，导致草原被大面积破坏也是其中一种。国家法律法规对此有相关规定，如《草原法》第55条规定，"除抢险救灾和牧民搬迁的机动车辆外，禁止机动车辆离开道路在草原上行驶，破坏草原植被；因从事地质勘探、科学考察等活动确需离开道路在草原上行驶的，应当向县级人民政府草原行政主管部门提交行驶区域和行驶路线方案，经确认后执行。"为什么国家需要制定这样的条文，这其实是与草原植被的特点有关。草原的植被十分脆弱，当车轮不断碾压草原表面，就会形成沟壑，而长期在特定区域内碾压就会造成草原植被不可逆转的永久性破坏。因此，就像农业社会中老百姓的庄稼不能被随便践踏一样，胡乱开车的行为对草原也具有极大的危害性。如果有破坏草原植被的，就由县级人民政府草原行政主管部门制止这样的违法行为，限期恢复植被，如果损害已经形成，那么也可以并处草原被破坏前三年平均产值三倍以上九倍以下的罚款，即便这样规定也仍然不能完全禁止类似问题。例如：2022年8月13日，在内蒙古呼伦贝尔草原有游客驾驶私家车驶入牧民草场碾压，多名乘车人

员不但不听劝阻，反而辱骂牧民，甚至将牧民手机打翻在地。同月 15
日，内蒙古呼伦贝尔市陈巴尔虎旗警方依法对 3 名涉事人员处以行政罚
款处罚，对驾驶员进行批评教育。事后涉事人员发布视频，进行公开道
歉。① 牧民反映，当初放牧迁徙的小路如今很多都与马路一样宽，植被
破坏十分严重。为何对蒙古族牧民而言十分普遍的保护生态的行为却需
法律规定进行惩治，这不得不让笔者反思，究竟草原生态保护中的失效
状态应该如何解决。

三　多元纠纷解决机制中蒙古族生态习惯法的价值

（一）以蒙古族生态习惯法为媒介对牧民法律意识进行引导性培养

我们常说的法律意识，是指人们对于法律现象所持的观点和态度。
人们对于自身权利及义务的认识程度，对于法律制度的了解、掌握以及
运用的程度，对于自己行为合法性的判断力等。在蒙古族聚居区，传统
的蒙古族习惯法对地方民众具有强大的影响力。自古以来，蒙古族的传
统习惯法早已深深根植在牧民的精神生活和社会生活中，在世代相传的
过程中，不断地被反复运用而被大家认同。因此，蒙古族传统的习惯法
在地方可以凝聚和形成共同的情感以及对自然界万事万物的良好价值观。
而且，在蒙古族传统中有依循长者的观念，爱护自然、敬畏自然的习惯
法理念在一代又一代长辈的谆谆教导中逐步深入人心，当发生一些矛盾
时，蒙古人也愿意找备受尊敬的长辈去调节矛盾。

自我国改革开放以来，人们社会生活发生着翻天覆地的改变，过去
生活中的权威力量已悄然发生变化，民众法律意识也在逐步提高。在笔
者调研中发现，就民众法律意识来说，国家法已经占有一席之地。笔者
访谈的对象多为牧民，他们明确表示对于国家法是知道和了解的。虽然
我们对他们的"知道程度"无法进行测量，但是遇到问题，尤其是草原
生态的问题，牧民都会比较理性地去处理。"草场上遇到侵害自己利益的
人，法律能带给他们的惩罚更有效，因此还是法律比较厉害"的提法，
表明牧民们已经对"法律能够成为权利保护的有效手段"有了基本认

---

① 新京报，https://baijiahao.baidu.com/s？id = 1741272175654473563&wfr = spider&for =
pc2022-9-30.

知。而当地一些嘎查干部在谈话中也时常将"国家法律"这样的词挂在嘴边。他们会说"我们可是遵守国家法律的","对草原的保护国家都有要求的"或者说"这个有文件"。可以说,国家法律已经成为基层干部工作中表明自己权威的重要依据。这种不管有意无意的法律概念一出现即已表明法律的力量已经逐渐渗透到了普通民众心里。单就以上论述,我们还不能说牧民对法律有多么深刻的理解和信仰。例如,牧民会基于一种趋利避害的心理去选择自己认为合适的处理问题的方法,当遇到前文所提及的邻里之间关于草场破坏的一些问题时,可能就会选择自助方式,对于一些矛盾争议会通过第三方的中介去调停,对于严重的破坏情况,必须寻求司法途径救济时,牧民也会选择通过诉讼的程序去完成。因此,在牧民的意识中,他也会有所权衡地去选择对他有利的方式,但这并不能说明他的法律意识达到了我们所期望的高度。

因此,为进一步提升牧民的法律意识,运用柔性的宣传手段,借由当地人内心接受和确信的观念,更好地将法律意识逐步地引导到百姓生活中是非常可行的,也可以起到事半功倍的效果。例如,生态保护的法律在根本目的上与传统蒙古族生态习惯法的理念完全一致,但牧民更倾向于接受自己从小所能理解的思想,什么最贴近他们的生活,什么就最能获得认可。如果希望加大法律的实效性,就应该从蒙古族生态习惯法的角度,结合国家法治宣传的手段,共同提升牧民们的法律意识。当国家制定法所确认的知识与牧民原有的习惯相一致的时候,牧民的法律意识的提高则是潜移默化的。而现在更重要的是,对传统蒙古族生态习惯法的重视程度远远不够,如果能对习惯法进行系统地挖掘整理,借此提高牧民对生态保护的内心确信,一定能够更好且长远地提高当地牧民的法律意识。

(二) 使用蒙古族生态习惯法作为民间纠纷调解的规则

纠纷解决"既可以是双方当事人之间的行为(如协商谈判),也可以是当事人在中立第三方(纠纷解决主体)的参与主持下进行的活动(调解、裁决),既可以通过民间社会力量,也可能需要依靠国家权力及其职权行为实现"。① 作为典型的纠纷解决途径,法律手段是十分理想的

---

① 范愉,李浩.纠纷解决:理论、制度与技能 [M].北京:清华大学出版社.2010:14.

选择，然而前文中笔者也多次阐述这一理想手段遭遇到的"冷遇"，事实上，从解决纠纷的角度而言，法律的确有一定的局限性。庞德曾对法律的局限性做了五个总结："①对案件事实的确认从某种程度上限制了法律的适用；②法律不能对那些属于道德管辖的事务予以强行干预；③有些利益受破坏的方式比较独特，对于这些利益的救济法律也无能为力；④对人类行为的很多方面，很多重要的关系以及某些严重的不法行为不能适用规则或补救等法律手段；⑤法律的推动和实施需要求助于人，因而受人的限制。"① 这也可以简单理解为"清官难断家务事"。因此，当出现纠纷时，我们应该认可牧民的理性选择，他们往往会根据自身所处情势的差异，选择适当的纠纷解决方式，这种理性可以理解为对现实各种状况进行估计后的博弈心理。笔者在调研中了解到，一般的破坏草场的行为，如果破坏力度较小，且破坏方人数较少，牧民都会自力救济，邻居之间因为草场破坏而发生的矛盾一般会找中立的第三方去调解，不会诉诸法院。但是，如果破坏行为十分严重，非个人和第三方能够解决的话，牧民最终也会选择公权力。例如，如果发生企业开矿挖煤等非法侵占草场，排污造成严重后果等行为，就不能自力救济了。国家法律的威慑力和强制性高于习惯法，或者说，牧民也很清楚在某些情形下只有法律途径才能保护自己的权利。而且，牧民之间的小纠纷在调解过程中，也会搬出法律的威慑力来达到调解目的。近年来，马背法庭成为内蒙古草原上一道非常靓丽的风景线。一面旗子，一个国徽，骑着马奔驰在草原上，为了让法治更加深入牧民心中，基层法官采取这样的"枫桥式"法庭的次数非常多，这也为习惯法的适用留下空间，让多元纠纷解决机制发挥着更实际的作用。其实，从司法资源保护角度来看，一些民间的小纠纷也是主张通过调解等非诉手段解决，尽量不浪费国家司法资源。因此，基层存在的纠纷也就可以通过上述理性选择而在最后得到解决，作为民间调解必不可少的习惯法，我们应该予以鼓励，某种程度上说，人们对于纠纷解决方式的选择也代表对这种社会权威的认同程度。人们选择哪种方式表明该方式对纠纷解决具有有效性，认可这样的方式在秩序维护中的权威。如果人们优先选择国家法律途径，代表对于法律方式

---

① 孙文恺. 社会学法学［M］. 北京：法律出版社，2005：214.

解决的认可；如果人们选择向行政单位申诉，代表认可行政权威；如果选择第三方调解，则代表对于第三方权威的认可；而如果选择私了或者沉默隐忍，则可能代表对于非正式力量的认可或者是埃里克森所说的那种"心里还记着这笔账"。总之，被选择的方式在人们心中具有权威，他们也会依从这种权威。蒙古族生态习惯法是德国学者韦伯所提及的那种"传统型权威"，即"它来自自古就流传下来的神圣传统，人们对此类权威的服从是遵循世代相传的、从祖先那里继承下来的神圣规则"。①因此具有正当性，也就是具有对这种事物的合法秩序的信念以及受此支配的可能性，所以在民间纠纷中可以作为首选的调解规则而加以提倡。

（三）开发生态习惯法的法律漏洞补充价值

按照学者理解，所谓"法律漏洞"是"法律规范对于应规定之事项，由于立法者之疏忽未预见，或情况变更，致就某一法律事实未设规定时，审判官应探究规范目的，就此漏洞加以补充，斯谓之漏洞补充"。②或者"是指立法者在立法时未能充分预见待调整的社会关系，或者未能有效协调与现有法律之间的关系，或者由于社会关系的发展变化超出了立法者立法时的预见范围等原因导致立法缺陷"。③因此，法律漏洞事实上是无法避免的，由于立法总是滞后于现实，法律规定之外常常会有一些特殊情形出现从而导致法官在裁判时无法可依据。法官不得拒绝裁判，这是法律赋予法官的义务，法官在任何情形下都必须要作出裁判并遵守成文法规定，这就必然经常面临"无国家正式法律规定可适用但又必须作出司法裁断"的局面。于是在司法实践层面，当面临困境时，法官就会运用手段将司法裁判的依据拓展到国家非正式法律渊源之上。习惯无疑是其中可以适用的一种非正式法律渊源，但是这样的渊源是一种事实，将其演变为一个裁判规则还需要法官在实践中对其认可，赋予其一定的司法效力，正如英国学者奥斯丁所言，"在有关立法司法机关赋予习惯以法律效力之前，它应当被当作一种道德规则。"④在我国司法实

---

① 张康之. 合法性的思维历程：从韦伯到哈贝马斯 [J]. 教学与研究，2002 (3).
② 杨仁寿. 法学方法论 [M]. 北京：中国政法大学出版社，1999：188.
③ 王利明. 法律解释学导论——以民法为视角 [M]. 北京：法律出版社，2009：461.
④ AUSTIN J, The province of jurisprudence determinded [M]. Wilfrid Rumble, ed. Cambridge：Cambridge university press，1954：163-164.

践中，法官将习惯转为其裁判的依据，已经有了部分直接的法律依据。而民事司法实践中也有运用类推的法律方法去适用习惯。因此，关于习惯在实践中完成法律漏洞补充的做法是可行的。

以实际发生在内蒙古牧区的"牲畜裁判"为例说明。

> 有一年冬天，一个老牧民的小牛犊走失，当地牧民甲捡到后就把它留在了自己畜群中。到春天把牲畜放出时，老牧民认出了自己的牛犊，但是当时已经成为别人的'别如'，因为在牛犊身上已经印上了他人家的标志，即在牛犊长成'别如'后，在牛犊身上烙印。当老牧民向牧民甲索要时二人发生纠纷，在法庭上，牛犊身上的烙印致使老牧民败诉，但后续老牧民找到小牛犊的母亲，当母牛认出它的小牛犊，就舔着牛犊以示爱抚，同时也由于老牧民知道这个牛犊有个耳后的白色标记，因此最后，老牧民找回了他的牛犊。①

这一事例表明，生活在蒙古族聚居区的牧民存在很多特有的生产生活习惯，因此在当地的案件审理中，需要特别关注这类具有"地方性"的习惯，这样才能真正弥补国家法存在的实际漏洞。与"牲畜裁判"相类似的蒙古族生态习惯法在牧区还有很多。

在牧区广泛存在具有浓郁习惯法特征的独特民事活动，例如，苏鲁克关系中畜群所有人依据协议将畜群交给苏鲁克人经营，"在不改变所有权的前提下，由牧户对畜群如同自己的一样享有占有、使用和收益权利，约定期间届满或者有其他法定理由时，由牧户返还畜群，在畜群上设定了用益物权，不仅是简单所产仔畜的分配问题，还涉及畜群上产生的其他权益的归属、风险的转移、损失的承担、费用的负担等系列问题。在畜群上设定用益物权是传统游牧经济所特有具有物权特质的民事习惯，是当前我国法律所未规定的物权类型。而且苏鲁克的特殊内涵决定了它并非简单的合同履行问题，也非简单的天然孳息分配问题，而是两者的

---

① 萨其荣桂.民间的纠纷解决与国家司法：以蒙古族聚居地区的纠纷解决为例［J］.民间法（第六卷），谢晖，陈金钊，主编.济南：山东人民出版社，2007：482.

结合（但不是相加）。"① 因此，苏鲁克民事合同的习惯采纳问题可以成为补充相应法律漏洞的重要方式，对于辅助牧区特定地域民事案件审理具有实践价值。

第二节　蒙古族生态习惯法的法源价值

一　何为法源价值？

法律渊源是个舶来品，不同国界的学者均有不同的认识，阐述中也没有统一的概念，在中外法学界很难找到一致认可的含义。英美法系国家中关于法律渊源的研究较大陆法系国家的研究要多，比较有代表性的几位英美法系法理学家对法律渊源的描述并不相同甚至分歧很大，这个概念后来也传播到了日本、苏联和中国等地区，由于文化、语言、意识形态等因素，法律渊源的概念进一步异化，已经失去了原本的含义，变得更加模糊，基于对法律渊源的不同理解，《牛津法律大辞典》中将法律渊源归纳为五种含义：①指法的历史渊源，即引起特定法律原则和规则产生的过去的行为和事件；②指影响了法律，促进过立法和推动过法律改革的理论原则和哲学原则；③指法律的形式渊源；④指法律的文件渊源，即含有对法律规则权威性解释的文件，人们可以在其中找到法律的权威性解释；⑤指法律的文献渊源，即法律文献和内容为有关各种问题的法律资料的书籍。

大陆法系国家逐渐认同法律渊源是指法律的效力渊源，在此定义的范畴下，制定法、条约和习惯法往往被称为法律的唯一渊源。在我国，法律渊源是一个应用很广泛的概念，几乎在各种法学学科中都可以看到，如宪法渊源、法制史中的不同时期法源、比较法学中法律渊源的比较，部门法如经济法渊源、民法渊源、诉讼法渊源、行政法渊源，再到法理学教材中法律渊源的一般理论等。2017 年出台的《中华人民共和国民法总则》将习惯明确作为渊源，这是立法中的一个进步。

在环境生态法研究领域，制定法表现得比较强势，在学术界、实务

---

① 张文香，蒙古族习惯法与多元纠纷解决机制：基于鄂尔多斯地区的调查 [D]. 中央民族大学博士学位论文，2011.

界谈及环境法时也总认为其是现代环境法，其对于传统习惯和知识是不太感兴趣的，虽然生态习惯法是各个不同时代制定法的来源，但显然生态环境立法总是强调制定法体系的高人一等。科学研究中需要不断借鉴许多非正式的法源，如习惯、判例、宗教规则、法理学说、道德原则和规范，因此发掘蒙古族生态习惯法作为法源的可能性也是十分必要的。那么，如何让蒙古族生态习惯法成为法源，其可行性的观测点体现在蒙古族生态习惯法所具有的生态伦理性，一种自身所具有的规则合理性。

二　生态伦理

生态伦理并非古老事物，而是人类在社会工业化过程中，面对大量生态环境问题日益严重的现实，提出的一种对于自身行为的衡量与评价，它是关于人与自然关系的道德态度和行为规范的研究系统。20 世纪以来，工业文明促进人类社会极大发展，保证了财富极大增长，但令人担忧的是，人类赖以生存的自然却遭到严重的破坏，当人类意识到这样的破坏来自自身时，就将眼光放到了人类行为的自我剖析之上。生态伦理学的诞生，本身就是人类将传统伦理学视野放宽到了人与自然的道德关系上；把道德关怀从人类本身扩展到人类之外的各种非人类存在物之上的一种伦理学说。比较有影响力的生态伦理学创立者德国人阿尔贝特·施韦泽提出"敬畏生命"的理念，[1] 他将伦理学范围从人扩展到了一切生命，认为人类不可再妄自尊大，而是应当尊重和善待一切生命。其后，又有大量生态学家和环保运动者不断地推动着生态伦理学的发展。直到1975 年，哲学家霍尔姆斯·罗尔斯顿在国际主流学术期刊《伦理学》上发表文章阐述环境伦理之后，就迎来了环境伦理学的重大发展。[2]

从根本来说，生态伦理学至少应该关注这样一些问题：重新反思工业文明对待自然的态度，探讨人类中心主义价值观与生态价值观是否能够相容。将道德关怀的对象从人扩展到动物；探讨人在自然界中的位置，是相容还是排异；寻求人对生态系统所应当承担的义务。[3] 基本上，核心问题还是围绕人与自然的关系。针对这一核心观点存在两种对立面：

---

①　余谋昌，王耀先. 环境伦理学 [M]. 北京：高等教育出版社，2004：19.

②　林红梅. 生态伦理学概论 [M]. 北京：中央编译出版社，2008：24.

③　参见余谋昌，王耀先. 环境伦理学 [M]. 北京：高等教育出版社，2004：30-31.

一种是人类中心主义；一种是非人类中心主义。人类中心主义从人与自然的对立出发，坚持人的智慧和价值，人是世间万物的主宰，一切必须以人类为中心，自然应当为人类所利用和支配。而非人类中心主义则赋予自然界万物道德主体地位，它们也会被认为具有道德权利，实际上是为了强调人类对它们的敬畏和尊重，有助于人类认识自身行为缺失，更好地协调人和自然的关系。但是非人类中心主义也面临颇多困境。例如，"权利思想完全不适用于非人类存在物，人类之外的生命认识不到彼此之间的责任，也没有能力交流对责任的看法，这一事实意味着只有人才是道德共同体的成员。"① 在我们大张旗鼓地以非人类中心主义的生态伦理观念来宣扬生态保护意识的时候，依然无法避免传统伦理学领域的理论难题。深究其内涵，非人类主义生态伦理观其实是终极的人类中心主义，因为赋予非人类以一定道德权利，本就是为了让人类更好地保护生态，改善生态，最终也是为人类长久生存考虑，所以也可以说这是一种更高屋建瓴的人类中心主义。不管怎样，生态伦理学作为生态保护领域十分重要的理论正在产生其效应。我国自改革开放以来，开始持续关注生态伦理学领域，除了引进国外学术成就，也越来越重视以我国实际情况为出发点来分析生态伦理学，时至今天，当我们国家大力提倡生态文明，提出建设"美丽中国"的宏伟目标时，生态伦理学必将会扮演更加重要的角色。

如何克制人类中心主义的弊端不容忽视。早在清朝，破坏性地开垦草原致使大量优良的草原变成耕地，由于土壤特殊，不适宜耕种，最后大量良田变为荒漠；人口增长导致过度迁徙，使草原上掠夺性经营和超载放牧情况越来越严重；受经济利益驱使，人们向草原过度索取，不顾传统，在草原上滥挖药材、乱砍滥伐、偷猎野生动物、胡乱开矿挖煤，致使草原千疮百孔。最终，那些认为草原取之不尽、用之不竭的破坏行为造成了对草原生态不可逆转的破坏。以上这些行为均存在人类中心主义的弊端。人类进入工业文明以后，基于人类中心主义的征服欲，将征服自然理解得十分狭隘，不仅没有考虑生态的持续性发展，还误将自然变为工具或者干脆把自然界视为异己力量，最终当人类认为自己是世界

---

① 傅华.生态伦理学探究 [M].北京：华夏出版社，2002；208.

主宰的时候，强烈的自我意识彻底地把自然当成了被征服的对象，使人类依靠不断地索取而实现发展。现实告诉我们，自然界对于人类的报复也必定惊人：大气污染日渐严重，大量城市 PM2.5 超标，不断出现雾霾天气威胁人类基本生活；水污染愈加严重，大江大河不断被污染；来自自然界的病毒导致严重的全球公共卫生事件；水资源匮乏，大量城市地下水存储量不足、并发污染，很多河流基本处于永久性枯竭；水土流失严重、沙漠面积不断扩大；全球变暖、干旱、台风、洪涝、冰雹等灾害性天气频发；等等。而这些问题都不是短期形成的，其背后就是人类加速发展却忽视生态环境的真相。

　　笔者在探讨蒙古族生态习惯法的同时，希望借鉴生态伦理的科学研究角度，探讨人、社会及自然三者之间的有机系统，分析各个要素的相互依赖性、整体平衡性。在赋予非人类万物以道德权利后，人类在与自然的相处中，承担尊重、保护、敬畏的道德义务，但这种义务不是单纯的，而是伴随在双方之间的互动中，绝非人类单纯地尽了尊重爱护的义务后就不需要改变自然，发挥人类的能动性了。因此，在人与自然的相处中，生态伦理学要求的是相互之间的整体性和系统性，在征服自然和利用自然的过程中，更加合理地保护生态，促使生态系统的循环利用，不作枯竭性地开发，既要体现人类的能动性又要达到对自然的爱护。而生态伦理的观念在蒙古族生态习惯法那里已经存在多时了。

三　蒙古族生态习惯法的生态伦理规则

　　当现代社会还在如火如荼地讨论如何保护生态的时候，生态伦理观念早已应运而生，在对长期以来"人类中心主义"带来的弊端进行一一分析后，西方学者们提出应当将自然界非人类的事物纳入伦理道德的关注范畴，呼吁拯救大地，自然亦拥有权利，并强调人类对自然所应负的义务。我们不否认生态伦理学这些论点对保护自然生态具有里程碑式意义，但是，从国家建设生态文明的路径考量，也应考虑从民族地区的习惯法中寻找资源。就蒙古族传统文化而言，虽然没有形成系统的生态伦理科学体系，但是在蒙古族起源和发展过程中以及蒙古人日常生产生活中无一不是切实地在实践生态伦理观念。不用强调人与自然的伦理关系，不必谈从传统的人类中心如何转向爱护自然，也不必说生态伦理的"大道理"。因为，蒙古人生活中的这一切是自生自发的，生态系统已经成为蒙古人生活中的一部分，他们一直在用实际行动告诉世界，人与自然应如何相处。

（一）敬畏生命

所谓生态伦理价值，强调的是对世间一切生命的尊重与保护，而这本身就是蒙古人的重要信念。蒙古族的萨满教信仰提倡"万物有灵"，强调自然界的所有事物均有神灵，心中要充满敬畏和崇拜。所以，在蒙古人看来，任何自然事物都是值得珍惜的生命，生命是伟大的，一花一草一木、每一只奔跑的黄羊、每一只天上飞过的百灵，都是这个自然生态系统的组成部分，要尊重自然界的一切生命。虽然在蒙古人的生活中不可避免地要杀生，为了生存必须要从自然界去索取，但是他们的索取是虔诚的，并没有靠人类力量肆意地残杀，而是有限度、有规律地索取。例如，狩猎时从不会赶尽杀绝，不会超过所需。动物有其生长繁殖的规律，蒙古人会依据这点去捕猎。根据《马可波罗行纪》记载，"在大汗所有辖地之中，有兽四种，无人敢捕，此禁仅在阳历三月迄阳历十月之间有之"。[①] 就是每年的3月到10月是动物繁殖的季节，因此不可捕猎，如果捕猎就会对野生动物的数量、质量造成破坏。同时，蒙古族生态习惯法中有捕猎野生动物不可赶尽杀绝的传统，在围猎的时候最后都会放走一部分动物，而遇到母畜、幼仔都不会捕杀。在《北虏风俗》中有记载，"若夫射猎，虽夷人之常业哉，然亦颇知爱惜生长之道。故春不合围，夏不群搜，惟三五为朋，十数为党，小小袭取，以充饥虚而已。乃至秋风初起，塞草尽枯，弓劲马强，兽肥隼击"。[②]

从我们了解的生态伦理学观点来看，蒙古人的生命观念充分体现出人与自然相互依赖和协调的关系，体现出蒙古人对生命的尊重和崇拜，不会竭泽而渔，这也恰恰符合现代人对生态环境的保护要求。值得一提的是，蒙古人的这一观念更为成熟，更发自内心。

（二）爱护自然

与"敬畏生命"的理念一致，蒙古人对于自然具有极强的伦理性，

---

① 马可波罗．马可波罗行纪［M］.冯承钧，译．上海：上海世纪出版集团，2005：222.

② 萧大亨．北虏风俗［J］.薄音湖，王雄，编辑、点校．明代蒙古汉籍史料汇编（第二辑）．呼和浩特：内蒙古大学出版社，2000：245.

在行为上，蒙古人切实地做着爱护自然的行为；在感情上，蒙古人发自内心地对自然充满感恩。这点也可以从蒙古族流传的祭词中窥见一二。蒙古族民间的《午时》祭词这样写道："午时，和风的苍天，祝福，祝福！群马给牧人的恩赐，献给你阿尔泰山，祝福，祝福！物质的恩赐，回报其主人；食物的恩赐，回报其盘器！祝福，祝福！"① 词间充满了对于生活的感恩和祝福。的确，自然是蒙古人生存的依靠，蒙古人衣食住行无不与自然相关，爱护自然等于爱护自己，所以，不需要深刻的理论，不需要强硬地灌输，蒙古人在与自然的相处中，就自发形成了热爱自然的观念，从行为上讲，蒙古族生态习惯法中的许多规定都是围绕如何保护环境展开的，不论是爱护草场，不允许随便挖掘草场，保护水源，禁止溺尿，防止荒火，还是保护草木等，都能深刻地体现蒙古人对于自然的爱护。

（三）天人合一

笔者在研究生态伦理学的观点时，希望找到合理方法以调整人与自然对立冲突的关系。在人类中心主义观念中，自然满足了人类演变发展的根本需要，实现了人类发挥主观能动性，改造自然、征服自然的欲望，但是却使得自然承受了不可逆转的损害。恩格斯曾经说："我们不要过分陶醉于我们人类对自然界的胜利。对于每一次这样的胜利，自然界都对我们进行报复。"② 随着科学技术的日益发达，人类控制自然、改造自然的能力更加强大，自然便成了任意宰割的对象，一系列的生态环境问题愈演愈烈。固然生态伦理学主张对非人类的事物给予关注，凸显"敬畏生命"等伦理观念，但实质依然是将自然与人放在对立面上。

回溯中国传统文化，可以看到很多人与自然和谐相处的理念。在中国传统文化中有"天人合一"的思想渊源，这与蒙古族传统思想具有相似性。中国古代具有深厚的"重农敬天""人与天和""顺时立政""节用止欲"的思想伦理基础。在此基础上，形成了起源于礼、完备于律典、细化于敕令的中国古代生态环境保护法律体系。③ 可以看到，中国古代

①　暴庆五. 蒙古族生态经济研究 [M]. 沈阳：辽宁民族出版社，2008：388.
②　马克思恩格斯选集（第3卷）[M]. 北京：人民出版社，2012：998.
③　柴荣. 中国传统生态环境法文化及当代价值研究 [J]. 中国法学，2021（3）.

以农业生产为主，当时的生产力水平低下，人们对自然具有依赖性，因而也逐步形成对自然与人的关系的理解。例如，孔子曾说："天何言哉，四时行焉，万物生焉。"[①] 表明天虽不说什么，但四时更替在，天是万物的根源，是维系一切的力量。人在与天地相处中要认清自己的渺小，遵从天意抑或顺从天意，方可安身立命。古时在"天人合一"思想的引导下，人们正视自然，也有很多爱护环境的做法。例如，《礼记·月令》载，"命祀山林川泽，牺牲毋用牝。禁止伐木。毋覆巢，毋杀孩虫、胎、夭、飞鸟……"[②] 显示了古人保护生物资源的思想。我们理解古时"天人合一"思想，要看清其二元特点，即重视自然的同时，也能强调自身的能动性，并非一味顺从。

在蒙古人的生态伦理中，人从来就是自然的一分子，人、草场、牲畜都是自然体系的有机组成部分，谁都不具有绝对凌驾于自然之上的能力，而更多的是将自己融入自然中，在草原生态的大环境中，强调彼此不可或缺的作用。这一点从蒙古人顺应自然的游牧经济中就可以得到印证。在游牧的过程中，不论是哪个营地迁徙，在迁出的地方都不会找到破坏的痕迹，等到来年再次游牧过来的时候，草原生态早已恢复，这样一次一次的迁徙，丝毫没有破坏美丽富饶的蒙古草原。并不是说蒙古人喜欢游动，不喜欢定居，反而是只有迁徙，才能保证不会将草原糟蹋得不可恢复，所以游牧其实是为了下次可以再使用同一片草原，这样更符合自然发展的规律。而游牧的过程也将原本自发的生态伦理观念上升为一种自觉并世代相传。可见，不论是古时农业生产还是游牧生产都蕴含丰富的"天人合一"思想，都是中华民族优秀的生态文化思想，有待于我们发掘。

四　法源价值下的蒙古族生态伦理

所谓生态伦理的核心是讨论人与自然的伦理关系，姑且不论自然界非人类事物是否存在道德权利，单就生态伦理学产生的意义就可以明确，人与自然的和谐是生态伦理学最希望达到的理想状态，人类能更好地发

---

① 论语·阳货．傅佩荣．解读论语［M］．北京：线装书局，2006：315.
② 马小红，柴荣．中国法律思想史研究［M］．北京：中国人民大学出版社，2007：441.

展，自然也可良好地循环再生。人与自然如何和谐相处是当下十分紧迫的问题，而这个问题在蒙古族传统文化中似乎能够得到解决。蒙古族基于自身存在的生态环境，在自己狩猎和游牧的过程中渐渐形成人与自然相处的规律，从最早淳朴和浅显的理解，到逐步内化为内心的确信，这一过程使得蒙古族生态习惯法也逐渐融入蒙古人的生活中。蒙古人对待习惯法的态度从最早畏惧习惯法背后的力量，演变成将习惯法变为内心的自律性，并在行为上自发形成约束力。当我们梳理蒙古族的禁忌时，可以发现生态保护的习惯占据很大的比重，这点也验证了在蒙古民族发展的过程中，人与自然的相处是十分必要且不可回避的问题。蒙古人能正确地对待人与自然的关系，形成大量的保护自然的习惯法，同时，这些富含生态智慧的习惯法很好地促进了蒙古民族的繁衍生息。也许会有人说，习惯法是落后时代的产物，现代法治社会应该以国家制定法律为准则。我们不否认时代在进步，人类社会逐渐走向民主和文明，法律也从原始的禁忌习俗一步一步地发展为体系严谨的成文法。但只要是合理的存在，其必然不会随着人类发展而消失不见，没有早期生态习惯法，也不会有后来完善的生态成文法，以及生态法律精神的延续。因此，在现代社会，当我们更迫切需要人与自然和谐相处的时候，蒙古族传统的生态伦理观不失为一个非常好的价值选择。

蒙古族生态习惯法可采取直接写入法律法规的方式。以生态伦理价值转化为地方环境立法的原则性条款和具体条款，将当地保护生态的习惯明确写入规则体系，这种方式比较能突出生态伦理价值。在 2018~2023 年内蒙古自治区地方立法规划中，有大量关于生态保护的自治条例，如《内蒙古自治区额济纳胡杨林保护条例》《内蒙古大兴安岭汗马国家级自然保护区条例》《内蒙古自治区大青山国家级自然保护区条例》，其中在相应的条文中就应转化当地具有影响力的生态习惯法，过程中需要相关专家对生态习惯法进行甄别、认定和转化。在司法实践和民间调解中，特别是涉及生态保护的纠纷调时，可尝试运用当地的生态习惯作为引导和参照依据。可结合《民法典》绿色原则以及习惯条款的适用，推动生态习惯法作用于民间交往，达到对生态类民事案件的处理成效。

曾经，我们不屑提及游牧文明，排斥性地认为那是落后的标志，与农耕文明、工业文明差距甚大。的确，游牧文明有其自身局限性，例如，过分依赖和顺从自然，生产力低下，生活水平停滞不前等。因而很多人为了能够跟上时代发展，在草原上大搞工业化、农业化，并为了更多的利润无节制地开发资源，背离蒙古族传统生态价值观，带来许多无法挽回的后果。许许多多的实例告诉我们，发达的工业文明中也有很多不文明的因素，而被视为落后的游牧文明中也有许多优秀的价值观。所以，当人类开始反思自身行为的时候，我们的眼光也必将再次回归，从我国古老思想中去寻找生态伦理价值发展的契机，这时，蒙古族传统生态伦理价值终将得到重视，质朴的人与自然和谐相处的理念终将得到承认。现代文明终将促使所有智慧的存在都拥有平等呈现的机会。

第三节　蒙古族生态习惯法的秩序价值

一　秩序价值追求

秩序是法的重要价值之一，按照中国传统解释，"秩，常也；秩序，常度也。秩序也作秩叙，犹言次序，指人或事物所在的位置，含有整齐守规则之意。"[1] 秩序与无序相对应，博登海默在他的著作中指出，"秩序的概念，意指在自然进程和社会进程中都存在着某种程度的一致性、连续性和确定性。另一方面，无序概念则表明存在着断裂（或非连续性）和无规则性的现象，亦即缺乏智识所及的模式——这表现为从一个事态到另一个事态的不可预测的突变情形。"[2] 显然，他所理解的秩序可以分为自然秩序和社会秩序。自然秩序并非无秩序和不可预测，反而存在非常严谨的一致性和组织性，虽然在自然界也会有超出人类所能预见的情形，但依然是具有秩序的，否则"人类试图过一种理性的、有意义的和有目的的生活的所有努力都会在一个混乱不堪的世界受挫。"[3] 在社会领域，大多数人在安排自己的生活时会习惯遵循一些规则，并按照一

---

① 卓泽渊．法的价值论［M］．北京：法律出版社，2006：386．
② E·博登海默．法理学：法律哲学与法律方法［M］，邓正来，译．北京：中国政法大学出版社，2004：228．
③ E·博登海默．法理学：法律哲学与法律方法［M］，邓正来，译．北京：中国政法大学出版社，2004：228．

定方式计划自己的生活，而在商业、工业等领域中，扩大至阶级或者政治社会，也有严格按照计划和安排去从事某些行为的特点，类比自然秩序，社会秩序也会有某些断裂，例如，总是存在那些不守秩序的人。但是，无序并不阻碍人类对于秩序的追求。哈耶克对秩序的解释颇为适合为下文作铺垫，"所谓秩序，我们将一以贯之地意指这样一种事态，其间，无数且各种各样的要素之间的相互关系是极为密切的，所以我们可以从我们对整体中的某个空间部分或某个时间部分所作的了解中学会对其余部分作出正确的预期。"① 这样的秩序应当是在未经刻意创造的前提下存在。在探讨秩序的形成时，大都会认为是某些人刻意的创造，也即哈耶克所形容的"人造的秩序"，事实上，这是一种外部的秩序安排，是人为建构的秩序，而哈耶克所提倡的恰恰是另外一种秩序，"增长的秩序"或者"自生自发的秩序"，显然，他更加主张"自生自发的秩序"。"自生自发的秩序"本身是复杂的，是比人为安排的建构秩序更加复杂的存在，"自生自发秩序的有序化力量的运用能够使我们促成一种我们永远也不可能在智识上加以把握或刻意安排的高度复杂（即要素数量大、种类繁多、条件极为不同）的秩序的形成，那是与我们对于一种经由安排而产生的秩序之细节所具有的控制力相比较，我们对上述那种复杂秩序的细节的控制力就要弱得多"。② 因此，研究这种自生自发的秩序是具有一定难度的。

　　结合以上的理解，秩序是人类社会不可或缺的必需品，当人类在获取基本的生存资料的过程中，秩序起到了十分有效的作用，个体在自然界力量面前微不足道，如果要维持自己生命就需要和他人合作，而多人共处的劳动状态下，秩序无疑起到了十分重要的约束作用，便于让所有人更加有效地获得所需。没有秩序的劳动是效率低下的。劳动的协作与配合都需要秩序存在，而在社会生活中，人与人的相处也需要秩序。卓泽渊先生谈及一个例子，两性的结合需要秩序，后代在相处中也需要秩

---

① 哈耶克. 法律、立法与自由（第一卷）[M]. 邓正来，译. 北京：中国大百科全书出版社，2000：54.

② 哈耶克. 法律、立法与自由（第一卷）[M]. 邓正来，译. 北京：中国大百科全书出版社，2000：61.

序，父母子女之间、兄弟姐妹之间都是需要秩序，这就是所谓的人伦秩序。[①] 因而，人类社会离不开秩序，对于秩序的追求是人类的本性，这一点不仅体现在衣食住行中，也体现在社会交往各个方面，混乱状态下的社会对于人类发展极为不利。实际上，这种追求秩序的心理倾向具有一定根源，弗洛伊德曾经列举过一个事例，孩子们总愿意不断地让一个成年人重复地教他们玩或者一起玩同一个游戏，直到筋疲力尽无法再玩为止，或者要求成年人不断地给他们讲故事。这种"强迫性重复"根植于人的一种认识，也就是，如果不依赖这种过去的经验，就会觉得自己无法适应这个世界的情势，甚至无法生存，在有组织的可预见的世界和无组织混乱的世界的比较中，显然孩子会选择前者。[②] 因而，这种潜藏于孩子身上，到成年后依然存在于潜意识的心理，是人类追求合法有序世界的一种需求。可以说，秩序是人类一直在追求的重要价值理念。

二　蒙古族生态习惯法的秩序价值

上文中谈及哈耶克的理论，他将社会秩序分为"人造秩序"和"增长秩序"。人造秩序是基于某人通过把一系列要素各置其位且指导或控制其运动的方式而确立起来的秩序，但是这样的秩序存在弊端，当我们询问这样的秩序是从何而来的时候，由于受到人们对固有秩序的习惯性理解，就会认为秩序就应该是"人造秩序"，忽视那些自我生成或源于内部的自发秩序，按照哈耶克的理解，我们所处社会的实用规则中，有一部分是刻意设计的产物，但绝大部分应该是自生自发的道德规则和习俗，也就是"增长秩序"。这样的理解无疑为那些过去被忽视的习俗找到合理解释，当人类社会不断沉浸在科技发达、民主法治的社会环境时，过分的建构显然已经存在不适应性。运用到法律制度中，国家制定法体系毫无疑问就是一种制度建构，是通过法律途径对社会秩序进行的控制。我们不否认法对于社会秩序的意义，法的最基础价值就是为了建立和维持某些秩序，为了保证社会有序状态，法为秩序提供预想模式、调节机制和重要的强制力。但是，仅强调国家制定法的功效，似乎弱化了其他

---

① 卓泽渊. 法的价值论［M］. 北京：法律出版社，2006：389.
② 参见 E·博登海默. 法理学：法律哲学与法律方法［M］，邓正来，译. 北京：中国政法大学出版社，2004：237.

规范对于社会的秩序意义，例如上文提及的自生自发秩序。"原始社会里，没有军队、宪兵和警察，没有贵族、国王、总督、地方官和法官，没有监狱也没有诉讼，而一切都是有条有理的"，那是因为"一切问题都由当事人自己解决，在大多数情况下，历来的习俗就把一切调整好了"。① 可以说，习俗习惯是当时社会形成秩序的重要规则，而这些习俗习惯一贯也被认为是自生自发的秩序，"所谓习惯法出于自然，这种说法包含两重含义，其一，习惯法并非出于立法者（不拘是国家的，还是家族或其他组织的）的意志与理性，而是由民间日常生活中自动显现；其二，习惯法由自然塑造而成，此所谓自然既指实际的生活秩序，也包括山川风物、民俗人情"。② 这种自生自发秩序是由一个地区的特定自然环境、相应的宗教信仰、与众不同的文化心理，经由时间积淀，一代一代人不断地遵从和坚持而延续下来的。显然，蒙古族生态习惯法也可以被认为是这样一种自生自发秩序。蒙古族自古以来生活在生态环境较为恶劣的蒙古高原，顺应自然规律，过着外人看来居无定所、四处游荡的生活，然而，所谓"逐水草而迁徙"的生活本身体现着蒙古人对自然的理解，世世代代的蒙古人都以爱护草原生态作为重要的生活习惯，并不断地约束自己与他人的行为，这种源自于蒙古人生产生活的生态习惯，是规范蒙古人行为的重要力量，不啻于国家法律对于蒙古人的约束力，因而草原的生态得到良好的保护。显然，草原生态是一个错综复杂的体系，其中每一部分都是必不可少的，而从古至今，在生态系统中扮演重要作用的人类的行为，是草原生态能否可持续发展的关键所在，草原生态系统的秩序是必须要维护的。蒙古族生态习惯法在其自身发展演变的过程中，实现了对草原生态秩序的维持，对此应当是无异议的。如果没有蒙古族生态习惯法的存在，草原上的人全部依据自身的喜好，随意处理草原上的一切资源，在草原上随便挖掘、胡乱砍树、倾倒垃圾、污染湖泊、肆意猎杀野生动物等，草原生态系统将会遭到严重破坏。而如果基于这些破坏行为又导致蒙古族民众之间发生秩序混乱，则危害性会进一步加大，习惯法中有很多涉及纠纷的解决途径或者模式，这对于缓解草原深

① 马克思恩格斯全集（25卷）[M]. 北京：人民出版社，1974：894. 转引自卓泽渊. 法的价值论 [M]. 北京：法律出版社，2006：391.
② 梁治平. 清代习惯法：社会与国家 [M]. 北京：中国政法大学出版社，1996：53.

处的矛盾纠纷具有实际意义。因此，蒙古族生态习惯法本身"内含"并"体现"着秩序价值，秩序价值是蒙古族生态习惯法所追求的"绝对超越指向之一"。"指向"具有目标导向的含义，既有目标也有目标实现的方向；"绝对"是指它的超越具有永远的、不断递进的，而又不可彻底达到的性质；"超越"代表价值本身超乎人的客观能力，也超越现实状态。① 所谓的"内含"突出了蒙古族生态习惯法本身含有秩序的因素，是秩序价值的载体，每一个内容都包含秩序规则；而"体现"则带有更高层次的指向意味，人们通过蒙古族生态习惯法希望达到更高预期的秩序价值，这里带有很强烈的期待性。"和谐秩序不只是生存，还应该是人所追求的最佳健康状态，注重尊重生命和心灵的单纯。"② 因此，蒙古族生态习惯法是蒙古草原生态秩序维护的重要力量，是沿袭自传统的重要秩序网络，我们应当珍视其价值，秩序形成不易，不要轻易破坏。

第四节　蒙古族生态习惯法的文化传承价值

谈及文化，不免与前文同质文化的分析挂上钩，可以说，文化在本书中一直扮演重要角色。刘作翔教授对文化作过三种分类：广义文化观、中义文化观和狭义文化观。广义的文化观显然包含甚广，物质文化和精神文化均包括在内，刘教授评价这种文化观乃是我们最广泛意义上对文化的运用，所有可能的文化现象均通用；狭义文化观特指意识形态，也就是只讨论与大脑思维有关的文化思想；而中义文化观才最适合法学界研究的法律文化，因为中义文化观是讨论意识形态及与其相适应的制度和组织。一方面，中义文化观与马克思理论中上层建筑具有一致性；另一方面，法律文化研究离不开对法律现象的分析，离不开对法律意识形态和法律制度的理解，因此，中义文化观更为适合法学界理论研究。③而民族文化，在本书中特指蒙古族生态文化，其中蒙古族生态习惯法是蒙古族生态文化的组成部分，或者说，蒙古族生态文化可以通过蒙古族

① 参见韦志明．习惯权利论［M］．北京：中国政法大学出版社，2011：167.

② MCDANIEL J. The flourishing of the Harmonious［C］. The place of harmony in ecological civilization---sixth international forum on ecological civilization conference papers，2012：28.

③ 相关表述参见刘作翔．法律文化理论［M］．北京：商务印书馆，1999：21-28.

生态习惯法这个载体不断实现传承。显然，蒙古族生态习惯法肩负着蒙古族生态文化传承的重要价值。

一　把握中华文化和民族文化的关系

习近平总书记在 2021 年 8 月中央民族工作会议上的讲话指出："要正确把握中华文化和各民族文化的关系，各民族优秀传统文化都是中华文化的组成部分，中华文化是主干，各民族文化是枝叶，根深干壮才能枝繁叶茂。"[①] 中华文化是各民族文化的统一体、集大成。各民族文化相互交融，相互促进，共同创造了中华文化，这其中也包括蒙古族生态文化对中华文化的融入和支撑。

民族是特定地域、生产方式、社会生活等相结合的产物。不同民族生活在不同地域环境中，所形成的心理因素也各不相同，因此会自然而然地形成某些自己民族的特质，如特定的思维方式、观念体系和行为模式，从而区别于其他民族。民族文化是一个民族重要的精神力量，承载这个民族的独特价值系统，从深层次来说，民族文化还会对一个民族的发展起到巨大的导向作用。因此，民族文化需要被传承下去。一般意义上，文化往往借助传统这个力量塑造成员，而被文化熏陶的人又可以能动地在实践中利用资源开拓新领域，在双向选择和不断进取中，文化得以世代相传。在学界，对于文化和传统的关系问题也是多有讨论，两者往往密切联系但又不太相同，传统一般理解为世代相传之物，在广泛意义上一般包括各种物质以及精神、形象和制度等。其中最为重要的一点的是传统包含一种"延传变体链"[②]，在各种传统世代相传的过程中，虽有种种变异，但总还是保有了共同的主题。一般认为，传统应具备三个条件：世代相传、相同事物的同一性以及持续性。[③] 当然，我们对传统的理解不能仅仅局限在过去的、历史的，因为传统不是一成不变的，不是静止的。而对于文化与传统的关系，我们可以理解为，"被我们称之为传统的东西，就是文化在时间性的过程中所表现出的确定性形式的继续性，这种连续性内涵着两种矛盾而又必须相互整合的因素，那就是保守

① 习近平. 习近平谈治国理政（第四卷）[M]. 北京：外文出版社，2022：246.
② 希尔斯. 论传统 [M]. 傅铿，吕乐，译. 上海：上海人民出版社，1991：15.
③ 韦志明. 习惯权利论 [M]. 北京：中国政法大学出版社，2011：194.

的因素和变革的因素。保守的因素使文化成为连续性的稳定存在，而变革的因素使文化得以创新和发展。所以，传统的正确意义，应该是在保持稳定的连续中的变革和创新的文化时间过程。任何文化，作为传承的东西而且成为'统'，都是保守与变革在整合中的统一，都是在连续性中的发展，如果失去其中的任何一个方面，文化作为时间流程中的人的生命存在和活动，都是不可能的"。① 因此，传统不等同于文化，传统可以是文化的一部分，按照张文显教授的理解，传统应该偏向于文化中的心理状态，一些定势化和潜意识的因素。或者说，传统比文化更加抽象，更倾向于深远的精神因素。文化是沿袭相承的传统，传统是凝聚而成的文化。② 基于此，文化与传统两者经常被拿来共同发挥作用。既然传统是文化更深层次的表达，那么传统所携带的文化资源经历时空，必然带来一个民族最为深厚的积淀和经验，成为一个民族保持其独特性和创新性的根源。这种传承使得民族社会制度、良好的道德风尚及相关文化得以传袭和维存。正如"传统是一个社会的文化遗产，是人类过去所创造的种种制度、信仰、价值观和行为方式等构成的表意象征；它使代与代之间，一个历史阶段与一个历史阶段之间保持了某种连续性和同一性，构成了一个社会创造与再创造自己的文化密码，并且给人类存在带来了秩序和意义"。③ 因此，凡是能够体现独特民族性的文化都有被传承的必要，蒙古族具有深厚的历史文化传统，其具有草原生态保护意蕴的生态文化更是蒙古族所特有的民族文化的重要组成部分，当一个历经千百年磨砺的民族在现代化的时代要求中焕发生机，就必须依靠其文化的独特性和创造性。同时，我们也要看到，各民族文化的繁荣发展是中华文化大发展、大繁荣的基础；中华文化的大发展，是各民族文化繁荣发展的有力保障。在中华民族多元一体的历史发展中，也有蒙古族文化的积淀，它也是铸牢中华民族共同体意识的组成部分。在我们挖掘蒙古族生态习惯法的同时，应当看到它的民族文化传承价值和民族地区生态保护以及促进民族团结进步的价值，这样才能在广泛意义上体会蒙古族生态习惯法对于我们的实际作用。

---

① 李鹏程.当代文化哲学沉思 [M].北京：人民出版社，1994：380.

② 张文显.法律文化的释义 [J].法学研究，1992 (5)：12.

③ 希尔斯.论传统 [M].傅铿，吕乐，译.上海：上海人民出版社，1991：3.

二　蒙古族生态文化的内核

所谓"生态文化"是"人们对于自然生态系统的本质的反映，是人们根据生态系统的需要和可能，最优化地解决人与自然关系问题所反映出来的思想、观念和意识；生态文化还包括人类为解决所面临的种种生态问题、环境问题，为了更好地适应环境，保持生态平衡，与自然和谐相处，求得人类更好地生存与发展所采取的种种手段"。[①] 实际上，这一定义对文化的理解十分广泛，除了将人与自然相处中依托物质资源形成的思想、观念和意识包括在范围内，也将处理问题的手段列入文化内涵之中，按照刘作翔教授阐释的中义文化观，那些依据意识形成的制度、组织等抽象的方法途径，可以属于中义文化观的范畴。由此，生态文化蕴含着蒙古族生态习惯法，而生态习惯法是生态文化的重要载体。

蒙古族生态文化的内核是关于人与自然相处的关系问题。蒙古族生态文化是"管住人"的生态文化，"它传授的不是治沙法，也不是植树法，而是倡导一种尊重自然、善待自然的伦理之道；拜自然为师，循自然之道的理性之道；保护自然、拯救自然的行为之道；以人类的良知和远见，用实际行动来弥补我们前人以及我们自己对自然所犯下的过错，维护和改善自然生态系统平衡的发展之道。"[②] 这段话令所有看到的人为之动容，正是对蒙古族生态文化有着深刻认识的人，才能理解蒙古族生态文化对于蒙古民族繁衍生息、不断进取的重要意义。我们理解的蒙古族文化是人与自然、人与世界全部复杂关系及种种表现形式的总和，或者说，我们在理解蒙古族生态习惯法时，也是根植于蒙古族文化大背景中，将文化作为蒙古族生态习惯法研究的重要方法，以便于清晰梳理蒙古族生态习惯法与蒙古族社会生活中所有事物的关系，可以说，也是借由一种文化分析的方法来界定蒙古族生态习惯法。蒙古族人民在长期的生产生活中，围绕游牧形成一系列对草原生态进行保护的传统，其中就有崇拜自然、珍惜资源和保护生态环境等。当这样的传统不断被人们接受，形成习惯，并在行动中自觉去遵守时，就促成草原上具有约束力的

[①]　参见宝力高.蒙古族传统生态文化研究 [M]. 呼和浩特：内蒙古教育出版社，2007：1.
[②]　参见宝力高.蒙古族传统生态文化研究 [M]. 呼和浩特：内蒙古教育出版社，2007：11.

习惯法，而这种习惯法是有别于个人习惯的，是一种具有规范力的习惯。因此，蒙古族生态文化就像一张网，由蒙古族经济、政治、法律、风俗习惯等众多与生态相关因素织成的网，其中最核心的就是人与自然如何和谐相处。"所谓天人协调，一方面尊重客观规律，另一方面又注意发挥主观能动作用，这是关于天人关系的一种全面观点。"① 显然，草原上的生态文化就是这样既重视生态平衡，又能发挥主观能动性的文化形态，注重保护生态系统，同时又为人类自身生存同自然进行搏斗，协调两者关系，争取实现永续循环地利用自然。通俗地说，蒙古族牧民是草原上的主体，他们没有牲畜难以生活，而草原牲畜如果没有牧民的照料也不能很好地生存，牧民需要良好的草场养殖牲畜，而草场本身不能成为牧民的食物来源，牧民只有掌握优良的牧草，养殖合格的牲畜，才能最终通过牲畜来满足衣食住行。蒙古族传统的畜牧业是以天然草地放牧为主，遵循畜群习性及季节规律，逐水草而变动迁徙。通过畜牧业，蒙古人可以获得更多的生产资料，同时，他们的衣食住行也离不开牲畜，住的蒙古包，吃的手把肉，喝的奶茶、奶酒，穿的皮革衣物，都是来自畜牧业的附属品。这种循环是自然选择。当一个地方的牧草已经被牲畜破坏得差不多的时候，牧民就必须离开，寻找下一个优良草场，期间还要防备恶劣的自然环境有可能给牧民带来的灭顶之灾。可以说，牧民适应草原生态循环规律，选择适合自己的生产生活方式，在顺应自然的同时也利用自己的力量改造自然，而自然在被利用和改造的过程中也会有许多天灾来威胁牧民的生存，因而在两者对抗和协调的过程中就实现了人与自然和谐共存的发展模式。草原生态系统是一个持续再生的循环系统，中间的每一个环节都至关重要，人类只能在协调应对的过程中真正地将自己融入自然，才能更好地生存和发展。如果不能很好地保护草原，就意味着他们将不能生存。例如，蒙古牧民有初春火烧枯草的传统习惯，如果烧尽往年的枯草，就能够使夏营地的蚊蝇减少，并利用枯草丰富新草，促进畜群的抓膘。如果烧不好，到秋季的时候将影响收割，对畜群的饮食也不利。相反，牧民严禁秋天荒火，因为秋季荒火会烧掉春季草场，导致畜群不能过冬，并且极易导致冬天风蚀沙化。所以，许多的蒙古族

---

① 张岱年. 文化与哲学 [M]. 北京：教育科学出版社，1988：144.

习惯法中都有关于草原荒火的规定，可以说，蒙古族聚居区的草原生态特征决定着蒙古族的生态习俗习惯，蒙古人在千百年与草原生态系统融合对抗的过程中，形成了最为适合草原的一系列习惯性做法并延续了下来，而且也孕育出蒙古族鲜明的生态文化。因此，在蒙古族生态习惯法中包含了蒙古人与自然相处而形成的思想、意识、价值观等文化素材，并随着习惯法的持续性特征而传承至今。

三　蒙古族生态习惯法的民族文化传承价值

文化传承需要一种载体，而民族文化可以通过某种方式流传下来。蒙古族生态习惯法之所以有这样的价值，就是因为一方面可借助"法"这样具有约束力的形式对民族地区的政治、经济、文化等各方面进行"限定"，并"强迫"或教育后人以实现沿袭和保存；另一方面，蒙古族生态习惯法自成体系，记录于牧民生活间、执法者的头脑中，或是某一个存留后世的法典中，成为一种独特的文化标记传承下来。历史曾经告诉我们，文化也好，民族也好，都不是一成不变的，文化的动态和变迁才是它的本质，没有一种文化是凝固而静止的，因此文化的变迁是不可避免的现实。

文化的变迁就是文化内容或者结构上的变化，正是由于不同文化之间的接触、传播，或者是文化自身不断地创新从而产生新的文化内容替代旧的文化内涵。或者说，"由于民族社会内部的发展或由于不同民族间的接触而引起的一个民族文化系统从内容到结构、模式、风格的变迁"。[①]"草原各民族有些是并存于一个历史时期，而有些则属于不同的历史时期，但不管属于何种情形，各民族文化之间都有一种彼此吸纳、继承、逐渐完成民族文化某个阶段的进化，接着又进入新一轮文化重构的永不停息的动态过程，每个阶段都有一些旧的文化元素被淘汰、被扬弃，又有一些新的文化元素被引进或被创造出来，以致渐渐使文化形态发生嬗变、移位，这个过程也就是文化的变迁过程"。[②]而这样的变迁在现代蒙古族社会中产生的影响力十分惊人。文化的变迁往往从文化内容

---

①　林耀华. 民族学通论［M］. 北京：中央民族大学出版社，1997：396.
②　包斯钦，金海，主编. 草原精神文化研究［M］. 呼和浩特：内蒙古教育出版社，2007：383.

开始的，当社会发生一系列巨大变化，随之就会在当地民众行为中发生一定变化，当量变达到质变时，很可能一个地区原有的文化就会产生异质性变迁，人类社会的变迁是历史必然，任何人都无法阻止，文化变迁如果能够遵循一种潜移默化的渐变方式，人们通过对新事物的模仿学习，将其慢慢与原有文化融合，实现新旧文化温和式变迁，那么这种变迁就能够促进一个民族文化不断地创新和发展；相反，如果文化变迁的过程中缺乏渐变的渠道，或人为强迫，或封闭自守，都会产生不良的后果，将会在与其他民族的交流中失去自身特性，成为被同化的一方。

全球化是西方社会自 16 世纪以来逐渐开始的变革热潮。尤其在第三次全球化浪潮之后，人类社会趋向于更加广阔的国际合作，信息技术、数字化、生物科学等高科技的广泛运用进一步提高了国家之间的沟通与交流。我们的日常生活已经离不开信息化媒介了，草原上的蒙古族牧民也深受影响，过去牧民放牧骑马，如今都是摩托车通行；过去相隔千里，通讯极为不方便，如今一个互联网就解决了难题，因此，当牧民生活的环境悄然发生变化的时候，也会给民族文化带来变革力量。我们不能否定全球化给蒙古族聚居区带来的进步，但依托固有游牧经济形成的传统蒙古族生态文化能否保持原有特点，这点值得存疑。西方学者曾经评价游牧文化是五种停止的文明，游牧文化和农耕文化由于自然环境、文化传统以及价值观的相异，始终相持，又周而复始地纠缠在历史循环中。[①]事实上，也有学者对此评价，"纵观游牧社会的发展史，其社会系统内部缺乏一种激剧变迁的内在动因，每一次大的变迁几乎都来自游牧社会系统之外的外在力量。"[②] 整理游牧文化的发展历程可以发现，在工业化兴起的现代社会，偏远的蒙古族地区经济发达程度相对较低，生产技术、生产方式没有得到质的飞跃而处于相对停滞阶段，在与农耕文化的交流中逐渐失去应有地位，游牧空间不断萎缩，草场生态问题日益严重，土地沙化、自然灾害频发等使游牧文化发展趋于停滞。虽然在改革开放以后，草原上的牧民生活水平不断提高，但依然存在传统生态文化萎靡不振的现象。我们不能否认游牧文化的发展趋于缓慢，缺乏内部引擎动力，

---

① 孛儿只斤·吉尔格勒. 游牧文化史论 [M]. 呼和浩特：内蒙古人民出版社，2002：19.
② 色音. 蒙古游牧社会的变迁 [M]. 呼和浩特：内蒙古人民出版社，1999：239.

但是一种文化不能从内部产生西方社会意义上的文明，是否就应该被全球化的浪潮所吞并而消散呢？答案当然是否定的。在蒙古族传统的生态文化渐渐被边缘化的危险下，我们应该大力提倡恢复草原世代相传的生态文化，文化的变迁可以渐变、缓慢，但却不会停止。

马克思主义的生态观中关于人与自然的关系探讨同样为我们提供了重要的理论依据，"马克思主义生态观从人类与自然之间的关系出发，系统地阐明了人类是自然界的一部分，保护生态环境就是保护人类自身的观点，从而为人类如何看待生态自然环境提供了科学的方法论和行动指导。"① 蒙古族生态习惯法是蒙古族生态文化的重要组成部分，是蒙古族生态文化的重要载体，是在蒙古人世代生产生活中创造并形成的，是蒙古族传统物质生活、社会生活和精神生活的体现。当蒙古人为了寻求自身的生存与发展，在草原上不断尝试，熟悉和认知自然的时候，就已经形成了良好的与自然相处的习惯，这种习惯作为一种制度性资源，可以促使蒙古族生态文化更好地发展。蒙古族生态观念的核心是提倡人与自然和谐发展，这与马克思主义生态观完全一致，也是今天蒙古族生态文化值得不断传承的重要一点。在蒙古人的生态观念中从来都不会将人与自然分开，这既是来源于蒙古族传统的生产生活方式，也来自蒙古族古老的宗教信仰。分析蒙古族生态观可发现：首先，其本身的境界宏大，不拘泥于细微，将所有事物都放在大宇宙的观念中，与蒙古族世代生活的广阔地域和游牧环境结合；其次，这种生态观念是全体蒙古人的一种共同信仰，不分男女老少均被纳入这样的生态观中，虽然没有形成严谨的体系，但口口相传，也实现了普及；最后，这种生态观在具体制度设计中被列为重要的一环，当有文字记载后，就从简单的习惯法演变成为国家制定法的重要内容。西方社会形成生态伦理学的时候，我们会发现，其实在蒙古族早期的传统中早已经包含生态伦理观念。"价值观是一种评价性的观点，它既涉及现实世界的意义，也指向理想的境界，具体而言，价值观总是奠基于人的历史需要，体现人的理想，蕴含着一般的评价标准，形成一定的价值取向，外化为具体的行为规范，并作为稳定的思维

① 任美娜. 马克思主义生态文化观研究［D］. 吉林大学博士学位论文. 2017：105.

定势、倾向、态度，影响着广义的文化演进过程。"① 蒙古人崇拜自然，对于天父地母有着无比强烈的感情。例如，蒙古族的民间谚语有说，"地是生物之源，土是生活之泉。太阳是收获之父，水是收获之母。"② 在蒙古族民间的很多史诗、祭祀辞和谚语中随时都能看到对自然界万事万物的感情表达，例如，作为蒙古族史诗的《江格尔》就蕴含着古代蒙古民族以自然精神渗透人类生存的智慧，江格尔们反复地述说水草丰美的牧场，"有八千条清澈的河流/潺潺流过四百万奴隶的家门前/年年月月灌溉着广袤的牧场/芳草萋萋，四季常鲜"。③ 这些都表达了草原人民对自然的热爱。蒙古族传统的生态习惯法则更是蒙古族生态文化的重要组成部分。前文已经对此进行了详细论述，简单来说，就是保护草场、保护水源、防止草原荒火、爱护动物、定期围猎等，如果有所违背，就会受到严厉的惩处。这些蒙古族传统的生态观、生态伦理和生态法律，都是生态文化的重要表现形式，也让我们对蒙古族生态文化有了更直观的印象。

文化的传承和延续是作为人类自身最大的福祉。斗转星移、世事变迁，当人类享受工业文明带来的便利和发达时，自然界也对人类发出了无声的抗议，我们终于知道未来我们需要走向更高的一种文明，那就是生态文明。久违的蒙古族生态文化终于也能再次焕发生机。"通过培育生态文化体系，把中华优秀生态文化的思想精髓融入生态文明主流价值观，为中华民族永续发展提供绵延不断、与时俱进的生态文化滋养。"④ 强调蒙古族生态文化，是突出其在历史与现实交汇、传统与革新之间的重要作用。"在草原生态的环境背景下，蒙古族的游牧文化不仅符合草原生态的自然规律，而且还保证了民族自身的繁衍、发展，用时下的话语来讲，这是一种'可持续发展'的文化策略。"⑤ 党的十八大报告提出，"建设生态文明，是关系人民福祉、关乎民族未来的长远大计。面对资源约束趋紧、环境污染严重、生态系统退化的严峻形势，必须树立尊重自然、顺应自然、保护自然的生态文明理念，把生态文明建设放在突出地位，

① 张岱年，方克立，主编. 中国文化概论 [M]. 北京：北京师范大学出版社，1994：400.
② 暴庆五. 蒙古族生态经济研究 [M]. 沈阳：辽宁民族出版社，2008：384.
③ 色道尔吉. 蒙古族民间史诗"江格尔"[M]. 北京：人民文学出版社，1983：292.
④ 龚维斌. 深入学习贯彻习近平新时代中国特色社会主义思想. 光明网. https://m.gmw.cn/baijia/2022-08/26/35978669.html，2022-8-27.
⑤ 陈烨. 蒙古族文化的生态学思考 [J]. 内蒙古社会科学，2001（9）：34.

融入经济建设、政治建设、文化建设、社会建设各方面和全过程，努力建设美丽中国，实现中华民族永续发展"。^① 至党的二十大，我们可以看到有关生态文明制度体系更加健全，生态环境保护发生历史性、转折性、全局性变化的相关表达，可以说，这十多年间，生态文明得到巨大提升，生态保护效果非常显著，天更蓝、山更绿、水更清了。因此，我们还应继续大力提倡"生态文明"建设目标，发扬蒙古族传统生态文化，站在人与自然和谐共生的高度谋划发展，替蒙古族聚居区草原上存在的生态问题找到良好治理手段，并寻找培养草原生态保护法律意识的途径。习惯法是蒙古族民族文化的主要载体，我们发掘和传承蒙古族生态习惯法也是保存、继承、传递蒙古族文化的一个过程。

第五节　蒙古族生态习惯法的人权价值

"很明显，千百年来对环境的忽略已将人类带到最后一个十字路口。我们对于大自然的肆虐行径，使我们的生活质量恶化，甚至危及我们的生存……我们决意行动起来，我们呼吁一场旨在改变对环境的行为的革命。"^② 当全人类都面临生态危机时，我们决意寻找各种可能的方法去实现对生态环境的保护与发展。蒙古族聚居区的草原上如今也存在许多生态环境问题，站在人权视角去分析时，会发现这些问题已经影响到当地蒙古族牧民的基本权利。人格尊严是受到各国宪法和国际人权条约等一致认可的基本人权，因此生态环境问题所引起的人格尊严等基本人权方面的问题我们无法坐视不理。同时，环境权作为人权组成部分已被国际社会普遍认可，公民的环境权与蒙古族生态习惯法在权利保障方面具有一致性，因而也有彼此借鉴和共同发展的机会。

一　人权视角的现实性意义

人权（human rights）是"人依其自然属性和社会本质所享有和应当

---

①　中共十八大报告全文. http://www. xj. xinhuanet. com/2012 - 11/19/c_ 113722546. html, 2012-11-19.

②　BARBARA S. , Deciaration of environmental rights［M］. Annals of America（vol. 19）, encyclopedia beitannica, Inc. , 1976; 100-101.

享有的权利"。① 这可以理解为：首先，这里人权的主体是人，不是特指哪个组织、阶级或国家的成员，而是泛指一般意义上的"人"，只要是人就应该有人权，人必须为自己存在，不得贬为国家统治之客体来处理。其次，这样的人权是人所享有的以正义为核心的人类所共同持有的一整套权利，它应该保障人的自治，是"最低限度普遍道德权利的人权"。② 英国学者米尔恩这里所指的人权来源有实在法、道德和习俗，而他所提倡的"最低人权"其实是可以运用在任何一个文明传统中，以承认并包容社会以及文化的多样性为前提。最后，这一人权应该是以人的尊严为基础的广泛权利内容。人权本质的要素是道德，③ 虽然对于道德的实质有不同的说法，但以正义为核心，包括公平、善良、平等、正直等人性为基础而形成的权利还是人权的基础，通俗地说，人为了满足自己物质的、精神的、人身的种种利益需求而产生了人权。"人的尊严"是一个复杂的概念，常常我们很难明确指出其含义，根据学者理解，"人的尊严基本内涵有两个：人的主体性和人的自由意志受到尊重。"④ 而其中人的自由意志受到尊重，可以理解为一个人保持其体面生活的权利。这个提法可以参照国际上的人权规范，例如，《海牙环境宣言》中就提出对环境寻求一种救济本身除了保护生态需要，也关乎人类在一个可行的环境中有尊严的生活的权利。⑤

　　人权从内容上讲包含多种权利并随着社会发展而有所增加。在 18 世纪至 19 世纪之间，人权的内容表现为财产权、信仰权、通信权和出版权等；而至 20 世纪，又扩展到健康权、福利权和良好工作条件权等；从 20 世纪中后期至今，人权的内容又有增加，发展权、和平权、环境权逐渐进入视野。根据联合国《世界人权宣言》《经济、社会、文化权利国际公约》《公民权利和政治权利国际公约》等文件的分析，可发现现代人

---

① 李步云. 论人权 [M]. 北京：社会科学文献出版社，2010：3.
② 米尔恩. 人的权利与人的多样性：人权哲学 [M]. 夏勇，张志铭，译. 北京：中国大百科全书出版社，1996：136.
③ 李步云. 论人权 [M]. 北京：社会科学文献出版社，2010：50.
④ 李惠宗. 宪法要义 [M]. 台湾元照出版有限公司，2004：74. 转引自吴卫星. 环境权研究：公法学的视角 [M]. 北京：法律出版社，2007：33.
⑤ David Short, Acssessing the utility of a human rights approach to international environmengtal protection [M]. UMI company，2000：56.

权所包括的内容是多元的，关乎经济、政治、文化和人身等多个方面。而人权内容的变迁也在一定程度上论证了人权随着社会生活发生变化的事实，其中最为重要的是经济因素的制约。在不同性质的经济制度下，人们能够享受到的人权程度往往是不同的，以私有制为基础的社会中，所有者的自由和平等是人权的形式，财富决定了地位的不同，财富越多代表人权越多。无产者则无法享受到人权待遇。显然，人权状况受经济因素制约是现实存在的。但是我们要明确一点，一国经济状况不是该国有无人权的理由，即一国有无人权和一国人权程度如何应是两个不同问题。一个国家经济水平可能不高，但是如果能够尽一切可能去维护保障人权，这一点应该被肯定。例如，我国在 1991 年的《中国的人权状况》白皮书中指出，"对于一个国家和民族来说，人权首先是人民的生存权，没有生存权，其他一切人权均无从谈起"。① 我国在理解人权问题上，认为生存权是我们最先需要关注的人权类型，他国不能以一国人权程度低于另一国人权程度就认为人权程度低的国家没有人权，显然，这既不公平也不合理。

在现代人权中还有一个必须提及的内容，就是环境权。环境权是人类面对生态危机的必然产物，也有"环境权的讨论常常使人倍觉困惑以及没有结论"② 之说。但"存在有维持生存的高度需求，为了生存，一个在生态学上稳定的并且处于高水平生态多样性的环境是必要的条件"。③ 在蔡守秋教授看来，环境权与生存权、自然资源权、发展权等基本人权或经济社会权利有重要的关联。一般来说，环境权主体广泛，包括个人、单位、国家等，内容也涉及人与自然两个领域，而环境权的客体也包括具有经济和生态功能的许多客体。④ 吕忠梅教授则认为，"环境权应该是公民一项基本权利，是现代法治国家公民的人权"。⑤ 国际社会人权性质的文件中对环境权已经给予规定，例如《人类环境宣言》。陈

---

① 中国国务院新闻办公室 . 中国的人权状况 ［C］. 北京：中央文献出版社，1991：1.
② Alan Boyle & Michael Anderson. Hunman Rights Approaches to Environmengtal Protection ［M］. Clarengon，Oxford press，1996：313.
③ 简·汉考克 . 环境人权：权力、伦理与法律 ［M］. 李隼，译 . 重庆：重庆出版社，2007：2.
④ 参见蔡守秋 . 论环境权 ［J］. 金陵法律评论，2002（春）：89.
⑤ 吕忠梅 . 论公民环境权 ［J］. 法学研究，1995（6）：66.

泉生教授认为，"环境权应为，环境法律关系的主体享有适宜健康和良好生活环境，以及合理利用环境资源的基本权利。其中健康和良好生活环境的标准可以通过环境质量标准或污染排放标准来衡量，而合理利用环境资源尺度则可以通过对申报许可证和环境影响评价的审查来把关，并由此界定环境权的法律保护范围为：所有环境法律关系的主体均享有在不受一定程度污染和破坏的环境里生存和在一定程度上利用环境资源的权利。"① 通过这个概念我们可以理解为，环境权的主体为人类，是一项和每个人密切相关的人权，是内容丰富、价值取向非常多元的人权类型之一。考虑到当今的人权许多领域都与环境有密切的关系，因此人作为主体所蕴含的人权与人所生存的环境之间永远是无法分割的，保护环境权可以说是当代人权理论中一个重要组成部分。因此，综合以上观点，关于环境权是否是人权问题虽然也有诸多讨论，但大都承认环境权是人权的内容之一。"所有民族都用他们特殊的政治、文化经验和国家实践为人权做出了自己的贡献。"② 我们也希望基于人权层面的保护程度，可以使人"享受舒适环境"的目标得到实现，这一诉求也是环境权成为人权的有力理由之一。"环境权是地球上的每一个人都有在适宜于人类健康的环境中生活以及合理开发利用环境资源的权利"，③ 这个概念本身包含两个重要权利内容，即良好环境权和环境资源开发利用权。国际社会对于环境权的确认具有两个途径：其一，在国家宪法中承认。目前，国际社会大约有 50 个国家利用宪法性文件及其他法律手段宣布了一些不同种类的环境权，它们最大的共同点就是明确地用宪法性权利来保证"健康""安全""生态平衡""环境可持续发展"。其二，以国际性文件表明。例如，1973 年斯德哥尔摩人类环境会议声明："人类有获得自由、平等和有充足条件生活在良好环境中的基本权利"。④ 虽然目前就环境法发展的现状来看，环境权主要是一种具有宣言性质的权利以及停留在国家宪法条款的抽象权利，在实际部门法体系中还是缺乏操作性，但这并不影响

---

① 陈泉生 . 环境法原理［M］. 北京：法律出版社，1997：105.
② 周训芳 . 环境权论［M］. 北京：法律出版社，2003：90.
③ 周训芳 . 环境权论［M］. 北京：法律出版社，2003：90.
④ 简·汉考克 . 环境人权：权力、伦理与法律［M］. 李隼，译 . 重庆：重庆出版社，2007：80.

我们对环境权的期望，"将环境权与人权联系在一起，有充分的法律依据，将环境权上升到人权的高度丝毫不过分，在环境问题成为全球问题并威胁人类生存的情况下，环境权成为人们享有其他人权的前提和基础。"①

人权是体现人的自然属性和社会本质所享有和应当享有的多元化权利。"如果说启蒙时代的人权内容主要来自启蒙思想家们对生命权、平等权、自由权、财产权及追求幸福生活权等之普遍、永恒、抽象的理论设计的话，那么，随着人权的国际化，随着国际人权实践第三世界的加入而使得现代人权日益朝着内容多元化、具体化、民族化发展，人权运动正从神坛走向世俗生活，现代人权呈现出日常生活实践性。"② 它本身包括生存权、平等权、财产权等，当然也包括环境权。蒙古族聚居区处于自然环境较为严峻的蒙古高原，由于地广人稀，交通不便，那些住在草原深处的蒙古族牧民，生活水平亟待提高。中国在1991年的《中国的人权状况》白皮书中就提及"生存权"是中国人最基础的人权，而蒙古族人民的生存权和发展权，以及以此为基础的其他人权的实现还是需要给予特别的关注方可实现提升。因此，进一步提高蒙古族地区的人权保障水平，让蒙古族百姓的生存发展等基本人权和环境权等权利内容切实得到保护，可助力实现国家人权水平的整体提高。蒙古族生态习惯法本身是在草原上生活的蒙古人基于世代相传而存在的对于草原生态环境保护方面的习惯性规范。我们正视这种地区性的传统，看到其中基于不同生产生活方式而形成的特殊的规范力量，就能够更好地达到对于蒙古人生活的调整，促进当地的生产生活的发展，进而实现蒙古族民众人权的保障和提高。因此，通过研究蒙古族生态习惯法，我们可以发掘蒙古族生态习惯权利对于人权起源的作用，正如学者所说，"一个民族对自己生活方式和交往秩序的选择，不独具有某种文化意义，而且它也是该民族现实权利的表达方式和制度结构，对这种表达方式和制度结构的轻易破坏或者废除，所导致的不仅仅是'破坏一个旧世界'，而且新世界的门槛

---

① 参见李艳芳. 环境权若干问题研究 [J]. 法律科学，1994 (6).
② 韦志明，张毅龙. 论习惯权利与人权推定 [J]. 昆明理工大学学报（社会科学版）2009 (8)：39.

会距离我们越来越远。更甚者，可能与我们所追求的人权理念会南辕北辙。"① 从蒙古族生态习惯法存在的事实状态可发现，其中大量规范都是通过协调人与自然和谐相处来实现人的发展的，就蒙古族聚居区的人而言，保障他们环境权的主张与蒙古族生态习惯法的内涵是一致的，这就为蒙古族聚居区环境人权保障提供了十分有益的途径，如果能够充分发挥蒙古族生态习惯法的良好价值观，于该地区的人权保障也会事半功倍。

二　蒙古族生态习惯法的人权价值体现

习惯法是"人们在长期的共同生活中形成的，游离于国家制定法或者成文法之外，存在于人们的观念中，实际调整人与人之间权利和义务关系的非国家强制性行为规范"。② 如果将这一概念引入蒙古族生态习惯法的研究中，应该特别强调蒙古族生态习惯法是蒙古人在长期的共同生活中基于同样的生产生活环境而形成的，针对保护草原生态环境，在当地实际起到调整人与人权利义务关系的，非国家强制力保护的规范。这一理解突出了蒙古族生态习惯法中所包含的权利义务关系。蒙古族生态习惯法是一个相对复杂的复合型概念，概念本身具有多种含义："蒙古族"强调地域民族性，"生态"强调调整类别，而"习惯法"则显示其最终的本质属性，因此由概念本身延展出的理论与争议也远远多于其他概念。蒙古族生态习惯法的权利义务观念可用习惯权利义务来表述，前文对此已经做了介绍。而从人权起源角度来说，作为人类权利发展高级形态的人权，应该解释和表现了某种高级和更为深刻的人类生活原理。③ 这样的生活原理在初民社会中，应是表现为一种习惯权利，因为权利与人及人类社会同生共长，人拥有权利、义务，是因为他除了是一个个体的人也是一个社会的人，人想要过自由生活但同时又需要付出一定自由来实现社会秩序的形成，因此权利、义务应该是在初民社会中就存在的，习惯权利成为人权的来源是合理的。这一点，对于证明人权供

---

① 韦志明，张毅龙. 论习惯权利与人权推定 [J] 昆明理工大学学报（社会科学版）. 2009（8）：39.

② 李秀群. 民间法与国家法的冲突与融合：一个比较的视角 [J]. 民间法（第二卷）[C].谢晖，陈金钊，主编，山东：山东人民出版社，2003：78.

③ 参见夏勇. 人权概念起源：权利的历史哲学 [M]. 北京：中国社会科学出版社，2007：19.

给模式十分有价值。目前，人权的来源方面多采用国家立法与国际人权条约的证明形式，这些人权供给模式常有高高在上的疏离感，在人权体系建构过程中缺乏民众的参与，而从事实性的习惯权利中寻找人权供给模式的探索，也是我国人权研究的一种探索。① 谢晖教授也指出，"人权无非是使人感到自主选择的便利和幸福。如果在立法中以某种理念，而不是民众生活的经验事实出发去构筑法律内的人权保障方式，其结果恐怕只能是对民众自择的生活方式之生硬打破。它不但不利于人权保障，不利于人们在交往中实现他们固有的方便和幸福，反而在某种意义上，甚至是对民众人权的践踏，是用某种善良的期待对民众刻意地带来不幸。"② 蒙古族先民从森林中走出来到草原上生活，为了维持生存需要而向草原去索取，在草原上狩猎、养殖，世代均以此方式实现自身发展，他们具有生存权，毕竟"人类对自身生存需求的形成和存在，特别是对维持人的生命存在需求之上而形成的对人的尊严、人的物质和精神生活质量的追求，是将生存权作为一项基本人权需求加以主张的重要价值追寻和基础。"③ 因此，每一个蒙古人都应具有基本生存权利，而生存权的内容除了满足基本生活水平，还应当包括实现有尊严的生活，不因为文化价值、信仰、语言的不同而遭遇歧视和剥夺。具体来说，不应该忽略蒙古族特有的民族文化对个体的烙印，要尊重其间的差异。当然，除了传统的生存权、发展权之外，也包括蒙古人基于自身需要向草原获得生活补给的资格。由于蒙古人世代生活在草原之上，他们也有在草原上享受健康、洁净、良好环境的资格，这是环境权生态实体权利的一种表现，而这一环境权也是草原上的蒙古牧民所享有的基本人权。同时，蒙古人在向草原索取的过程中也在履行一种义务，那就是让草原生态循环恢复的义务。蒙古人在草原上享有对草原良好生态的享受权利，也具有因生存需要而产生的合理的资源开发利用权利，相对地就负有使草原不被过分开发的义务，这也是环境权本身的合理要求，权利义务的对等性在蒙古族生态习惯法中是能够体现的。

蒙古族生态习惯权利是当地人权的习俗起源方式，是对蒙古人生存

① 参见韦志明. 习惯权利论 [M]. 北京：中国政法大学出版社，2011：186.
② 谢晖. 大、小传统的沟通理性 [M]. 北京：中国政法大学出版社，2011：142.
③ 胡大伟. 论生存权的法律确证 [J]. 天水行政学院学报，2007 (4)：97.

权、环境权的重要保障，进一步来说，还可以起到维护当地人语言风俗
习惯的效果。蒙古族生态习惯法产生于特定的自然环境和社会环境中，
它是蒙古族民族历史文化、心理感情、宗教信仰和道德准则的一种综合
体现。可以说，是具有群体行为规范模式的习惯性规范，对蒙古族民众
的影响力十分显著。我国宪法中确立了各民族有保持自己风俗习惯的自
由，这是蒙古族生态习惯法存在的重要基础，也是蒙古族保有自身特色
权利的重要依据。平等权是各民族一律平等，同时国家保障各少数民族
的合法权利和利益，维护和发展各民族平等、团结、互助、和谐的社会
主义关系，禁止歧视和压迫；发展权是各民族促进自身发展的权利，可
以接受国家帮助，更好地实现本民族的经济、生活等各方面的发展；经
济、文化共同繁荣权则是国家根据各少数民族的特点和需要，帮助各少
数民族地区加速经济和文化的发展，在当下表现为国家大力推动少数民
族地区的全面脱贫。这些都是少数民族集体人权的表现。

　　个体人权是指按照国家宪法所规定的中华人民共和国公民都享有的
平等权利，不管是哪个民族的公民都平等地享有这些权利。这是我们所
知道的最普遍人权，也是每一个蒙古族牧民和其他所有中国领域内的公民
一样享受身为"人"所能享有的所有权利。其中不乏前文我们所讨论的生
存权、环境权等。由于每一个个体都生活在特定的自然社会环境中，每一
个个体人权实现的过程中不可能没有自身所处习惯的作用力，因此，对于
世代生活在蒙古草原上的蒙古人来说，他们的人权实现途径就离不开对草
原生态环境的关注，如果没有良好的草原生态环境，牧民基本的生存权以
及环境权都会受到影响，这对于牧民人权的保障极为不利，相反地，如果
能够重视来自牧民生活中的生态习惯法，就可以更好地寻找提高牧民生活
水平的有效途径，真正实现对地处偏远地区的蒙古族牧民权益的保障。

　　总而言之，人权是中国现今社会最为关注的概念之一，尊重和保障
人权，已经体现在宪法条文中，还应落实在一个个具体的权利保护中。
在一个社会里，人是一切社会活动的主体，有独立的人格、尊严和价值，
如果一个人的生命安全自由不能得到保障，他就会失去作为人的尊严和
价值，因此，我们一直在为人类的幸福和需要而努力。① 在人权的本源

① 陈佑武. 人权的原理与保障［M］. 长沙：湖南人民出版社，2008：93.

讨论中，习俗成为人权的重要来源之一，人权毕竟不是虚幻的，而是与一个社会的道德、习惯、宗教等因素密切相关，蒙古族生态习惯法在其演变发展的过程中也具有对"人"的需要满足的特质，因此，也可成为蒙古族民众人权保障的重要参与因素。随着国内人权重视程度的提高，广大牧民的人权保护也越来越得到重视，我们不妨从蒙古族民众的生活基础开始来展开具体权利的保护，其中作为蒙古族生活经验知识的生态习惯法可以成为重要的借鉴。笔者无意夸大蒙古族生态习惯法的作用，在我国建设社会主义法治国家的进程中，国家法依然具有不可动摇的地位，但我们也应该更多地重视生活中的习惯法，以促进法治与本土资源的结合，提升权利保障水平。

结　语

　　进入 21 世纪以来，我国学者对习惯法特别是少数民族习惯法逐渐加大研究力度，涌现出许多的优秀成果，为习惯法和少数民族习惯法研究奠定了丰富的理论基础，这一研究热潮表明人们的关注点更多地走向传统，也说明国家法在基层治理体系中越发重视习惯规范。正如英国学者哈耶克所言，"人们习惯于把秩序与人造的秩序或外部秩序等而视之。然而这种方式将不可避免地导致这样一个结果，即他们趋向于把那些为刻意安排所通常具有的并在某种意义上所必然具有的特征强加给所有的秩序"。① 从前文研究中可知，在本土化视角下，习惯法可以为国家法提供重要支持，因此我们既要正视习惯法在社会生活中的规范力量，也要积极地寻找国家法和习惯法的互动机制，让真实存在于社会生活中的习惯法以独有的方式发挥作用。

　　目前，少数民族习惯法研究领域的成果虽多，但分布不均匀，蒙古族习惯法研究稍显落后，特别是蒙古族生态习惯法研究几乎是空白。当今全球正经历着不同程度的生态危机，生态法律研究始终是法学研究中的重要组成部分，蒙古族生态习惯法作为蒙古族世代相传的关于草原生态保护的重要规范也应有发展的契机。尤其在我国提出要迈向人类文明的更高阶段——生态文明时，其作用更加凸显。生态文明建设既需要切实改善生态环境，建设美丽中国，同时也需要从法律角度为生态文明提供保障。如今蒙古族聚居区草原依然存在生态问题，各种人为因素介入，极大地膨胀了人们对经济利益的追求，大规模开垦草原、寻找矿产、开采石油等使草原生态千疮百孔，牧民世代生活的自然环境备受压力。过去，牧民们面对气候多变、灾害肆虐的自然环境"逐水草而居"，在与自然的抗衡中形成人与自然和谐相处的游牧经济，虽然居无定所，但蒙古

---

　　① 哈耶克. 法律、立法与自由（第一卷）[M]. 邓正来，译. 北京：中国大百科全书出版社，2000：57.

人也甘之如饴，而今生产力水平显著提高，抗衡自然的能力早已今非昔比，但牧民们反而因为生态问题深感忧虑。因此，从国家法律发展和社会实践等角度来看，蒙古族生态习惯法具有研究价值，对国家草原生态保护法律体系的完善及草原生态领域矛盾纠纷的解决都有一定作用。

以上本土化研究趋势和生态文明的建设目标都促使笔者选择蒙古族生态习惯法作为研究对象。以前的蒙古族习惯法理论研究经常以蒙古史或者蒙古法制史视角为主，缺乏独立、明确的蒙古族生态习惯法研究体系与方法。今次笔者主要从蒙古族生态习惯法的概念、效力、历史发展、运行、价值等方面对蒙古族生态习惯法进行结构分析。

蒙古族生态习惯法内涵分析是蒙古族生态习惯法研究的基础，通过对生态、习惯法等理论发展的比较分析，本书将蒙古族生态习惯法定位在本土化研究范式之上，认定蒙古族生态习惯法是蒙古族民间社会自发生成，以草原生态保护为明确指向，并根据蒙古人具有经验性的总结形成的体现一定程度强制力的行为规范。这一概念体现出蒙古族生态习惯法的地缘民族性、代际传承特殊性等特点。根据调整客体不同，可将蒙古族生态习惯法分为草场保护、水资源保护、森林保护以及野生动物保护四种类型。每一个生态习惯法规范都蕴含蒙古人的实用理性，是蒙古人在与多种自然、社会因素的博弈中，依托蒙古族游牧经济，并在蒙古人信奉的原始萨满教宗教信仰的指引下，持续不断地践行而来。其中蕴含着蒙古人对世间万物的敬畏和爱护，承载着蒙古人独有的生态文化观念。因此，蒙古族生态习惯法具有规范性，是秩序意义下与国家法并存的社会规范之一，其存在和发展对人类社会而言具有重要价值。

为了寻找蒙古族生态习惯法的社会作用，笔者对蒙古族聚居区的内蒙古自治区进行调研。在调研过程中笔者发现，牧民们在社会生活中依然在以身践行那些世代流传的生态习惯法，这种源于共同体内部成员的约束力一直引导他们的行为趋向善的一面，以实现对草原生态的保护。调研中笔者还发现蒙古族聚居区存在苏木嘎查民约，其内容体现了蒙古族生态习惯法的优点，不仅让蒙古族牧民对生态习惯法有了直观认识，也让其他居住在蒙古族聚居区的人们依据规范调整自己的行为。最后，笔者以多元纠纷解决视角，分析蒙古族生态习惯法对草原生态类纠纷的调解力度，并提出适用生态习惯法规则来调解蒙古族民间社会的生态纠纷，且在司法实践中也可以适用合理有效的生态习惯法。

价值体系是从蒙古族生态习惯法的多元纠纷解决价值、法源价值、秩序形成价值、文化传承价值以及人权保障价值等方面共同建构而成，是独特而自成体系的价值模块。蒙古族生态习惯法不仅存在于过去的习惯法时代，更随着蒙古人世代相传演变至今，在牧民心中依然通过内心确信实现生态习惯法对他们的约束。与此同时，在今天的法治时代，蒙古族生态习惯法如果想体现自身价值，就必须与国家草原生态保护立法机制实现互动。国家法与习惯法研究结构是研究习惯法理论所不能忽视的模式。虽然与国家法的权威地位有所差距，但蒙古族生态习惯法依然可以以自己的方式为国家法提供支持。笔者将蒙古族生态习惯法与国家草原生态保护立法机制进行比较后发现彼此之间的联通，同时也发现了两者融合的可能，因此选择从法律生态化理论入手彰显蒙古族生态习惯法的补充作用。蒙古族生态习惯法所蕴含的可持续发展生态观可为国家部门法的生态化提供原则支持。

借由蒙古族生态习惯法研究，笔者真切感受到蒙古族生态法文化所蕴含的丰富价值以及蒙古族牧民对生态习惯法的珍视。这一感触也成为笔者写作本文的重要动力。蒙古族历史悠远，世代生活在北方草原之上，对草原有着非比寻常的热爱，然而由于各种因素，草原还在遭遇生态危机，牧民生活水平依然需要提高，我们绝不应当坐视不理。法学研究应当源于实践，并真切地解决人们生活中存在的问题，只有这样，研究成果才具有实际意义。因此，笔者今后还会继续关注蒙古族生态习惯法的发展动态，从不同视角、不同方法进一步实现理论的完善和创新。本书的研究仅仅是开始，以后将继续努力。

参考文献

著作类

[1] 阿岩，乌恩．蒙古族经济发展史［M］．呼和浩特：远方出版社，1999.

[2] 包斯钦，金海．草原精神文化研究［M］．呼和浩特：内蒙古教育出版社，2007.

[3] 班固．汉书·匈奴传［M］．杭州：浙江古籍出版社，2000.

[4] 宝力高．蒙古族传统生态文化研究［M］．呼和浩特：内蒙古教育出版社，2007.

[5] 暴庆五．蒙古族生态经济研究［M］．沈阳：辽宁民族出版社，2008.

[6] 孛儿只斤·吉尔格勒．游牧文化史论［M］．呼和浩特：内蒙古人民出版社，2002.

[7] 蔡守秋．调整论——对主流法理学的反思与补充．［M］．北京：高等教育出版社，2003.

[8] 曹明德．生态法新探［M］．北京：人民出版社，2007.

[9] 陈泉生．环境法原理［M］．北京：法律出版社，1997.

[10] 陈嘉明．现代性与后现代性十五讲［M］．北京：北京大学出版社，2006.

[11] 陈佑武．人权的原理与保障［M］．长沙：湖南人民出版社，2008.

[12] 大元圣政国朝典章（上、中、下）［M］．北京：中国广播电视出版社，1998.

[13] 道润梯步．新译校注蒙古源流［M］．呼和浩特：内蒙古人民出版社，1980.

[14] 邓正来．哈耶克法律哲学的研究［M］．北京：法律出版社，2004.

[15] 杜宇．重拾一种被放逐的知识传统——刑法视域中"习惯法"的初步考察［M］．北京：北京大学出版社，2005.

[16] 费孝通．乡土中国生育制度［M］．北京：北京大学出版社，1998.

[17] 费孝通．行行重行行［M］．银川：宁夏人民出版社，1992.

［18］傅华．生态伦理学探究［M］．北京：华夏出版社，2002．

［19］盖志毅．制度视域下的草原生态环境保护［M］．沈阳：辽宁民族出版社，2008．

［20］高其才．中国习惯法论［M］．北京：中国法制出版社，2008．

［21］高其才．中国少数民族习惯法研究［M］．北京：清华大学出版社，2003．

［22］葛洪义．法理学［M］．北京：中国政法大学出版社，2002．

［23］公丕祥．民俗习惯司法运用的理论与实践［M］．北京：法律出版社，2011．

［24］郭星华等．社会转型中的纠纷解决．［M］．北京：中国人民大学出版社，2003．

［25］何勤华，任超．法治的追求——理念、路径和模式比较［M］．北京：北京大学出版社，2005．

［26］黄华均．蒙古族草原法的文化阐释［M］．北京：中央民族大学出版社，2006．

［27］黄茂荣．法学方法与现代民法［M］．北京：中国政法大学出版社，2001．

［28］贾焕银．民间规范的司法运用——基于漏洞补充与民间规范关联性的分析［M］．北京：中国政法大学出版社，2010．

［29］姜世波，王彬著．习惯规则的形成机制及其查明研究［M］．北京：中国政法大学出版社，2012．

［30］金峰．呼和浩特史蒙古文献资料汇编（第四辑）［C］．呼和浩特：内蒙古文化出版社，1988．

［31］李步云．论人权［M］．北京：社会科学文献出版社，2010．

［32］李凤斌等．草原文化研究［M］．北京：中央编译出版社，2008．

［33］李可．习惯法——一个正在发生的制度性事实［M］．长沙：中南大学出版社，2005．

［34］李鹏程．当代文化哲学沉思［M］．北京：人民出版社，1994．

［35］李卫东．民初民法中的民事习惯与习惯法——观念、文本和实践［M］．北京：中国社会科学出版社，2005．

［36］厉尽国．法治视野中的习惯法——理论与实践［M］．北京：中国

政法大学出版社，2010.

[37] 梁治平. 清代习惯法：社会与国家 [M]. 北京：中国政法大学出版社，1996.

[38] 梁治平. 法律的文化解释 [M]. 北京：生活·读书·新知三联书店，1994.

[39] 林红梅. 生态伦理学概论 [M]. 北京：中央编译出版社，2008.

[40] 吕忠梅. 环境法新视野 [M]. 北京：中国政法大学出版社，2000.

[41] 《蒙古族简史》编写组. 蒙古族简史 [M]. 北京：民族出版社，2009.

[42] 那·恩和. 蒙古族与生态 [M]. 呼和浩特：内蒙古文化出版社，2008.

[43] 彭大雅，徐霆. 黑鞑事略 [J]. 王国维笺证本. 文殿阁书庄，1936.

[33] 奇格. 古代蒙古法制史 [M]. 沈阳：辽宁民族出版社，1999.

[34] 孙金铸. 内蒙古地理文集 [M]. 呼和浩特：内蒙古大学出版社，2003.

[35] 苏力. 法治及其本土资源 [M]. 北京：中国政法大学出版社，2002.

[36] 特·官布扎布，阿斯钢. 蒙古秘史 [M]. 北京：新华出版社，2006.
通制条格校注（卷16）[M]. 方龄贵校注. 北京：中华书局，2001.

[37] 汪劲. 环境法律的理念与价值追求——环境立法目的论 [M]. 北京：法律出版社，2000

[38] 王新生. 习惯性规范研究 [M]. 北京：中国政法大学出版社，2010.

[39] 王学辉. 从禁忌习惯到法起源运动 [M]. 北京：法律出版社，1999.

[40] 韦森. 社会制序的经济分析导论 [M]. 北京：生活·读书·新知三联书店，2001.

[41] 乌日陶克套胡. 蒙古族游牧经济及其变迁 [M]. 北京：中央民族大学出版社，2006.

[42] 吴海航. 元代法文化研究 [M]. 北京：北京师范大学出版社，2000.

[43] 萧大亨. 北虏风俗 [J]. 薄音湖，王雄，点校. 明代蒙古汉籍史料汇编（第二辑）. 呼和浩特：内蒙古大学出版社，2000.

[44] 杨一凡，田涛，张冠梓点校. 中国珍稀法律典籍续编（第九册）少数民族法典法规与习惯法（上）[M]. 哈尔滨：黑龙江人民出版社，2002.

[45] 郑少华. 生态主义法哲学 [M]. 北京：法律出版社，2002.

[46] 周训芳. 环境权论 [M]. 北京：法律出版社，2003.

译著类

[1] 埃利希. 法社会学原理 [M]. 舒国滢，译. 北京：中国大百科全书出版社，2009.

[2] 凯尔森. 国家与法的一般理论 [M]. 沈宗灵，译. 北京：中国大百科全书出版社，1998.

[3] 拉施特. 史集 [M]. 余大钧，周建奇，译. 北京：中华书局，1983.

[4] 马克思·韦伯. 论经济与社会中的法律 [M]. 张乃根，译. 北京：中国大百科全书出版社，1998.

[5] 阿列克西. 法律论证理论 [M]. 舒国滢，译. 北京：中国法制出版社. 2002.

[6] 普赫塔. 习惯法 [A]. 凯切江，费季金. 政治学说史（中）[C]. 冯懹远译. 北京：法律出版社，1960.

[7] 哈贝马斯. 交往行为理论（第一卷）[M] 曹卫东，译. 上海：上海人民出版社，2004.

[8] 马克思·韦伯. 经济与社会（上）[M]. 林荣远，译. 北京：商务印书馆，1997.

[9] 布迪厄，华康德. 实践与反思——反思社会学导引 [M]. 李猛，李康，译. 北京：中央编译出版社，2004.

[10] 勒内·格鲁塞. 成吉思汗 [M]. 谭发瑜，译. 北京：国际文化出版公司，2003.

[11] 施韦泽. 敬畏生命 [M]. 陈泽环，译. 上海：上海社会科学院出版社. 2003.

[12] 孟德斯鸠. 论法的精神（上册）[M]. 张雁深，译. 北京：商务印书馆，1982.

[13] 卢梭. 社会契约论 [M]. 何兆武，译. 北京：商务印书馆，1980.

[14] 威廉·鲁布鲁克. 鲁布鲁克东方行记 [M]. 余大钧，蔡志纯，译. 呼和浩特：内蒙古大学出版社，2009.

[15] 维克多·埃尔. 文化概念 [M]. 康新文，等译. 上海：上海人民出版社，1988.

[16] 亚里士多德. 政治学 [M]. 吴寿彭，译. 北京：商务印书馆，1965.

［17］昂格尔．现代社会中的法律［M］．吴玉章，周汉华，译．北京：译林出版社，2001．

［18］伯尔曼．法律与宗教［M］．梁治平，译．北京：中国政法大学出版社，2003．

［19］E·博登海默．法理学：法律哲学与法律方法［M］．邓正来，译．北京：中国政法大学出版社，2004．

［20］卡多佐．法律的生长［M］．刘培峰、刘骁军，译．贵阳：贵州人民出版社．2004

［21］埃里克·波斯纳．法律与社会规范［M］．沈明，译．北京：中国政法大学出版社，2004．

［22］弗里德曼．法律制度［M］．李琼英，林欣，译．北京：中国政法大学出版社，1994．

［23］霍贝尔．初民的法律［M］．周勇译，罗致平，校．北京：中国社会科学出版社，1993．

［24］克利福德·格尔茨．文化的解释［M］．韩莉，译．凤凰出版集团，译林出版社，2008．

［25］罗伯特·C埃里克森．无需法律的秩序［M］．苏力，译．北京：中国政法大学出版社，2007．

［26］多桑．多桑蒙古史［M］．冯承钧，译．上海：上海书店出版社，2001．

［27］志费尼．世界征服者史［M］．何高济，译．翁独健，校订．南京：江苏教育出版社，2005．

［28］马可波罗．马可波罗行纪［M］．冯承钧，译．上海：上海世纪出版集团，2006．

［29］普兰·迦儿．普兰·迦儿宾行记［M］．余大钧，蔡志纯，译．呼和浩特：内蒙古大学出版社，2009．

［30］马林诺夫斯基．文化论［M］．费孝通，译．北京：中国民间文艺出版社，1987．

［31］约翰·奥斯丁．法理学的范围［M］．刘星，译．中国法制出版社，2002．

［32］米尔恩．人的权利与人的多样性——人权哲学［M］．夏勇，张志

铭，译．北京：中国大百科全书出版社，1996.

[33] 哈耶克．自由秩序原理［M］．邓正来，译．北京：生活·读书·新知三联书店，1997.

[34] 田山茂．清代蒙古社会制度［M］．潘世宪，译．内蒙古：内蒙古人民出版社，2015.

[35] 拉施特．史集（第一卷）［M］．余大钧，周建奇，译．北京：商务印书馆，2017.

附　录

1. 关于蒙古族生态习惯法现状的调查问卷（一）

各位朋友：

你好！我们是北京师范大学法学院的博士生，现在想就蒙古族生态习惯法进行调查研究，希望能够就你知道的情况做出选择，谢谢合作！

一、你的基本情况：

年龄：　　　　性别：　　　　民族：　　　　职业：

二、问题：

1. 关于习惯法

（1）你了解"蒙古族生态习惯法"吗？

A. 知道　　　　　　　　　　B. 不知道

（2）你通过什么途径了解"蒙古族生态习惯法"？

A. 父母教育　　　　　　　　B. 苏木嘎查宣传

C. 蒙古族老人的教育　　　　D. 电视等媒体手段

（3）平时的生活中有哪些行为你一定不做？

A. 在草原上开垦土地　　　　B. 草原上扔垃圾

C. 过度放牧　　　　　　　　D. 挖掘草药

E. 在草原上乱开车　　　　　F. 乱盖房子

（4）如果你有上面的行为，哪一种形式会谴责你？

A. 嘎查的老人　　　　　　　B. 邻居

C. 公安人员　　　　　　　　D. 自己内疚

E. 没有人

（5）日常生活中，对于自然生态的保护，你认为哪种力量对你影响最大？

A. 国家法律　　　　　　　　B. 生态保护的习惯

C. 宗教信仰　　　　　　　　　D. 嘎查老人的教育

2. 关于嘎查民约

（6）你们嘎查有没有生态保护的民约？

A. 有　　　　　　B. 没有　　　　C. 不知道

（7）你们嘎查制定民约的原因？

A. 牧民们认为有必要而制定　　　B. 政府要求的

C. 不知道

（8）那些民约的作用大吗？

A. 大　　　　　　B. 一般　　　　C. 没什么作用

（9）你认为民约有什么作用？

A. 保留传统习惯　　　　　　　　B. 爱护草原环境

C. 处理纠纷　　　　　　　　　　D. 引导大家的行为

（10）你会遵守嘎查的民约吗？

A. 会　　　　　　B. 不会

3. 国家法和习惯法的关系

（11）你了解国家的《草原法》吗？

A. 十分了解　　　B. 了解一点　　C. 不清楚

（12）你平时会用《草原法》吗？

A. 不会　　　　　B. 会　　　　　C. 不知道怎么用

（13）你认为在草原生态保护中，国家法律和习惯法哪个更重要？

A. 国家法律　　　B. 习惯法

（14）你认为目前导致草原生态问题的违法行为有哪些？

A. 过度放牧　　　B. 开垦草原　　C. 乱挖草药　　D. 胡乱开车

E. 倾倒工业垃圾

（15）你认为现在国家法律对生态问题的解决有效吗？

A. 有效　　　　　B. 一般　　　　C. 没用

（16）如果你们的生态保护习惯法与国家法冲突，你会怎么办？

A. 遵守国家法　　B. 看哪个有用　　C. 用习惯法

4. 习惯法的纠纷解决适用

（17）目前你们嘎查关于生态环境的纠纷主要有哪些？

A. 偷偷放牧　　　　　　　　　　B. 在草场上挖药材

C. 污染了草场不给赔偿　　　　　D. 破坏草场植被

（18）有不认识的人在你家草场破坏植被，你会怎么办？

A. 报警　　　　　　　　　　　　B. 私了

C. 告诉嘎查长调解　　　　　　　D. 忍了，怕报复

（19）如果你认识的邻居在你家草场上偷偷放牧或者破坏你的草场，你会怎么办？

A. 找嘎查长调解　　　　　　　　B. 报警抓他

C. 私了　　　　　　　　　　　　D. 算了，都是邻居

2. 关于蒙古族生态习惯法现状的调查问卷（二）

各位朋友：

您好！非常感谢您在百忙中抽空填写问卷！我们是国家社科基金项目《蒙古族生态习惯法》的项目组成员，我们希望就蒙古族生态习惯法的现实状况进行调查研究，请您根据实际情况如实填写，再次感谢您的配合！

蒙古族生态习惯法是在蒙古族牧民日常生活中逐步生成和发展，并根据草原生态保护的需要而形成的具有一定约束力的规范。例如轮牧，禁止草原荒火，禁止河中洗澡、洗衣服，禁止破坏草原植被等行为。下文为了便于理解称为生态保护传统习惯。

1. 您所在的地区是 ［单选题］*

○呼伦贝尔

○锡林郭勒

○兴安盟

○通辽

○赤峰

○乌兰察布

○呼和浩特

○包头

○鄂尔多斯

○巴彦淖尔

○乌海

○阿拉善盟

2. 您现在所在的旗（县）、苏木（乡）、嘎查（村）的名字是［填空题］*

_____

3. 您的年龄［填空题］*

_____

4. 性别［单选题］*

○男

○女

5. 您的民族［单选题］*

○蒙古族

○达斡尔、鄂伦春、鄂温克

○汉族

○其他

6. 您的职业是［单选题］*

○农民

○牧民

○公务员

○自由职业者

○企事业单位

○退休

○其他

7. 您的家庭每月收入是［单选题］*

○1000 元及以下

○1001-2000 元

○2001-3000 元

○3001-4000 元

○4001-5000 元

○5001-6000 元

○6001-7000 元

○7001–8000 元

○8001–9000 元

○9001–10000 元

○10001 元及以上

8. 你的信仰是［多选题］*

□萨满教

□佛教

□伊斯兰教

□基督教

□其他

9. 你的教育程度［单选题］*

○小学及以下

○初中

○高中（中专）

○大学（大专）

○大学以上

10. 你精通的语言［多选题］*

□汉语

□蒙古语

□其他

11. 你的家庭成员 12 岁之前的生活地区［矩阵单选题］*

	牧区	农区	半农半牧区	城镇	城市
爷爷	○	○	○	○	○
奶奶	○	○	○	○	○
姥姥	○	○	○	○	○
姥爷	○	○	○	○	○
父亲	○	○	○	○	○
母亲	○	○	○	○	○
自己	○	○	○	○	○

12. 你知道蒙古族有保护生态环境的习惯吗？［单选题］*

○知道_____

○不知道

○不太确定是不是有

13. 你通过什么途径了解蒙古族保护生态环境的习惯［多选题］*

□家里长辈们从小的教育

□苏木嘎查宣传单

□除了家人以外的老人们教育

□电视、广播等其他方式

□学校教育

□根据生产生活经验积累

14. 日常生活中哪些行为你一定不会做［多选题］*

□在草原上开垦土地

□在草原上随手丢垃圾

□过度放牧

□挖掘草药

□在草原上随便开车

□在草原河流中洗澡

□砍伐树木

□过度猎杀草原上的野生动物

15. 如果有上题中的行为，谁会阻拦（责怪）你？［多选题］*

□嘎查的老人们

□家人

□你的邻居

□当地的治安人员

□自己就会内疚

□没人管

16. 日常生活中，你认为哪种力量在保护草原生态环境方面更有效？按照你认为最重要到最不重要的顺序进行排序［排序题，请在中括号内依次填入数字］*

［　］国家的法律

[ ] 蒙古族传统的生态保护习惯

[ ] 宗教信仰

[ ] 长辈们的教育

[ ] 社会宣传

[ ] 学校教育

[ ] 其他

17. 你们地区民约中有没有生态环境保护的内容 [单选题]*

○有

○没有（请跳至第 22 题）

○不知道（请跳至第 22 题）

18. 你会遵守你们民约中关于生态环境保护的规定吗？[单选题]*

○会

○会遵守大部分

○会遵守小部分

○不会

19. 你的邻居们会遵守你们民约中关于生态环境保护的规定吗？[单选题]*

○会

○会遵守大部分

○会遵守小部分

○不会

20. 你觉得你们民约里生态环境保护的内容对保护草原有作用吗？[单选题]*

○有

○有一些

○有一点

○没有

21. 你认为保护生态环境的民约有哪些作用？[多选题]*

□让人们有保护生态环境的意识

□督促大家进行生态保护的行为

□让保护生态环境的行为有法律支持

□传承当地的文化

□解决人们之间的纠纷

□其他

22. 问题［矩阵单选题］*

	很不了解	不了解	一般	了解	很了解
你了解国家《草原法》等生态环境保护的法律法规吗?	○	○	○	○	○

23. 如果你的草场被破坏，你会使用《草原法》等相关法律法规维权吗?［单选题］*

○会

○不会

○不知道怎么用

○没听过

24. 你的熟人有使用《草原法》等法律法规解决问题的吗？［单选题］*

○有

○没有

○不清楚

25. 你认为当前导致草原生态问题的行为主要有哪些?［多选题］*

□过度放牧

□胡乱开垦草原

□乱挖草药

□草原上乱开车

□倾倒垃圾、污水

□偷猎保护动物

□其他_____

26. 标题［矩阵单选题］*

	没效果	有一点效果	有一些效果	比较有效	非常有效
你认为国家法律对解决草原生态问题有效吗	○	○	○	○	○

27. 如果有不认识的人在你家草场里破坏环境，你会首先选择哪种方式？［单选题］*

○ 报警

○ 和他私了，让他赔偿

○ 告诉当地的嘎查长处理

○ 忍了，害怕报复

○ 媒体曝光，让舆论谴责他

○ 其他＿＿＿＿＿＿＿＿＿＿

28. 如果你的邻居在你家草场偷偷放牧或者搞破坏，你会首先想到怎么做？［单选题］*

○ 找嘎查长调解

○ 找长辈们调解

○ 私了，赔我损失

○ 算了，都是邻居

○ 报警

29. 你觉得蒙古族传统的生态保护习惯需要一代代传下去吗？［单选题］*

○ 非常需要

○ 需要

○ 没意见

○ 有点需要

○ 不需要

30. 你认为蒙古族传统的保护生态的习惯以什么方式传承最好？［多选题］*

□ 写到嘎查民约里

□ 家里长辈教育

□ 学校教育

□ 嘎查集体学习

□ 写进法律条文里

□ 通过媒体报道，宣传

□ 找专家写成作品，流传下去

3. 《呼伦诺尔嘎查民约》

1. 热爱祖国，热爱中国共产党，拥护社会主义制度，遵守国家政策、法律。

2. 热爱集体，爱护集体财产，敢于同破坏集体利益的坏人坏事做斗争。发扬家乡优良传统。

3. 提倡社会主义精神文明，移风易俗，反对封建迷信及其他不文明行为，树立良好的民风。提倡学习科学文化知识，养成健康向上的生活方式。反对封建迷信、聚众赌博，不参与传播淫秽物品。

4. 热爱劳动，搞好生产，诚实诚信，勤劳致富，勤俭持家。提倡婚事新办，丧事简办、实行火葬，乔迁不办，反对铺张浪费。

5. 提倡乡间邻里团结互助，亲邻相帮，家庭和睦团结。每个村民都要学法、知法、守法，自觉维护法律尊严，积极同一切违法犯罪行为做斗争。反对酗酒闹事、打架斗殴。

6. 积极开展文明卫生村建设，搞好公共卫生，加强村容村貌整治，严禁随地乱倒乱堆垃圾、秽物，修房盖屋下的垃圾碎片应及时清理，柴草、粪土应定点堆放。搞好街道清洁畅通，不乱造私厕、乱倒垃圾、随地吐痰。

7. 加强社会治安综合治理，发挥群防群治作用，提高法治观念和意识。加强村民尤其是少年儿童安全用火、用电宣传教育，提高全村消防安全知识水平和意识。

8. 做好草原防火、蓄水、造林绿化和保护耕地、草地工作。禁止非法占用耕地、草地建造房屋。

9. 保护生态环境，爱护野生动植物。认识野生植物资源的重要性，不随意放牧、阉割、破坏；禁止非法交易，坚决制止破坏行为的发生。

4. 《乌珠尔苏木民约》

1. 热爱祖国，热爱中国共产党，热爱集体，学法知法，遵纪守法，同一切违法犯罪行为作斗争。

2. 爱护公共财物，不得损坏水利、交通、通讯、供电、供水、生产等公共设施。节约用水用电，严禁偷水偷电，发现违规人和事，要积极制止并及时报告。

3. 团结友爱，相互尊重，相互理解，相互帮助，和睦相处，不打架斗殴，不诽谤他人，不造谣惑众，不拨弄是非，不仗势欺人，建立正常的人际关系，不搞宗派活动，反对家族主义。

4. 提倡社会主义精神文明，移风易俗，喜事新办，不铺张浪费，丧事从俭，不搞陈规旧俗，不搞宗族派性，反对家族主义，反对封建迷信及其他不文明行为，树立良好的社会风尚。

5. 计划生育，晚婚晚育，优生优育，男女平等，尊老爱幼。

6. 依法使用宅基地，服从苏木、嘎查建房规制，不损害整体规划和四邻利益。

7. 自觉养路护路，维护道路通畅，不准在道路上搭建违章建筑、堆放废土、乱石、杂物，不准在路道上乱挖排水沟，侵占路面。

8. 搞好公共卫生，走可持续发展道路，做到人畜分离，垃圾不乱倒，粪土不乱堆，污水不乱流，柴草不乱放，房前屋后不积水，檐沟处处要疏通。

9. 爱护环境，保护生态，禁止未经批准随意开山取石、挖砂，毁坏草地、森林等自然生态环境的行为，认真搞好草原防火工作。

10. 认识沙芦草等野生植物保护的重要性。不得随意毁坏、采摘沙芦草，禁止非法交易沙芦草，坚决制止破坏行为的发生。

11. 人人重视环境保护，关心、支持并参与环保活动，自觉学习并遵守有关环保法律法规，掌握和应用环保知识，积极履行保护环境义务。

5.《古日班胡都嘎嘎查村规民约》

根据《中华人民共和国村民委员会组织法》的有关规定，为保障我嘎查牧民更好地实行自治，实现"自我管理、自我教育、自我服务、自我约束"。嘎查"两委"、牧民代表结合本嘎查实际，在充分尊重牧民意愿的基础上，研究讨论并制定本嘎查《村规民约》。

一、加强个人意识

（一）热爱祖国、热爱人民、热爱社会主义。

（二）认真贯彻落实苏木镇、嘎查经济社会发展规划，积极参与苏木及嘎查开展的各项活动。

（三）凡是利国利民的公益性事宜，需要占用牧民草场的（如修建公路、拉网电等）牧民应尽力支持。

（四）增强生态环境保护意识，严格按照生态保护政策的要求，共同保护生态环境，建设美好嘎查，促进社会发展。

二、参加维护牧区公共秩序

（一）每个嘎查牧民都要学法守法，自觉维护法律尊严，崇尚公平，维护正义，敢于同违法犯罪行为作斗争。

（二）爱护公共财物，自觉维护嘎查中的文化娱乐、旅游场所清洁干净，不得毁损嘎查道路、草场、供电、通讯等公共设施，不向公共区域乱扔生活垃圾。

（三）拒绝毒品，珍惜生命，严禁吸毒，贩毒行为，对涉毒人员实行帮教结合、惩戒并举挽救工作，严禁聚众赌博，严禁偷窃、敲诈、哄抢他人财产。

（四）严格执行草场"三牧"制度和草畜平衡制度，违反规定超载放牧。一经发现移交相关部门处理。牧户要自觉保护嘎查集体草场及网围栏等设备，不得擅自将牲畜放入集体草场，"全年禁牧"户要严禁放牧，严禁出租、转让、草场。

三、尊老爱幼

（一）倡导孝老爱亲。赡养老人，关爱子女，夫妻和谐，多抽时间陪伴父母。不搞性别歧视，不搞家庭暴力。

（二）自觉弘扬"奉献、友爱、互助、进步"志愿服务精神，关爱留守群体。

四、和睦相处

（一）牧民之间要互尊、互爱、互助，和睦相处，建立良好的邻里关系。

（二）生产、生活、社会交往过程中，应遵循平等、自愿、互惠互利的原则，发扬社会主义新风尚。

（三）应本着团结友爱的原则，平等协商解决邻里纠纷，树立依法维权意识，以法律规定的正确途径解决问题。

五、建立文明健康的生活

（一）全面学习践行社会主义核心价值观，提倡社会主义精神文明，移风易俗，反对封建迷信及其他不文明行为，不参加邪教组织，树立良好的民风、民俗。

（二）在红白喜事上破除陈规旧俗，反对铺张浪费、大操大办。

（三）提升广大牧民对扫黑除恶专项斗争的知晓度、支持度和参与度。

（四）牧民要提高保护自身权益意识，认识算账效益，不借不放"高利贷"。

六、积极参加爱国卫生活动

（一）开展健康教育。积极参加有计划、有组织、有系统的社会教育活动，追求有益于健康的行为和生活方式，提高生活质量。

（二）维护环境卫生。定时定点收运垃圾，日产日清。及时清运粪便，密闭化运输，不污染道路。

（三）确保食品安全。在畜产品加工、存储、销售等过程中确保食品卫生及食用安全，降低疾病隐患。

（四）做好传染病防控。提高个人防控意识，保持良好的生活习惯，发现疫情及时上报，不得谎报、漏报、瞒报。

本《村规民约》需经嘎查牧民代表会议研究通过。如与国家法律法规及各级人民政府相关政策相冲突，以国家法律法规及各级人民政府相关政策为准。